Andreas Lienkamp
Christoph Lienkamp (Hg.)
Die »Identität« des Glaubens in den Kulturen

Andreas Lienkamp
Christoph Lienkamp (Hg.)

Die »Identität« des Glaubens in den Kulturen

Das Inkulturationsparadigma auf dem Prüfstand

echter

Die Deutsche Bibliothek – CIP-Einheitsaufnahme

Die »Identität« des Glaubens in den Kulturen : das
Inkulturationsparadigma auf dem Prüfstand / hrsg. von Andreas
Lienkamp und Christoph Lienkamp.– Würzburg : Echter, 1997
   ISBN 3-429-01922-2

Gesamtherstellung: Echter Würzburg
Fränkische Gesellschaftsdruckerei und Verlag GmbH
   ISBN 3-429-01922-2

Inhalt

Vorwort

Im Schlußdokument der IV. Generalversammlung des lateinamerikanischen Episkopats in Santo Domingo heißt es gleich zu Beginn des Kapitels über die christliche Kultur: „Die Ankunft des Heiligen Geistes am Pfingsttag ... offenbart die Universalität des Evangelisierungsauftrages: Er soll in jeder Kultur Fuß fassen. Das Pfingstereignis läßt auch die kulturelle Verschiedenheit der Gläubigen deutlich werden, als jeder die Apostel in seiner eigenen Sprache reden hört." (Nr. 228) Die Veranstalter hätten für das zweite gemeinsame internationale Symposium kaum einen passenderen Termin finden können: In der Pfingstwoche 1996 kamen auf Einladung der Bischöflichen Aktion Adveniat und der Katholischen Akademie „Die Wolfsburg" in Mülheim an der Ruhr 150 Wissenschaftler/-innen und Fachleute der pastoralen Praxis aus über zwanzig Ländern Lateinamerikas und Westeuropas zusammen, um die Frage der „Identität" des christlichen Glaubens in den verschiedenen Kulturen zu diskutieren.

Der Kongreß knüpft an ein erstes Kooperationsprojekt an, das sich 1992 mit dem Quinto Centenario, dem 500-Jahr-Gedenken der Eroberung und Evangelisierung Lateinamerikas und der Karibik auseinandersetzte. Bei dieser Veranstaltung, deren Ergebnisse unter dem Titel „Fünfhundert Jahre Evangelisierung Lateinamerikas" (Frankfurt/Main 1995) publiziert sind, reifte auch die Idee, dem schon damals erörterten Thema der Inkulturation eine eigene Tagung zu widmen.

Denn die Vertreter der indigenen Völker und die Schwarzen Lateinamerikas haben - selbst dort, wo sie nicht in der Minderheit sind - immer noch größte Schwierigkeiten, mit ihren ganz eigenen Werten und Traditionen akzeptiert zu werden. Hier muß die Kirche - und sie versucht es - an ihrer Seite stehen. Adveniat will die lateinamerikanische Kirche auf diesem Weg unterstützen. Dazu gehört es auch, Möglichkeiten zum Gespräch zu bieten. Nur der weltkirchliche Austausch unterschiedlicher Ansätze und das Experiment, die „Identitäten" des Glaubens in den einzelnen Kulturen miteinander zu konfrontieren, lassen das Phänomen der Inkulturation in seinen zahlreichen Facetten erkennbar werden. Denn Inkulturation findet nicht nur im südamerikanischen Andenraum, im Tiefland Amazoniens, auf den karibischen Inseln oder in den Großstädten des Kontinents statt, sondern ebenso in Frankfurt, Berlin und Essen. Deshalb gilt es, aufeinander zu hören und voneinander zu lernen.

Unser Dank gilt allen, die zum Gelingen des Symposiums und der vorliegenden Dokumentation beigetragen haben: an erster Stelle unseren lateinamerikanischen und westeuropäischen Gästen, den Autorinnen und Autoren, den Übersetzern der Beiträge, insbesondere Frau *Victoria M. Drasen-Segbers*, die die entsprechenden Arbeiten koordiniert hat, dann Herrn *Andreas Finke*, der die Manuskripte eingerichtet sowie das Register erstellt hat,

Herrn *Hubert Frank* von Adveniat für seine Unterstützung bei der Recherche, dem Echter-Verlag und seinem Lektor Herrn *Heribert Handwerk* für die unkomplizierte und gute Zusammenarbeit, schließlich den Herausgebern, *Andreas* und *Christoph Lienkamp,* die das Symposium konzipiert und geleitet und die auch die Endredaktion des vorliegenden Bandes besorgt haben.

Essen und Mülheim, im Juni 1997

Dr. Michael Schlagheck   *Prälat Dr. Dieter Spelthahn*
Akademiedirektor   Geschäftsführer
Die Wolfsburg   Adveniat

Einführung

Seit einigen Jahren bestimmt „Inkulturation" als neues Paradigma die theologische Diskussion und pastorale Praxis in Lateinamerika, aber zunehmend auch in Westeuropa. Um in dieser Diskussion einige Klärungen herbeizuführen und weiterführende Perspektiven zu entwickeln, veranstalteten die Katholische Akademie „Die Wolfsburg", Mülheim/Ruhr, und die Bischöfliche Aktion Adveniat, Essen, vom 28. bis 30. Mai 1996 ein westeuropäisch-lateinamerikanisches Symposium unter dem Leitwort: „Die 'Identität' des Glaubens in den Kulturen - Das Inkulturationsparadigma auf dem Prüfstand". Daran nahmen vor allem theologische und pastorale Fachleute aus Lateinamerika und Westeuropa teil.

Die innere Struktur des Symposiums wurde auch in der nun vorliegenden Publikation aufgenommen. So geht es im ersten Teil um eine *hermeneutische Vergewisserung* der Rede und Praxis von Inkulturation im humanwissenschaftlichen und theologischen Kontext. Dabei dient der Beitrag von *Arij A. Roest Crollius SJ* dazu, den Diskussionsstand in *den* Wissenschaften zu vergegenwärtigen, die sich in besonderer Weise mit En- und Inkulturation befassen: Ethnologie, Religionswissenschaft und Missionstheologie, wobei er zugleich der weiteren Diskussion in diesem Band die nötigen Arbeitsdefinitionen zur Verfügung stellt.

Darauf folgt eine erste Vertiefung aus deutscher religionssoziologischer und praktisch-theologischer Perspektive in ökumenischer Absicht. In den Ausführungen von *Karl Gabriel* und *Volker Drehsen* wird deutlich, daß „Inkulturation" keineswegs ausschließlich eine Fragestellung der „jungen" Kirchen in der sogenannten Dritten Welt ist. Im Gegenteil, auch der gewaltige Prozeß der „griechisch-römisch-germanischen Inkulturation" ist keineswegs problemlos verlaufen oder gar als abgeschlossen zu betrachten. Die Beiträge von *Gabriel* und *Drehsen* schärfen den Blick dafür, daß sich auch das deutsche und westeuropäische Christentum der Frage der „Inkulturation" stellen muß, daß es aber auch eine eigene Problemlösungskompetenz in das interkontinentale Gespräch einbringen kann.

Das dritte Kapitel des ersten Teils führt dieses Gespräch dann - konzentriert auf die Frage „Evangelium und Kultur" - fort. In seinem Apostolischen Schreiben *Evangelii nuntiandi* (1975) spricht *Papst Paul VI.* von einem „Bruch zwischen Evangelium und Kultur" als *dem* Drama unserer Epoche (EN 20). Vor diesem Hintergrund erörtern *Peter Hünermann* und *Marcello de C. Azevedo SJ* in ihren Beiträgen aus westeuropäischer und lateinamerikanischer Perspektive die theoretischen Konzepte von Inkulturation bzw. das Verhältnis von Glaube und Kultur(-en) in der Spannung zwischen Anerkennung und Transformation. Diese beiden Ansätze erfahren anschließend eine kritische Relecture durch *María Pilar Aquino,* die aus der Perspektive einer lateinamerikanischen feministischen Theologie und der sie tragenden

Bewegungen Anfragen sowohl an eine Kultur der Gewalt gegen Frauen als auch an eine androzentrische Theologie formuliert und die Kategorie des soziokulturellen Geschlechts in die Inkulturationsdebatte einträgt.

Nach dieser ersten hermeneutischen Vergewisserung steht der zweite Teil - unter der Überschrift *„Praxis der Inkulturation in Geschichte und Gegenwart"* - ganz im Zeichen der Inkulturationsproblematik Lateinamerikas. Der Artikel von *Manuel Marzal SJ* dient der *geschichtlichen* Vergewisserung über die Inkulturationsproblematik in Lateinamerika und der Karibik, bevor die *gegenwärtige* Praxis und Verkündigung des Glaubens auf drei Feldern der Inkulturation diskutiert werden: in den indigenen Kulturen *(Xavier Albó SJ, Clodomiro Acuña Siller, Jorge Lachnitt SDB, Rebeca Lee Spires)*, in den afroamerikanischen Kulturen *(Laënnec Hurbon, Jacinta Maria Santos, Bischof Uriah Ashley)* sowie unter den Bedingungen der Großstadt *(Maximiliano Salinas, Bischof Antônio do Carmo Cheuiche OCD, Regina Maria Manoel)*. Dieser Teil wird bestimmt durch analytische und erfahrungsorientierte Reflexionen lateinamerikanischer Expertinnen und Experten aus Theorie und Praxis der Inkulturation. Es war das Anliegen des Symposiums - und dies ist auch den veröffentlichten Beiträgen zu entnehmen -, verschiedene Kontexte Lateinamerikas miteinander und mit dem westeuropäischen Kulturkreis ins Gespräch zu bringen, um so zu einem lebendigen und kreativen Austausch beizutragen. Aus diesem Grund sind in diesem Teil bewußt Texte verschiedener Gattungen aufgenommen: wissenschaftliche Referate und Erfahrungsberichte, Analysen und Zeugnisse.

Der dritte und letzte Teil dieses Bandes bietet unter dem thematischen Leitfaden *„Kontextualität - Identität - Universalität / Weltkirche als Lerngemeinschaft"* zunächst die Zusammenfassung und Perspektivierung der Arbeitsergebnisse fünf thematischer Foren (durch *Mariano Delgado, Josef Sayer, Hans-Joachim Höhn/Gerhard Kruip, Margit Eckholt* und *Nikolaus Werz)*, die sich der Frage nach dem christlichen Glauben angesichts der Herausforderung der Kulturen zuwenden. Dabei stehen zwei explizit theologisch-ekklesiologische Foren (Gottesrede/Christologie, Ekklesiologie/Pastoral/Basisgemeinden) neben drei eher sozialethischen Themenkreisen (Prozesse der Dekulturation/Option für die Armen, Frauen, Medien). In allen Foren wurden anhand eines gemeinsamen Leitfadens, sozusagen quer zu den drei Inkulturationsfeldern des zweiten Teils, strukturelle Vergleichbarkeiten herausgearbeitet, um auf diese Weise gegenseitige Lernerfahrungen zu ermöglichen. Dabei sollte der Gefahr, das Thema Evangelisierung der Kulturen als Vorwand zu benutzen, um den Wirklichkeitsbereich der Armen, Unterdrückten und Marginalisierten auszublenden, in allen Foren vorgebeugt werden. Zudem widmete sich ein eigenes Forum den Prozessen der Dekulturation, also der Zerstörung von Leben und Kultur durch Verarmung und Armut. Die in Santo Domingo erneut bestätigte vorrangige Option der Kirche für die Armen, für ihre Subjektwerdung und gegen ihre Armut *(Santo Domingo* 178-181), kann dabei als fruchtbarer Impuls die Inkulturationsdebatte in Lateinamerika und bei uns orientieren und so verhindern, daß Inkulturationsprozesse lediglich unter kulturell-religiösen und nicht auch unter sozioökonomischen Gesichtspunkten betrachtet und auf den Weg gebracht werden. Andererseits kann die Debatte um Evangelium und Kultur die Sozialpastoral und -theologie bereichern, indem sie die vielfältigen Aspekte und Bedeutungen der Armen und des Armseins in den Blick nimmt und mit ökologischen, geschlechtsspezifischen, ethnischen und anderen kulturellen und religiösen Fragestellungen verknüpft. Dabei sollte nicht vergessen werden, daß einer der Gründe für das heutige Interesse an Inkulturation auf der ursprünglichen Intuition der Befreiungstheologie gründet.

Den Kreis schließt *Paulo Suess*, der Nestor der einschlägigen Diskussion in Lateinamerika, der das Inkulturationsparadigma unter den Stichworten „Kontextualität - Identität - Universalität" noch einmal auf den Prüfstand stellt. Die Verfechter des Inkulturationsparadigmas müssen, so *Suess*, „nicht nur deutlich machen, daß dieses Paradigma mit den historischen Projekten der Anderen vereinbar ist, sondern auch, daß es für die großen Herausforderungen des sozialen Ausschlusses und der kulturellen Kolonialisierung relevant ist." Die geneigte Leserin und der geneigte Leser mögen prüfen, ob dies in und mit den verschiedenen Beiträgen dieses Bandes gelungen ist.

Essen und Mülheim, im Juni 1997

Andreas Lienkamp
Dozent
Die Wolfsburg

Christoph Lienkamp
Grundsatzreferent
Adveniat

ERSTER TEIL

HERMENEUTISCHE VERGEWISSERUNG

ARIJ A. ROEST CROLLIUS SJ

Die ethnologisch-religionswissenschaftliche und missionstheologische Diskussion um En- und Inkulturation

Wenn man über etwas reden möchte, ist es gut, daran zu denken, daß - wenn es nicht gerade ein Gedicht ist, das man vortragen will - reden immer „mitreden" ist. Man steigt in eine Diskussion ein. Darum muß man die Sprache der Mit-einander-Redenden-und-einander-Zuhörenden verstehen. In diesem einführenden Beitrag versuchen wir, in die Debatte über Inkulturation einzusteigen. Es geht dabei um Begriffserklärungen, um einige Arbeitsdefinitionen und um eine historische Einordnung des rezenteren Inkulturationsgesprächs. Wir fangen an mit einigen ganz einfachen Fragen, aber wir werden wohl nicht umhinkommen, einige ethnologische, religionswissenschaftliche und missionstheologische Themen näher zu betrachten.

I. Wann begann man von Inkulturation zu reden?

Auf eine einfache Frage bekommt man eine einfache Antwort: Genau 1975 hat der Terminus *Inkulturation* in der missionstheologischen Diskussion Bürgerrecht erworben. Natürlich gab es das Wort vorher schon, auch in missionstheologischem Sinne. In diesem Sinne wurde es zum ersten Mal auf französisch gebraucht, und zwar während der 29. Missiologischen Woche (*Semaine missiologique*) 1959 in Löwen. Thema der Tagung war: „Mission und nicht-christliche Kulturen". Zuvor wurde der Terminus schon 1953 von *Pierre Charles* verwendet, aber damals eher im ethnologischen oder anthropologischen Sinne.

1975 kam also *Inkulturation* ans Tageslicht, oder besser: *inculturation*, auf Englisch. Dies geschah anläßlich zweier unterschiedlicher Ereignisse: die 32. Generalkongregation der *Gesellschaft Jesu*, die am 7. März zu Ende ging, und später im Jahr der „Internationale Wissenschaftliche Missiologie-Kongreß", der vom 5. bis 12. Oktober stattfand.

Während der Generalkongregation der Jesuiten hatte sich eine Gruppe gebildet, um ein Dokument über Kultur und Glaube vorzubereiten. Man wollte verschlissene Ausdrücke wie *Adaptation* und *Akkomodation* vermeiden, und es zeigte sich eine Vorliebe für das Wort *Akkulturation*. Nun war glücklicherweise auch einer in diesem Gremium, der etwas über kulturelle Anthropologie gelesen hatte. Er wies darauf hin, daß der Terminus *Acculturation* (engl.) eigentlich schon „belegt" war, und zwar als ein geläufiger Fachausdruck in der kulturellen Anthropologie, als amerikanisches Äquivalent des englischen *Culture Contact*. *Akkulturation* meint also die Begegnung von Gruppen oder Personen, die zu unterschiedlichen Kulturen gehören und die Prozesse, die dadurch in Gang gesetzt werden wie Absorption, Assimilation, Bildung einer neuen Mischkultur oder Übernahme von Elementen der Kulturen (engl. *culture borrowing:* d.h. „Kultur-Anleihe"). Mit diesem letzten Phänomen haben fast alle Kulturen heute zu tun. Und da sich das Evangelium oder die christliche Botschaft nicht als eine Kultur darbietet, sei dieser Terminus nicht als geeignet anzusehen. Darum hat man vorgeschlagen, den von *Melville J. Herskovits*[1] gebildeten Terminus *enculturation* in analoger Weise zu übernehmen, weil damit eben jener Prozeß bezeichnet wird, bei dem ein Individuum in seine Kultur eintritt und die Fähigkeit erwirbt, sich in dieser Kultur auszudrücken. So könnte man diesen Terminus auch anwenden auf den Prozeß, bei dem eine Ortskirche in die Kultur ihres Volkes eintritt und die Fähigkeit erwirbt, sich in dieser Kultur auszudrücken. Das englische Wort wurde in der Generalkongregation dann auf lateinisch übersetzt und wurde zu *inculturatio,* das dann wiederum als *inculturation* und *Inkulturation* in die verschiedenen Sprachen zurückübersetzt wurde.

Etwas ähnliches geschah auf dem missiologischen Kongreß im Oktober 1975. Ein ursprünglich auf Deutsch verfaßtes Referat eines Jesuiten aus Japan sprach von *Einkulturierung,* das dann auf Englisch mit *inculturation* übersetzt wurde.

Damit hat der Terminus debütiert, der bis heute noch nicht aus der Diskussion gewichen ist, besonders nachdem *Papst Johannes Paul II.* das Wort in einer Ansprache an die päpstliche Bibelkommission verwendet hat: „.... der Ausdruck 'Akkulturation' oder 'Inkulturation' (ist) ... zwar eine sprachliche Neubildung, bringt jedoch sehr deutlich die einzelnen Elemente des großen Geheimnisses der Inkarnation zum Ausdruck."[2] Dieser Passus wurde in dem Apostolischen Schreiben *Catechesi tradendae* vom Oktober 1979 übernommen, und damit ist der Terminus auch in den weiteren kirchlichen Sprachgebrauch gekommen (*CT* 53). Soweit die Geschichte dieses Begriffs. Aber jetzt müssen wir uns fragen: Was ist damit eigentlich gemeint? Was wird nun eigentlich inkulturiert?

---

[1] *Melville J. Herskovits*, Man and His works, 1952.
[2] 26.3.1979: AAS 71 (1979) 606-609, hier 607.

II. Was bedeutet Inkulturation?

Es ist kaum bemerkt worden, daß schon 1974 die asiatischen Bischöfe von einer „inkulturierten Kirche" sprachen. Das war auf einer Versammlung der FABC (Föderation der Asiatischen Bischofskonferenzen) in Taipeh: „Die Ortskirche ist eine Kirche, die in ihrem Volk inkarniert ist, eine Kirche sowohl 'eingeboren' (*indigenous*) als auch inkulturiert. Und dies heißt konkret, eine Kirche in einem fortwährenden, bescheidenen und liebenden Dialog mit allen lebendigen Traditionen, mit den Kulturen, den Religionen, kurz, mit allen Lebensbedingungen des Volkes, wo sie tief Grund gefaßt hat und dessen Geschichte und Leben sie mit Freude zur eigenen macht."[3] Hier ist wohl der richtige Akzent gesetzt. Es ist nicht eine Lehre, die „inkulturiert" wird, oder „Werte" des Evangeliums, sondern es geht um eine Ortskirche, die im Dialog mit den Kulturen ihrer Umgebung lebt und so immer mehr zur „Ortskirche" wird.

Dieser Prozeß hört nie auf. Und das aus zwei Gründen. Einmal ist die christliche Erfahrung einer Kirche in fortwährender Entfaltung, da diese aus dem unendlichen Reichtum des göttlichen Geistes lebt, und zum anderen sind die kulturellen Gegebenheiten eines Volkes auch in einer andauernden Entwicklung, wobei endogene und exogene Faktoren eine Rolle spielen.

Wir müssen aber noch näher fragen: Um welchen Dialog handelt es sich hier? Wer führt diesen Dialog? Die Antwort hängt von der kirchlichen Situation ab. Ganz am Anfang kommt die Präsenz der Kirche „von außen". Alle empfangen wir die Frohbotschaft „von anderen". Und in diesem Anfangsstadium geht es um ein „Gegenwärtigwerden" der Kirche in einer neuen „kulturellen Situation". Die christliche Botschaft und ihre Glaubens- und Lebenserfahrung versuchen, sich in einer neuen Sprache, in neuen Gesten und Symbolen auszudrücken. Es ist eine Zeit der „Übersetzung". Allmählich fühlt sich die christliche Gemeinde in den kulturellen Gegebenheiten mehr zu Hause. Dann fängt der eigentliche Dialog an. Die christliche Erfahrung durchdringt immer mehr die Kultur der Gesellschaft, wovon die Ortsgemeinde einen Teil ausmacht. Und diese Kultur mit ihren Werten, Normen und Traditionen will auch von der christlichen Gemeinde verstanden, geschätzt und angenommen werden. Es ist eine Zeit der Unterscheidung und der Auseinandersetzung. Als Frucht dieses oft mühsamen Dialogs kann es dann zu einer neuen kulturellen Synthese kommen, wenn eine gegebene Kultur tief von christlichen Werten durchdrungen ist und, wenigstens für eine gewisse Epoche, einen für die christliche Erfahrung geeigneten „Lebensraum" bietet. Diese neue kulturelle Synthese ist nicht nur eine Bereicherung für die Kultur des Volkes, in der die Ortskirche lebt, sondern sie bietet auch für die Gesamtkirche eine neue Weise, das Christsein zu ver-

---

3 His Gospel to Our Peoples, Manila 1976, II 332.

stehen und zu leben. Es sei aber angemerkt, daß sich diese Gleichgewichts-
momente äußerst selten zeigen, sie also eher als „Grenzbegriff" aufgefaßt
werden können, als ein Ideal, das immer neu Verfeinerung und Einsatz erfordert.

Drei Momente sind also im Prozeß der Inkulturation zu unterscheiden:
(1) Präsenz oder Begegnung, (2) Auseinandersetzung und Unterscheidung,
(3) eine neue Synthese, die sowohl örtlich als auch weltweit von Bedeutung
ist. Diese drei Momente sind nicht in einer klaren Reihenfolge zu sehen,
sondern sind eher gleichzeitige Vorgänge, wobei einmal dieses Moment,
dann wieder ein anderes überwiegt.

Hiermit haben wir schon eine erste „Arbeitsdefinition" der Inkulturation:
*Inkulturation ist die Realisierung der christlichen Glaubens- und Lebenserfahrung
in einer Kultur auf solche Weise, daß diese Erfahrung sich nicht nur in Elementen
dieser Kultur ausdrückt* (Übersetzung), *sondern in dieser Kultur auch zu einem
Faktor wird, der orientiert und erneuert* (Unterscheidung) *und so beiträgt zu einer
neuen Gemeinschaft, nicht nur in der betreffenden Kultur, sondern auch als Bereicherung für die Weltkirche* (Synthese).

Vom Standpunkt der Missionswissenschaft wäre noch zu verdeutlichen,
daß dieser Prozeß anfangs von meist ausländischen Glaubensboten mitbestimmt wird und, da Kirche, wo immer es sie gibt, Mission ist, auch von
Mitgliedern der Ortskirche bald anderswo durch die von ihr gesandten
Glaubensboten weitergeführt wird.

Vielleicht wird mit dieser Beschreibung allmählich deutlich, daß es im
Prozeß der Inkulturation nicht um einen Dialog zwischen Glaube und Kul-
tur geht, als ob es einen Glauben gäbe in einem „kultur-freien" Raum. Dia-
log geschieht zwischen Menschen, und Menschen, auch Gläubige, „haben"
Kultur. Nun wird es allmählich Zeit, das Verhältnis zwischen Glaube und
Kultur näher zu betrachten.

Vorher aber geben wir noch eine andere „Arbeitsdefinition" des inkulturativen Prozesses: *Inkulturation bezieht sich auf die bedeutsame, „signifikative"
Präsenz der christlichen Erfahrung in der Kultur des Volkes, in der die Kirche lebt.
Diese signifikative Präsenz kommt mittels eines Dialogs zustande, wobei die christliche Gemeinschaft die kulturellen Werte des eigenen Volkes übernimmt, diese Werte
in christlichem Sinne weiterentwickelt und sie zu einer universelleren Kommunion
führt und dadurch der Botschaft und der Realität Form gibt, deren Zeichen und
Präsenz die Kirche zu sein berufen ist.*

III. Ist der christliche Glaube eine Kultur?

Die einfache Antwort lautet: Nein, der christliche Glaube ist keine Kultur,
aber es gibt ihn nicht ohne Kultur. Und der Grund hierfür ist: Glaube hängt
nicht in der Luft, sondern ist Glaube von Männern und Frauen, von Jungen
und Alten. Und Menschen haben nicht nur Kultur, sondern sie sind Kultur.
Da braucht man nicht komplizierte Definitionen von Kultur. Sobald der

Mensch sich bewegt, bringt er Kultur hervor und wird zur Kultur. Kultur besagt zweierlei: Es ist vermenschlichte Welt, d.h. was der Mensch schafft, indem er in der Welt arbeitet und lebt, und es ist auch, was der Mensch lernt, indem er die Welt nach seinem Bild umformt. Und dieser Mensch lebt in Geschichte und Gesellschaft. So besteht auch Kultur aus Geschichte und Gesellschaft. Kultur, Geschichte, Gesellschaft: nur da gibt es Glaube, da wird Glaube gelebt und übertragen. Die christliche Glaubens- und Lebenserfahrung ist daher immer schon inkulturiert. Und diese immer schon vorgegebene Inkulturation ist nicht etwa ein beliebiges Kleid, das die christliche Erfahrung ablegen kann, um ein neues anzuziehen. Es gibt in der Inkulturation Kulturelemente, die veränderlich sind, aber es gibt auch jene, die so mit der Heilsgeschichte und mit der kirchlichen Gemeinschaft verknüpft sind, daß diese Geschichte und Gemeinschaft ohne sie undenkbar sind. Die jüdisch-christliche Offenbarung hat in einigen ganz bestimmten, besonderen Sprachen stattgefunden und wird in den kulturellen Formen dieser Sprachen weitergegeben. *Jesus von Nazareth* ist Jude und nicht ein „überkulturelles" Wesen. Die Sakramente der Kirche sind an gewisse kulturelle Formen gebunden. Die Dogmengeschichte hat mit kultur-bestimmten Denk- und Sprachsystemen zu tun. Das alles ist Ausdruck der göttlichen *synkatabasis*, des Hinabsteigens („Kondeszendenz") Gottes, um den Menschen entgegen zu gehen.

Man kann es nicht oft genug wiederholen: Inkulturation ist nicht die Partikularisierung eines abstrakten, universellen Christentums in eine besondere Kultur, sondern es ist die spezifische, singuläre Wirklichkeit *Jesu Christi*, des Auferstandenen, dem alle Macht gegeben ist und der Herr der Geschichte ist und der die Kraft und den Auftrag hat, „alle an sich zu ziehen", alle in sich selbst verschlossenen Partikularkulturen einzuladen, sich zu öffnen und einzutreten in eine neue Gemeinschaft, die einen Namen hat und eine Geschichte und einen immer wachsenden Schatz von Kulturen: das Volk Gottes, von ihm zusammengerufen und auf die endgültige Begegnung mit ihm hinlebend. In diesem Zusammenhang zeigt sich auch, daß die Analogie mit der *Inkarnation* unzulänglich ist, ja sogar irreführend sein kann. Darüber mehr, wenn wir auf die verschiedenen Paradigmen zu sprechen kommen, die helfen können, den Vorgang der Inkulturation zu überdenken. Jetzt aber werden wir versuchen, den Prozeß der Inkulturation genauer zu analysieren.

IV. Der Prozeß der Inkulturation

Eine erste Distinktion hilft beim Überdenken dieses Prozesses. Wir unterscheiden - ohne zu trennen - zwischen Inkulturation *ad intra* und Inkulturation *ad extra*. Wir haben schon gesehen, daß einerseits in der Inkulturation die Kirche Elemente der Kultur des Volkes, in dessen Mitte sie Wurzel gefaßt hat, übernimmt („Inkulturation *ad intra*") und andererseits in dieser

Kultur eine erneuernde, schöpferische Kraft ist („Inkulturation *ad extra*"). *Ad intra* und *ad extra* sind wie zwei Aspekte eines identischen Prozesses. Indem die Kirche ihre Glaubens- und Lebenserfahrung auf immer verständlichere Weise in einer Kultur darstellt, lebt und ausdrückt, ist sie auch mehr imstande, diese Erfahrung in dieser Kultur wirksam mitbestimmend eine Rolle spielen zu lassen. Bei der Inkulturation *ad intra* ist die Glaubensgemeinschaft der Ortskirche eher rezeptiv, indem sie Elemente der Kultur übernimmt. In der Inkulturation *ad extra* verhält sich die Kirche mehr aktiv, indem sie zur Kulturgestaltung beiträgt. Es ist diese Komplementarität, die im Dokument von Santo Domingo unter Verweis auf die Enzyklika *Redemptoris missio* (52) ausgedrückt wird: „Durch die Inkulturation macht die Kirche das Evangelium in den verschiedenen Kulturen lebendig und führt zugleich die Völker mit ihren Kulturen in die Gemeinschaft mit ihr ein und überträgt ihnen die eigenen Werte, indem sie aufnimmt, was in diesen Kulturen an Gutem ist, und sie von innen her erneuert." (*Santo Domingo* 230)

1. Inkulturation *an intra*

Für die Inkulturation *ad intra* sind folgende Gebiete oder Aspekte des Lebens der christlichen Gemeinschaft besonders relevant:

1. An erster Stelle müßte man wohl die Rezeption und Weitergabe der heiligen Schriften erwähnen. Eine Bibelübersetzung ist ein interkultureller Vorgang erster Ordnung. Indem göttliche Rede sich in neuen Worten ausdrückt und in eine neue Sprache mit ihrer eigenen Literatur eintritt, erhält sie auch eine neue Resonanz. Dies um so mehr, wenn die Sprache und Literatur auch von religiösen Traditionen mitbestimmt ist. Und wo ist dies nicht der Fall? (Hier stoßen wir auf das Verhältnis der Inkulturation zum interreligiösen Dialog. Es ist vielleicht eine Lappalie, aber es kommt mir vor, daß Inkulturation nicht vom interreligiösen Dialog wegzudenken ist. Aber, wie schon einmal gesagt worden ist, „*tout tient à tout*".)

2. Ein zweites Gebiet dieser Inkulturation *ad intra* wäre die Liturgie. Hier hat das II. Vatikanum einen unumkehrbaren Schritt gemacht: die Freiheit, lateinische Liturgie in andere Sprachen zu übersetzen und diese von den Gremien des Heiligen Stuhls überprüften Übersetzungen im Kultus zu verwenden. (In den nicht-lateinischen Riten war dieser Brauch schon seit langem selbstverständlich.) Es ist deutlich, daß eine Sprache mehr ist als eine „Simultanübersetzung" (sosehr wir auch dankbar sind für die Arbeit jener, die uns während dieses Symposiums beim gegenseitigen Verstehen behilflich sind). Sprache ist eine Weise des In-der-Welt-Stehens-und-Gehens. Und da kommen Symbole, Gesten, Tonarten, Farben und noch vieles andere dazu. Wir erleben jetzt eine Pluralisierung der Liturgie, deren Horizont nicht zu überblicken ist.

3. Natürlich ist die Ethik immer ein heikler Punkt. Es gibt in jedem Volk gewisse Gewohnheiten, die nicht mit den Normen des Alten und Neuen

Bundes übereinstimmen. Wesentlicher Punkt ist hier das Gebot, das alles zusammenfaßt, was Gesetz und Propheten gesagt haben. Und damit ist auch eine Prioritätenskala der ethischen Werte und Normen gegeben. Besonders auf diesem Gebiet, im Brennpunkt von sich wandelnden ethischen Auffassungen, ist der Dialog mit der christlichen Glaubenserfahrung der Ortskirche, in Einheit mit der Ökumene des gesamten Volkes Gottes, ein fortwährender Prozeß.

4. Eng verbunden mit den ethischen Werten, aber auch ihren eigenen Gesetzmäßigkeiten gehorchend, ist die in einer Kultur eingebettete Sozialstruktur, die auch das Zusammenleben von Christen untereinander und innerhalb der Gesamtgesellschaft beeinflußt. Da gibt es nicht nur einen negativen Einfluß, wie es mit Kasten und Klassen der Fall sein kann und der schon in den apostolischen Zeiten kritisiert wurde, sondern es kann auch gewisse Formen von „Basisgruppen" geben, die zum Aufbau der christlichen Gemeinde beitragen können, wie auch Familienstrukturen dazu hilfreich sein können.

5. Auch Kirchenordnung und Disziplin sind hier zu erwähnen, wie auch im Konzilsdokument *Ad gentes* gesagt wird, wonach „der Glaube ... durch entsprechende kirchliche Gesetzgebung Eingang in die wertvollen Einrichtungen und Gepflogenheiten des Landes" findet (*AG* 19). Es sei bemerkt, daß im *Codex* von 1983 wenig von Inkulturation die Rede ist.

6. Natürlich ist hier auch die Theologie zu erwähnen, deren Inkulturation in den verschiedenen Ortskirchen im Zweiten Vatikanischen Konzil hoch gepriesen wird. So sagt das Dekret über den Ökumenismus: „Daher darf es nicht wundernehmen, daß von der einen und von der anderen Seite bestimmte Aspekte des offenbarten Mysteriums manchmal besser verstanden und deutlicher ins Licht gestellt wurden, und zwar so, daß man bei jenen verschiedenartigen theologischen Formeln oft mehr von einer gegenseitigen Ergänzung als von einer Gegensätzlichkeit reden muß." (*UR* 17) Es wäre aber nicht ganz unnützlich, in Betracht zu ziehen, daß das, was man gewöhnlich unter „Theologie" versteht, eine Art „Endprodukt" eines langen Prozesses ist. Theologie ist für Menschen, die die Zeit haben, „Theologie zu studieren". Aber diese Theologie fängt ganz einfach an mit Katechese und mit Predigt. Wenn Bischöfe predigen, wird es schon bald „Theologie" genannt. Vergessen wir aber nicht die Arbeit der Eltern, der Katecheten, der Volksschullehrer. Auf diesem *Humus* wächst die Theologie, und darum findet Inkulturation der Theologie auf dieser Ebene statt, und nicht so sehr in „Theologischen Zeitschriften".

Daß der Einfluß der kulturellen Traditionen des Volkes hier von großer Bedeutung ist, wird in *Ad gentes* deutlich gesagt: „Aus Brauchtum und Tradition ihrer Völker, aus Weisheit und Wissen, aus Kunststil und Fertigkeit entlehnen sie [die jungen Kirchen] alles, was beitragen kann, die Ehre des Schöpfers zu preisen, die Gnade des Erlösers zu verherrlichen, das Christenleben recht zu gestalten. Um dieses Ziel zu verwirklichen, muß in jedem sozio-kulturellen Großraum die theologische Besinnung angespornt werden, die im Licht der Tradition der Gesamtkirche die von Gott geoffenbarten Taten und Worte, die in der Heiligen Schrift aufgezeichnet sind und von Kirchenvätern und Lehramt erläutert werden, aufs neue durchforscht. So wird man klarer erfassen, auf welchen Wegen der Glaube, unter Benutzung der Philosophie und der Weisheit der Völker, dem Verstehen näher kommen kann und auf welche Weise die Gepflogenheiten, die Lebensauffassung und die soziale Ordnung mit dem durch die göttliche Offenbarung bezeichneten Ethos in Einklang gebracht werden können." (AG 22)

7. Um die Zahl Sieben vollzumachen, wäre hier noch die Spiritualität zu erwähnen - und nicht nur aus diesem Grund. Spiritualität ist Glaubenserlebnis und Glaubensdialog. In fast allen religiösen Traditionen haben religiöse Erfahrungen mit religiöser Lehre auf gespanntem Fuß gelebt. Es kommt einem fast so vor, als ob dies in Kauf zu nehmen sei. Das II. Vatikanum hat hierüber ganz deutliche Dinge gesagt, die man an Ort und Stelle nachlesen kann. In diesem „praktischen" Dialog gilt, dürfte man sagen, *quantum potes tantum aude*: „Wage soviel Du kannst". Höchstwahrscheinlich ist die Inkulturation auf dieser Ebene eine der wichtigsten Komponenten des Inkulturationsprozesses, besonders auch, wenn man die Volksfrömmigkeit in Betracht zieht. Dieses Gebiet wird wenig studiert, und es passieren hier ziemlich große Dummheiten.

Mit diesen sieben Gebieten der Inkulturation *ad intra* sehen wir, daß sich ein eher „pluralistisches" Kirchenbild entwickelt. Für die Ostkirchen ist das schon immer so gewesen. Und dieser Pluralismus wird im II. Vatikanum gepriesen, ist aber wenig von den Hirten anderer Ortskirchen zum Vorbild genommen worden, wie es doch *Papst Paul VI.* empfohlen hat: „Gerade in den Ostkirchen findet man das pluralistische Modell historisch vorweggenommen und völlig in seiner Richtigkeit demonstriert, so daß die modernen Forschungen, die darauf hinarbeiten, die Beziehungen zwischen Frohbotschaft und den menschlichen Kulturen, zwischen Glaube und Kultur, zu untersuchen, in diesen ehrwürdigen Kirchen bezeichnende Vorwegnahmen konzeptueller Gerüste und konkreter Formen bezüglich des Begriffspaars Einheit und Verschiedenheit antreffen."[4]

2. Inkulturation *ad extra*

Diese Dynamik ist fast identisch mit der „Evangelisierung der Kulturen", die schon in *Evangelii nuntiandi* erwähnt wurde. Wir werden nicht wiederholen, was schon von anderen gesagt wurde, sondern uns auf (wiederum) sieben Gebiete oder Aspekte des Inkulturationsvorgangs beschränken, die

---

[4] Paul VI., Ansprache anläßlich der Vierhundertjahrfeier des Griechischen Kollegs in Rom (30.4.1977), in: AAS 69 (1977) 343-348, hier 345.

für diesen nach auswärts gerichteten Aspekt der Inkulturation ziemlich wesentlich zu sein scheinen.

1. An erster Stelle wäre die Sprache zu erwähnen. Bibelübersetzungen haben in jedem Land die Sprache beeinflußt. Besonders in Deutschland braucht man darüber nicht viel zu sagen. Es sei aber auch daran gedacht, daß in vielen Sprachen, wo Schrift und Druck erst seit kurzem eingeführt sind, die Bibel für die Formgebung der Sprache maßgebend ist.

2. Die Kunst in ihren vielen Erscheinungen ist auch von der Entfaltung christlichen Lebens in einem Volke auf erstaunliche Weise bereichert. Sind nicht Liebe und Glaube die zwei Quellen, woraus Kunst entspringt, erweckt von den Träumen der Hoffnung?

3. Es wäre fast besser, zu schweigen als zu wenig zu sagen von dem dritten Gebiet, wo die Inkulturation *ad extra* einen unübersehbaren Auftrag hat: die ethischen Werte, Normen und Verhaltensweisen. Ich vermute aber, daß dieser Aspekt noch in anderen Beiträgen ausführlich zur Sprache kommen wird.

4. Wenn wir von gesellschaftlichen Auswirkungen der Präsenz einer lebendigen, christlichen Gemeinde innerhalb einer Kultur reden, hat die Sache der sozialen Gerechtigkeit eine Priorität. Sie kann nicht auf „ethische Werte" reduziert werden. Es geht dabei um die Identität des Christentums und um die Authentizität christlicher Erfahrung.

5. Damit kommen wir auf einen zentralen Punkt des interkulturellen Dialogs zu sprechen, mittels dessen der Inkulturationsprozeß sich vollzieht: die Verdeutlichung des menschlichen Selbstverständnisses, die Suche nach der eigenen (individuellen und kollektiven) Identität, die immer genauere und reichere Bestimmung des authentischen Menschenbildes. Religionen haben hier schon immer einen wesentlichen Beitrag geleistet. Für die christliche Glaubenserfahrung gilt im besonderen die Überzeugung, daß „sich nur im Geheimnis des fleischgewordenen Wortes das Geheimnis des Menschen wahrhaft auf[klärt]" und daß „*Christus* dem Menschen den Menschen selbst voll kund[macht]" (*Gaudium et spes* 22). Der Entwurf dieses Menschenbildes ist - ungleich dem Versuch, sich auf einen gemeinsamen und theoretischen Nenner zu einigen - eher eine praktische Herausforderung, bei der Wissenschaft und Kunst, Religionen und Ideologien eingeladen sind, das Beste, das sie besitzen oder zu realisieren imstande sind, beizutragen.

6. Ein Beitrag zur Gestaltung der Kultur, der besonders von der katholischen Kirche erwartet wird, ist die Öffnung, die mit dem Prinzip „Katholizität" gegeben ist. Hierdurch wird jede Kultur eingeladen, sich anderen zu öffnen, eigene Grenzen zu überschreiten und in einen immer umfassenderen Dialog einzutreten. Selbstverständlich ist auch hier der Religionsdialog von großer Bedeutung, besonders mit Vertretern universeller Religionen, wie Buddhismus und Islam.

7. Zu guter Letzt wäre hier auch die kritische Funktion der christlichen Glaubenserfahrung innerhalb einer Kultur zu erwähnen. Diese Kritik, die sogar die Form einer kulturellen Revolution annehmen kann, ist vor allem auf zwei Wirklichkeiten gegründet: auf die Transzendentalität jeder menschlichen Person (und damit auf die Transzendenz Gottes) und auf den Absolutheitsanspruch einer bedingungslosen Liebe.

Mit diesen sieben Hauptanliegen der Inkulturation *ad extra* sind auch die wesentlichen Züge jener „Kultur der Liebe" angedeutet, deren Aufbau und Entwicklung von der Gesamt-Lateinamerikanischen Bischofskonferenz in Santo Domingo besonders der Jugend anvertraut wird und woran auch alle Bewohner des Kontinents, in *der Botschaft an die Völker Lateinamerikas und der Karibik* mitzuarbeiten aufgerufen werden.

V. Warum redet man heute so viel von Inkulturation?

Das Symposium, an dem wir gerade teilnehmen, ist schon ein Zeichen dafür, daß Inkulturation eine wichtige Sache ist. Aber war das früher nicht so? Inkulturation hat es doch immer gegeben. Man könnte die ganze Kirchengeschichte als eine Geschichte der Inkulturation schreiben. Es gibt aber einige Gründe dafür, warum jetzt das aktive und gegenseitige Verhältnis zwischen christlicher Glaubens- und Lebenserfahrung einerseits und der kulturellen Vielfalt der Menschheit andererseits für die Zukunft der Kirche und ihre Sendung besonders wichtig ist. Auf einige dieser Gründe möchte ich hier kurz zu sprechen kommen:

1. An erster Stelle sei hier die Vielfalt der Kulturen erwähnt, die zunehmend das einzelne menschliche Bewußtsein berührt. Diese Vielfalt ist ein Reichtum. Aber sie kann auch dazu führen, daß es jemandem schwerfällt, Hilfreiches von Nutzlosem oder sogar Schädlichem zu unterscheiden. Im allgemeinen haben Religionen stabilere Traditionen, und sie können jemandem in der Verwirrung Halt bieten. Andererseits kann es auch innerhalb einer religiösen Tradition schwierig sein, jene kulturellen Werte und Formen der bunten kulturellen Landschaft zu wählen, die mehr mit ihrer Identität und Sendung übereinstimmen. Es ist deutlich, daß auf diesem Gebiet auch dem interreligiösen Dialog eine wichtige Rolle zukommt.

2. Ein anderer Faktor, der das Gespräch über Inkulturation aktuell macht, ist das Bewußtsein der mannigfaltigen Interdependenz menschlicher Strukturen und Gesellschaftsformen, die oft kulturell geprägt sind.

3. Das Phänomen der Migrationen hat in Gesellschaften, die vor kurzem - soweit es um Kultur geht - noch einen ziemlich einheitlichen Eindruck vermittelten, eine neue Situation geschaffen, die auch für die Sendung der Kirche eine Herausforderung darstellt. Hiermit ist der Prozeß der Urbanisation eng verbunden. Es dürfte wohl zutreffen, daß die größte kulturelle Kluft nicht etwa zwischen den verschiedenen Kontinenten, sondern zwischen Stadt- und Landbevölkerung besteht.

4. Auch ohne Migrationen ist fast jeder Mensch heutzutage dem Eindruck anderer Kulturen ausgesetzt, wobei die Medien eine wichtige Rolle spielen.

5. Für die katholische Kirche ist hier der Effekt des II. Vatikanums zu erwähnen, wo, in gewissem Sinne, die Kultur und ihre Vielfalt im kirchlichen Sprachgebrauch und Bewußtsein „entdeckt" wurden. Der Gründung des Päpstlichen Rates für Kultur (1982) ist in diesem Kontext auch eine Bedeutung beizumessen.

6. Der Einfluß des II. Vatikanums geht aber weiter als die Kultur, wie auch die Inkulturation nicht nur mit „Kultur" im engen Sinne zu tun hat. Es geht bei Inkulturation um eine Verhaltensweise gegenüber Personen und Gruppen, die „verschieden" sind. Und das Zweite Vatikanische Konzil kann auch als die „Entdeckung und Anerkennung des anderen als anderen" betrachtet werden. Die Folgen für das christliche Bewußtsein in Ökumene, Religionsdialog und Umgang mit Nichtgläubigen sind unübersehbar.

7. Ein letzter Faktor, der das Verhältnis zwischen Glaube und Kultur so aktuell macht und der mit den obengenannten zusammenhängt, ist das „Supermarkterlebnis", bei dem eigentlich nicht mehr so wichtig ist, was man wählt. Neuheit, Verpackung und Preis sind oft bestimmender als der Inhalt. Namen, Farben und Preise ändern sich ständig. Eine Person, die Einkäufe macht, wird immer skeptischer. Und so ist es auch um das Angebot von Kulturen und Religionen bestellt. Eine der wichtigsten Aufgaben einer inkulturativen Evangelisierung wäre es, sich mit der weitverbreiteten Skepsis auseinanderzusetzen, ohne jedoch fundamentalistisch zu verhärten.

VI. Paradigmen, um den Inkulturationsprozeß zu überdenken

Paradigmen im theologischen Diskurs sind nicht „Beweise", sondern Übungsmodelle, um eine Gegebenheit gewissermaßen intellektuell „durchzuexerzieren" und dadurch besser von verschiedenen Gesichtspunkten her zu verstehen. Jedes der folgenden Paradigmen kann Anleitung bieten zu einem eigenen Referat. Ich werde versuchen, es kurz zu halten und doch etwas mehr zu bieten als die „Inhaltsübersicht" eines möglichen Buches.

1. Die Schöpfung

Kultur hat es von Anfang an gegeben, als Gott Himmel und Erde schuf. Kultur ist Ordnung, *Kosmos*. Aus dem „wüsten und wirren" Tohuwabohu (Gen 1,2) wird ein Paradies, aus „Erde vom Ackerboden" (Gen 2,7) wird ein Mensch nach göttlichem Ebenbild. Gott ist ein „Landarbeiter" (*georgos*: Joh 15,1; vgl. Mt 15,13; 1 Kor 3,9). Das göttliche Wirken schafft Kultur, und indem es nach seinem eigenen Bild schafft, kann Gottes Werk Licht werfen auf das, was wir jetzt Inkulturation nennen.

2. Torah, das heißt „Unterricht"

Gott hat sein Kind, sein Volk, wie eine Mutter ernährt, wie ein Vater auf den
Schultern getragen und mit Weisheitsunterricht gespeist. Durch diese Unterrichtung ist das Volk in einen „Enkulturationsprozeß" eingetreten: Es hat
Neues gelernt, hat die Fähigkeit zur Neuschöpfung erworben und ist zu einem Licht für die Nationen geworden.

3. Gott redet in menschlichen Sprachen

Um sich den Menschen mitzuteilen, hat Gott nicht eine neue Sprache erfun-
den, sondern kulturelle Formen bestehender Sprachen benutzt. Damit haben
Worte und Sätze, Mythen und Lebensformen einen neuen Inhalt erhalten:
So haben sie auch eine weit über die Grenze eines Volkes hinausreichende
Bedeutung und Bestimmung bekommen. Die Analogie mit der Inkulturation ist deutlich. Besonders soll auch auf die Vielfalt von Sprachen in den
heiligen Schriften der jüdisch-christlichen Schrift-Offenbarung hingewiesen
werden sowie auf die Verknüpfungen mit anderen religiösen Traditionen,
die für den interreligiösen Dialog wohl maßgebend sind.

4. Jesus von Nazareth und die Kulturen seiner Zeit

Jesus ist als Jude geboren, aus dem Hause Davids, Sohn einer jüdischen Mutter, dem Gesetz unterworfen. Als Jude hat er gelebt, ohne sich den Menschen anderer Kulturen zu verschließen. Die universelle Bedeutung seines
Lehrens und Wirkens liegt nicht in einer imaginären Kulturlosigkeit, sondern in der grenzenlosen Liebe, die er den Seinen vorgelebt und als kenn-
zeichnenden Lebensweg und „neues Gebot" aufgegeben hat.

5. Die Menschwerdung Gottes und die Inkulturation

Menschwerdung ist zu verstehen als die ganze Heilsökonomie: von der In-
karnation und Geburt *Christi* bis zu seiner Erhöhung am Kreuz und in die
Herrlichkeit des Vaters. In der Herrlichkeit des Auferstandenen ist der
Mensch das, was Gott vorhatte, als er ihm im Anfang seinen Geist einhauch-
te. Im „Erstgeborenen der Toten" (Kol 1,18) hat die „neue Schöpfung" (2
Kor 5,17) ihren Ursprung: Der Mensch mitsamt seiner Welt wird nach dem
Bild dieses Erstgeborenen erneuert. Nur so ist eine Analogie zwischen In-
kulturation und Inkarnation sinnvoll.

6. Die Sakramente des Glaubens und die Neuschöpfung der Kultur

Die menschliche Kulturschöpfung hat angefangen mit Ackerkultur: Vorher gab es noch keinen, „der den Ackerboden bestellte" (Gen 2,5). Bekanntlich ist die Grundbedeutung des lateinischen *cultura* „Ackerbau" und erst im übertragenen Sinne das, was wir jetzt „Kultur" nennen. Für den christlichen Glauben ist die Kultur dazu bestimmt, in die „neue Schöpfung" überzugehen. Diese Transformation hat schon angefangen, nicht nur in der Erhöhung *Christi*, sondern auch in ganz einfachen Produkten der *agricultura*, des Akkerbaus. Ich meine hier jenes „Sakrament des Glaubens, in dem unter der Pflege des Menschen gewachsene Früchte der Natur [auf lateinisch ist es deutlicher: *naturae elementa ab hominibus exculta]* in den Leib und das Blut des verherrlichten Herrn verwandelt werden" (*Gaudium et spes* 38). *Realis praesentia* wird hier zum *theologumenon* für die wirkliche und endgültige Dynamik allen Strebens zur Inkulturation.

7. Von Babel zu Pfingsten: die Kirche als pluri-kulturelle Gemeinschaft

Bedarf dieses Paradigma noch einer Erklärung? Ist es nicht offensichtlich, daß die Verwirrung von Babel („denn dort hat der Herr die Sprache aller Welt verwirrt": Gen 11,9) am Pfingstmorgen in eine bunte, aber wirkliche Gemeinschaft verwandelt wurde („jeder hörte sie in seiner Sprache reden": Apg 2,6)? Die Kirche auf ihrer Pilgerfahrt durch die Geschichte ist diese „bunte Gemeinschaft". Vielfalt ist dem Ausdruck, dem Erleben und dem Verstehen der christlichen Frohbotschaft eigen. Wir haben nicht *ein* Evangelium, sondern vier Evangelien, und *Johannes* ist nicht *Matthäus*, wie *Paulus* nicht *Petrus* ist. Wir haben nicht *eine* Gemeindeordnung zum Zusammenfeiern und -leben, sondern verschiedene „Ordnungen ..., wie sie der Geistesart ihrer Gläubigen am meisten entsprechen und dem Heil der Seelen am besten dienlich sind" (*UR* 16). Wie *Papst Paul VI.* es sagte: „Die Kirche empfängt einen solchen Pluralismus als die Gliederung ihrer Einheit."[5]

VII. Dilemmata der Inkulturation heute

Eigentlich hätte ich in diesem Punkt sieben Dilemmata aufzeigen wollen. Ich erwähne nur eines, und sei es nur, um diese wichtige Frage nicht unter einem Deckmantel von Informationen zu verstecken. Wo und wie will die christliche Gemeinschaft sich inkulturieren? In der Welt der Institutionen, als eine mächtige Institution neben anderen, oder in der Welt der Armen und Machtlosen, als kleine Gruppen von Christen, die nicht viel mehr zu bieten haben als einen Glauben, eine Hoffnung, eine Liebe?

---

5 Ebd.

KARL GABRIEL

Ritualisierung in säkularer Gesellschaft

Anknüpfungspunkte für Prozesse der Inkulturation

I. Inkulturation zwischen Säkularisierungs- und Differenzierungsparadigma

Wer im europäischen Kontext von Inkulturation spricht, wird dies in der Regel auf der Folie der Vorstellung einer vorgängigen Exkulturation des christlichen Glaubens aus der modernen Kultur und Lebenswelt tun. Soziologen wie Theologen bedienen sich zur Beschreibung und Deutung dieses Exkulturationsprozesses in unterschiedlichen Varianten des Interpretaments der Säkularisierung. Die christliche Religion sei - so das Säkularisierungsparadigma - im Zuge gesellschaftlicher Modernisierung aus der modernen, entzauberten Kultur, aus der dominierenden Institutionenwelt, aus den relevanten Rollenrepertoires und Partizipationsformen vor Ort, wie auch aus den bestimmenden Kräften der Lebensführung exkulturiert worden[1]. Im Säkularisierungsparadigma - dies macht sein Spezifikum aus - werden Entwicklungen auf unterschiedlichen Ebenen zu einem einlinigen und irreversiblen Gesamtkomplex zusammengeschlossen.

Mit dem Rückgriff auf den Inkulturationsgedanken ist im Kontext des Säkularisierungsparadigmas die Vorstellung verbunden, das Christentum habe es im westlichen Europa mit einer ihm völlig fremd gegenüberstehenden, „säkularen" Kultur zu tun, in die es sich aufs neue zu inkulturieren habe.

Während das Interpretament der Säkularisierung schon begrifflich mit keinen oder nur marginalen Phänomenen des Religiösen und Christlichen im Raum der Gesellschaft rechnet, eröffnet ein Deutungsansatz, der von einer Ausdifferenzierung unterschiedlicher Sozialformen des Christentums im Modernisierungsprozeß ausgeht, die Chance zu einer differenzierteren

---

[1] Zu den angesprochenen vier Ebenen der Säkularisierung siehe: *Franz-Xaver Kaufmann*, Kirche und Religion unter den Bedingungen der Modernität, in: *Hans May/Karin Lorenz* (Hrsg.), Zukunft der Kirche - Nr. 2, Loccumer Protokolle 26/86, Loccum 1986, 3; zur neueren Empirie: *Wolfgang Jagodzinski/Karel Dobbelaere*, Der Wandel kirchlicher Religiosität in Westeuropa, in: *Jörg Bergmann/Alois Hahn/Thomas Luckmann* (Hrsg.), Religion und Kultur. Sonderheft 33 der Kölner Zeitschrift für Soziologie und Sozialpsychologie, Opladen 1993, 68-91.

Perspektive[2]. Das neuzeitliche Christentum differenziert sich - dies ist die Ausgangsthese - in drei unterschiedlichen Sozialgestalten aus, die auf jeweils verschiedenen Ebenen des Sozialen angesiedelt sind. Für die Moderne typisch ist zunächst die Konzentration des Christlichen auf die kirchliche Sozialgestalt. Die Sinngehalte des Christentums werden auf einen besonderen, als Kirche definierten Sozialzusammenhang hin erlebt und erfahren. Als christlich in seiner kirchlichen Gestalt erscheint ein explizit definierter Glaube und das Bekenntnis zu ihm, die symbolische und rituelle Darstellung und Feier dieses Glaubens und bestimmte Maximen und Muster der Lebensführung. Als kirchliche Religion findet das Christentum seinen Ort in einem umgrenzten Sektor des sozialen Lebens, wird durch eine bestimmte Organisation und ihre Repräsentanten zur Darstellung gebracht und erfährt sich als apart vom übrigen gesellschaftlichen Leben, von der Welt.

Die moderne, kirchliche Sozialgestalt des Christentums ist einerseits das Ergebnis einer langen Geschichte thematischer und sozialer Reinigungs- und Erneuerungsprozesse im Christentum selbst, angefangen von der päpstlichen Revolution des 12. Jahrhunderts bis zu den Erneuerungs- und Volksbewegungen des 19. Jahrhunderts zur Wahrung kirchlicher Selbständigkeit und Autonomie. Gleichzeitig gehört die „Verkirchlichung des Christentums"[3] in den Zusammenhang zweier folgenreicher gesellschaftlicher Differenzierungsprozesse. Zum einen ist sie Teil der Ausdifferenzierung eines eigenständigen Funktionssystems für Religion neben politischer Herrschaft, Wirtschaft, Familie und Wissenschaft etc. Zum anderen spiegelt sich in ihr das Hervortreten einer eigenständigen Ebene des Sozialen zwischen der Einbindung von Personen in unmittelbare Systeme wechselseitiger Interaktion und der Gesellschaft als allgemeinem Kommunikationszusammenhang, nämlich der Ebene der Organisation, wider. Im Unterschied zu Gesellschaft und Interaktion gilt für Organisationssysteme das Prinzip kontingenter Mitgliedschaft und selbstreferentieller Steuerung durch Entscheidungshandeln[4]. Beide Differenzierungsdimensionen machen darauf aufmerksam, daß die Sinngehalte des Christentums nicht auf die aparte Gestalt seiner kirchlichen Verfassung beschränkt gedacht werden können, sondern in zwei Richtungen über sie hinausweisen.

---

2   Siehe neuerdings: *Karl-Fritz Daiber*, Religion unter den Bedingungen der Moderne. Die Situation in der Bundesrepublik, Marburg 1995, 174-182; von unterschiedlichen Emergenzebenen des Christlichen hatte *Joachim Matthes* schon in den 60er Jahren gesprochen: Kirche und Gesellschaft. Einführung in die Religionssoziologie II, Reinbek 1968, 123-149; siehe auch: *Dietrich Rössler*, Grundriß der Praktischen Theologie, Berlin 1986, 81ff; *Karl Gabriel*, Differenzierung oder Säkularisierung? Zu Stellenwert und Funktion des Christlichen in der Gegenwartsgesellschaft, in: *Joachim G. Piepke* (Hrsg.), Evangelium und Kultur, Nettetal 1995, 69-80.

3   *Franz-Xaver Kaufmann*, Kirche begreifen. Analysen und Thesen zur gesellschaftlichen Verfassung des Christentums, Freiburg 1979, 100.

4   *Niklas Luhmann*, Die Organisierbarkeit von Religionen und Kirchen, in: *Jakobus Wösner* (Hrsg.), Religion im Umbruch, Stuttgart 1992, 245-285.

Die eine Richtung ist die von sowohl expliziten (z.b. christlicher Festkalender, christliche Symbole, christliche Wertorientierungen) als auch eher impliziten (z.b. Christliches in der religiösen Massenkultur und Zivilreligion) Elementen des Christlichen in den gesellschaftlichen Kulturmustern der modernen Gesellschaft[5]. Dabei bereitet die Identifizierung christlicher Ausdrucksformen im Raum der Gesellschaft typische Schwierigkeiten, weil sie leicht einfachhin als Ausweitungen der kirchlichen Sozialgestalt in die Gesellschaft hinein wahrgenommen werden. Die Kontraktion bzw. der Rückzug auf das explizit und bestimmt Christliche im Raum der Kirchen hinterläßt aber einen weiten kulturellen Raum des unbestimmt und diffus Christlichen in der Gesellschaft.

Mit seiner kirchlichen Verfassung ist in der Moderne aber nicht nur ein Überschreiten des Christlichen in den Raum der Gesellschaft mitkonstituiert, sondern auch eine Freisetzung der Individuen aus Strukturen einer kirchlich definierten Einheitskultur. Die christlichen Sinngehalte nehmen die Form von individuell geprägten Transformationsgestalten der christlichen Tradition an. Die persönliche Auswahl aus dem tradierten Glaubensgut wird zum durchgehenden Charakteristikum seiner modernen Sozialform[6]. Die Individualisierung des Religiös-Christlichen ist dabei strukturell bedingt und keineswegs nur Ausdruck eines möglicherweise spezifisch protestantischen Frömmigkeitsstils. Tief eingelassen in den Prozeß gesellschaftlicher Modernisierung wird die christliche Tradition für den einzelnen von einer schicksalhaften Vorgabe des Lebens zu einem Phänomen der Wahl selbstverantwortlicher Lebensführung. Der kirchlichen Bestimmung und kirchlich-theologischen Deutung des Glaubens und seiner Symbole steht die Lebenspraxis des einzelnen, sein Symbolisierungs- und Deutungsbedarf und seine Symbolisierungsleistungen notwendigerweise different gegenüber.

Im Kontext des Differenzierungsparadigmas wird in mehrfacher Hinsicht ein Verständnis von Inkulturation problematisch, das einen gewissermaßen kulturfreien Kern christlichen Glaubens annimmt, den es in eine moderne, säkularisierte, vom Christentum abgefallene Kultur neu zu inkulturieren gelte. Der christliche Glaube läßt sich nicht säuberlich von seinem kulturellen Kontext trennen[7]. So ist der Gedanke abwegig, aus der jüdisch-christlichen, abendländischen Tradition einen kulturfreien Kern christlichen Glaubens herausdestillieren und ihn dann in eine als fremd definierte moderne Kultur inkulturieren zu wollen. Inkulturation läßt sich im Rahmen des Dif-

---

5 *Rössler*, 81ff (Anm. 2).
6 *Volker Drehsen*, Wie religionsfähig ist die Volkskirche? Sozialisationstheoretische Erkundungen neuzeitlicher Christentumspraxis, Gütersloh 1994, 7ff; *Karl Gabriel*, Einleitung, in: *ders.* (Hrsg.), Religiöse Individualisierung oder Säkularisierung? Biographie und Gruppe als Bezugspunkte moderner Religiosität, Gütersloh 1996, 7ff.
7 *Giancarlo Collet*, Art. Inkulturation, in: NHThG II, 394-407.

ferenzierungsparadigmas als wechselseitige Interaktion und Begegnung von Teilkulturen begreifen, deren Auseinandertreten zu den typischen Merkmalen der modernen Kultur- und Gesellschaftsgeschichte gehört. Auf diesem Hintergrund bedeutet Inkulturation, daß die kirchlich geprägte Teilkultur sich in ein symmetrisches Beziehungsverhältnis zu den Sozialformen des eigenen Kulturraums bringt[8]. Inkulturation in diesem Sinne umfaßt eine doppelte Bewegung: zum einen Schritte der Begegnung, des Austausches, möglicherweise der Bekehrung der kirchlichen Glaubenspraxis hin zu dem, was außerhalb von ihr an Authentischem entstanden ist und sich entwickelt. Zum anderen aber auch die kritische Be-Glaubigung der Praxisformen der kulturellen Lebens- und Weltdeutung, wie sie sich aus der Bewältigung des Alltags entfalteter, moderner Gesellschaften heute ergeben. Aus der Verwendung des Begriffs Inkulturation folgt damit keineswegs, daß das Christentum nichts mit dieser säkularen Kultur zu tun hätte, auf die es sich im Bemühen um Inkulturation bezieht. Vielmehr trifft der christliche Glaube immer auch ein Stück weit auf sich selbst, wenn er nach Spuren des „Heiligen" in der „säkularen" Gegenwartsgesellschaft sucht. Als kirchlich verfaßter Glaube gehört zu seiner modernen Verfassung, daß er notwendig eine Differenz zur Kultur besitzt. So erst wird es ihm möglich, sich in ein symmetrisches, bestärkend-bejahendes wie kritisch-verneinendes Verhältnis zur modernen Kultur zu setzen. Das skizzierte Inkulturationsverständnis soll im folgenden am Beispiel von Ritualisierungen in der modernen Kultur erprobt werden.

II. Ritualisierungen in der Gegenwartsgesellschaft

Ritualisierungen menschlichen Handelns sind in der anthropologisch grundgelegten Struktur sozialen Handelns verankert. Es ist deshalb zu erwarten, daß auch in modernen, „säkularen" Gesellschaften Ritualisierungen Platz greifen. Es spricht vieles dafür, daß heute die „Ordnung der Rituale", wie *Hans-Georg Soeffner* sich ausdrückt, eine besondere, eher verdeckte, wenig durchschaute, nichts desto weniger bedeutsame Rolle spielt[9]. Rituale können als der „sichtbare Teil einer unsichtbar gewordenen 'modernen' Religion" betrachtet werden. Ritualisierungen lassen sich definieren als Formalisierungen und Stilisierungen menschlichen Handelns bzw. menschlicher Handlungsketten zu einem festgelegten und wiederholbaren Muster. Ritualisierte Handlungsmuster beziehen sich stets auf ein Symbolsystem. „Rituale sind ... der Handlungsmodus der Symbole", so *Thomas Luckmann*[10].

---

[8] Hier und im folgenden führe ich Gedanken weiter aus: *Karl Gabriel*, Ritualisierung in säkularer Gesellschaft. Anknüpfungspunkte für Prozesse der Inkulturation, in: StZ 212 Bd. 119 (1994) 3-13.

[9] *Hans-Georg Soeffner*, Die Ordnung der Rituale. Die Auslegung des Alltags 2, Frankfurt/M. 1992, 101ff.

[10] *Thomas Luckmann*, Die unsichtbare Religion, Frankfurt/M. 1991, 177.

Im Falle religiöser Ritualisierungen handelt es sich um ein Symbolsystem „letzter Relevanz", das im Ritual gewissermaßen ins „Werk gesetzt wird".

Mit Blick auf die Gegenwartsgesellschaft sind es vornehmlich zwei Bereiche des Alltagshandelns, die gewissermaßen selbstaktiv Ritualisierungen hervorbringen. Auf sie wird sich die folgende Analyse im Sinne eines exemplarischen Zugangs beschränken und damit weitere Felder von Ritualisierungen außer acht lassen[11]. Dies ist einmal der Bereich der persönlichen Identität und ihrer Sicherung sowohl im Längsschnitt der Biographie als auch im Querschnitt bruchstückhafter und widersprüchlicher gesellschaftlicher Anforderungen. Zum anderen massieren sich Ritualisierungen dort, wo es um den stets gefährdeten Bestand und die Stabilität von Gruppen und der Zugehörigkeit zu ihnen geht.

Der amerikanische Soziologe *Ervin Goffman* hat in detaillierten Analysen darauf hingewiesen, daß die Formen des Grüßens und Verabschiedens in der alltäglichen Begegnung einen rituellen Charakter besitzen[12]. Er betont, daß der in der rituellen Form sich ausdrückende Respekt hier dem Individuum, der Achtung des fremden wie des eigenen Selbst gilt. Zu den identitätsbezogenen Ritualisierungen der Gegenwartsgesellschaften gehören zweifellos Geburtstagsrituale, die heute mit dem obligaten Kindergeburtstag früh in der Biographie verankert sind. Hierher gehören aber auch die Ritualisierungen der identitätsgefährdenden Lebenswenden, der Ein- und Austritte, sowie der Statusübergänge. Mit der Schultüte am biographisch frühen und einschneidenden Übergang in die Schule wird auch hier ein lebensgeschichtlich früh einsetzendes Muster grundgelegt. Wenig untersucht sind bisher rituelle Praktiken, mit denen die Menschen den alltäglichen, ständigen Wechsel zwischen den unterschiedlich geprägten Lebensbereichen, wie etwa zwischen Beruf und Familie, zu bewältigen suchen. An so wenig Spektakuläres wie den obligaten Kleiderwechsel, das Stehbier mit den Kollegen vor dem Nachhauseweg oder die Lektüre der Tageszeitung wird man hier zu denken haben.

Es läßt sich resümieren, daß unter den gegenwärtigen Lebensbedingungen die biographisch-vertikale wie die horizontale Identitätssicherung ein bevorzugtes Feld von Ritualisierungen im Alltagshandeln darstellt. Der Hintergrund ist in gesellschaftsstrukturell erzeugten Individualisierungsprozessen zu suchen, die den Menschen einen einmalig hohen Grad individueller Lebensführung mit hohen Risiken und Gefährdungen der persönlichen Identität abverlangen[13]. Diese Einsicht ist noch um einen Grad zu verschärfen. In den Ritualisierungen um das mit hohen Autonomieansprüchen

---

[11] Zu weiteren Feldern wie den Massenritualen der Musikszene, zivilreligiösen Ritualisierungen und popularreligiösen Ritualen siehe: *Gabriel*, Ritualisierung, 7-10 (Anm. 8).

[12] *Ervin Goffman*, Das Individuum im öffentlichen Austausch, Frankfurt/M. 1974.

[13] Siehe als Übersicht: *Ulrich Beck/Elisabeth Beck-Gernsheim* (Hrsg.), Riskante Freiheiten. Individualisierung in modernen Gesellschaften, Frankfurt/M. 1994.

ausgestattete, um Autonomie ringende moderne Subjekt wird eine Dimension moderner, „unsichtbarer" Religiosität sichtbar, nämlich ihre Tendenz zur „Sakralisierung des Subjekts"[14].

Dies leitet zum zweiten Komplex über: den Ritualisierungen im Zusammenhang der Konstitution und Erhaltung von Gruppen. Selbstaktive Ritualisierungen um das Problem des Gruppenbestandes herum finden wir in dem weitverzweigten Netz unterschiedlicher Gruppenszenen. Die individualisierende Freisetzung aus traditionellen Lebenszusammenhängen führt heute zu vielfältigen Gruppen- und Szenenbildungen insbesondere innerhalb der Jugend. Auf dem Hintergrund besonders prekärer Bestands- und Stabilitätsbedingungen kommt es zu Ritualisierungen des Handelns, die auf eine Tendenz zur Charismatisierung des Gruppengeschehens selbst hinweisen. Neue Felder und Formen der Ritualisierung lassen sich insbesondere im weiten Spektrum sogenannter Alternativgruppen beobachten. Hier haben sich neuartige Darstellungsformen entwickelt, die ausgeprägt symbolische Aktionsformen mit einer reichen Verwendung von Emblemen und einem hochgradig ritualisierten Handeln in der Öffentlichkeit verbinden. Am besten untersucht dürfte inzwischen die Gruppenszene der Punks in dieser Hinsicht sein. *Hans-Georg Soeffner* und *Thomas Lau* haben in eingehenden Untersuchungen den eigentümlichen Punkstil zu enträtseln gesucht[15]. Punks inszenieren in mühevoller Arbeit einen Stil voller symbolischer Bezüge, Hinweiszeichen und Rituale, in denen sie ihre Gruppenzugehörigkeit dokumentieren und sich gleichzeitig als gelebte Antithese provokativ von der übrigen Gesellschaft abgrenzen. *Soeffner* und *Lau* haben auf die christlichen Traditionsbestände insbesondere der Bettelorden hingewiesen, auf die sich der Punkstil in abgesunkener Form bezieht. Im Stil und Symbolsystem der Punks sehen sie letztendlich eine um die charismatisierte Gruppe selbst herum gebildete innerweltliche Religiosität sich Ausdruck verschaffen.

Phänomene einer Überhöhung des Alltags und des Individuums durch charismatisierte Gruppen finden wir über die Punk-Szene hinaus in vielfältigen Formen: von Fan- und Hooligan-Gruppen mit allsamstaglichen Provokations- und Schockritualen bis hin zu Gruppen der Bewegungsszene, in denen die symbolische Aktion und das Ritual eine erkennbar wichtige Bedeutung haben. So ist auf den ausgesprochenen Antiritualismus der späten 60er und 70er Jahre in Teilbereichen der Gesellschaft einigermaßen unerwartet so etwas wie ein „gemeinschaftsorientierter Ritualismus"[16] gefolgt.

Wie lassen sich im Kontext des Differenzierungsparadigmas Inkulturationsprozesse des christlichen Glaubens im Hinblick auf die geschilderten

---

[14] *Luckmann*, 181 (Anm. 10).
[15] *Soeffner*, 76ff (Anm. 9); *Thomas Lau*, Die heiligen Narren. Punk 1976-1986, Berlin 1991.
[16] *Soeffner*, 99 (Anm. 9).

Muster und Felder der Ritualisierung in entfaltet-modernen Gesellschaften denken? Dazu sollen im folgenden einige Überlegungen angestellt werden.

III. Selbstaktive Ritualisierung und Inkulturation

Die „Ordnung der Rituale" entfaltet-moderner Gesellschaften als sichtbarer Teil ihrer eher unsichtbaren religiösen Tendenzen fordert die kirchliche Glaubenspraxis dazu heraus, sich entschieden auf die Seite des Subjekts zu stellen. Der neuzeitlichen Freiheitsgeschichte ist die Kirche mit Unverständnis, Skepsis und Ablehnung entgegengetreten. Noch heute stellt der Anspruch und das Bedürfnis nach Subjekthaftigkeit und Autonomie für junge Menschen das größte Hindernis für ihren Zugang zur Kirche dar. Vieles spricht dafür, daß die kirchliche Verweigerung gegenüber der modernen Freiheitsgeschichte mit dazu beigetragen hat, daß es im Gegenzug zu einer religiösen Überhöhung und Sakralisierung des Subjekts gekommen ist. Der religiös aufgeladene Autonomieanspruch führt in Modernisierungsfallen und dient heute den postmodernen Theoretikern dazu, Subjektsein und Identität des Menschen als längst überholte Vorstellungen gänzlich zu desavouieren[17]. Inkulturation würde in dieser Situation bedeuten, sich einerseits gegenüber den postmodernen Tendenzen der Auflösung des Subjekts rückhaltlos zur Freiheit und Autonomie des Menschen zu bekennen, gleichzeitig aber den Autonomiegedanken kritisch von seiner hypertrophen Erlösungsidee zu befreien und ihn damit erst vom modernen Himmel gewissermaßen auf die Erde zurückzuholen.

Als zweiter, hier ausgewählter Kontext der Inkulturation kommt die moderne Gruppenszene in den Blick. In einer sozialgeschichtlichen Betrachtung des Gruppenphänomens weist *Friedhelm Neidhardt* darauf hin, daß es „Gruppen in einem lockeren Sinn zu allen Zeiten" gab, „wahrscheinlich aber jeweils stark eingebunden und sozial beherrscht von relativ diffusen institutionellen Komplexen ..." (z.B. von Verwandtschaft, Nachbarschaft, Gemeinde, Kirche), „also ohne richtige Chance, gleichsam zu sich selbst zu kommen"[18]. Auch hier läßt sich argumentieren, daß sich die Kirche mit ihrem institutionellen Eigengewicht bis heute auch im Religiösen dem „Zu-sich-selbst-Kommen" der Gruppe verweigert. *Hermann Steinkamp* hat dies neuerlich am Beispiel des Verhältnisses der Basisgemeinden zur Institution

---

17 Zur Modernisierungsfalle modernen Selbstbewußtseins siehe: *Klaus Wahl*, Die Modernisierungsfalle. Gesellschaft, Selbstbewußtsein und Gewalt, Frankfurt/M. 1988; zur Kritik der Postmoderne: *Johann Baptist Metz*, Wohin ist Gott, wohin denn der Mensch? Zur Zukunftsfähigkeit des abendländisch-europäischen Christentums, in: *ders./Franz-Xaver Kaufmann*, Zukunftsfähigkeit. Suchbewegungen im Christentum, Freiburg u.a. 1987, 124-147.
18 *Friedhelm Neidhardt*, Das innere System sozialer Gruppen, in: KZfSS 31 (1979) 640.

der römischen Weltkirche zu zeigen versucht[19]. Korrespondiert nicht auch hinsichtlich des modernen Gruppenphänomens die lange Tradition einer kirchlichen Skepsis und Voreingenommenheit einerseits mit einer um so stärkeren „säkularen" Selbstcharismatisierung und Sakralisierung andererseits? Inkulturation würde in diesem Zusammenhang bedeuten, der Gruppenebene einen eigenständigen symbolischen und rituellen Ausdruck des Glaubens im Rahmen des kirchlichen Handlungsgefüges einzuräumen. Dies setzte eine konsequent subsidiäre Struktur der Kirche voraus. Gleichzeitig hätte die Gruppenpraxis der Christen zeichenhaft zu verdeutlichen, daß erst Gruppen, die der Selbsterlösung nicht bedürfen, das befreiende und solidarische Potential der Gruppe zu entfalten vermögen.

Abschließend soll noch einmal Bezug genommen werden auf den Vorschlag des Paradigmenwechsels von Säkularisierung zu Differenzierung als Interpretationsrahmen für Inkulturation im westlich-europäischen gesellschaftlichen Kontext. Wie *Hermann Lübbe* gezeigt hat, diente das Säkularisierungsparadigma nach dem 2. Weltkrieg besonders ausgeprägt in Deutschland dazu, das Inkulturationsprogramm einer Restitution der „abendländischen Christenheit" als Schutzwall und Gegenkraft zum Kommunismus zu legitimieren[20]. Inkulturation im Kontext des Interpretaments der Säkularisierung birgt in dieser Tradition die Gefahr in sich, integralistischen Konzepten einer kirchlich dominierten Einheitskultur als Zielvorstellung von Inkulturationsprozessen zu folgen. Das notwendige Scheitern solcher Konzepte im Kontext entfaltet-moderner Gesellschaften dient dann wiederum zur Legitimation eines innerkirchlichen Integralismus und scharf geschnittener Grenzen zur „säkularen" Umwelt. Demgegenüber rechnet das Differenzierungsparadigma mit der Unausweichlichkeit und Legitimität eines religiösen und kulturellen Pluralismus als Rahmen der Inkulturationsbemühungen. Es bietet die Chance zu einem produktiven Umgang mit der Lage der Kirche als einer notwendig partikularen Interpretationsgemeinschaft. Es vermeidet als Reaktionsmuster gegenüber der Moderne die Alternative: entweder „Verschanzung" oder „Kapitulation"[21]. Demgegenüber leitet es zu einer Strategie „kritischer Verhandlung" gegenüber der Moderne an, zu Dialog, Begegnung und Austausch einerseits wie zu prophetischer Kritik andererseits. Fruchtbare Inkulturation ist - so die These im Rahmen des Differenzierungsparadigmas - an eine „Spiegel-Identität" von Kirche gebunden, zu deren Konstitutionsbedingungen der Blick aus den Augen der Anderen auf sich selbst gehört.

---

[19] *Hermann Steinkamp*, Kirchliche Basisgruppen. Erkundungen eines Phänomens, in: Gruppendynamik 23 (1992) 121-131.
[20] *Hermann Lübbe*, Säkularisierung. Zur Geschichte eines ideenpolitischen Begriffs, Freiburg-München 1965.
[21] Zu Strategien von „Verschanzung", „Kapitulation" und „Verhandlung" gegenüber der Moderne siehe: *Peter L. Berger*, Sehnsucht nach Sinn. Glauben in einer Zeit der Leichtgläubigkeit, Frankfurt/M. 1994, 47.

VOLKER DREHSEN

Synkretismus ist nicht gleich Synkretismus

Zum Kriterienproblem bei der Anverwandlung des Fremden

I. Die Nötigung zur christlichen Inkulturation

„Ist die Religion einmal, so muß sie notwendig auch gesellig sein." Diese
Formel *Friedrich Schleiermachers* aus seinen „Reden" über Religion von 1799
erklärt die Inkulturationsfähigkeit der Religiosität überhaupt, des Christentums insbesondere zu einem wesentlichen Identifizierungsmerkmal des
christlich-religiösen Glaubens in seiner kulturellen Umwelt[1]. Inkulturation
als die Einwanderung des Evangeliums in die Wirklichkeitswelt des gesellschaftskulturellen Lebens ist die notwendige Lebensäußerung eines Christentums, das auf die gelingende Kommunikation seiner Sache hinzielt: „Inkulturation" meint nicht etwa die bloße Anpassung der kirchlichen Verkündigung an einen vermeintlichen Zeitgeist, sondern jene gelungene Kommunikation, die sich aus dem christlichen Verkündigungsauftrag als Vermittlung von historischem Bibelrekurs und aktueller Situationserhellung,
von transzendenter Verheißung und immanenter Lebenswirklichkeit ergibt.
Jede Verkündigung des Evangeliums zielt auf Inkulturation, auf die Aktua-
lisierung, allgemeine Verbreitung und individuelle Konkretion des Evangeliums in unseren lebensweltlichen und lebensgeschichtlichen Bezügen, auf
die leibhaftige, konkret-erlebbare Wirklichkeitsgestalt des Glaubens in einer
geschichtlich gegebenen Gegenwart. Mit der wirklichen und wirksamen
Gegenwart des Christentums in Gesellschaft soll ein sichtbares Zeichen dafür gegeben sein, daß sein Aktionsradius nichts weniger als die Welt darstellt: „Da *Christus* Herr über die ganze Welt ist, ist dem Wort Gottes mehr
zuzutrauen als eine Wirksamkeit nur hinter schützenden Kirchenmauern."[2]
Verkündigung darf sich nicht intra muros ecclesiae vollziehen, will sie sich
nicht mit dem Dasein einer aparten Esoterik begnügen und damit der Welt
schuldig bleiben, was das Christentum zu deren Heil zu verkünden und zu
kommunizieren als ureigene Aufgabe betrachtet.

Kommunikation des Evangeliums ist nicht gleichbedeutend mit der Auf-
rechterhaltung seiner überkommenen Traditionen. Und damit Kirche ihrem
Auftrag gerecht wird, kann sie nicht umhin, „die Frage nach den jeweiligen
Bedingungen möglicher Kommunikation des Evangeliums immer neu zu

---

1 *Friedrich Schleiermacher*, Über die Religion. Reden an die Gebildeten unter ihren Verächtern, hrsg.
von *H.-J. Rothert*, Hamburg 1958.
2 *Kurt Liedtke*, Wirklichkeit im Licht der Verheißung. Der Beitrag Ernst Langes zu einer Theorie
kirchlichen Handelns, Würzburg 1987, 51.

stellen, und zwar um so nachhaltiger und radikaler, je deutlicher es ist, daß die Kommunikation schwierig wird, weil sich die Kommunikationsbedingungen geändert haben. Die Frage nach der gebotenen Anpassung ist aber, recht verstanden, gar nichts anderes als die Frage nach den jetzt gegebenen Bedingungen möglicher Kommunikation und ihrer Bewältigung. Eine Kirche, die in Kommunikationsschwierigkeiten ist, also in der Schwierigkeit, den Auftrag zu erfüllen, dem sie sich verdankt, kann gar nicht anders, als den Versuch einer neuen Anpassung zu machen."[3] Dabei bedeutet Anpassung im Sinne von Inkulturation nicht notwendigerweise die eigene Selbstaufgabe. Es geht vielmehr „um die ganz elementare Frage, ob die Kirche jetzt und hier glaubt, was sie glaubt: daß in *Christus* die ganze Wirklichkeit voller Verheißung ist; daß der eigentliche Funktionsraum der Christusverkündigung der Alltag menschlichen Lebens und Zusammenlebens ist; und daß ein Glaube, der sich nicht in der Wirklichkeit des Lebens an *Christus* hält, sondern gleichsam an ihr vorbei, überhaupt kein Glaube, daß eine Kirche, die den Verlust des Wirklichkeitsbezuges in ihren Predigten, Gottesdiensten, Veranstaltungen akzeptiert, ja womöglich theologisch rechtfertigt, überhaupt nicht Kirche ist, weil sie ihren Auftrag versäumt. Denn das ist der Auftrag der Kirche: dafür einzustehen, daß Verheißung und Wirklichkeit beieinander bleiben, daß die Wirklichkeit im Strahlungsbereich der Verheißung bleibt."[4] Damit christliche Verheißung nicht wirkungslos und wirklichkeitsfern werde und umgekehrt die Lebenswirklichkeit des Menschen nicht verheißungslos, steht verkündigende, kommunizierende Kirche immer wieder „vor der Notwendigkeit einer neuen Einwanderung in eine neue Wirklichkeit"[5]. Nicht das Evangelium selbst soll als der uns gemeinsam bestimmende Glaubensgrund damit Veränderungen und Umformungen unterworfen werden, sondern die konkretionsfähigen Ausdrucksgestalten des aus dem Evangelium entwachsenden Glaubens unterliegen Bedingungen der Veränderlichkeit, der Verbesserlichkeit und Variationsfähigkeit.

Ein prägendes Merkmal unserer gegenwärtigen Gesellschaftskultur ist ihre Multikulturalität und Multireligiosität, d.h. die Gleichzeitigkeit kultureller und religiöser Traditionen über die Pluralität und Individualisierung der dominanten religiös-kulturellen Tradition des Christentums selbst hinaus. Lebensprägend wirken in unserer Gesellschaftskultur längst nicht mehr allein die überkommenen oder auch nur als historisch verschüttet wiederentdeckten Formen des Christentums, sondern auch Gestalten außerchristlicher Religiosität: In *Botho Strauß'* Essayband „Beginnlosigkeit. Reflexionen über Fleck und Linie" kann man dazu lesen: „Es gibt unter der einen Schädeldecke so viele Kulturen des Denkens, Empfindens und Wahrnehmens,

---

3   *Ernst Lange*, Kirche für die Welt. Aufsätze zur Theorie kirchlichen Handelns, München 1981, 162.
4   *Ernst Lange*, Chancen des Alltags. Überlegungen zur Funktion des christlichen Gottesdienstes in der Gegenwart, Stuttgart-Gelnhausen, 2. Aufl. 1966, 51f.
5   Ebd., 291.

wie es früher ungleiche Völker und Kulturen über den Erdball verstreut gab. Gleichzeitig ist es so, daß wir auf immer weniger Andersheit stoßen, sobald wir in die Fremde ziehen, wo in jedem beliebigen Winkel alle Muster von Bewußtsein, die wir fliehen wollten, ebenso gelten oder gerade hinbefördert wurden. Die vergleichende Wissenschaft der Religion und Kulturen hat Ferne und Andersheit zum Thema der Vermittlung gemacht und sie mithin getilgt. Es ist heute für den neugierigen Ungläubigen oder kulturellen Synkretisten nicht schwer, sich nacheinander und probeweise in einen Hindu, einen Marxisten, einen theosophischen Spiritisten, ja selbst in die Denkgewohnheiten des Neandertalers zu versetzen."[6] Man mag mit dem kulturkritischen Ressentiment, das hier zum Ausdruck kommt, nicht einverstanden sein; aber die Beschreibung von *Botho Strauß* kann doch den Hintergrund veranschaulichen helfen, der hier als These vertreten werden soll: Die Inkulturation des Christentums vollzieht sich unter den Bedingungen einer multikulturellen und multireligiösen Gesellschaft weitgehend als eine Weise der Synkretismusanfälligkeit: durch die Anverwandlung des Fremden, durch die christliche Selbstwahrnehmung im Spiegel außerchristlicher Fremdwahrnehmung. Oder anders gesagt: Inkulturation meint auch und immer häufiger die Einwanderung des Evangeliums in einen kulturellen Lebenszusammenhang, der durch die zunehmende Präsenz des Fremden gekennzeichnet und geprägt erscheint.

II. Synkretismusanfälligkeit durch die unausweichliche Präsenz des Fremden

Kein Zweifel: Eine voyeuristische Empfänglichkeit für das folkloristische Fremde verspricht den von zivilisatorischer Nivellierung Gelangweilten und Bedrohten genau jenen Kick zu geben, der sie vor dem Überdruß an ihrem modernen oder postmodernen Lebensstil bewahrt. Andererseits beruht die Wahrnehmung von „Multikulturalität" und „Multireligiosität" jedoch immer weniger nur auf individuellen Neigungen, Entscheidungen und Möglichkeiten, sondern wird zunehmend sozusagen strukturell aufgenötigt. Unter Multikulturalität versteht man eine teils gesuchte, teils gegebene Situation, in der die Auseinandersetzung und der Umgang mit fremden Weltbildern und Lebensanschauungen, mit der geistigen Textur kulturell verschiedener Lebensmuster und Glaubenssysteme nicht nur zunehmend möglich, sondern erforderlich wird. Unter Bedingungen einer gesellschaftskulturell differenzierten und global vernetzten Gesellschaft hat die Wahrscheinlichkeit der herausfordernden Präsenz des Fremden zugenommen.

Durch wachsende Mobilität, durch das Anschwellen politischer, sozialer wie wirtschaftlicher Migrationsströme und eine allgemeine Verbreitung in-

---

6   *Botho Strauß*, Beginnlosigkeit. Reflexionen über Fleck und Linie, München-Wien 1992, 51f.

dividueller Reisekultur[7], durch das Entstehen von umfassenden Märkten, sich ausbreitender Urbanisierung und sich verdichtender medialer Vernetzung, die insgesamt zur „Internationalisierung und Globalisierung" der Kultur beigetragen haben[8], ist ein fruchtbarer Boden entstanden, auf dem sich nicht nur gehäufte Kontakte mit Fremden ergeben, sondern auch eine sensibilisiertere Wahrnehmung von andersartigen Minderheiten entfalten konnte. Der Fremde ist in der modernen Gesellschaft nicht mehr der in räumlicher Segregation oder im zeitlichen Abstand lebende Andere, dessen Entferntheit nur zeitweilig aufgehoben wird, er ist vielmehr der Andere, der auf Dauer mit uns die gleiche Lebenswelt teilt. Multikulturalität wäre unter diesen Bedingungen zu verstehen als Resultat der zunehmend erforderlichen Auseinandersetzung mit den vielfältig auftretenden Gestalten des Fremden in der eigenen Nähe. Der Fremde tritt in unserem eigenen Lebenshorizont als Repräsentant von Alternativhorizonten auf, wird damit zu einem Anderen, der allein durch seine herausfordernde Nähe die eigene Identität, die Auseinandersetzung mit bis dato Vertrautem in Frage stellt und damit - wie auch immer - alteriert. Daß der Fremde damit in eine veränderte kulturelle Funktion eingerückt ist, hat vor allem der um die Jahrhundertwende in Berlin wirkende Soziologe *Georg Simmel* thematisiert[9]. Dabei versteht *Simmel* den Fremden nicht mehr als denjenigen, der in großer Entfernung von uns wohnt, auch nicht mehr als den „Wandernden, der heute kommt und morgen geht", sondern er verknüpft die kulturelle Funktion des Fremden mit dem Wandernden, „der heute kommt und morgen bleibt". Der Fremde ist auf längere Dauer präsent inmitten unserer Lebenswelt, ohne jedoch - und eben dies zeichnet seine Fremdheitsqualität aus - „mit den jeweiligen verwandtschaftlichen, lokalen, beruflichen Fixiertheiten organisch verbunden zu sein"[10]. Der Fremde - permanent in unserer Nähe - repräsentiert das Alternative, das kontingente Andere in der eigenen Gruppe und bietet sich damit gleichsam als ständiger Stein des Anstoßes zur Auseinandersetzung dar. Er ist Impuls und Ärgernis zugleich, weckt neugierige Lernbereitschaft wie borniere Abwehrbereitschaft, da er die Be-

---

7   *Volker Drehsen*, Art. Wanderung, in: *ders.* u.a. (Hrsg.), Wörterbuch des Christentums, Gütersloh 1988, 1346-1349; *Hermann Bausinger* u.a. (Hrsg.), Reisekultur. Von der Pilgerfahrt zum modernen Tourismus, München 1991; *Hans Christoph Buch*, Die Nähe und die Ferne. Bausteine zu einer Poetik des kolonialen Blicks, Frankfurt/M. 1991.

8   *Friedrich H. Tenbruck*, Die kulturellen Grundlagen der Gesellschaft. Der Fall der Moderne, Opladen 1989, bes. 273ff; zur Bedeutung der Urbanisierung vgl. die Angaben in Anm. 9.

9   *Georg Simmel*, Soziologie. Untersuchungen über die Formen der Vergesellschaftung, Berlin, 5. Aufl. 1968, 509-512; vgl. hierzu insbesondere *David Frisby*, Fragmente der Moderne, Rheda-Wiedenbrück 1990; *Horst Jürgen Helle*, Soziologie und Erkenntnistheorie bei Georg Simmel, Darmstadt 1988, 147ff; *Almut Loycke* (Hrsg.), Der Gast, der bleibt. Dimensionen von Georg Simmels Analyse des Fremdseins, Frankfurt/M. 1992; *L. Müller*, Die Großstadt als Ort der Moderne. Über Georg Simmel, in: *Klaus R. Scherpe* (Hrsg.), Die Unwirklichkeit der Städte. Großstadtdarstellungen zwischen Moderne und Postmoderne, Reinbek 1988, 14-36.

10 *Simmel*, 510 (Anm. 9).

harrungskräfte und Stabilisierungselemente des Alltags, seine Selbstverständlichkeiten und Einschleifungen in Frage stellt. Er verhindert damit, daß sich *das zufällige Sosein* der Eigenwelt kurzerhand zum Absoluten aufschwingt, wie es *Karl Mannheim* im Gefolge *Simmels* ausgedrückt hat[11]: Dem geläufigen „rien ne va plus" der vertraut gewordenen, alltäglichen Plausibilitätsstrukturen setzt die ständige Präsenz des Fremden anscheinend ein „anything goes anyway" entgegen. Als Quelle solcher Beunruhigung kann der Fremde in verschiedener Gestalt auftreten. Welche Gestalt der Fremde in unserer Nähe unter verschiedenen Bedingungen und in unterschiedlichen Situationen aber auch annehmen mag, immer steht er für einen Typus, „der das, was der Gruppe vertraut ist, grundlegend unvertraut findet und so dazu veranlaßt wird, Untersuchungsfragen aufzuwerfen, die von Insidern nicht so leicht vorgebracht worden wären"[12].

Die Pointe all dieser Wahrnehmungen läuft darauf hinaus, daß die ständige Anwesenheit des Fremden nunmehr schlechterdings kulturstiftend geworden ist, seine kulturelle Bedeutung sich also nicht mehr darin erschöpft, nur noch kulturmodifizierend oder kulturbereichernd zu sein. Die Auseinandersetzung mit dem Fremden konstituiert ihrerseits die spezifische Ausprägung derjenigen Kulturgehalte, die uns zu eigen werden. Mit anderen Worten: Die von *Botho Strauß* so virtuos beklagte Synkretismusanfälligkeit der multikulturellen Gesellschaft hängt offensichtlich mit der unumgänglichen permanenten Präsenz des Fremdentyps zusammen. Sosehr der Fremde auch Abwehrängste mobilisiert, Oppositionsreserven hervorruft und konspirative Abgrenzungen motiviert, sosehr muß andererseits gesehen werden, daß er als Fremder um so mehr konstitutiv kulturstiftende Funktionen erfüllt, als er immer häufiger auch höchst differenziert in unterschiedlichen Gestalten relativ angst- und aggressionsfrei wahrgenommen wird: als willkommener Immigrant, als nützlicher Händler oder Resident einer faszinierenden Fremdkultur, als tolerierter Bohemien, als freier Intellektueller, als belächelter „maverick", als Korrespondent mit kritischen Augen, als Repräsentant einer Marginalexistenz, die ebenso bewundert wird, wie man sich ihr versagt.

Auf diesem strukturellen Hintergrund also erscheint die Synkretismusanfälligkeit des Christentums als Normalfall seiner religiösen Inkulturation. Der Kulturphilosoph *Panajotis Kondylis* hat in seiner Analyse des „Niederganges der bürgerlichen Denk- und Lebensform" die Denkfigur der „Kombinatorik" in den Mittelpunkt seiner Gegenwartsdiagnose gerückt: Die „analytisch-kombinatorische Denkfigur" erscheint ihm als typischer Modus der gegenwärtigen Weltwahrnehmung, sozusagen als der Zentralnerv der gegenwartscharakteristischen Welt- und Lebensanschauung, in deren Rah-

---

[11] *Karl Mannheim*, Ideologie und Utopie, Bonn 1929, 43.
[12] *Robert K. Merton*, Insiders and Outsiders. A Chapter in the Sociology of Knowledge, in: American Journal of Sociology 78 (1972) 9-47, hier 33.

men sich auch die christliche Religion bewegt: „Hier gibt es keine Substanzen und keine festen Dinge [mehr - etwa der christlichen Tradition], nur
letzte Bestandteile, die durch konsequente Analyse ermittelt werden, Punkte
oder Atome, deren Wesen und Existenz eigentlich nur in ihrer Funktion besteht, d.h. in ihrer Fähigkeit, zusammen mit anderen Punkten oder Atomen
immer neue Kombinationen einzugehen ... Alles kann und darf im Prinzip
mit allem kombiniert werden, denn alles befindet sich auf derselben Ebene,
und es gibt keinen ontologischen Hintergrund, der den Vorrang bestimmter
Kombinationen vor anderen sicherstellen würde."[13] Die Resultate dieser
analytischen Kombinatorik, die man in einem weitläufigen Sinn als „synkretistische Gebilde" ausmachen kann, dienen der Überbrückung von bis dahin
als unüberbrückbar geltenden Gegensätzen, dienen der Verdichtung gleich-
berechtigter nebeneinandergeordneter Elemente, die bis dahin als unvereinbar galten: „Sind aber die Bestandteile der Welt unabhängig voneinander
und gleichzeitig zueinander prinzipiell gleichwertig, miteinander aus-
tauschbar und ineinander verwandelbar, so bedeutet die extreme Fragmentierung der Welt eo ipso Homogenisierung derselben. Der Mangel an Sinn
ist Mangel an Kohärenz - Mangel an Kohärenz und Fragmentierung in
gleichwertige und austauschbare Größen bedeuten aber unbegrenzte Kom-
binierbarkeit dieser letzteren miteinander, also beliebige Konstruierbarkeit
der Welt."[14] Synkretismus ist der Ausdruck dieser prinzipiellen Konstruierbarkeit der Welt im kulturellen Ausdruckssystem der Religion.

III. Hermeneutisch-kritische Dimensionen im Umgang mit Synkretismen

Synkretismusbildung erscheint auf diesem Hintergrund als eine Variante
religiöser Inkulturation, die in gewisser Gegenläufigkeit zu den Säkularisie-
rungsfolgen der Moderne und ihren Dekulturationserscheinungen die Gestaltwerdung christlichen Glaubens gerade auch außerhalb und jenseits der
herkömmlichen Formen des Christentums erkennen läßt[15]. Synkretismen
sind Erscheinungstypen der religiösen Wiederverzauberung auf dem Hintergrund einer weitgehend entzauberten Christentumsgeschichte, deren Inkulturationen sich nicht mehr von selbst verstehen. Dieser Verlust an
Selbstverständlichkeit erweckt den Eindruck vom Mangel an gemeinver-
bindlicher Orthodoxie bzw. Orthopraxie und ihrer gesellschaftskulturellen
Durchsetzbarkeit. Die Folgen synkretistischer Inkulturation scheinen die
Grundzüge auch der christlich-religiösen Gegenwartskultur immer nachhaltiger zu prägen. Und dennoch wird man sagen müssen: Synkretismus ist
nicht gleich Synkretismus; es gibt unterschiedlich zu bewertende Umgangs-

---

[13] *Panajotis Kondylis*, Der Niedergang der bürgerlichen Denk- und Lebensform. Die liberale Moderne und die massendemokratische Postmoderne, Berlin 1991, 16.
[14] Ebd.
[15] Vgl. den Beitrag von *Karl Gabriel* in diesem Band.

formen mit fremdreligiösen Ausdruckselementen; es gibt verschiedene Modi der Anverwandlung des Fremden, von denen hier drei Möglichkeiten idealtypisch aufgezeigt werden sollen.

Im Hinblick auf die religiös-kulturelle Szenerie der Gegenwart zeichnen sich idealtypisch gesehen, d.h. analytisch differenziert, wo realiter auch Mischformen vorkommen, drei unterschiedliche hermeneutische Möglichkeiten ab:

a) die Form des Fremdverstehens nach dem Muster der „klassischen" Hermeneutik;

b) die kolonialisierende Art der Anverwandlung des Fremden;

c) die Wahrnehmung des verfremdeten Fremden im Spiegel der eigenen Entfremdung.

1. Die „klassische" Hermeneutik als idealtypische Lehre vom Fremdverstehen

Die „klassische" Hermeneutik verstand und versteht sich, in der Kontinuität von *Schleiermacher* bis *Gadamer*, über den in jüdisch-christlicher Tradition wurzelnden ethischen Appell zu emphatischer Fremderfahrung und über die Faszination am Fremden hinaus als Modell und Verfahrensweise zum Umgang mit Fremden[16]: Das Fremde tritt hier gewöhnlich, besonders in der Auseinandersetzung mit religiös-kanonischen (etwa biblischen) Schriften, in der Gestalt von Texten aus der Vergangenheit auf, die Gegenwartsbedeutung erheischen. Hermeneutik meint hier die Operation des Verstehens von Texten, die eine fremde Lebenswelt für das eigene aktuelle Verständnis belangvoll repräsentieren. Was sich zunächst wie das operative Verfahren zum Verständnis fremder Schrifturkunden ausnahm, entwickelte sich mehr und mehr - bis hin zu *Habermas'* Theorie der kommunikativen Kompetenz[17] - zu einer allgemeinen Verstehenslehre. Dies entspricht dem ursprünglichen Sinn von Hermeneutik: „Das Wort Hermeneutik weist bekanntlich auf die Aufgabe des Dolmetschers zurück, etwas Unverständliches, weil in fremder Sprache Gesprochenes - und sei es in der Göttersprache der Winke und Zeichen - zu deuten und mitzuteilen."[18] Ihre lebenserschließende Wirkung und Bedeutung entfalten fremde Texte gerade im schrittweisen Sich-Einfühlen in ihre Fremdheit, die durch Verstehen tendenziell zum Verschwinden gebracht werden soll, insofern deren allmähliche Entschlüsselung „die Verwandlung von etwas Fremdem und Totem in schlechthinniges Zugleichsein und Vertrautsein"[19] bedeutet. Entscheidend ist dabei, daß sich das Gelingen

---

16 *Hans-Georg Gadamer*, Wahrheit und Methode. Grundzüge einer philosophischen Hermeneutik, Tübingen, 4. Aufl. 1975.

17 *Jürgen Habermas*, Theorie des kommunikativen Handelns, 2 Bde., Frankfurt/M. 1981.

18 *Gadamer*, 508 (Anm. 13).

19 Ebd., 156.

dieses Aneignungsprozesses nicht unmittelbar einstellt, sondern dazu die vorgängige Entäußerung ins Fremde unverzichtbar erscheint. Die Intention des hermeneutischen Fremdverstehens wird durch die Formel, „sich selbst ... erkennen im Anderssein"[20], zum Ausdruck gebracht. Es findet sich darin der *Hegelsche* Grundgedanke wieder, daß „im Fremden das Eigene zu erkennen, in ihm heimisch zu werden, ... die Grundbewegung des Geistes (ist), dessen Sein nur Rückkehr zu sich selbst aus dem Anderssein ist"[21]. Die Anerkenntnis der Fremdheit und deren Überwindung durch verstehende Anverwandlung sind also in ein polares Spannungsverhältnis gebracht, ohne das die eigene Beziehung zum Fremden weder sachgemäß noch produktiv werden kann.

In dem Maße, wie dies geschieht, entsteht nun, was als „Synkretismus" bezeichnet werden kann: Synkretismus tritt hier auf als spezifische Vermittlung und Verknüpfung von Text und Situation, von Tradition und Gegenwart, von textlicher Vorgabe und lebensweltlicher „applicatio". Im „Synkretismus", wenn man das Vermittlungsgebilde der hermeneutischen Operation überhaupt so bezeichnen kann, ist für einen Moment der Sprung über den garstigen Graben getan, der sich zwischen Vergangenheit und Gegenwart, zwischen Fremdem und Eigenem auftut.

Das Eigene kommt in dieser Hermeneutik auf besondere Weise in seinem Verhältnis zum Fremden zum Zuge: nämlich als Zielbestimmung. Das Eigene ist das, wohin der Verstehende nach dem sich entäußernden Durchgang durch die fremde Welt des Textes um wesentliche Teile seiner Selbst- und Welterfahrung bereichert zurückkehrt. „Bereicherung" meint in diesem Zusammenhang jene geistige, kulturelle Vertiefung und Differenziertheit, die das eigene Selbstverständnis aus dem sich entäußernden Durchgang durch das Anderssein des Fremden erfährt. Bildung erscheint in dieser Sicht geradezu als die Fähigkeit, sich gegenüber Fremden ästhetisch verhalten, das Fremde eben anverwandeln zu können: „Erhebung zur Allgemeinheit, Abstandnahme von der Partikularität des unmittelbaren Annehmens oder Verwerfens, Geltenlassen von solchem, was nicht der eigenen Erwartung oder Vorliebe entspricht"[22], um durch solche allmähliche Erschließung des Fremden die vertiefende und diversifizierende Bereicherung des eigenen Identitätshorizontes zu finden, indem „das Fremde, ja selbst Gegnerische des Textes und seiner Ausdrucksgebung bei sich selbst gelten"[23] gelassen wird. Erst aus dieser dialektischen Wechselübertragung entsteht im Bewußtsein der Differenz jene „Horizontverschmelzung", die uns im prägnanten Ausdruck jeweils als „Synkretismus" erscheint.

---

[20] Ebd., 11.
[21] Ebd.
[22] Ebd., 80.
[23] Ebd., 364.

2. Das Fremde als Projektionsfläche

Dem steht ein ganz anderer Modus des Fremdumgangs entgegen, der sich gerade dadurch auszeichnet, daß in ihm das Fremde als Identifikationsgestalt des Eigenen, als seine Projektionsfläche auftritt: Durch Addition kommt das neue Gebilde zustande, dem die Funktion der eigenen Ganzheitsverkörperung zugeschrieben wird.

Als geradezu paradigmatisches Modell dieser Art Fremdenumgangs erscheinen uns heute einige Äußerungsgestalten und Erscheinungsformen der New-Age-„Bewegung"[24]. Das Charakteristische dieses Verhältnisses zum Fremden besteht darin, daß gerade seine Herauslösung aus den Ursprungszusammenhängen zur Bedingung seiner Aneignung wird, so daß das Fremdartige unmittelbar an die Stelle des abkünftig Eigenen und Eigenartigen treten kann. Das Fremde gewinnt seinen Bedeutungswert aus seiner Eignung, als Projektionsfläche der eigenen Identifikationsbedürfnisse zu dienen. Die dem „klassischen" hermeneutischen Verfahren eigene „Logozentrik findet ihre entsprechende Antwort, indem die Zentrierung in einem Logos durchbrochen wird durch die Zerteilung in eine Vielfalt von Logoi. Eine 'Überseßhaftigkeit' der Vernunft wird wettgemacht durch ein Nomadentum, das wahllos in Räumen und Zeiten ausschweift, was nichts weiter wäre als eine 'postmoderne' Neuauflage des Historismus ... Man steuert auf eine délimitation, eine Entgrenzung zu, die zur Auflösung der Grenzen zwischen Eigenem und Fremden führt"[25], indem man sich virtuell die ganze Welt kolonialisierend zu eigen macht. Das Verhalten zum Fremden vollzieht sich im Horizont einer luxurierenden Aufmerksamkeit, wie es etwa Botho Strauß als typische Zeitgeist-Erscheinung beschrieben hat[26]. Das Fremde erregt hier in dem Maße das eigene Interesse, wie es als Projektionsfläche der eigenen Sehnsüchte, Bedürftigkeiten und Begehrlichkeiten tauglich erscheint, und tritt in den Dienst einer Art Religionsvoyeurismus, bei dem das religiöse Subjekt an den Auslagen und Ankündigungen vorbeiflaniert und „das Sehen sich parasitär von dem nährt, was es sich nicht einverleiben kann"[27]. Hinter dem Ausschweifen in andere Welten, „hinter dem schweifenden Blick taucht schließlich eine ausschweifende Phantasie auf, die als produktive Einbildungskraft andere Welten ersinnt und erschafft oder aber als bloße reproduktive Variation des Vorhandenen den Blick in das Spiegelkabinett seiner eigenen Phantasmen bannt ..."[28].

Nicht immer entstehen dabei Gebilde, die neue Formen und Strukturen hervorbringen. Vielfach degenerieren die aufgenommenen Elemente durch

---

24 *Christof Schorsch,* Die New-Age-Bewegung: Utopie und Mythos der Neuen Zeit. Eine kritische Auseinandersetzung, Gütersloh, 2. Aufl. 1988.
25 Ebd., 63.
26 *Strauß,* 51f (Anm. 6).
27 *Bernhard Waldenfels,* Der Stachel des Fremden, Frankfurt/M. 1991, 256.
28 Ebd.

die Herauslösung aus ihren Ursprungs- und Herkunftszusammenhängen zu puren Phantomen: „Die Zerstückelung der Wahrnehmungslandschaft in zusammenhanglose oder zusammenhangsschwache Einzelstücke hat einen eben solchen Fiktionierungseffekt. Die Wirklichkeit verwandelt sich in eine Kulissenlandschaft, das Lebensdrama in ein Spektakel"[29]; selbst die bestgemeinten interkulturellen Annäherungs- und Verständigungsversuche drohen unter solchen Umständen zu euphorischem „Umarmungskitsch" zu degenerieren[30]. In zahlreichen Gruppen, Szenerien und v.a. Lesegemeinschaften der New-Age-„Bewegung" verschwinden beispielsweise nicht selten die Ambivalenzen, Widersprüche und disparaten Zumutungen der Herkunftswelten in einem Harmoniehorizont des identifikationsfähigen „Dritten", das sich nach dem „Prinzip der konvergenten Selektivität"[31] als Folie oder Außenhaut unmittelbarer Selbstdarstellungsbedürfnisse anbietet. Synkretismusbildung strebt hier zunächst und vor allem nach Überwindung von Entfremdungs- und Überdrußerfahrungen mit den eigenen, weitgehend in Mißkredit geratenen und darum für verabschiedungswert gehaltenen Kulturtraditionen. Und so werden Bausteine „aus fremden Kulturen (zusammengeklaubt), von östlichen Philosophien über Schamanentum und Geist-Heilungen bis zur indianischen Naturmystik, aber auch aus jenen Vorstufen des abendländischen Geistes, die sie selbst als (positiv bewerteten) Paganismus bezeichnen"[32]. Auf der Suche nach radikaler Subjektivität, ozeanischem Gefühlsausdruck und nach der Synthese des Ganzen geht das gesamte Weltarsenal von Heilswissen und Heilsmethoden in die eigene Dispositionsgewalt über; nach *Theodor Roszak* umfaßt der ausschweifende Aneignungsprozeß so heterogene Kulturwelten wie etwa Gedanken der „jüdisch-christlichen Wiedergeburt, östliche Religionen sowie einzelne Gurus und Massenbewegungen, esoterische Wissenschaften, eupsychische Therapien, Geist-Heilung, Körpertherapien, Neoprimitivismus und Heidentum, Organizismus, 'wilde' Wissenschaft, Psychologen, Spiritisten, okkulte Gruppen, Psychotronik, Pop-Kultur"[33], um sie jeweils nahezu unterschiedslos in die Folie der eigenen Selbstdarstellung einzuschmelzen, in der sich die Disparatheit der realen Welterfahrung gleichmacherisch wiedererkennt und wiederfindet. Es kommt zu einer Gleichzeitigkeit des Unvereinbaren, zu einer „Simultaneität des Inkompossiblen", des Nicht-Zusammenbestehbaren, dessen Disparatheit auf eigentümliche Weise verhindert, den Ausdruck der

---

[29] Ebd., 257.

[30] Vgl. hierzu instruktiv: *P. Bianchi*, Ethik und Ästhetik des Fremden, Anderen, Diversen & Parallelen, in: Kunstforum - international, 122 (1993) 83ff.

[31] *William Stephenson*, Spieltheorie der Massenkommunikation, in: *Dieter Prokop* (Hrsg.), Medienforschung, Bd. 2, Frankfurt/M. 1985, 335ff. Die Konvergenz bezieht sich hier auf die jeweils eigene Erfahrung und projektive Vorstellungswelt des Subjekts.

[32] *Ina-Maria Greverus*, Prinzip Collage, in: *Hermann Pius Siller* (Hrsg.), Suchbewegungen: Synkretismus - kulturelle Identität und kirchliches Bekenntnis, Darmstadt 1991, 18-30, hier 22.

[33] *Theodor Roszak*, Das unvollendete Tier, München 1982, 49.

Erfahrung in herkömmlichen konsistenten und kontinuierlichen Ordnungs-
mustern oder Sinnmodellen zu finden. Die „Strukturierung" vollzieht sich
nach dem Muster der Montage-, Collage- und Assemblage-Technik der bil-
denden Kunst, „wo heterogene Materialien und verschiedene Bedeutungs-
splitter zusammenstoßen, nicht in einem Kampf auf Leben und Tod, aber
doch in einem Widerstreit, der neue Herausforderungen schafft, Anknüp-
fungen ermöglicht, Wirkungen steigert, Grenzen überschreitet. Aus dieser
'Ästhetik der Heterogenität' resultiert ein 'Rendez-vous zwischen Gegen-
ständen verschiedenen Ursprungs'."[34] Das Fremde wird zum identifikationsfähigen Spiegelbild der eigenen unabgegoltenen Sehnsüchte, Bedürfnisse und Wunschbilder, verliert gleichsam seine Andersheit durch die
kompensierende Einschränkung auf das eigene unbefriedigte Selbst.

3. Verfremdung als kritischer Aufweis eigener Entfremdung

Das Stichwort Collage verweist schließlich auf einen dritten Typ des multikulturellen Verhaltens und der Synkretismusbildung, in dem das Fremde
allerdings in ganz anderer Funktion auftritt: nicht als Projektionsfläche unmittelbarer Identifikation, sondern gegenteilig als bewußt kontrastierende
Herausarbeitung und Profilierung der eigenen Entfremdungserfahrungen.
Das Fremde wird zum reflektierten Ausdruck des Fremden in mir selbst
bzw. in der eigenen Lebenswelt; es wird in den Dienst der vom Fragmenta-
ritätsbewußtsein getragenen Selbsterkenntnis genommen. Ziel ist hier infolgedessen nicht, Ambivalenzen, Widersprüche, Fragmentarität, Unabge-
schlossenheit zum Verschwinden zu bringen, sondern durch den Ausdruck
des Fremden, durch Verfremdung zu steigern. Schon die Sinophilie der
Aufklärer *Leibniz, Wolff* und *Voltaire* rekurrierte in utopisch-konstruktiver
Absicht auf diesen Verfremdungseffekt. Zum poetologischen Prinzip wurde
es vor allem von *Bert Brecht* im Zusammenhang mit seiner Theorie des epi-
schen Theaters als ein Verfahren der unmittelbaren Identifikationsblockade
ausgearbeitet; auf Stoffmaterialien und Darstellungsmittel des chinesischen
Theaters greift er dann in eigenen Dramen zurück, um entsprechende Verfremdungseffekte zu erzielen[35]. Hier erscheint also ein Typ von Fremdan-
eignung, der sich gerade den Verfremdungseffekt des Fremden zu eigen
macht, um auf diese Weise durch surreale Darstellung die selbstverständ-
liche Realität der Eigenwelt ad absurdum führen zu können. Eine ähnlich
epistemologisch aufschlußreiche Rolle hat die Begegnung mit der afrikanischen Skulptur in der modernen Malerei gespielt. So wußte *Pablo Picasso*

---

[34] Ebd., 258.
[35] Vgl. *Yun-Yeop Song*, Bertolt Brecht und die chinesische Philosophie, Bonn 1978. Zur Rezeption
der *Brechtschen* Verfremdungstheorie im Bereich evangelischer Homiletik zum Zwecke der Stei-
gerung von fremdhermeneutischem Verstehen und produktionsästhetischer Darstellung vgl. insbesondere *Hans-Dieter Bastian*, Verfremdung und Verkündigung, München 1967.

1907 seinen Besuch im Musée d'Ethnographie im Trocadéro als eine Art
Schlüsselerlebnis zu überliefern, dessen Aha-Effekt sich nicht nur auf ästhe-
tischer, sondern vor allem auch lebensanschaulicher Ebene vollzog: „Die
Masken waren nicht Skulpturen wie die anderen auch. Es waren magische
Dinge ... gegen alles, gegen unbekannte, bedrohliche Geister. Ich schaute
immer noch die Fetische an, und auf einmal begriff ich: Auch ich war gegen
alles." Gerade dieses und ähnliche Schlüsselerlebnisse haben bei *Picasso* und
anderen avantgardistischen Künstlern zur Herausbildung einer spezifischen
multikulturellen Haltung geführt: Die Erzeugnisse afrikanischer Stammes-
kultur avancierten - in nicht eben unproblematischer Weise - zum Anreger
und Ermutiger eines radikalen Bruchs mit den eigenen Traditionen. Als Be-
deutungsträger eines höheren Grades an Ursprünglichkeit und Unmittel-
barkeit lassen sie die nahezu unüberbrückbare Distanz zur überdrüssig gewordenen europäischen Kunsttradition deutlich werden[36].

Als Modell einer solchen produktionsästhetischen Darstellung der eigenen Entfremdung, Fragmentarität und Widersprüchlichkeit im Medium des
Fremden hat *Ina-Maria Greverus* die Gruppe der Surrealisten angeführt: Die
surrealistische „Sicht der Kultur gestaltete [gerade] keine Konzeption orga-
nischer Struktur, funktionaler Interpretation, Ganzheit oder historischer
Kontinuität ... Kulturelle Realität war aus künstlerischen Codes, ideologischen Identitäten und Objekten zusammengesetzt, die empfänglich für
phantasievolle Wiederkombinationen und Gegenüberstellungen waren"[37].
Nicht also Ganzheit, Absolutheit und Heilung des Menschen stehen im Vordergrund, sondern gerade im Gegenteil die zutiefst fragwürdige Realität,
die sich nicht zuletzt in dem ironisch-sezierenden Spiel mit der gewohnten
Wirklichkeitsauffassung äußert. Deren dogmatische Annahme wird ebenso
ironisch entlarvt wie jeder überhaupt idealistisch angelegte Versuch, eine
holistische Sicht des Menschen gewinnen zu können. Die ästhetische Profa-
nation der Surrealisten dient dem Aufweis einer Logik des Disparaten und
tritt beispielsweise in der Richtung des Dadaismus selbst als „Appetitzügler
des Erhabenen"[38] auf. Die dabei angewandte Collage-Technik ist nach *Max
Ernst* selbst „die systematische Ausbeutung (sic!) des zufälligen oder künst-
lerisch provozierten Zusammentreffens von zwei oder mehr wesensfremden
Realitäten auf einer augenscheinlich dazu ungeeigneten Ebene - und der
Funke Poesie, welcher bei der Annäherung dieser Realitäten überspringt"[39].

Über den Kunstbereich hinaus hat vor allem *Claude Lévi-Strauss* diesen
„schöpferischen Prozeß der Umordnung und Transformation disparater

---

[36] Vgl. hierzu: *S. Price*, Primitive Kunst in zivilisierter Gesellschaft, Frankfurt/M. 1992.

[37] *J. Clifford*, On Ethnographic Surrealism, in: Comparative Studies in Society and History 23 (1981)
539-564, hier 550, zitiert nach *Greverus*, 18 (Anm. 29).

[38] *Werner Spies*, Max Ernst-Collagen. Inventar und Widerspruch, Köln 1974, 39. Zur gesamten Entwicklung und Bedeutung des Collage-Prinzips in der modernen Kunst vgl. *D. Waldmann*, Collage und Objektkunst vom Kubismus bis heute, Köln 1993.

[39] *Max Ernst*, Jenseits der Malerei, Ludwigshafen 1986, 24.

vorhandener Substanzen" und Elemente als die „bricolage" eines „wilden Denkens" bezeichnet[40]. „Wild" ist dieses Denken, weil es sich nicht an die herkömmliche Ordnungsgeographie, an die geltenden Paradigmen, an die gebräuchlichen Systematisierungen hält, sondern eine „Bastelei mit Bruchstücken der Vergangenheit" darstellt, „aus denen neue strukturierte Ganzheiten geschaffen werden"[41]. *Lévi-Strauss* selbst weist darauf hin, daß die Arbeitsweise der Surrealisten bei seiner Begriffsbildung Pate gestanden habe: „Sie alle sind Freizeitkünstler ohne jegliche künstlerische oder akademische Schulung, basteln mit gefundenen Materialien aus der Natur oder den Müllprodukten der Konsumwelt, um sich ihre individuellen und je einmaligen 'gebauten Träume' zu schaffen. Die (surrealistischen) ... Künstler waren Besessene, die ihre Identitätsfindung durch den sozialen Tod über eine selbstinszenierte Traumkultur zu überwinden versuchten"[42], sie setzten ihre entlarvenden Collagen „als kreative Anstrengung gegen das Mittelmaß des Konsums"[43] ein. Entscheidend war hier die durch das Collage-Prinzip und ihre Verfremdungseffekte erzeugte Sicht auf die Entfremdung der eigenen Lebenswelt, mit der die Surrealisten über sich hinaus dann stilbildend gewirkt haben, um so die Verdinglichungstendenzen der eigenen Lebenswelt, also das Befremdliche an ihr vorführen zu können.

Auf eben diese produktionsästhetische Ausdrucksform griffen nicht zuletzt die Erzeugnisse der sog. „beat-generation" zurück, an denen die Korrelation zwischen erfahrener Entfremdung und emphatischer Fremdadaptierung ebenso deutlich wird wie der Wille, im anverwandelten Fremden die Möglichkeiten zur Distanz gegenüber der entfremdeten und entfremdenden „Eigenwelt" zu erproben[44]. Als „beat-generation" bezeichnete sich selbst eine Gruppe von Intellektuellen, Studenten und Künstlern, die unter dem Eindruck der Kriegs- und Nachkriegszeit gegen Ende der vierziger Jahre in den USA als kulturell und sozial antibürgerliche Protestbewegung auftrat.

Für *Jack Kerouac* beispielsweise, einem Hauptvertreter der „beat-generation", erschöpfte sich die Freiheit des Menschen nicht darin, nur pauschal *gegen* etwas zu sein, sondern bestand überdies darin, alle Bestandteile einer Lebenskraft aufzunehmen, die es erlaubte, sich kritisch und spiegelbildlich gegen die Lebensordnung zu setzen, der gegenüber man sich selbst in Di-

---

[40] *Claude Lévi-Strauss*, Das wilde Denken, Frankfurt/M. 1973.
[41] *Greverus*, 23 (Anm. 29).
[42] Ebd.
[43] Ebd. Zum synkretistischen Prinzip der „bricolage" vgl. auch *Volker Drehsen*, Vom Beat zur Bricolage. Synkretismus als jugendliches Protestverhalten, in: *Wolfgang Greive/Raul Niemann* (Hrsg.), Neu glauben? Religionsvielfalt und neue religiöse Strömungen als Herausforderungen an das Christentum, Gütersloh 1990, 114-134.
[44] Zur sog. „beat-generation" vgl.: *Gertrude Betz*, Die Beatgeneration als literarische und soziale Bewegung, Frankfurt/M. 1977; *B. Hargrove*, Religion for a Dislocated Generation, Valley Forge 1980; *M. Kosel*, Gammler, Beatniks, Provos. Die schleichende Revolution, Frankfurt/M. 1967; *L. Lipton*, Die heiligen Barbaren, Düsseldorf 1960; *Karl O. Paetel* (Hrsg.), Beat. Die Anthologie, Augsburg 1988 (zuerst: Reinbek 1962); *John Tytell*, Propheten der Apokalypse, Wien 1979.

stanz zu bringen suchte, weil man sich ihren Widersprüchen, Routinisierungen und Heucheleien nicht länger aussetzen wollte: „Wer weiß, mein Gott, ob nicht die ganze Welt ... ein riesiger Ozean von Barmherzigkeit ist, der wahrhaftige heilige Honig, jenseits dieser ganzen Schaustellung von Persönlichkeit und Grausamkeit."[45]

Der Synkretismus wird hier zum Ausdruck eines symbiotischen Lebensbedürfnisses, das eine desillusionierte Generation nicht mehr in der Gesellschaftskultur erfüllt findet, in der sie aufgewachsen ist. Er dient gewissermaßen als Vehikel der Emanzipation von den eigenen Herkunftsbedingungen, deren religiöse Fundamentalsozialisation weithin als „Gottesvergiftung" (T. Moser) wahrgenommen wurde. Die Anverwandlung fremdreligiöser Elemente gilt der selbstbestimmten biographischen Korrektur; so erscheint exemplarisch etwa „die Atmosphäre des japanischen Zen frei von all den peinlichen Kindheitsassoziationen, die mit Gott, dem Vater und Jesus Christus verknüpft sind"[46]. Und jede für sich zugestanden etwas beengte Rolle eines Aimu-Bärentänzers, Yurok-Schamanen oder Trappisten zu spielen, erscheint immerhin „noch besser als in Klassenzimmern herumzudösen oder Bücher über Buddhismus und das Glück der Menschen zu schreiben, wie es die Philister tun"[47].

Statt sich kritisch oder konformistisch in die vorhandene Religionsszene einzuordnen, bildet sich im religiösen Bewußtsein und Verhalten der „beatgeneration" eine Atmosphäre der Synkretismusbildung heraus, die deutlich Wertakzente einer fusionierten Gegenidentität trägt, unbefangen zusammengesetzt aus fremdreligiösen Elementen, deren jeweilige Verschmelzung sich jeder überkommenen weltanschauungssystematischen Zuordnungsarithmetik entzieht. Im Ergebnis zeigt sich eine Neuschöpfung der eigenen Religiosität durch die gezielte Auswahl und synkretistische Kombination verschiedenster Bestandteile aus dem weltumspannenden Angebotsmaterial der zuhandenen Religionen: „Im Zuge dieser Gegenkonzeption zu den offiziellen Sinndeutungsangeboten der überkommenen Kirchen werden von den Angehörigen dieser jungen Generation in völliger Unbekümmertheit die religiösen Entwürfe aller Zeiten durchwühlt und die Religionsstifter und Gurus aller Zonen für sich in Anspruch genommen."[48] Dabei fasziniert die Alternative, die als Medium zur Abgrenzung gegenüber der umgebenden Erwachsenenwelt ebenso tauglich erscheint wie zur Ausgestaltung des eigenen Lebensgefühls. Die Aufgeschlossenheit für fernöstliche Religionen wie indische Lebensweisheit, japanischer Zen-Buddhismus, christliche En-

[45] Zitiert nach Paetel, 25 (Anm. 41).
[46] A.W. Watts, Beat-Zen, Square-Zen und Zen, zitiert nach Paetel, 56 (Anm. 41).
[47] G. Snyder, Bemerkungen zu den religiösen Tendenzen, zitiert nach Paetel, 56 (Anm. 41).
[48] Helmut Aichelin, „Die Seele kann so schnell nicht fliegen." Kritischer Dialog mit der neuen Religiosität, in: Ingrid Riedel (Hrsg.), Der unverbrauchte Gott. Neue Wege der Religiosität, Bern 1976, 35-63, hier 42.

gelsmystik und Elendsromantik bringen sowohl die apokalyptische Wahrnehmung der moderngesellschaftlichen Krisenhaftigkeit als auch die Wiederentdeckung des eigenen Anspruchs auf individuelle Unversehrtheit und Ursprünglichkeit zum Ausdruck.

Die Grenze zum oben geschilderten „Projektionstypus" scheint durchaus fließend. Der Unterschied ist hauptsächlich motivationell bedingt: Man vollzieht keine Konversion zum Anderen in der trügerischen Hoffnung auf Ganzheitsgewinn, sondern eine Konversion zu sich selbst - im Bewußtsein der eigenen Fragmentarität, der man das selbsterschaffene Kunstwerk gleichsam als utopische Kontrastfolie nicht zuletzt im Horizont einer veristischen „Ästhetik des Häßlichen"[49] entgegenstellt. Man will keine angemessenen Bilder des Fremden zeichnen, sondern Bilder des entfremdeten Eigenen hervorbringen, wobei man sich durch die Begegnung mit dem Fremden anregen läßt.

Die Anverwandlung des Fremden im Sinne der kritischen Selbsterfahrung im Medium der Fremderfahrung, die Kolonialisierung des Fremden aus Motivlagen des ureigenen, unmittelbaren Interesses heraus und die Wahrnehmung von Verfremdungsgestalten als Spiegel eigener Entfremdung sind drei ganz unterschiedliche Möglichkeiten der Anverwandlung des Fremden. Sie erscheinen als Inkulturationsgestalten eines Christentums, das sich in seiner verkirchlichten Gestalt nicht mehr genügt. Neue Erfahrungen, neue Ausdrucksgestalten des christlichen Glaubens manifestieren sich unter den Voraussetzungen einer multikulturellen und multireligiösen Gesellschaftskultur im Typ eines Synkretismus, der als Typ zwar charakteristisch ist, in seinen unterschiedlichen Ausprägungen aber das theologische Nachdenken über christliche Inkulturation noch nachhaltig in differenzierter Weise beschäftigen wird.

---

[49] Vgl. *Karl Rosenkranz*, Ästhetik des Häßlichen, Leipzig 1990.

Drittes Kapitel
Evangelium und Kultur

PETER HÜNERMANN

Evangelium und Kultur zwischen Anerkennung und Transformation

Eine systematische Reflexion aus europäischer Perspektive

In diesem Beitrag geht es um die grundsätzliche Verhältnisbestimmung von Evangelium bzw. Glauben auf der einen Seite und von Kultur bzw. Kulturen auf der anderen Seite. Die beiden Stichworte: Anerkennung und Transformation bezeichnen den geschichtlichen Spannungsbogen, durch den beide Größen jeweils zusammengebunden sind. Anerkennung meint das „Ja", Transformation das „Nein, nicht so, sondern anders", dabei beziehen sich beide Momente, das „Ja" und das „Nein, nicht so, sondern anders", ebenso - vom Evangelium her gesehen - auf die Kultur, wie sich ein solches „Ja" und „Nein, nicht so, sondern anders" auch vom Blick der Kultur aus in bezug auf das Evangelium ergibt.

Um in dieser schwierigen und komplexen Wechselbeziehung klarer zu sehen, gliedern wir unsere Erörterungen in vier Schritte: Im ersten Schritt geht es um eine Begriffsbestimmung von Evangelium und Glauben. Im zweiten Schritt geht es um die jeweilige kulturelle Gestalt des Glaubens und sein kulturkritisches Moment. Im dritten Schritt sollen Kultur und Kulturen als Machtgefüge oder Mächtigkeiten des Lebens charakterisiert werden. Der vierte Abschnitt handelt schließlich von der angemessenen Vermittlung von Evangelium und Kultur bzw. Kulturen. In diesem Kontext sollen dann zugleich auch Wege und Kriterien für diese angemessene Vermittlung erörtert werden.

I. Das Evangelium und der christliche Glaube

Evangelium ist ein christliches Eigenwort. Zwar taucht dieses Wort schon an der Wende vom 8. zum 7. Jahrhundert v. Chr. bei *Homer* auf und meint eine gute Nachricht oder den Lohn für eine solche Botschaft[1]. Zur Zeit *Christi* spielt dieses Wort eine Rolle im römisch-hellenistischen Herrscherkult, wo etwa die Geburt des Thronfolgers oder die Thronbesteigung des Kaisers

---

1 Vgl. *Hubert Frankemölle*, Art. Evangelium, in: LThK, Bd. 3, Freiburg u.a., 3. Aufl. 1995, 1058-1063.

als Evangelien verkündet werden. In der Septuaginta[2] wie in der rabbinischen Literatur - zumeist im Plural gebraucht - meint Evangelium die Heilsbotschaft.

Im Neuen Testament erfährt das Wort eine völlige Umprägung: Evangelium ist jetzt die Botschaft *Jesu Christi* von der Basileia, der Herrschaft Gottes, die *Jesus Christus* selbst, seinen Tod, seine Auferweckung, die Geistsendung umschließt und so Gottes Handeln an ihm und durch ihn meint. Es ist ein Handeln, in dem den Menschen die Rechtfertigung in diesem Leben und die ewige Herrlichkeit verbürgt ist. So ausschließlich dieser Glaube ist, so analogielos ist semantisch der neutestamentliche Begriff Evangelium[3].

Dieses Evangelium wird ebenso das „Evangelium Gottes"[4], das „Evangelium der Basileia"[5], das „Evangelium *Jesu Christi*"[6] oder das „Evangelium des Friedens"[7] genannt. Es bezeugt sich darin, wie dieses Evangelium die Botschaft vom Heil schlechthin ist. Dieses Evangelium ist den Aposteln und allen Glaubenden, insbesondere den Missionaren und den Evangelisten, zur Verkündigung anvertraut. Und so spricht *Paulus* von „meinem Evangelium"[8], von dem Evangelium, „das ich [euch] verkündigt habe"[9]. Evangelium ist so auch ein *nomen actionis*[10].

Schon aus dieser Charakteristik des Wortes Evangelium und seiner Bedeutung geht hervor[11], daß es sich um eine Sache handelt, die in ihrer eschatologischen Endgültigkeit und Heilsumfassendheit Kulturen und kulturelle Muster sprengt und ihnen nicht einfach einzuordnen ist.

Das Evangelium zielt wesentlich auf Glauben und entfaltet seinen Sinn und seine Lebensmacht im Glauben. Zwar wird das Evangelium bezeugt in den Gleichnissen *Jesu Christi*, in seinem Verhalten und seinem Umgang, in seinem Leiden und in seiner Auferstehung. Das Evangelium wird verkündet in den Schriften des *Paulus*, des *Markus, Matthäus, Lukas*, in der Predigt des *Petrus*. Aber diese Bezeugung - in ihren mannigfachen Gestalten - kommt in ihr Ziel und entfaltet sich in ihrem Sinn, wo das Evangelium geglaubt wird. Dort erst bringt es seine Früchte hervor. Deswegen ist vom Evangelium nicht zu reden ohne den christlichen Glauben.

Während Glauben im vor- und außerchristlichen Sinn, Optionen einer ganzheitlichen Lebenshaltung oder Daseinsorientierung bezeichnet, eine

---

2 Vgl. Jes 52,7 und 61,1.
3 Vgl. *Frankemölle*, Art. Evangelium, 1058 (Anm. 1).
4 Mk 1,14b; Röm 1,1; 15,16 und 2 Kor 11,7.
5 Mt 4,23ff; 9,35; 24,14 und Lk 4,43.
6 Mk 1,1; 1 Kor 9,12; 2 Kor 2,12; 9,13 und 10,14.
7 Eph 6,15; vgl. ferner Jes 52,7.
8 Röm 2,16; 16,25; 2 Kor 4,3 und 1 Thess 1,5.
9 Gal 1,11; vgl. auch Röm 1,1; 1 Kor 9,16ff; 2 Kor 8,18 und 11,7. Der Begriff Evangelisierung, wie er in *Evangelii nuntiandi* gebraucht wird, ist durchaus bibelgemäß (vgl. u.a. *EN* 6ff und 22).
10 Vgl. u.a. Röm 15,19f; 1 Kor 9,14; 2 Kor 8,18 und Phil 4,15.
11 Vgl. *Hubert Frankemölle*, Evangelium. Begriff und Gattung. Ein Forschungs-Bericht, Stuttgart, 2. Aufl. 1994.

Zustimmung zu einer nicht in Wissen überführbaren, gleichwohl aber an Sachverhalten orientierten Haltung oder auch ein personales Verhältnis - man ist „in Treu und Glauben" verbunden -, so ist Glaube im christlichen Bereich davon unterschieden.

Christlicher Glaube glaubt das Evangelium. Weil es im Evangelium um die Selbsterschließung Gottes, um den Sinn menschlicher Existenz und die Bestimmung von Welt und Geschichte geht, so umfaßt Glauben den Menschen nach allen seinen Aspekten. Glauben bezeichnet deswegen in den neutestamentlichen Schriften die eine umfassende und grundlegende Antwort des Menschen auf das Heilshandeln Gottes in *Jesus Christus*. Glauben führt in die personale Gemeinschaft mit *Jesus Christus* und deswegen in die kirchliche Gemeinschaft mit ihm. Glaube führt mit und in *Jesus Christus* in die innerste Gemeinschaft mit Gott[12]. Damit ist die Bedeutung des alttestamentlichen Wortes für Glauben, *haeaemin*, das den Prozeß der inneren Festigung in Gott und seiner Offenbarung bezeichnet, in eine Endgültigkeitsgestalt hineingeführt[13]. So ist es kein Wunder, daß das Wort Glauben eines der Kernworte des neutestamentlichen Schrifttums ist.

Glauben meint das Raumgeben für das Evangelium ebenso wie das von Gott her gewährte Stehen und Bleiben in ihm. Und so bedeutet Glauben im neutestamentlichen Schrifttum ebenso das Vertrauen, die Gebetserhörung, die charismatische Heilkraft, die darin impliziert ist, wie die Treue in Anfechtungen durch Leiden, die Bejahung des Wortes vom Kreuz, das Gerechtfertigtwerden durch das Bauen auf den totenerweckenden Gott und seine Gnadenmacht. Es meint das Erkennen, Anerkennen und Sichverankern im Heilshandeln Gottes[14].

Weil Glaube so wesentlich Lebensvollzug des Evangeliums und dessen personale und gemeinschaftliche Daseinsgestalt ist und zwar unabgeschlossener, offener, über sich hinausdrängender Lebensvollzug, weil das Evangelium je größer, tiefer und geheimnisvoller ist, deswegen hat Glaube ebenso wie das Evangelium mit der Kultur und den verschiedenen Kulturen zu tun. Wir kommen damit zu unserem zweiten Abschnitt.

*II. Die kulturelle Gestalt des Evangeliums und sein
kulturkritisches Moment im Glauben*

Beginnen wir wiederum mit dem Evangelium. Trägt das Evangelium selbst kulturelle Züge? Das Evangelium ergeht in der Zeit. Zugleich aber wird die Zeit qualifiziert. *Markus* eröffnet seinen Bericht über *Jesu* Wirken mit den Worten: „Er verkündete das Evangelium Gottes und sprach: Die Zeit ist er-

---

12 Vgl. Joh 14,1.
13 Vgl. Gen 15,6; Jes 7,9.
14 Vgl. u.a. Mt 8,10; 17,20; Mk 2,5; Lk 17,5; Joh 5,24; Röm 1,16; 10,9.17; Gal 2,21; 5,6; Eph 1,13; 4,13; 1 Kor 1,18-25; 2 Thess 2,14.

füllt, das Reich Gottes ist nahe. Kehrt um, und glaubt an das Evangelium!"[15] Ähnlich ist an anderen Stellen des Neuen Testaments vom Zeitbezug des Evangeliums die Rede. Markant ist der Eingang des Hebräerbriefs: „Viele Male und auf vielerlei Weise hat Gott einst zu den Vätern gesprochen durch die Propheten; in dieser Endzeit aber hat er zu uns gesprochen durch den Sohn, den er zum Erben des Alls eingesetzt und durch den er auch die Welt erschaffen hat; er ist der Abglanz seiner Herrlichkeit und das Abbild seines Wesens; er trägt das All durch sein machtvolles Wort, hat die Reinigung von den Sünden bewirkt und sich dann zur Rechten der Majestät in der Höhe gesetzt."[16]

Im zitierten Text aus dem Hebräerbrief wird das Sprechen Gottes durch seinen Sohn als Endzeit bezeichnet, zugleich wird *Jesus Christus* eschatologisch und protologisch charakterisiert. Ende und Anfang sind umspannt. Damit aber werden die Voraussetzungen greifbar, die für das Evangelium und das Verstehen dieser frohen Botschaft notwendig sind. Es handelt sich um drei fundamentale Voraussetzungen, die jeweils eine Doppelstruktur aufweisen.

1. Das Evangelium kann sich erst dort ereignen, wo Menschen Welt als Welt erfaßt haben und sich zur Welt als solcher verhalten. Dies ist keineswegs selbstverständlich. Die ältesten Geschichten des Alten Testaments sprechen von einer Daseinsverfassung, in der die Menschen sich noch keineswegs zur Welt als Welt verhielten, sondern lediglich zu einzelnen Ereignissen. Die Welt war gleichsam unbefragte Gegebenheit, in der man sich fand. Israel hat nun diese Entdeckung der Welt als Welt vom Jahwe-Glauben her vollzogen und interpretiert, und dabei hat sich Gott dem Volk als der Schöpfer des Himmels und der Erde erschlossen. Durchgesetzt hat sich diese Glaubenserkenntnis erst relativ spät, nämlich im Zusammenhang mit dem Exil[17]. Glaube an den Schöpfer aber meint im alttestamentlichen Sinne nicht die Verehrung eines göttlichen Prinzips, aus dem gleichsam naturnotwendig ein Kosmos als Abglanz entsteht. Es meint auch nicht die Verehrung eines Chaosbändigers wie im babylonischen Weltschöpfungsepos von Marduk[18]. Jahwe ist vielmehr der eine Gott, welcher die Welt ebenso frei setzt und ins Dasein hervorruft, wie er Israel erwählt hat.

Die erste Voraussetzung des Evangeliums umfaßt folglich ein denkerisch philosophisches Moment: die Erkenntnis von Welt als Welt und ein religiöses bzw. glaubensmäßiges Moment: das Bekenntnis zu Gott als dem freien und souveränen Schöpfer der Welt. Dabei ist das erste Moment im zweiten Moment impliziert.

---

[15] Mk 1,14f.
[16] Hebr 1,1-3.
[17] Vgl. Gen 1,1-2,1-4a.
[18] Vgl. *Mircea Eliade*, Geschichte der religiösen Ideen, 3 Bde., Freiburg u.a. 1978-1983, hier Bd. 1, 74ff.

2. Eine weitere, wesentliche Voraussetzung des Evangeliums ist die Sicht der menschlichen Geschichte als Geschichte und ihre glaubensmäßige Charakteristik. Es kann nicht vom Evangelium Gottes als dem definitiven Wort Gottes über die Geschichte geredet werden, es kann nicht vom Ende und der Vollendung menschlichen Daseins gesprochen werden, wenn Geschichte als Geschichte nicht im Blick steht. Auch diese Einsicht in die Wirklichkeit ist keine Selbstverständlichkeit. Sie wurde von Israel auf einem langen Weg erworben. Erst mit dem beurteilenden Blick, den die Propheten auf die Geschichte Israels werfen, um dann ihre Unheilsbotschaft zu verkünden, eröffnet sich für Israel auch der Blick für die Geschichte der Völker. Sie unterliegen gleichfalls dem Gericht Jahwes. Seit dem apokalyptischen Schrifttum tritt Geschichte als Geschichte voll in den Blick dieses Volkes[19]. Die Perspektive der Apokalyptik umfaßt die Geschichte im ganzen. Zugleich vertieft sich in dieser Phase die Einsicht in die Abgründe menschlichen Geschehens. Erst in der Begegnung mit den Großreichen, die jeweils beanspruchen, Weltreiche zu sein, erfährt Israel die abgründigste Gestalt von Sünde: die dämonische Mächtigkeit des Menschen, sich an die Stelle Gottes zu setzen, Widersacher Gottes zu sein.

Von solcher Glaubenserfahrung her wird Gott nicht nur als Richter der Geschichte verständlich, sondern zugleich auch als jener erhofft und erwartet, der den Menschen in und aus der Geschichte zu retten vermag.

3. Eine dritte und letzte Voraussetzung des Evangeliums ist das Faktum, daß der Mensch mit sich selbst, seiner Subjekthaftigkeit, seinem Personsein vertraut sein muß. Es gibt im Alten Testament zahlreiche Passagen, die zeigen, wie der Einzelne in der Frühzeit Israels völlig als Glied im Kollektiv des Volkes Gottes verstanden wurde. Personale Verantwortung - mit allem, was an individueller Schuldbehaftung dazugehört - bildet sich in Israel zu allererst in der Zeit des Exils heraus. Zeugnis dessen ist u.a. die Schrift des Propheten *Ezechiel*[20]. Von solcher Selbsterfahrung her wird Gott als Richter und als gnädiger Gott denk- und erfahrbar. Es ist *Johannes der Täufer*, der die letzte Konsequenz aus dieser Differenz und unaufhebbaren Verantwortlichkeit des einzelnen und der Zugehörigkeit zum Volk Gottes zieht. Er leugnet die Bedeutung der *Abrahamskindschaft* nicht. Aber sein Gerichtswort markiert die Unersetzlichkeit der Umkehr aller einzelnen: „Ihr Schlangenbrut, wer hat euch denn gelehrt, daß ihr dem kommenden Gericht entrinnen könnt? Bringt Frucht hervor, die eure Umkehr zeigt, und meint nicht, ihr könntet sagen: Wir haben ja *Abraham* zum Vater. Denn ich sage euch: Gott kann aus diesen Steinen Kinder *Abrahams* machen. Schon ist die Axt an die Wurzel der Bäume gelegt; jeder Baum, der keine gute Frucht hervorbringt,

---

[19] Vgl. Jes 24-27; 34-35; Ez 38-39 und Sach 9-14.
[20] Vgl. Ez 14,12-23; 18 und 33,10-20.

wird umgehauen und ins Feuer geworfen."[21] Auch hier gilt, daß in der religiösen Botschaft die philosophisch-kulturelle Dimension impliziert ist.

Fassen wir zusammen: Das Evangelium setzt aufgrund seiner umfassenden Heilszusage voraus: die nicht theoretische, wohl aber lebensmäßige Erkenntnis a) von Welt als Welt, b) von Geschichte als Geschichte und c) von personalem Selbstsein, durch das der Mensch gerade in seiner Eigenständigkeit in der Gemeinschaft und der Gesellschaft steht.

Dies sind wesentliche kulturelle Voraussetzungen, die eigens und als solche in der Philosophie denkerisch reflektiert und geklärt werden. Diesen kulturellen Voraussetzungen korrespondiert als glaubensmäßiges Verstehen der Glaube an den Schöpfer der Welt, d.h. ein Monotheismus, der die Freiheit und Souveränität Gottes bejaht und Gott folglich ein Selbstverhältnis zuschreibt. Es ist ferner damit verbunden der Glaube an Gott als den die Geschichte beurteilenden Richter - deswegen, weil die Geschichte in sich von der Sünde geprägt ist - und die Hoffnung auf den Erlöser der Geschichte. In bezug auf den einzelnen bedeutet dies ebenso den Glauben an Gott als den Richter meines Lebens und als den gnädigen Gott.

Man kann selbstverständlich von mannigfachen kulturellen Zügen in der Verkündigung *Jesu*, in den Evangelien sowie in dem übrigen neutestamentlichen Schrifttum sprechen. Die Gleichnisse *Jesu* reflektieren sehr deutlich die damaligen Lebensumstände, kulturelle Besonderheiten, jüdische Eigenarten. Zur angemessenen Interpretation solcher Aussagen ist eine Kenntnis dieser kulturellen Eigentümlichkeiten unabdingbar. Alle diese Züge sind aber nicht wesentlich mit dem Evangelium verbunden, so daß sie zum Glauben an das Evangelium dazugehörten, vom Glaubenden unbedingt selbst mitzuvollziehen wären. Sie gehören zu den Ausdrucksformen des Evangeliums, sind aber keine wesentlichen, inhaltlichen Momente. Man braucht nicht Jude zur Zeit *Jesu Christi* zu sein, um zu glauben.

Das grundsätzliche, kulturkritische Moment des Glaubens ergibt sich aus der Reflexion auf das Evangelium und seine Voraussetzungen. Ist Glauben wesentlich Bejahung des Evangeliums, Raum geben für das Evangelium im eigenen Leben, Standnehmen darin und so Vollzug des Evangeliums, so wird der Glaubende wie die jeweilige Gemeinschaft der Glaubenden den Glauben an den souveränen und freien Schöpfer der Welt, den Richter und Erlöser der Geschichte, den Richter und gnädigen Gott des einzelnen in ihrer Kultur, in ihrem Lebenskontext zur Geltung bringen müssen. Indem die Glaubenden dies im Blick auf die jeweiligen Lebensdeutungen, die Praxisorientierungen, die gesellschaftlichen, symbolisch vermittelten Wirklichkeitsauslegungen bejahen, geschieht ein Doppeltes: Zum einen werden diese kulturellen Formen mit den Grunderfahrungen von Welt als Welt, Geschichte als Geschichte, Selbstsein bzw. Personsein des Menschen als sol-

---

[21] Mt 3,7-10.

chen und dem daraus resultierenden Sein in der Gemeinschaft konfrontiert. Dann werden sie zugleich mit der jeweiligen Auslegung von Welt, Geschichte und Selbstsein des Menschen von Gott her in Beziehung gesetzt. Um den Fragen näher nachgehen zu können, die sich im Zusammenhang damit stellen, sind im dritten Schritt Kultur und Kulturen als Machtgefüge und Mächtigkeiten des Lebens als nächstes zu charakterisieren.

III. Kultur und Kulturen - Machtgefüge und Mächtigkeiten des Lebens

Setzen wir an den Anfang unserer Überlegungen eine kurze Bestimmung dessen, was wir unter Kultur verstehen[22]. In unserer Umgangssprache gibt es einen doppelten Gebrauch dieses Wortes. Zum einen bezeichnet Kultur einen Sektor unseres Lebens. Wir haben in den Ländern Deutschlands jeweils Wirtschaftsministerien, wir haben aber auch Ministerien für Kultus und Erziehung, unterschieden etwa vom Innenministerium oder vom Justizministerium. Im Sinn dieser sektoralen Eingrenzung rechnen wir zum Bereich der Kultur insbesondere die schönen Künste und das Bildungswesen. So wird in den Feuilletons der Zeitungen etwa moniert, daß aufgrund der Sparmaßnahmen der Kulturetat der Städte oder Länder eingeschränkt werde.

Neben diesem engeren Kulturbegriff gibt es seit dem 19. Jahrhundert einen umfassenden, weiten Kulturbegriff[23]. In diesen weiten Kulturbegriff beziehen wir das ganze Feld menschlicher Praxis mit ein. So sprechen wir etwa von einer Rechtskultur und bezeichnen damit ebenso das geistige Profil einer staatlichen Gesetzgebung wie seine Rechtspflege und Rechtsprechung. Wir sprechen von einer spezifischen sozialen Kultur und meinen das Ensemble der sozialen Institutionen, Verhaltensweisen und Formen der Konfliktlösung, die ein gegebenes Gemeinwesen auszeichnen.

Zugrunde liegt hier ein Begriff von Kultur, der erstmals im 17. Jahrhundert aufzutauchen beginnt, wo *Pufendorf* dem *status naturae* den *status culturae* entgegensetzt[24]. Dieser umfassende Begriff impliziert den Begriff menschlicher Praxis, wobei Praxis den freiheitlichen, menschlichen Daseinsvollzug meint, in dem der Mensch zugleich die Welt wie sich selbst - im

---

22 Eine hervorragende historisch-systematische Übersicht verschiedener Ansätze zum Kultur- bzw. Zivilisationsbegriff bietet *Jörg Fisch*, Art. Zivilisation, Kultur, in: *Otto Brunner/Werner Conze/Reinhart Koselleck* (Hrsg.), Geschichtliche Grundbegriffe, Bd. 7, Stuttgart 1992, 679-774; vgl. ferner *Joseph Niedermann*, Kultur. Werden und Wandlungen des Begriffs und seiner Ersatzbegriffe von Cicero bis Herder, Florenz 1941.

23 Vgl. *Fisch*, 705-724 (Anm. 22).

24 Vgl. *Samuel Pufendorf*, De statu hominum naturali (1675), in: *ders.*, Eris scandica, qua adversus libros de jure naturali et gentium objecta diluuntur, Frankfurt 1686, § 3, 219; vgl. auch *Niedermann*, 132ff (Anm. 22).

Verhältnis zur Welt und den anderen Menschen - vollzieht[25]. Praxis ist hier nicht im Sinne einer Subjektivitätstheorie zu verstehen, die den Akzent einseitig auf das menschliche Ego oder auf das menschliche Wir verlegt. Praxis ist ebenso bestimmt durch das, was es gibt, durch das, was die Menschen angeht, was ihnen aufgeht, ja, sich ihnen aufzwingt. Sprechen wir von Kultur im gekennzeichneten, weiten Sinn, so gehört alles dazu, was sich in der Praxis ergibt und aus der Praxis resultiert. Weil Praxis aber ebenso durch die Struktur des Miteinanderseins der Menschen wie des In-der-Welt-Seins bestimmt ist, und weil sich nur durch die Praxis menschliches Leben entfalten kann, so gehören zur Praxis und damit zur Kultur drei Dimensionen. Praxis, als freiheitlicher Lebensvollzug, bringt immer Ordnungsformen des Zusammenlebens hervor: Genannt seien Wirtschafts-, Rechts-, Erziehungs-, Verkehrs-, Staatsformen etc. Praxis bringt zum zweiten jeweils konkrete Gestalten des Ethos hervor, Formen des Sichverhaltens von Menschen zueinander und zu den Dingen bzw. zur Welt, mit der sie umgehen. Zum dritten ist festzuhalten: Praxis ist Sinndeutung der Wirklichkeit. Entsprechende Formen solcher Sinndeutung finden sich in der Sprache, in den religiösen Überzeugungen, in Mythen und Erzählungen, in der Wissenschaft etc.[26].

Sprechen wir von Kultur im weiten Sinn, so haben wir die mannigfachen Formen und Institutionen im Blick, in denen sich Praxis niederschlägt und artikuliert. Diese Formen, Institutionen, Verhaltensweisen aber werden bedacht hinsichtlich des Geistes, des Sinnes, der Werte, die sich in den Institutionen ausprägen.

Weil Kultur in diesem Sinn die Objektivation des Daseinsvollzuges einer Gesellschaft bildet - *Thomas Stearns Eliot* spricht von der „Gesamtform, in der ein Volk lebt, *the whole way of life of a people"*[27] -, deswegen ist Kultur zunächst einmal eine nicht systematisierbare Größe. Sie weist in sich zahlreiche, nicht perfekt miteinander verbundene Momente auf. Wohl aber gibt es zwischen den großen Dimensionen einer Kultur notwendigerweise Konvergenzen. Man kann nicht im Wirtschaftsbereich Sinn- und Wertprioritäten setzen, die in anderen Bereichen der Gesellschaft völlig tabuisiert werden.

Die Kultur, welche eine gegebene Gesellschaft oder eine gesellschaftliche Körperschaft charakterisiert, ist eine geschichtliche Größe, die einem ständigen Innovations- und Transformationsprozeß unterliegt[28]. Dabei zeichnen

---

[25] Eine grundlegende und differenzierte Analyse von Praxis habe ich in: Kirche - Praxis - Institution. Zur Methode und den Aufgaben der christlichen Gesellschaftslehre, in: *Peter Hünermann/Juan Carlos Scannone* (Hrsg.), Lateinamerika und die Katholische Soziallehre. Ein lateinamerikanisch-deutsches Dialogprogramm, Teil 1, Mainz 1993, 87-142, hier 111-118 und 125-131 dargelegt.

[26] Vgl. Evangelisierung und Kultur, in: *Peter Hünermann*, Ekklesiologie im Präsens. Perspektiven, Münster 1995, 55-67, hier 56.

[27] *Thomas Stearns Eliot*, Zum Begriff der Kultur, Frankfurt/M. 1961, 33.

[28] Vgl. *Hünermann*, Kirche, 119f (Anm. 25); vgl. auch *Ronald Inglehart*, Kultureller Umbruch: Wertewandel in der westlichen Welt, Frankfurt/M. 1989, 487ff.

sich selbstverständlich - aufgrund der relativen Stabilität von Institutionen, sprachlichen Traditionen - gewisse Konstanten ab. Zum zweiten gilt, daß Kulturen - ebenso wie sie einen geschichtlichen Charakter besitzen - auch eine Machtgestalt darstellen, in sich Lebensmächtigkeit besagen. Die Kultur eines Volkes bezeichnet ja das Ensemble jener Formen, Institutionen, die den Zugang und Umgang mit der Welt bedeuten, die das Miteinander ordnen, prägen und bestimmen. Alle solche Formen sind kulturelle Mächtigkeiten. Durch sie und vermittelst ihrer sind Menschen befähigt, unmittelbar Vorliegendes in einer bestimmten Weise anzugehen, in den Dienst zu nehmen. Die Kultur stellt die Möglichkeiten bereit, deren sich ein Volk in der Konkurrenz mit anderen Völkern bedienen kann. Zugleich sind damit natürlich auch Grenzen bezeichnet. Wer diese oder jene kulturellen Bildungschancen nicht besitzt, hat keinen Zugang zu dieser Art von Technik, von Produktion etc. Weil Kultur so insgesamt ein Machtpotential darstellt, gibt es keine Kultur, die nicht zugleich ein ganzes System von Subkulturen umschließt: Die sozialen Ungleichheiten in jeder Gesellschaft vermitteln unterschiedliche Zugangsmöglichkeiten zur Teilnahme am Kraftfeld der Kultur. So bilden sich Subkulturen heraus, die sich von der entsprechenden Gesamt- oder Hochkultur nochmals durch jeweilige Eingrenzung ihrer Möglichkeiten unterscheiden. Deshalb ist jeder kulturelle Prozeß zugleich auch gekennzeichnet durch Konkurrenz, durch Kampf, durch Ausgrenzung und Einbeziehung. Innerhalb einer Kultur geht es jeweils um die Durchlässigkeit von Subkulturen und Teilnahmemöglichkeiten an der Gesamtkultur, genauso wie es zwischen Kulturen Dominanzverhältnisse gibt, Konkurrenz, Assimilation und Marginalisierung. Das konkurrierende Aufeinandertreffen von Kulturen unterschiedlicher Mächtigkeit ist für die betroffenen Völker und Gesellschaften immer verbunden mit einer bis in die privatesten Sphären hineinreichenden Umwandlung gewohnter Lebens- und Denkweisen. Es schlägt sich nieder in Umwandlungen der Produktion und des Wirtschaftens, in Veränderungen des Rechtssystems, in Transformation der sozialen Ordnung, Verarmung und Aufstieg.

Weil Kultur eine Lebensmächtigkeit darstellt, hat Kultur mit der Politik zu tun. Politik ist die Führung eines Gemeinwesens mittels Macht und hat jeweils die Möglichkeit, Rahmenbedingungen für den kulturellen Prozeß zu setzen, ordnend und gestaltend in die Kultur und in ihre internen wie in ihre äußeren Konkurrenzverhältnisse einzugreifen[29].

Aufgrund dieser formalen Skizze von Kultur soll es im folgenden Abschnitt darum gehen, die angemessene Vermittlung von Evangelium und Kultur zu thematisieren.

---

29 Vgl. *Hünermann*, Kirche, 121f (Anm. 25). „Der Politik kommt aber [vor anderen kulturellen Bereichen wie etwa Wirtschaft, Bildung oder Gesundheitswesen] eine eigene Dignität zu, weil es hier um die aktive und verantwortliche Gestaltung des gesamten Bereiches der Kultur geht." (Ebd., 121)

IV. Zur Vermittlung von Evangelium und Kultur - ein zweipoliger, kritischer Prozeß

Es wurde im zweiten Abschnitt bereits aufgewiesen, daß das Evangelium bzw. der Glaube jeweils eine kulturelle Gestalt besitzen und ein kulturkritisches Moment implizieren. Ebenso wurde im dritten Abschnitt klar, daß Kultur wesentlich zum menschlichen Dasein gehört und von ihm nicht losgelöst werden kann. Evangelium läßt sich aber nicht auf Kultur zurückführen; Kultur hat einen anderen Ursprung als das Evangelium. So entsteht hier ein Wechselverhältnis, das unaufhebbar ist. Ein Pol kann in den anderen nicht aufgelöst werden, wenngleich beide den Menschen und die menschliche Gesellschaft voll und ganz betreffen. Aufgrund dieser polaren Spannung ist dieses wechselseitige Verhältnis zunächst aus der Sicht des Evangeliums bzw. des Glaubens zu betrachten, dann, in einem zweiten Schritt, aus der Sicht der Kultur[30].

Betrachtet man das Verhältnis Evangelium - Kultur aus der Sicht des Evangeliums, dann ergeben sich - schematisiert - zwei grundlegend verschiedene Szenarien:

a) Das Evangelium und seine Verkündigung treffen auf eine Kultur, die den oben genannten drei wesentlichen Voraussetzungen des Evangeliums nicht entspricht, d.h. eine Kultur, in der es nicht zur Ausbildung eines Verhältnisses der Menschen zur Welt als Welt, zur Geschichte als Geschichte und zum Selbstsein des Menschen als Person gekommen ist. Als geschichtliches Beispiel können hier etwa die germanischen Völkerschaften mit ihrem kulturellen Niveau gelten, das sie in der Völkerwanderungszeit besaßen. In einem solchen Fall besteht die Möglichkeit der Bejahung des christlichen Glaubens, d.h. der Bekehrung zum christlichen Glauben, nur in einem eingeschränkten Sinn. Der Glaube an Gott als den Schöpfer der Welt, an den Erlöser der Menschen, der ein gnädiges Gericht über die Geschichte halten wird, ist gar nicht ohne weiteres möglich. Aus der germanischen Sprachgeschichte wissen wir, daß sich erst im Verlauf mehrerer Jahrhunderte der Terminus und der Begriff „Gott" herausbildeten. Es gab in den germani-

---

[30] Es scheint mir wichtig, gerade heute, diese bleibende Spannung und die Unrückführbarkeit beider Momente aufeinander zu betonen. Dies bedeutet auch, daß man sie nicht von einem dritten, diesen beiden Polen überlegenen Standpunkt aus betrachten kann. Es gibt im 19. Jahrhundert eine Fülle von Ansätzen in dieser Richtung. Sowohl *Hegel* (vgl. Religions-Philosophie, in: Ges. Werke, Bd. 17: Vorlesungsmanuskripte I [1816-1871], hrsg. von *Walter Jaeschke*, Düsseldorf 1987) wie *Schelling* (Philosophie und Religion [1804], in: Ges. Werke, Bd. 4: Schriften zur Philosophie der Freiheit [1804-1815], hrsg. von *Manfred Schröter*, München, 2. Aufl. 1958, 1-60) haben aus dem Gesichtspunkt der Philosophie eine solche Betrachtung vorgelegt. Wenngleich solche spekulativen, systematischen Aufhebungen der Differenz von Evangelium und Glauben auf der einen Seite und Kultur bzw. Philosophie und Denken auf der anderen Seite heute obsolet sind, so gibt es genügend kulturwissenschaftliche Betrachtungen, die gleichfalls von einer Nivellierung ausgehen, insofern Evangelium und Glaube mit einem Typus von Kultur identisch gesetzt werden und von dort her eine Einebnung erfolgt.

schen Sprachen lediglich einen Ausdruck für das göttliche Walten, davon unterschieden waren die einzelnen Götter, die jeweils ihre speziellen Funktionen hatten[31]. Es ist evident, daß mit einem solchen langsamen Transformationsprozeß der Sprache, der Ausbildung des Wortes und des Bedeutungsfeldes „Gott" ein langsamer Wandlungsprozeß des Welt- und Geschichtsverständnisses sowie des Selbstverständnisses des Menschen einhergeht. Was im ersten Moment beim Aufeinanderprallen des Evangeliums (das in einem solchen Fall einfach auch als eine andere Kultur erfahren wird, Differenzierungsmöglichkeiten gibt es noch gar nicht) mit der autochthonen, angetroffenen Kultur entsteht, ist ein Vorgang von Vermischung, von Synkretismus, in dem die Momente des Evangeliums und des christlichen Glaubens dann sehr langsam eine Verwandlung des gesamten kulturellen Rahmens einer solchen Kultur bewirken. Erst im Verlaufe der Zeit stellt sich ein neues Verhältnis zum Evangelium und zum christlichen Glauben ein, das wesentlich durch ein freies Sich-verhalten-Können gekennzeichnet ist. In bezug auf die germanischen Völkerschaften ist diese Phase im Grunde am Beginn des Mittelalters erreicht. Sie gewinnt ihr Leitwort in der Theologie des *Anselm von Canterbury*: *fides quaerens intellectum*[32]. *Fides* erschien bis dahin als die vorgegebene, überlegene Gabe, die sich durchgesetzt hatte, zu der man sich im Verlaufe der Geschichte auch bekannt hat, zu der man aber im Grunde genommen kein selbsthaftes, freies Verhältnis hatte. Erst im Mittelalter ist diese lange Inkubationszeit des Evangeliums und des Glaubens in der Kultur der germanischen Völkerschaften beendet. Es entstehen von da ab auf dem kulturellen Boden der germanischen Völkerschaften eigenständige Ausgestaltungen christlichen Glaubens.

Ein konkretes geschichtliches Beispiel für den Aufeinanderprall des Evangeliums und der germanischen Völkerschaften dürfte die Bekehrung der sächsischen Stämme rings um Paderborn anläßlich der Überführung der Reliquien des *Hl. Liborius* sein. Die daran anschließenden Wunder waren als Machterweise Zeugnisse dafür, daß hier eine höhere Macht aufgetreten ist, der man sich unterzuordnen hat. Das Evangelium erscheint als Machtgestalt, d.h. wesentlich als eine Gestalt von Kultur, die überlegen ist. Der Synkretismus, der aus einer solchen nur partikularen Bekehrung erfolgt, kann am Christusbild des „Heiland" abgelesen werden.

b) Das zweite Szenario: Das Evangelium trifft auf eine Kultur, in der die entsprechenden Verstehensmöglichkeiten für das Evangelium gegeben sind, d.h. Verhaltensmöglichkeiten zur Welt als Welt, zur Geschichte als Geschichte, zum Selbstsein des Menschen an sich. Was für ein Prozeß setzt in diesem Moment ein? Hier sind freie Bekehrungen im eigentlichen Sinne

31 Vgl. *Eliade*, Bd. 2, 124-158, hier 138ff (Anm. 18).
32 Vgl. *Anselm von Canterbury*, Proslogion. Lateinisch-deutsche Ausgabe, hrsg. von *F.S. Schmitt*, Stuttgart-Bad Canstatt 1962.

möglich. Mit einer solchen Bekehrung ergibt sich dann jeweils sofort eine Distanz zur überlieferten Kultur als der schlechthin bestimmenden selbstverständlichen Lebensform. Nicht die Kultur als solche wird einfachhin negiert. Sie wird zunächst in eine gewisse Distanz gerückt. Sie wird in ihrer Selbstverständlichkeit und in ihrer schlechthinnigen Dominanz in Frage gestellt. Die Welt und alles Weltliche werden vom Schöpfer her verstanden. Die Geschichte und alle geschichtlichen Gegebenheiten wie das persönliche und soziale Leben werden vom gnädigen Richter her betrachtet, der sich in *Jesus Christus* den Menschen zugesprochen hat. In den neutestamentlichen Schriften gibt es eine Fülle von Beispielen dazu. Die Art wie *Paulus* etwa im 13. Kapitel des Römerbriefes vom Staat und den staatlichen Autoritäten spricht, zeigt, wie er diese Autoritäten anerkennt, sie aber zugleich jeder mythischen Überhöhung entkleidet, die sie im öffentlichen Leben hatten[33]. Sie haben ihre Autorität und ihre Funktionen von Gott erhalten und haben ihm zu dienen, stehen unter dem Maß der Gerechtigkeit.

Die Galater erinnert *Paulus*[34], wie sie einstmals, als sie Gott nicht kannten, jenen Mächten dienten, die keine Götter sind. Er nennt sie „schwache und armselige Elementarmächte"[35], von denen sie ihre Monate, Zeiten und Jahre bestimmen ließen. Aus diesen wenigen Beispielen wird deutlich, welche Kriterien hier für das Ja und Nein in bezug auf kulturelle Phänomene bei der Rezeption des Glaubens wirksam werden. Es sind die grundlegenden Perspektiven des Glaubens, die wir bereits genannt haben: Die Welt ist die freie und souveräne Schöpfung Gottes. Die Geschichte findet ihren Richter und ihre Vollendung in Gott. Der einzelne - obwohl Sünder - ist von Gott geliebt, wird von ihm im Glauben gerechtfertigt und ist zur ewigen Gemeinschaft mit ihm bestimmt. Aus diesen Perspektiven ergeben sich die grundlegenden Entmythisierungen und Relativierungen aller innerweltlichen Ereignisse, Vorkommnisse und Sachverhalte. Es ergibt sich die Ausrichtung der Geschichte auf die Vollendung hin, und es entspringt der Sinn des menschlichen Daseins. Zu diesen Perspektiven wird dann - mit Hilfe von ethischen Reflexionen - eine jeweilige Kritik an bestehenden kulturellen Institutionen, Verhaltensformen etc. geübt, es wird eine Bildung neuer Ordnungs- und Sinngestalten, transformierter Gestalten des Ethos und neuer sprachlicher und symbolischer Ausdrücke für die Sinndeutung der Wirklichkeit hervorgetrieben. Dabei haben alle diese neuen Ordnungs-, Ethos- und Sinngestalten selbstverständlich ihre historischen Wurzeln in der angetroffenen Kultur, weisen aber zugleich auch spezifische, von den drei genannten Perspektiven her überformte Ausprägungen auf. Nicht zu übersehen sind bei der Gestaltung solcher neuen Ordnungs-, Ethos- und Sinnformen die mannigfachen Machtinteressen der Eliten, der verschiedenen sozia-

---

[33] Vgl. Röm 13,1-7.
[34] Vgl. Gal 4,8ff.
[35] Gal 4,9a.

len Gruppen. Sie wirken auf diese konkreten Gestaltungsprozesse selbstverständlich mit ein. Auf der anderen Seite ergibt sich im Verlauf der Glaubensgeschichte immer wieder - und zwar aus dem Kern des Glaubens an das Evangelium - eine Kritik an der faktischen kulturellen Gestalt, die aus der Begegnung des Evangeliums mit einer gegebenen Kultur resultiert[36].

Abschließend möchte ich - in bezug auf diesen Erörterungspunkt - betonen, daß die Botschaft vom Reich Gottes, die Verkündigung *Jesu Christi* nur dort lebendig rezipiert und geglaubt wird, wo sie jeweils in einen kritischen Differenzierungsprozeß der gegebenen Kultur umgesetzt wird. Glaube hat darin seine Kraft und sein Wesen, den Menschen in seinen konkreten Lebensverhältnissen auf Gott hin auszurichten und den Menschen von ihm her, der das Heil ist, leben zu lassen. Dies kann aber nur real werden in den Differenzierungsprozessen der Kultur, von denen wir gesprochen haben, und zwar durch die Anwendung der oben skizzierten kritischen Perspektiven. Wo der Glaube diesen kritischen politischen, wirtschaftlichen, gesellschaftlichen, kurz: kulturellen Bezug verliert, ist der Glaube der Kirche und der Gemeinden ein toter Glaube. Ebenso ist der Glaube des einzelnen ein toter Glaube, wenn er sich nicht in dessen Lebenspraxis als kritisch orientierende, treibende Kraft bewährt, die seinen Lebensstil prägt.

Wenden wir uns der gegenläufigen Betrachtung zu. Betrachten wir das Verhältnis Evangelium - Kultur aus dem Blickwinkel der Kultur. Hier gilt grundsätzlich, und zwar vom Glauben her, ein Prinzip: Die Glaubenden, die einzelnen, die Gemeinden, die Kirchen haben das Recht und die Pflicht, ihre geläuterten kulturellen Werte, Formen, ihre Sprache in den Glauben, in das Verständnis und den Vollzug des Evangeliums einzubringen. *Johann Adam Möhler*, dessen 200. Geburtstag wir 1996 feierten, hat in seinem berühmten Frühwerk *Die Einheit in der Kirche* herausgestellt, wie der Glaube darauf angewiesen ist, „individualisiert" zu werden[37]. Es gehört zur Subjekthaftigkeit des Menschen, daß er das, was er aufnimmt und rezipiert, auf seine Weise aufnimmt und aus seinen Möglichkeiten, aus seinen geschichtlichen Wurzeln heraus ausdrückt und bekennt. Was *Möhler* als Individualisierungsprozeß des Glaubens charakterisiert, gilt aber ebenso für die Gemeinden und die Kirchen in den kulturellen Großräumen. Weil die Identität der Menschen wesentlich kulturell vermittelt ist, weil die Praxis, welche die kulturellen Institutionen und Formen hervorbringt, ihr Daseinsvollzug ist, es

---

[36] Ich erinnere in diesem Zusammenhang etwa an die großen Reformbestrebungen, die die Geschichte des europäischen Christentums seit dem Mittelalter begleiten.

[37] „Wenn das katholische Prinzip alle Gläubigen zu einer Einheit verbindet, so darf die Individualität des Einzelnen nicht aufgehoben werden, denn der Einzelne soll als *lebendiges* Glied im ganzen Körper der Kirche fortdauern. Das Leben des Einzelnen als solchen ist aber bedingt durch seine Eigentümlichkeit, die mithin im ganzen nicht untergehen darf." (*Johann Adam Möhler*, Die Einheit in der Kirche oder das Prinzip des Katholizismus. Dargestellt im Geiste der Kirchenväter der drei ersten Jahrhunderte, Tübingen 1825; historisch-kritische Ausgabe herausgegeben, eingeleitet und kommentiert von *Josef Rupert Geiselmann*, Köln 1956, §35,114 - §48,166, hier §35,114.)

im Glauben aber um den Daseinsvollzug der Menschen geht, so ist selbstverständlich, daß die Menschen, Gruppen und Völker in einer freien Weise ihre kulturellen Formen in den Glaubensvollzug mit- und einbringen müssen, wenn dieser Glaube überhaupt authentisch sein soll. Dies gilt selbstverständlich auch für die durch den Glauben kritisch geläuterten Formen, Werte, Institutionen, etc. Dieses Prinzip ist in den Dokumenten des Zweiten Vatikanums vornehmlich in *Gaudium et spes*[38], aber auch im Missionsdekret *Ad gentes*[39] angesprochen worden, in *Evangelii nuntiandi*[40] von *Paul VI.* ausdrücklich bestätigt und von *Johannes Paul II.* in einer ganzen Reihe von Dokumenten immer wieder wiederholt worden[41]. In einer besonders eindringlichen Weise ist dies auf der Generalversammlung des lateinamerikanischen Episkopats in Santo Domingo[42] und auf der afrikanischen Sondersynode 1994[43] bekräftigt worden.

Ausgehend von diesem Prinzip, wenden wir uns zwei charakteristischen Konstellationen zu, welche die heutige Diskussion um die Inkulturation ausgelöst haben und in dieser Diskussion vorausgesetzt werden.

1. Zur kulturellen Situation in den hochindustrialisierten Ländern mit christlich geprägter Geschichte: Die Spannung zwischen Evangelium und Glauben bzw. Kirche auf der einen Seite und der modernen Kultur in diesen Ländern auf der anderen Seite läßt sich - schematisierend - in drei Punkten zusammenfassen: Es hat sich im Verlauf der letzten Jahrzehnte in diesen Ländern eine Kultur herausgebildet, die - im Unterschied zur überlieferten traditionellen Kultur - charakterisiert ist durch eine verschärfte funktionale Differenzierung und eine starke Verselbständigung der Teilsysteme. Dies äußert sich in der Intensität der Spezialisierung, der Selbststeuerung und der Eigenlegitimation dieser Teilsysteme. Ich erinnere etwa an moderne Geldwirtschaft und Märkte, die Kommunikationssysteme, die Wissenschaften, die politischen Funktionszusammenhänge. Diese unterschiedlichen Teilsysteme lassen sich nicht von einem übergeordneten Punkt her systematisieren und schlechthin unter Kontrolle bringen. Hier ist ein offenes Gefüge, ein Netzwerk entstanden. Dieser sektoralen Ausdifferenzierung korrespondiert eine vertikale Differenzierung der unterschiedlichen Ebenen sozialer Wirklichkeit. So unterscheidet *Niklas Luhmann*[44] die *face-to-face*-Relationen, welche intersubjektive Beziehungsmuster und Interaktionsprozesse

---

[38] Vgl. *GS* 53-62, hier bes. 53 und 57ff.
[39] Vgl. *AG* 6f und 26.
[40] Vgl. *EN* 20ff.
[41] Vgl. *Redemptoris missio* 39 und 52; ferner *Centesimus annus* 51.
[42] Vgl. *Santo Domingo*, u.a. Kapitel III. Die christliche Kultur (228-251).
[43] Vgl. *Ecclesia in Africa* 42f, 59-71, 72-85 und 99-104.
[44] Vgl. *Niklas Luhmann*, Interaktion, Organisation, Gesellschaft, in: Soziologische Aufklärung 2. Aufsätze zur Theorie der Gesellschaft, Opladen, 3. Aufl. 1986, 9-20; vgl. auch *ders.*, Evolution und Geschichte, in: ebd., 150-169; ferner *ders.*, Soziale Systeme. Grundriß einer allgemeinen Theorie, Frankfurt/M. 1984, 551-592.

spezifischer Art auf der elementaren Ebene des sozialen Systems einbeziehen. Es gibt ferner die organisierten Mitgliedschaften und Organisationen, welche vom Zwang zur raum-zeitlichen Anwesenheit entbinden und eine hohe Fungibilität gewährleisten. Es gibt schließlich die Ebene der Gesellschaft, in der es um das Miteinander dieser unterschiedlichen sozialen Ebenen geht. Eine dritte Ausdifferenzierung, die für die gegenwärtige Kultur spezifisch ist, ist die Ausbildung unterschiedlicher symbolischer Gemeinschaften in den Gesellschaften, welche die jeweiligen Sinninterpretationen des Ganzen vermitteln. Dies manifestiert sich etwa in der modernen Gesellschaft im Pluralismus der Religionen, sonstiger Weltanschauungen, ideologischer Gruppen, etc. Mit diesem dreifachen Typus von Differenzierungen ist ein realer Zuwachs an Wahl- und Freiheitsmöglichkeiten verbunden, eine Herausforderung der Individuen und Gruppen, sich um ihre eigene Identitätsbildung und Orientierung zu bemühen[45].

Bis zum II. Vatikanischen Konzil hingegen waren die kulturellen Ausgestaltungen des Glaubens und des kirchlichen Lebens nicht von diesen Differenzierungen geprägt. Es herrschte eine entsprechende universalistische und zugleich zentral kontrollierte Mission vor, eine weitgehend vom Absolutismus geprägte kirchliche Administrations- und Leitungsstruktur. Aufgrund der historischen Entwicklung trug diese kulturelle Ausformung des Glaubens bzw. des Evangeliums eurozentrische Züge. Heute ergibt sich eine tiefgreifende Differenz zwischen der überlieferten kulturellen Gestalt des Evangeliums und den konkreten differenzierten Lebensverhältnissen.

Eine Inkulturation des Evangeliums in der modernen Industriegesellschaft westlicher Prägung setzt voraus, daß aufgewiesen und real vollzogen wird, wie der eschatologische und unbedingte Heilszuspruch der christlichen Botschaft mit der hier skizzierten kulturellen Plurifizierung und Differenzierung der Gesellschaft vermittelbar ist. Theoretisch gesehen liegt der Ansatz darin, daß vom univoken Wahrheitsbegriff Abschied genommen wird und die ganze Fülle der Wahrheitsformen und Erscheinungsweisen des Wahren neu entdeckt wird: Von den verschiedenen Intensitätsstufen des Wahr-scheinlichen, des Veri-simile in den faktischen Lebensformen, ihrer symbolischen Vermittlung und ihrer jeweiligen Gebrochenheit bis hin zum *„sacramentum"* schlechthin, zu *Jesus Christus* als dem *al thestaton*, dem Ineinsfall von zeichenhafter Prägnanz und Wahrheit Gottes selbst in der Geschichte. Dieses hier nur angedeutete Wahrheitskonzept als theoretische Grundlage setzt voraus, daß die leitende Rationalität des Menschen eine ge-

---

45 Vgl. dazu *Niklas Luhmann*, Funktion der Religion, Frankfurt/M., 2. Aufl. 1990, bes. 225ff; außerdem *Karl Gabriel*, Differenzierung oder Säkularisierung? Zu Stellenwert und Funktion des Christlichen in der Gegenwartsgesellschaft, in: *Joachim G. Piepke* (Hrsg.), Evangelium und Kultur, Nettetal 1995, 69-80; *Wolfgang Welsch*, Identität im Übergang. Philosophische Überlegungen zur aktuellen Affinität von Kunst, Psychiatrie und Gesellschaft, in: *ders.*, Ästhetisches Denken, Stuttgart, 3. Aufl. 1993, 168-200.

schichtlich-praktische Rationalität ist, der die theoretische Vernunft als die-
nendes Moment eingeordnet bleibt, weil auch die theoretische Vernunft jeweils eine ethisch zu verantwortende ist, die lebensdienlich zu gebrauchen
ist[46]. Was eine solche Wahrheitskonzeption im konkreten organisatorischen
Bereich für die Gestaltung kirchlicher Strukturen mit sich bringt[47], konkreti-
sieren die gegenwärtigen Diskussionspunkte im Bereich der Ekklesiologie
über die Eigenverantwortung der Teilkirchen, die wesentlich in der Form
der *episkopé*, der bischöflichen Aufsicht, wahrzunehmenden Funktionen der
römischen universalkirchlichen Institutionen[48].

2. Die zweite Konstellation ergibt sich in bezug auf Kulturen und Subkulturen von Ländern, die nicht zu den hochindustrialisierten Ländern christlicher Provenienz gehören. Die gekennzeichnete kulturelle Entwicklung in
den Industrieländern mit ihrem Diversifizierungs- und Plurifizierungs-
schub hat zu einer erdumspannenden Dominanz dieser Kulturen geführt[49].
Als Auswirkungen dieses kulturellen Entwicklungsschubes haben sich globale Infrastrukturen herausgebildet, welche die überlieferten Kulturen der
anderen Kontinente, aber auch Subkulturen in Lateinamerika, in ihrer bisherigen Lebensmächtigkeit radikal in Frage stellen und diese Völker, welche
die Träger dieser Kulturen sind, an den Rand der Existenzmöglichkeit
drängen. Weite Teile Schwarzafrikas, große Zonen Asiens erscheinen als
Gebiete, die in den modernen Kulturprozeß nicht integrierbar sind. Sie leben am Rande dieser Kultur, schauen gleichsam dort hinein, werden aber
nicht zu aktiven Mitspielern. Ein gleiches gilt für etwa vierzig Prozent der
Gesellschaft in Lateinamerika, die in extremer Armut leben[50]. Dieser untere
Sockel der Gesellschaft ist weitgehend gekennzeichnet durch ethnische Besonderheiten und kulturelle Überlieferungen eigener Art, ich erinnere an
die Afrobrasilianer, die ländliche Indiobevölkerung in den Anden, das urbane Mestizentum der großen barriadas usf.

---

[46] Vgl. *Hans-Georg Gadamer*, Wahrheit und Methode. Grundzüge einer philosophischen Hermeneutik, in: Gesammelte Werke, Bd. 1, Tübingen, 5. Aufl. 1986, 442-494.

[47] Vgl. dazu vom Verfasser die Überlegungen „Orientierung im Bereich kirchlicher Strukturen", in:
Hünermann, Ekklesiologie, 187-284 (Anm. 26).

[48] Daß in diesem Transformationsgeschehen der Kirche - herausgefordert durch die gegenwärtige
Not der Gemeinden - zugleich auch Kirche als Sakrament der anzuzielenden, neuen Gesellschaftsformen erscheint, in der universale Solidarität mit unbedingter Anerkennung des anderen
als anderen zu verbinden ist, sei hier nur am Rande vermerkt. Vgl. *Peter Hünermann*, Amt und
Evangelium. Die Gestalt des Petrusdienstes am Ende des zweiten Jahrtausends, in: HerKorr 6
(1996) 298-302.

[49] Vgl. *Fuad Kandil*, Moderne Hochkulturen in der einen Welt. Globalisierung der Moderne aus der
Sicht traditionaler Kulturen, in: *Hermann Werber* (Hrsg.), Globalisierung der Zivilisation und
überlieferte Kulturen, Jahresakademie des KAAD vom 28.-30. April 1995, Bonn 1995, 152-166,
hier 156ff.

[50] Vgl. Cepal Review, Santiago de Chile 52 (April 1994) 10ff; ebenso vgl. Weltentwicklungsbericht
1990. Die Armut, hrsg. von der Weltbank, Washington, D.C. 1990.

Welche Herausforderungen ergeben sich hinsichtlich des Eigenrechtes der Kulturen in bezug auf das Evangelium, den Glauben und die Kirche?[51] Vom Evangelium her stehen Christen unter der Herausforderung, der Logik der göttlichen Liebe zu folgen und somit die Option für die Armen zur grundsätzlichen Richtungsbestimmung aller gläubigen Praxis zu machen. Umgekehrt ergibt sich für die Menschen aus diesen dominierten, marginalisierten Kulturen und Subkulturen, sich selbst in Freiheit einzubringen in das Evangelium, in den Glauben, in die Kirche. Ein solches freies Sich-einbringen-Können setzt immer voraus, daß die Menschen mit ihrer geschichtlichen Herkunft, d.h. ihren kulturellen Überlieferungen, ihren gegenwärtigen Nöten und ihren legitimen Erwartungen in bezug auf die Zukunft anerkannt werden.

Inkulturation des Evangeliums, d.h. das Hineintragen der kulturellen Herkunft, der Schätze und Werte dieser Völker in die Kirche, kann nicht geschehen im Sinne einer folkloristischen Repristination des Früheren. Es geht darum, daß die Menschen aufgrund der Anerkennung ihrer Herkunft befreit werden von der Traumatisierung und den Blockaden, welche ihre Gegenwart gerade aus der Nicht-Anerkennung ihrer Vergangenheit und ihres Eigenseins erleidet. Dies bedeutet, daß die eigenen kulturellen Formen und Lebensmächtigkeiten unter der Perspektive, die von der Not der Gegenwart und den legitimen Hoffnungen und Erwartungen auf die Zukunft bestimmt ist, aufzuarbeiten und im Licht des Evangeliums zu interpretieren sind.

Zwei Beispiele dafür: Eine Aufarbeitung der afrikanischen Geschichte, die wesentlich durch die Erfahrung der Sklaverei und der Kolonisierung geprägt war, und die Beurteilung dessen aus der Sicht des Evangeliums hat von seiten der Afrikaner und der afrikanischen Kirche bis heute nicht stattgefunden. Die Bedeutung dieser Geschichte, beurteilt im Licht des Evangeliums für die Zukunft, für die Pastoral der Kirche, steht völlig aus[52]. Eine solche inkulturierende Arbeit des Evangeliums aber liefert dann auch erst jenes Instrumentarium, das bei der Reflexion auf die überlieferten Symbolwelten, deren Gegenwartsbedeutung und deren notwendige Transformation im Blick auf die Zukunft gebraucht wird.

Im Blick auf die unterschiedlich ausgeprägten Subkulturen der lateinamerikanischen Gesellschaft gilt im Grunde etwas sehr ähnliches. Wenn es in der Kirche gelingt, durch die kulturelle Integration die Marginalisierung dieser großen Bevölkerungsgruppen, der dominierten Kulturen und Subkulturen aufzubrechen, würde sie damit zugleich einen immensen Beitrag

---

51 Vgl. *Joseph Ratzinger*, Der christliche Glaube vor der Herausforderung der Kulturen, in: *Paulus Gordan* (Hrsg.), Evangelium und Inkulturation (1492-1992), Salzburger Hochschulwochen 1992, Graz u.a. 1993, 9-26; ferner *Margit Eckholt*, Inculturación y teología: reflexiones metodológicas y eclesiológicas, in: Revista Teológica Limense 29 (1995) N° 1, 76-107.

52 Vgl. *Peter Hünermann*, Afrikanische Themen in Rom. Theologische Reflexionen aus europäischer Sicht, in: ThQ 174 (1994) 177-184.

zur menschlich-sozialen Integration, zur Freisetzung der Kreativität dieser Menschen, zu ihrer Integration in den weltumspannenden kulturellen Entwicklungsprozeß leisten.

MARCELLO DE C. AZEVEDO SJ

Christentum - eine plurikulturelle Erfahrung

Eine systematische Reflexion aus lateinamerikanischer Perspektive

Das Programm dieses Bandes sieht vor, daß theoretische Fragestellungen oder Arbeiten auf der Grundlage konkreter Erfahrungen der Autoren oder der Kirchen oder Organismen, denen sie angehören, präsentiert werden. Grundsätzlich konzentriert sich der erste Teil auf den theoretischen Zugang, während der zweite und der dritte Teil Gelegenheit dazu bieten, kontextuelle Situationen und Erfahrungen im Bereich des Glaubens und der Evangelisierung zu reflektieren und anderen mitzuteilen.

Das Thema, das man mir gestellt hat, verlangt eine systematische Reflexion über das Christentum als multikulturelle Wirklichkeit aus lateinamerikanischer Sicht. Aufgrund dieser Überlegungen wollen wir einige recht weitreichende Konsequenzen für das evangelisatorische Handeln der Kirche aufzeigen.

Die Formulierung des Themas setzt das Bewußtsein und die Erfahrung davon voraus, wie zentral das Verhältnis zwischen Glaube und Kultur für den Evangelisierungsprozeß ist. Früher weithin ignoriert oder unverstanden, ist dieses Element heute eine allgemein anerkannte Tatsache, auch wenn ihr im praktischen Leben nicht immer entsprochen wird. *Paul VI.* hat dies sehr treffend zum Ausdruck gebracht, als er feststellte, der „Bruch zwischen Evangelium und Kultur" sei das Drama unserer Zeit, wie es dies bereits zu anderen Zeiten gewesen sei (*Evangelii nuntiandi* 20). Dennoch bildet dieses Verhältnis zwischen Glaube und Kultur den Ausgangspunkt aller großen konziliaren und päpstlichen Dokumente, die für das postkonziliare Verständnis der Kirche vom Sendungsauftrag zur Evangelisierung ein neues Paradigma entwickelt und fundiert haben: *Gaudium et spes, Nostra aetate, Ad gentes, Evangelii nuntiandi, Catechesi tradendae, Slavorum apostoli, Redemptoris missio*, um nur einige zu nennen.

Es gibt eine umfangreiche wissenschaftliche und pastoral orientierte Bibliographie über Glaube und Kultur(-en) und verwandte Themen sowie eine Fülle von Dokumenten des gegenwärtigen Pontifikats über die Kultur und ihre Rolle im Glaubensleben einzelner Menschen und bestimmter Personengruppen. Sehr wertvoll sind u.a. die Beiträge dreier römischer Dikasterien: der Kongregation für die Evangelisierung der Völker, des Päpstlichen Rats für den Interreligiösen Dialog und des Päpstlichen Rats für Kultur. Zu diesem Korpus theologischer und pastoraler Überlegungen kommen die Veröffentlichungen mehrerer Episkopate anläßlich ihrer Generalversammlungen oder nationaler Foren. Als Lateinamerikaner hebe ich die Bischofsversammlungen von Medellín (1968), Puebla (1979) und Santo Domingo (1992) hervor.

Entscheidend für das zunehmende Bewußtsein der Verknüpfung von Glaube und Kultur ist jedoch die existentielle Erfahrung, die die Christen in ihrem Alltag in persönlicher, familiärer, beruflicher Hinsicht, in der ganzen Bandbreite der verschiedenen christlichen Berufungen machen. Darüber werden wir im zweiten Teil mehr hören.

In diesem Band richten wir unser Augenmerk freilich auf eine spezifische und klar definierte Beziehung zwischen Glaube und Kultur, die das theologische und missionarische Vokabular unter der Bezeichnung *Inkulturation* bekanntgemacht hat. Wir kennen die wechselhafte Geschichte dieses Wortes und seiner Semantik, die Widerstände, die dagegen aufgebaut wurden, die Ungenauigkeiten, die mit ihm verbunden waren und seine unbestreitbaren Grenzen. Aber wir wissen auch, daß das Thema in den 80er und 90er Jahren an Reife gewonnen hat. Es entstand in dieser Hinsicht eine ernsthafte, sowohl anthropologisch wie theologisch immer fundiertere und kenntnisreichere Literatur.

Es mag vielleicht überflüssig erscheinen, diesen Begriff noch weiter zu erläutern. Da nun aber gerade in ihrem Gehalt sehr dichte Wörter, deren Verwendung und Bedeutung nicht selten umstritten sind, zu Mißverständnissen Anlaß geben, scheint es mir unerläßlich, an dieser Stelle zu präzisieren, was ich unter *Inkulturation* verstehe. Wir sind uns der Vielfalt der Bedeutungen und der unterschiedlichen Geschwindigkeiten bewußt, mit denen dieser Terminus in bestimmten regionalen Kontexten übernommen und verwendet wird. Oft ist von Inkulturation die Rede, obgleich man in Wirklichkeit Anpassung, Transkulturation, Indigenisation, „Einpflanzung" (*inserción*) meint. All dies sind Begriffe mit einem genau bestimmten semantischen Inhalt. Sie waren zu unterschiedlichen Zeiten der Theologie der Mission und der pastoralen Praxis in Gebrauch und besaßen einen positiven Wert.

Das genau definierte Verständnis des Wortes *Inkulturation* und die semantische Strenge bei seinem Gebrauch werden eine größere pastorale Auswirkung haben. So wird die solide Ausarbeitung einer *Theologie der Inkulturation* als erhellende Quelle für die Praxis der Evangelisierung möglich sein. Für die Evangelisierung bedeutet das Inkulturiertsein keine nebensächliche oder beliebige Qualifizierung. Es darf nicht zu einer flüchtigen, Furore machenden Modeerscheinung werden.

Auf inkulturierte Weise zu evangelisieren heißt, den Evangelisierungsprozeß einer gegenseitigen integrativen Verknüpfung zwischen Glaube und Kultur zu unterwerfen. Diese Aussage erinnert uns daran, daß ein großer Teil der Evangelisierung während des ersten und zweiten Jahrtausends des Christentums durch die Trennung zwischen Glaube und Kultur oder durch unsanften Druck und zerstörerische Unterdrückung gekennzeichnet ist, die der eine Teil über den anderen ausübt.

So möchte ich nun einige grundlegende Anhaltspunkte zum Verständnis der Inkulturation geben als eines Evangelisierungsprozesses in einer multikulturellen Welt und in einem Christentum, das immer mehr von der Unterschiedlichkeit der Kontexte seiner Einführung, seiner Lebenserfahrung, seiner thematischen Entfaltung und seines Einflusses auf den konkreten Alltag der Bevölkerung, die sich zum Glauben an *Jesus Christus* und an sein Mysterium bekennt oder eben nicht, geprägt ist. Dieser Blickwinkel ist besonders wichtig in und für Lateinamerika, sei es wegen der Lebendigkeit seiner Ortskirchen, sei es wegen der Rolle, die diese schließlich auch im diversifizierten Kontext der Gesamtkirche spielen mögen.

Bevor ich jedoch zu den angekündigten Aussagen über die Inkulturation komme, scheint es mir unerläßlich, zwei Punkte klarzustellen. Unser Thema spricht vom Christentum als plurikulturelle Wirklichkeit oder Erfahrung. Es geht um eine immer häufiger anzutreffende Feststellung und Behauptung. Weniger selbstverständlich sind jedoch die Implikationen dieser Tatsache. Eine ihrer Konsequenzen ist, wie wir gesehen haben und noch sehen werden, der imperative Charakter der Inkulturation.

Es gibt allerdings zwei Voraussetzungen, um die Frage des multikulturellen Christentums einordnen zu können. Die erste liegt bereits in der Tatsache selbst, daß das Christentum eine kulturelle Wirklichkeit ist. Die zweite besteht darin, daß das Christentum sich lange Zeit hindurch - und in mancherlei Hinsicht gilt dies auch heute noch - in eine monokulturelle Wirklichkeit verwandelt hat. Diese beiden Voraussetzungen wollen wir ein wenig genauer beleuchten.

I. Christentum als kulturelle Wirklichkeit

Die Rationalität, die bei der Erarbeitung des Korpus der christlichen Lehre und Theologie und eines großen Teils der Symbolstruktur des Christentums am Werke war, verlieh schließlich einer prinzipiell abendländischen Auffassung vom Christentum als theoretischem Korpus von Ideen und institutionellem religiösem Komplex Gestalt. Auf diese Weise erhielt es immer mehr das Aussehen einer offenbar statischen und homogenen Universalität. Zu verschiedenen Zeiten und an verschiedenen Orten der Erde hat man uns das Christentum als ein Phänomen dargestellt, das von den Kulturen weitgehend unabhängig ist. Häufig sprechen wir vom Christentum wie von einem unveränderlichen, vom Konkreten losgelösten System, einem Komplex von Begriffen und Bedeutungen, Werten und Prinzipien, die autonom sind und keine konkreten Verknüpfungen haben.

Tatsächlich aber ist eines der wesentlichen Kennzeichen des Christentums sein inkarnatorischer und historischer und damit kultureller Charakter. Diese Aussage ist überaus folgenreich sowohl für den Evangelisierungsprozeß als auch für die Art der Entfaltung des Glaubens, in der die so unterschiedliche, aber insgesamt so stark kulturell geprägte Menschheit das Christentum dann lebt.

Jesus Christus und alles, was er in der ganzen Fülle seines Mysteriums ist und bedeutet, ist uns von der Dreieinigkeit geschenkt und vom Vater gesandt worden, und zwar durch das Wirken des Geistes auf *Maria* innerhalb des ganz konkreten Rahmens und zu einer ganz bestimmten Zeit der Tradition eines Volkes. *Jesus* war Jude, ein Galiläer aus Nazareth. Er lebte in einem besonderen Kontext des Judentums seiner Zeit. Dies wird immer ein unverzichtbares Bezugssystem für das Verständnis sowohl der historischen Dimension des Christentums als auch seiner theologischen und spirituellen Gestalt sein. Das Christentum ist also in seiner menschlichen Konsistenz eine kulturelle Erfahrung. Die ganze geschichtliche Konkretion unseres christlichen Glaubens vollzieht sich in der Tat nur im Kontext einer oder mehrerer Kulturen.

II. Christentum - eine monokulturelle Erfahrung

In der nachösterlichen Phase der christlichen Gemeinden und während der darauffolgenden Jahrhunderte erlebte diese ursprüngliche jüdische Prägung eine Veränderung, ausgehend von den weit verstreuten Gemeinden von Juden und Nichtjuden, die in die zahlreichen Regionen der hellenistischen Kultur eingebunden waren. Schnell gewannen eine Sichtweise und eine Thematisierung die Oberhand und wurden - griechisch inspiriert - in die Liturgie, in die ästhetische Welt, in die rationale Erarbeitung des Lehrkorpus und - unter römischem Einfluß - in die normativ-juridische Denkart übertragen. Von diesen Bezügen her organisierte sich das Christentum und konsolidierte sich institutionell als Religion.

Wir können an die alten Überlieferungen von einer apostolischen Präsenz in Spanien, Gallien und Indien und natürlich im eurasischen Osten denken. Ebensowenig darf man den Beitrag der nordischen und östlichen Völker vergessen. Aber die vorherrschenden kulturellen Rahmen des Christentums sind doch hauptsächlich die europäischen, lateinischen und mediterranen Charakters. Das ganze europäische Mittelalter hindurch bringt das lateinische Christentum seine eigene, ausgeprägt abendländische Wesensart zur Reife. Auf der einen Seite definiert und konstruiert ein starkes Christentum seine eigene Kultur und prägt durch sie die Gesellschaft, in der sie sich befindet. Auf der anderen Seite beeinflußt und lenkt eine ganz bestimmte Kultur das Aufblühen eines kraftvollen, kreativen und unleugbar hegemonischen Christentums.

Die gesamte Evangelisierung nach dem 13. Jahrhundert, beinahe bis in unsere Tage hinein, hat dieses Christentum verbreitet, das überwiegend durch diese Kultur als zentrales und seine Eigenart legitimierendes Bezugssystem geprägt war. Die christliche Einheit erstrebte man vor allem durch die Anerkennung oder Durchsetzung besagter einheitlicher kultureller Standards. So schuf man die Einheit in der Uniformität. Wir sind uns bewußt, daß dies die Art und Weise, wie wir und wie andere das Christentum verstehen, es leben und weitertragen, von Grund auf bestimmte und noch immer bestimmt.

Die wichtigste Konsequenz dieser Tatsache war die gleichzeitige Nebeneinanderstellung und Trennung von Christentum einerseits und den ursprünglichen Kulturen einiger Völker andererseits, die man von dieser Voraussetzung her mitten im Kolonialisierungsprozeß zu evangelisieren begann. Wir kennen die Widerstände gegen dieses Modell, die Initiativen bedeutender Missionare oder sogar missiologische Traditionen, die in theoretischem oder praktischem Widerspruch zu diesem Standard der Einheit in der Uniformität und damit zu der Entfremdung zwischen Glauben und Kultur standen.

Die Umkehrung dieser Tendenz geschah erst in jüngerer Zeit und wurde mit der Tatsache konfrontiert, daß ein großer Teil der autochthonen Völker dezimiert und durch den Druck der Kulturen modernen Ursprungs sehr geschwächt war.

Dennoch läßt sich nicht bestreiten, daß die Evangelisierung auf unserem Kontinent ein tiefgreifender, fein verästelter Prozeß war. Nachweislich schuf er eine bemerkenswerte, dauerhafte Grundlage katholischer Religiosität. Diese Religiosität ist ein wesentlicher Bestandteil unseres lateinamerikanischen kulturellen Erbes. Ohne sie läßt sich die Komplexität unseres gesamten gesellschaftlichen Gefüges und unserer kulturellen Identitäten nicht verstehen, wobei sie diesen ganz bestimmte Charakteristika verleiht, im Gegensatz zum Evangelisierungsprozeß und seinen Konsequenzen in allen anderen Weltregionen, vielleicht mit Ausnahme der Philippinen.

Unter diesen Bedingungen sind die enorme geographische Ausdehnung, der bedenkliche Priestermangel und die zunehmende Säkularisierung und Laizisierung unserer politischen und gesellschaftlichen Strukturen hervorzuheben. Vor nicht allzu langer Zeit haben wir erlebt, wie mit viel Getöse und schubweise Megastädte mit notdürftiger oder ganz fehlender Infrastruktur zum Vorschein kamen. Diese Probleme bestehen bis heute und verschlimmern sich weiter aufgrund anderer Aspekte, auf die hier nicht einzugehen ist. Trotz der widrigen Umstände haben Glaube, Religiosität und seine Ausdrucksformen überdauert und sind weitergetragen worden, zu einem beträchtlichen Teil dank der Ausdauer und Initiative des Volkes selbst. Das starke Engagement der Laien bei der Ausprägung der Eigenart des katholischen Christentums, vor allem bis zum 19. Jahrhundert, gestaltete in entscheidender Weise das facettenreiche Gesicht unserer christlichen und katholischen Wirklichkeit in Vergangenheit und Gegenwart. Dieser Einsatz der Gläubigen ist nicht zu leugnen oder zu unterschätzen. Vielmehr gilt es, ihn zurückzugewinnen und für den gegenwärtigen Prozeß der Evangelisierung auf unserem Kontinent zu reaktivieren. Santo Domingo hat diesen

Punkt sehr deutlich herausgestellt, als es die dringende Notwendigkeit des „Protagonismus" der Laien betonte.

Im zweiten Teil dieses Bandes wird von der Evangelisierung der indigenen Völker und der heutigen Bevölkerung ethnisch autochthoner Herkunft in Lateinamerika in besonderer Weise die Rede sein. Trotz der Fehler und Irrtümer, die wir heute von unseren Maßstäben her kritisieren, besteht kein Zweifel an dem missionarischen Heldenmut, dessen es bedurfte, um das christliche Lateinamerika aufzubauen, das wir heute haben und das noch immer innerhalb der katholischen Präsenz auf der ganzen Welt eine einzigartige Rolle spielen kann.

In manchen Regionen unseres lateinamerikanischen Kontinents kam die schwarze Bevölkerung ohne angemessene Evangelisierung und ohne pädagogische Begleitung im Glauben mit dem Evangelium in Berührung. Unter Zwang und als Ware hat man die Afrikaner im schändlichen Kontext des Geschäfts mit der Sklavenarbeit in einige unserer Länder gebracht. Fast immer überwog eine ungesteuerte soziologische Eingliederung der Bevölkerung afrikanischen Ursprungs durch das institutionelle Gefüge der sozialen Umwelt und den prägenden Einfluß der Kirche in dieser Gesellschaft. Dieser Prozeß führte zu interkulturellen Formen praktischen Zusammenlebens, die durch unsägliche Grausamkeit und eine sowohl wilde als auch verhüllte Rassendiskriminierung gekennzeichnet waren. Es braucht nur daran erinnert zu werden, daß man bei uns lange Zeit tatsächlich der Meinung war, in Lateinamerika gäbe es keine signifikanten Formen von Rassismus. In mancherlei Hinsicht ist es beeindruckend, in welchem Maße der afroamerikanische Anteil zur kulturellen Erziehung und Ausstrahlung dieses Kontinents, insbesondere in Brasilien und der Karibik, beigetragen hat - trotz dieser konfliktträchtigen Welt.

Diese beiden Rassen, die *indigene* und die *schwarze*, kamen mit dem kolonisierenden iberischen *Weißen* zusammen. Aus dieser Begegnung ging auf unserem Kontinent das beeindruckende Phänomen des *mestizaje* hervor. Im zweiten Teil werden wir Genaueres über diese komplexe biologische und kulturelle Vermischung erfahren, die für die Gestalt unserer lateinamerikanischen Realität typisch ist.

In diesem gesamten Prozeß stellen wir fest, daß das Christentum im Verhältnis zu den indigenen oder afroamerikanischen Religionen ein ausgesprochen monokulturelles Modell entwickelte, verbreitete und in manchen Fällen regelrecht mit Gewalt durchsetzte, nämlich das prä- oder posttridentinische, iberisch geprägte römisch-katholische Vorbild. In seinen beiden Phasen, der der Kolonialisierung vom 16. bis zum 19. Jahrhundert und der der Romanisierung im 19. und zum Teil im 20. Jahrhundert, auch institutionell und disziplinarisch von der katholischen Kirche geformt und gestützt, ist das lateinamerikanische Christentum nicht nur ein kulturelles Experiment. Es wurde zu einem monokulturellen Experiment, das man importierte oder übertrug und autoritär einführte und als angemessen und unangreifbar verteidigte.

Diese Realität trat noch deutlicher zutage, als im letzten Jahrhundert Katholiken aus verschiedenen europäischen Ländern zu uns kamen. Obgleich sie in mancherlei Hinsicht einen Beitrag von unschätzbarer Originalität leisteten, verfestigte ihre Einwanderung in unsere Länder die bereits hier eingebürgerte katholisch-christliche Art und Weise zu leben.

Das lateinamerikanische Paradigma der katholisch-christlichen Kultur iberischen Ursprungs hielt unser lateinamerikanisches soziokulturelles und religiöses Gefüge zusammen. Diese empirische Tatsache, die sich belegen läßt, macht die historische Schwierigkeit deutlich, diesen monokulturellen Charakter mit der Vielfalt kultureller Wirklichkeiten zu verschmelzen, die auf dem Kontinent anzutreffen sind. Dieses verworrene multikulturelle Mosaik und der monokulturelle Standard des Christentums bei uns kommen nicht ohne Schwierigkeiten und Konflikte miteinander aus. Insbesondere stellen wir fest, daß manchmal ein wirklicher Bruch zwischen dem Glauben, den man bekennt, und der Kultur/den Kulturen, die man lebt, vollzogen und zum Ausdruck gebracht wird.

Noch offenkundiger ist dieser Bruch geworden, als die Kirche sich in jüngerer Zeit, aber verspätet, der Gegenwart einer anderen eindeutig abendländischen Kultur bewußt wurde, die man allgemein als *Moderne* bezeichnet. Bedenken wir, daß der Einfluß der Moderne auf Lateinamerika vielfältig und widersprüchlich ist: in der Anstiftung zur Unabhängigkeit seiner Staaten und in deren Gesetzgebung und späteren politischen Gestaltung; in der fortwährenden wirtschaftlichen Ausbeutung, die die lateinamerikanischen Länder auf schädliche und ungerechte Weise dazu brachte, sich dem Weltmarkt zu unterwerfen; in der Beschränkung der lokalen Märkte; in der in vielerlei Hinsicht herrschenden Unsicherheit der Institutionen, die eine mögliche Ernsthaftigkeit zivilen, politischen und sozialen Lebens vereitelt. So haben unsere Länder die Schwierigkeit erlebt, gegen ihre eigene chronische Schwäche anzugehen, die Hunger und Arbeitslosigkeit verursacht, zu ungerechten Verhältnissen beim Grundbesitz führt und eine Industrialisierung hervorbringt, die sich in hohem Maße Entscheidungen und Urteilen unterwirft, die mit dem Wohl unserer Bevölkerungen unvereinbar sind.

Wir neigen dazu, die Moderne mit der städtischen Welt, vor allem mit den Großstädten unseres Kontinents, gleichzusetzen oder zumindest auf diese zu beschränken, und im zweiten Teil werden wir dazu Genaueres hören. Wir sollten schon jetzt vor Augen haben, daß sich das Urbane heute nicht auf die städtische Kultur und erst recht nicht auf das in geographischer Hinsicht Urbane reduzieren läßt. Das Urbane beschränkt sich nicht allein auf die Stadt. Das topographisch Urbane kann auch im urbanen Ambiente stagnieren. Die Kommunikationsmittel, das Bildungswesen, der Markt, der Verkehr und der Tourismus tragen die starke Präsenz der modernen Urbanität mit ihren Werten und Grenzen, ihren Risiken, Irrwegen und Problemen, dem Pluralismus ihrer Weltanschauungen in den geographisch ländlichen Raum hinein.

Der entscheidendste Wesenszug der modernen Kultur ist jedoch ihre Säkularität. Auch wenn die urbane Dimension eines ihrer Hauptmerkmale ist, besteht das Wesentliche an der modernen Kultur doch in ihrer Grundbefindlichkeit als säkularisierte Kultur. Die Moderne schließt strenggenommen die religiöse Dimension nicht aus, sondern beraubt sie ihrer die kulturelle Wirklichkeit zusammenhaltenden, erklärenden und legitimierenden Funktion, die in den nichtmodernen oder sogenannten traditionellen Kulturen so zentral ist. Seltsamerweise wird Lateinamerika mit einem paradoxen Phänomen leben. Es bildet sich eine kleine, aber einflußreiche säkularisierte Elite heran, die eine naturwissenschaftlich-technische Modernisierungsinitiative unternimmt. Die große Bevölkerungsmehrheit lebt sowohl mit der traditionellen magischen Welt, die ihr eine Orientierung für das Leben gibt, als auch mit den technischen Früchten der Modernisierung, die sich aus der ungewissen, aber aufgrund der Abhängigkeitsverhältnisse gegenüber den Weltmärkten immer notwendiger werdenden Entwicklung ergeben.

Wir können sagen, daß sich bei großen Teilen der Bevölkerung eine technische und operative Modernisierung vollzieht, die nicht mit einer entsprechenden kulturellen Moderne einhergeht. Es bleibt daher sogar im städtischen Leben die starke Präsenz der magischen Welt unterhalb der Ebene der instrumentellen Vernunft der technischen Welt erhalten.

Die gegenwärtige Kritik an der in die Krise geratenen Moderne geht vor allem von den sogenannten postmodernen Tendenzen aus. Die moderne Säkularisierung verstärkt sich in der Postmoderne durch das Bewußtsein der Fragmentierung der Wahrnehmungen und der Werte und durch die Aushöhlung des Universalitätsanspruchs der aufgeklärten Moderne.

Aus der Doppelgesichtigkeit der Moderne wie der Postmoderne erwachsen schwerwiegende Konsequenzen für den Prozeß der Evangelisierung. Mehr als bei jedem anderen kulturellen Muster zeigen sich in der modernen Welt die tiefsten Brüche zwischen Glaube und Kultur, die wir bereits als Bestandteil und Wesensmerkmal eines monokulturellen Christentums erwähnt haben. In der Moderne entwickelten sich oder akzentuierten sich wertvolle Elemente wie Freiheit, Bewußtsein der Menschenrechte, Wertschätzung des Individuums, technische Entwicklung, politische Demokratisierung, geschichtliche Sensibilität. In der Moderne wurden aber auch die vielen globalen Formen von Marginalisierung und Armut, Unterdrückung und Ausschluß hervorgebracht.

Nach all dem Gesagten ist völlig klar, daß das Christentum in Lateinamerika in einem Kontext von mindestens vier kulturellen Blöcken steht, die sich wechselseitig aufeinander beziehen oder gegenseitig durchdringen: die indigenen Kulturen, die afroamerikanischen Kulturen, die Mestizenkulturen und die modernen Kulturen. Jede einzelne dieser kulturellen Welten findet

ihren Ausdruck in einer außerordentlichen Mannigfaltigkeit von Arten, zu
leben, zu denken und zu handeln, sich zu äußern und sich mitzuteilen.

*III. Christentum - eine plurikulturelle Erfahrung:
den gleichen Glauben in verschiedenen Kulturen leben*

Die christliche Mission geht von konkreten Erfahrungen der Teilnahme am
Geschenk Jesu Christi aus. Die christologische Wurzel ist die zentrale Erfahrung der Evangelisierung. Wir werden später auf sie zurückkommen, wenn
von der christologischen Grundlage unserer Mission die Rede sein wird.
Aber diese Teilhabe am Geschenk vollzieht sich innerhalb des komplexen
menschlichen Mosaiks der kulturellen Vielfalt.

Es gibt eine neue Sensibilität der Kirche sowohl im Hinblick auf das Wesen der Mission als auch im Hinblick auf die Pädagogik der Evangelisierung. Im deutlichen Gegensatz zu den früheren missionstheologischen Voraussetzungen und Beurteilungen betont man seit dem II. Vatikanischen
Konzil immer mehr, daß für den Evangelisierungsprozeß die folgenden
Elemente unverzichtbar sind:

Erstens: Es gilt, das Ganze des menschlichen Wesens in seiner geistig-
geistlichen und materiellen Wirklichkeit im Blick zu haben. Beim Evangelisierungsprozeß müssen Männer und Frauen individuell als Personen und
gemeinschaftlich als Mitglieder einer Gruppe, einer Gemeinschaft, Gesellschaft oder eines Kollektivs betrachtet werden, die/das sie aufbauen und in
denen zwischenmenschliche Beziehungen entstehen. Dies bedeutet, daß die
Evangelisierung nicht von den Dimensionen losgelöst werden darf, die sich
auf die volle menschliche Identität der Person, die Solidarität stiftenden
Verbindungen zwischen den Individuen, die Elemente der Partizipation
und gemeinsamen Verantwortung beziehen, welche auf Gemeinschaft,
Gleichheit und fundamentalen Menschenrechten beruhen.

Der Glaube muß also auf personaler und auf gemeinschaftlicher Ebene
gelebt werden. Mit anderen Worten: Die Evangelisierung schließt voll und
ganz die Dynamik der Freiheit, die Verbindung zwischen dem Glauben und
dessen ethischen Forderungen sowie den Aufbau einer gerechten Gesellschaft ein, die das wesentliche Ergebnis der Befreiung des Menschen von allen gesellschaftlichen und kulturellen Formen von Diskriminierung und
Unterdrückung, Marginalisierung und Ausschluß darstellt. Evangelisieren
ist daher ein Prozeß, der die Menschen von Grund auf befreit, der sie füreinander und alle miteinander für Gott offen macht. Der Mensch, der
glaubt, verwandelt sich für die Gemeinschaft, in der er lebt, in einen fruchtbaren Samen der Menschlichkeit. In diesem Sinn wird er auch zu einem
Träger der Befreiung. Diese Sicht nimmt ein zentrales und sehr wertvolles
Element der Befreiungstheologien auf.

Zweitens: Man muß vor Augen haben, daß jeder Mensch sich zumindest
einer Kultur auf irgendeine Weise verbunden fühlt. In ihr findet er, gleich-

sam wie in der Luft, die er atmet, die Grundmuster seiner Vorlieben, die Parameter und Maßstäbe, die sein Handeln und Kommunizieren, seine Beziehungen und Zusammenschlüsse, seine Verhaltensweisen und seine gesellschaftliche Rolle beeinflussen. Da der Glaube eine Wirklichkeit ist, die die ganze Person umfaßt, den ganzen Menschen betrifft, und da auch die Kultur für die ganze menschliche Wirklichkeit zentrale Bedeutung hat, muß wirkliche Evangelisierung die Beziehung zwischen Glaube und Kultur auf umfassende und tiefgreifende Weise zur Sprache bringen. Und dann werden Evangelisierender und Evangelisierter zu Trägern der Inkulturation.

Natürlich sind die einzelnen Personen die konkreten, aktiven Subjekte sowohl des Glaubens als auch der Kultur. Wir sprechen also nicht von einer abstrakten Evangelisierung, sondern von einem Prozeß, dessen Weg über den gelebten Glauben und die praktizierte Kultur führt, in der man lebt. Wenn ein Mensch und/oder eine Gemeinschaft gut evangelisiert sind, dann müßten sie Menschen und Gemeinschaften sein, die in sich stark und integriert und damit frei für eine gesunde Beziehung zum Anderen, zum Andersartigen sind. In der Einheit der Menschheit ist die Kultur gerade der diversifizierende Faktor, der die Unterschiede hervorbringt. Menschen und Gemeinschaften dürfen nicht das Gefühl bekommen, überfallen oder bedroht zu werden. In der Tat darf man anderen nicht auf anmaßende und respektlose Weise irgend etwas aufzwingen. In diesem Sinn ist der Evangelisierungsauftrag ein Prozeß der Erziehung, des Angebots und Dialogs. Er umfaßt das Ganze des Menschseins, hat es mit dem konkreten Mann oder der konkreten Frau zu tun und geht auf ihren sozialen, kulturellen und religiösen Kontext ein. Man darf die Konsequenz dieser Kriterien für die Evangelisierung jeder Kultur, vor allem aber im Hinblick auf die verschiedenen Formen einer Mission *ad gentes* über Grenzen hinweg nicht unterschätzen. In der Tat wird man hier nicht nur mit den anderen Kulturen, sondern auch mit tiefgründigen religiösen Orientierungen konfrontiert, die mit der kulturellen Wirklichkeit zutiefst verwoben sind.

Drittens: In den verschiedenen Kulturen, vor allem in den traditionellen lateinamerikanischen Kulturen hat diese religiöse Dimension fundamentale Bedeutung. Sie verbindet die unterschiedlichen soziokulturellen Aspekte (Macht und Familie, Eigentum und Wirtschaft, Sprache und Kommunikation, Symbole und Riten, Arbeit und Freizeit usw.) miteinander. Sie erklärt und rechtfertigt das Wesen der jeweiligen Kultur. Eine angemessene Beziehung zwischen Glaube und Kultur herzustellen ist deshalb so schwierig, weil man weder die religiöse Komponente der Kultur, die man evangelisieren will, noch die derjenigen Kultur, die evangelisieren will, berücksichtigt. Die Evangelisierung setzt also eine dialogale Beziehung zwischen den Religionen voraus. Dieser Dialog ist unverzichtbarer Bestandteil der interkulturellen Beziehung, Eingangstür für jeden Evangelisierungsprozeß und Richtschnur jeder konstruktiven Beziehung zwischen den Subjekten der Evangelisierung. Die Vorherrschaft des christlichen und katholischen Glaubens auf unserem Kontinent hat uns nicht sehr aufmerksam für die Wichtigkeit des interreligösen Dialogs gemacht und erst recht nicht darauf vorbereitet. Hier hat sich ein ganzer Horizont neu aufgetan, der in letzter Zeit zum Gegenstand der Forschung geworden ist, aber bei uns steckt dieser Dialog noch in den Anfängen.

Wenn der Evangelisierungsauftrag auf diese Weise mit Gerechtigkeit und Freiheit verknüpft ist, wenn er über den interkulturellen und interreligiösen Dialog führt, ist für ein Christentum, in dem die Einheit des Glaubens auf die kulturelle Uniformität gegründet ist, kein Platz mehr. Wir wollen kein Werturteil über die Evangelisierungsprozesse anderer Zeiten fällen. Sie haben mit ihren theoretischen Prinzipen in ihren historischen Situationen gearbeitet. Auf dem heutigen Niveau der anthropologischen Voraussetzungen und des missionstheologischen Bewußtseins läßt sich jedoch ein monokulturelles Christentum nicht denken und rechtfertigen. Das allgemeine Ergebnis einer angemessenen inkulturierten Evangelisierung wird vielmehr ein multikulturelles Christentum sein, das die tiefe Einheit des Glaubens auf die Vielfalt von kulturellen Vorstellungen und Ausdrucksformen aufbaut. Dies ist eine unabdingbare Schlußfolgerung von vitaler Bedeutung in der hier präsentierten systematischen Untersuchung. Hier liegt die stärkste Herausforderung für einen Prozeß echter Evangelisierung.

IV. Von welcher Kultur reden wir eigentlich?

Von Anfang an ist in unserem Beitrag das Wort Kultur gebraucht worden, ohne daß seine Bedeutung präzisiert worden wäre. An dieser Stelle wird es nun aber unerläßlich, den Begriff *Kultur*, das Schlüsselwort bei unserer Frage, zu klären.

Man kann Kultur auf vielerlei Weise verstehen. Die häufigste ist jene, die Kultur mit der Entwicklung des menschlichen Geistes gleichsetzt: Erkenntnis, Kunst, Wissenschaft. Aber diese Bedeutung interessiert uns hier nicht. Im Hinblick auf unseren Missionsauftrag meinen wir mit Kultur die besondere soziale Dynamik, in der eine Gruppe von Menschen lebt, fühlt, Verbindungen eingeht, sich zusammenschließt, feiert und das Leben miteinander teilt. Die Kultur lebt also in der konkreten Wirklichkeit ihrer Mitglieder, in ihrer Art zu leben und sich auszudrücken. Die kulturelle Gruppe paßt sich ihrer Umwelt an und baut ihre Beziehungen auf, bestimmt die Richtung und den Sinn, den sie ihrem Leben, ihrem Handeln und ihrem Umgang miteinander gibt.

Wie die konkreten Menschen, die sie leben und zum Ausdruck bringen, trägt auch jede Kultur positive und negative Elemente in sich. Deshalb ist Kultur nicht etwas Festgelegtes. Sie kann sich verbessern und neuorientieren, sich korrigieren und wachsen, Verbindungen eingehen und sich verwandeln. Keine Kultur kann verabsolutiert werden. Keine schöpft das Menschliche aus. Ebensowenig darf sie sich in sich selbst verschließen, sonst wird sie damit gestraft, daß sie geschwächt wird und verarmt. Die Menschen schaffen und leben die Kultur. Diese wiederum formt, beeinflußt und gestaltet die Menschen in ihrer Unterschiedlichkeit. Die Kultur wird nicht genetisch vererbt oder per Dekret weitergegeben. Während des Erziehungsprozesses von der Kindheit bis ins Alter hinein nimmt sie allmählich Gestalt an, wird sie bewußt oder unbewußt angeeignet und ständig weiter verändert. Es hat also keinen Sinn, sich die Kultur unbeweglich vorzustellen, so als ob sie ein für die großen verändernden Einflüsse der komplexen menschlichen Realitäten unempfänglicher, starrer Rahmen wäre. Vielmehr ist die Kultur von ihrem Wesen her eine vitale, dynamische Wirklichkeit.

In jeder Kultur gibt es Symbolstrukturen, die durch sichtbare Elemente gefiltert werden: Sprache und Diskurs, Gesten und Riten, die Art und Weise, wie man arbeitet, Häuser baut und den Boden bewirtschaftet, sich kleidet, sich erholt und kocht. Alle diese Dinge und noch viele andere bewirken, daß Menschen und Gemeinschaften in eine eigene Kultur eingebettet sind.

Doch außer diesen Dimensionen, die sich beschreiben lassen, gibt es in der Kultur noch eine andere Ebene. Dies sind die Sinngebungen und Werte, die Sicht der Welt und die ethische Auffassung vom Leben. Das miteinander verknüpfte Ganze dieser beiden Ebenen, einer eher expliziten und einer eher impliziten, bildet die kulturelle Identität einer Gruppe und bringt sie zum Ausdruck, sei diese nun ethnischen oder nationalen, institutionellen oder assoziativen Charakters. Wir können daher von der Kultur eines Volkes oder einer Familie, von der Kultur eines Unternehmens oder einer Universität, von der Kultur einer Pfarrei oder Gemeinde, einer Diözese oder einer Bewegung sprechen. Um Kulturen handelt es sich bei der Landbevölkerung, aber auch bei den marginalisierten und diskriminierten, unterdrückten und ausgeschlossenen Bevölkerungen am Rande der Metropolen. In einer jeden entwickeln sich mit der Zeit die beiden Ebenen, die wir gerade nannten, die eine, eher innere und die andere, eher äußere, die ihnen eine bestimmte Identität verleihen.

Wir erkennen also, wie unzureichend es ist, unsere lateinamerikanische Wirklichkeit auf die vier Strömungen der indigenen, afroamerikanischen, mestizischen und modernen Kultur zu reduzieren. Innerhalb jeder dieser Makrokulturen gibt es eine große Zahl von Mikrokulturen oder Subkulturen. Außerdem gibt es quer zu den kulturellen Grenzen verlaufende Schnitte. Wir können heute von transkulturellen Kulturen sprechen, wie z.B. von der Jugend-, Frauen-, Armen-, Emigranten-, und Flüchtlingskultur. Unabhängig von dem Breitengrad, auf dem sich diese Gruppen befinden, stimmen sie in bestimmten kulturellen Elementen der Wahrnehmung und Analyse, der Deutung und Bewertung, des Empfindens und der Ausdrucksweise überein. So handelt es sich bei den Frauen und den Jugendlichen gewissermaßen um transversale oder transkulturelle Kulturen. Darüber hinaus haben wir es auch mit den Makrokulturen der Massen zu tun, die auf globaler Ebene durch die ökonomischen Zwänge des neoliberalen Denkens geschaffen werden. Auch die Kulturen sind durch die technischen Möglichkeiten der Interkommunikation der Massenmedien oder der elektronischen Datenverarbeitung geprägt. Ohne auf lokale und unmittelbare Besonderheiten einzugehen, bringen sie transkulturelle Affinitäten zum Ausdruck und projizieren multikulturelle Profile auf einen relativ einheitlichen Hintergrund.

Wir betonen, daß der Evangelisierungsprozeß Glaube und Kultur miteinander verknüpfen muß. Es ist also eine unerläßliche Vorbedingung sowohl bei der Mission innerhalb der eigenen Kultur als auch bei der Mission *ad gentes*, daß man jede Kultur oder Subkultur, die man evangelisieren will, gut kennt. Es ist unbedingt notwendig, an dem anzuknüpfen, was sie ist. Diese besondere Beziehung zwischen Glaube und Kultur ist gemeint, wenn man von Inkulturation spricht. Für die heutige Auffassung von der Evangelisierungsmission und ihre Verwirklichung ist dies ein entscheidendes Datum.

V. Inkulturation des Evangeliums

Inkulturation ist ein ziemlich junger Begriff. Ausgehend vom II. Vatikanischen Konzil (1962-1965) (*Gaudium et spes, Ad gentes* und *Nostra aetate*) und der Bischofssynode über die Evangelisierung (1974) und dem an sie anschließenden Apostolischen Schreiben *Pauls VI.* (*Evangelii nuntiandi* 1975) wird allmählich in der missiologischen Reflexion und in der pastoralen und missionarischen Praxis der Kirche eine größere Sensibilität für die Beziehung zwischen Glaube und Kultur(-en) entwickelt. Das Wort „Inkulturation" wurde in einem päpstlichen Dokument zum ersten Mal in dem Apostolischen Schreiben *Catechesi tradendae* (1979) gebraucht, war jedoch bereits auf der Synode über die Katechese zwei Jahre zuvor (1977) genannt worden. Seither ist eine sehr umfangreiche Bibliographie entstanden.

Inkulturation ist eine spezifische Bezeichnung des Verhältnisses von Glaube und Kultur und der entsprechenden Art und Weise der Evangelisierung. Inkulturation, Adaption und Akkulturation sind nicht dasselbe. Die beiden letztgenannten Begriffe und Methoden bestimmten, von wichtigen Ausnahmen abgesehen, jahrhundertelang den Evangelisierungsprozeß. Sie führten drastische Veränderungen von außen innerhalb der kulturellen Gruppe herbei, die evangelisiert werden sollte. Bei der Adaption und der Akkulturation übten die Initiative und die Entscheidungsgewalt der ethnozentrischen Kultur des Evangelisierenden einen beherrschenden Einfluß auf dessen eigene Kultur oder auf eine fremde Kultur aus, auf die Gruppe, die man evangelisieren wollte. In diesem Sinn ist oft auf mißverständliche Weise von der Evangelisierung der Kultur die Rede gewesen. Die Kultur des Evangelisierenden blieb als wichtiges Bezugssystem der Evangelisierung bestehen. Dieser Prozeß ermöglichte eine einheitliche, umfassende Verwestlichung der Evangelisierung nahezu in der ganzen Welt und während eines großen Teils des zweiten Jahrtausends, das nun zu Ende geht. Dadurch konsolidierte sich, wie gesagt, das monokulturelle Christentum.

Bei der Inkulturation dagegen vollzieht sich die Evangelisierung innerhalb der Kultur der Gruppe, die man evangelisieren will, nicht als etwas, das nichts mit ihr zu tun hätte oder ihr fremd wäre. Die Schlüsselfrage lautet: In welcher Weise ist der Herr gegenwärtig, wie hat er in diesen Menschen und durch sie und ihre Kultur im Laufe ihres Lebens, in ihren Traditionen und ihrer Geschichte vor dem Evangelisierungsprozeß oder währenddessen gehandelt - und wie handelt er noch immer? Die Mitglieder der Kultur sind auf diese Weise die wesentlichen Subjekte des Prozesses. Der Austausch und die Zusammenarbeit mit den Evangelisierenden, die ebenfalls Subjekte und vor allem Pädagogen und Animateure in diesem Prozeß sind, müßten lebendig sein und von beiden Seiten gepflegt werden.

Das Evangelium existiert nicht abstrakt. Immer schon ist es in eine konkrete Kultur eingebunden. So entwickelt sich der Prozeß der inkulturierten Evangelisierung hauptsächlich als eine Begegnung von Kulturen, ein interkultureller Dialog. Dieser vollzieht sich zwischen dem Evangelisierenden, von dessen eigener Kultur her, und einer Kultur, die nicht die seine ist. Wenn er innerhalb seiner eigenen Kultur evangelisiert, muß der Dialog auch zwischen dem Evangelisierenden und den verschiedenen Subkulturen seines kulturellen Kontextes geführt werden (z.B. unterschieden sich innerhalb der eigenen Kultur des Evangelisierenden die Dialoge zwischen Evangelisierendem und der Subkultur der Jugend in seiner eigenen Kultur von den Dialogen mit der Subkultur der bäuerlichen Welt oder mit der der Industriearbeiter oder der Ureinwohner oder der Schwarzen oder der Intellektuellen oder der Künstler und Musiker o.ä.).

Der Evangelisierende und die Mitglieder der Kultur, die evangelisiert werden soll (Mitglieder sowohl in der eigenen Kultur des Evangelisierenden als auch in der fremden Kultur) kommen einander näher und lernen sich immer besser kennen. Diese Wechselbeziehung, die dialogal sein muß und bereits zum Evangelisierungsprozeß dazugehört, macht einem jeden die Identität der jeweiligen Kulturen deutlich und erfaßt das jeweilige Anderssein, ihre Merkmale und Unterschiede, die Nähe zu den Werten des Evangeliums, aber auch die menschlichen und institutionellen Grenzen, die Widersprüche, Verirrungen und Entstellungen jeder Kultur. Sie erahnt vor allem die Gegenwart des Geistes in jedem Menschen und jeder Gruppe, die innige, transzendentale Form aktiver Anwesenheit des Wortes Gottes, die jeglichem evangelisierenden Menschenwort vorausgeht.

Die Inkulturation ist daher gleichzeitig ein Weg kultureller und spiritueller Erkenntnis und ein Prozeß pädagogischen Kennenlernens der Kultur als eines realen oder potentiellen Vehikels des Glaubens. Zwischen Evangelisierten und Evangelisierenden (missionierender Person oder Gemeinschaft) entwickelt sich gewissermaßen eine gegenseitige Evangelisierung. Indem er sich, nun aus der Perspektive des Glaubens betrachtet, ein Bild von seiner eigenen Kultur macht, entdeckt der Evangelisierende sie neu als Trägerin des Evangeliums, aber niemals als die vorrangige Art und Weise, es anzubieten oder es zu leben. In ihrem Anderssein macht die andere Kultur, die gerade evangelisiert werden soll, dem Evangelisierenden deutlich, wie man denselben Glauben auf andere und neue Weise leben kann. Diese in theologischer Hinsicht interkulturelle Beziehung ist eine unverzichtbare Erfahrung und Etappe jeder inkulturierten Evangelisierung. Darin besteht vielleicht das wichtigste missionstheologische Vermächtnis des II. Vatikanischen Konzils.

Kurzum, im gegenwärtigen Missionsverständnis setzt eine explizite Verkündigung des Evangeliums eine genaue Kenntnis der Kultur voraus, mit der man in einer Wechselbeziehung steht. Die inkulturierte kritische Beurteilung führt zu der Feststellung dessen, was in der Kultur, die man evangelisiert, dem Evangelium entspricht oder was ihm widerspricht. Sie deckt auf, was in der Kultur des Evangelisierenden selbst verzichtbar oder verbesserungswürdig ist, um die Botschaft des Evangeliums weiterzugeben und zu leben. Mit anderen Worten, der Evangelisierende lernt durch die Kultur, die evangelisiert, die andere Kultur in ihrem evangelischen Potential kennen. Dabei entdeckt er die Relativität seiner eigenen Kultur in bezug auf das Evangelium und den Glauben.

Diese Dynamik gegenseitiger Transparenz, gegenseitigen Kennenlernens und Annehmens läßt erahnen, wie jede Kultur schon evangelisiert wird oder werden kann. Gleichzeitig läßt sie entdecken, wo in jeder Kultur Veränderung oder Umkehr nottut. Da auch sie Menschenwerk sind, besitzen alle Kulturen Werte, die mit dem menschlichen Kern des Evangeliums übereinstimmen. Aber sie alle bedürfen auch der Korrektur und der Umkehr. Sowohl die Umkehr als auch die Neuorientierung oder das Wachsen in der Glaubenserziehung vollziehen sich wohl vor allem auf jener inneren Ebene der Kultur, das heißt auf der Ebene ihrer Sinngebungen und Werte, ihrer Maßstäbe und ihrer Weltsicht, ihrer ethischen Perspektive. Umkehr oder Wachstum auf dieser Ebene motiviert oder spornt an, weist die Richtung oder bringt Klarheit, um die notwendigen Veränderungen auch auf der äußeren Ebene des kulturellen Ausdrucks des Glaubens vorzunehmen. Die Veränderungen in der kulturellen Erscheinungsform - in den Gesten und Symbolen, in den Riten und Sprechweisen - ergeben sich als Postulate aus neuen Entdeckungen und Einsichten auf der Ebene der Sinngebungen und Werte.

Die Evangelisierung wird eine beharrliche Gemeinschaftsarbeit von Evangelisierenden und Evangelisierten sein müssen, ob es sich nun um die einzelne Person oder die kulturelle Gemeinschaft handelt. Der christliche Glaube, der durch das Wirken des Geistes aus der Evangelisierung hervorkeimen kann, ist nicht ein durch unsere Willensanstrengung zustandegekommenes Erzeugnis, das unserer Kontrolle und Beurteilung unterliegt. Der Glaube ist auch kein Komplex von Lehren oder ethisch-moralischen Forderungen oder eine institutionelle Instanz wie eine Religion, aber auch keine Ansammlung von Symbolen und Riten. Der Glaube inspiriert alle diese Dimensionen, regt sie an und schließt sie in sich ein, aber er geht nicht in ihnen auf. Tatsächlich ist der Glaube die bewußte und freie Antwort, mit der ein Mensch oder eine Gemeinschaft die Gabe annimmt, in der Gott, in *Jesus Christus* und durch ihn, sich selbst der Menschheit zum Geschenk macht. In diesem weitgefaßten Sinn ist die Evangelisierung immer unverzichtbar. Durch sie wird das zuvorkommende Geschenk *Jesu Christi* angeboten und weitergetragen, damit man es kennenlernen und leben kann. Durch sie werden günstige Voraussetzungen geschaffen, damit der Geist Gottes in den Köpfen und in den Herzen wirken, in sie einkehren und sie lehren kann, damit das Samenkorn auf guten Boden fällt und, indem es Glauben weckt, gute Frucht bringt.

Auf der einen Seite sind alle Kulturen von Werten und Grenzen geprägt. Manche von den letzteren sind mit dem christlichen Glauben unvereinbar, wie zum Beispiel Ungerechtigkeit und Unterdrückung, Gewalt und Heuchelei. Die Evangelisierung als Zeugnis, Dienst und Verkündigung wird real oder potentiell Kritik an der Kultur und oftmals auf inkulturierte Weise Gegenkultur sein. Mit anderen Worten, aus Treue zu ihrer ursprünglichen Orientierung, das heißt zu der grundlegenden Teleologie der Kultur, die möglicherweise aufgrund menschlicher Fehler im Verlauf ihrer eigenen Geschichte verdorben worden oder auf Abwege geraten ist, muß die Evangelisierung, gerade weil sie ein Werk der Subjekte der Kultur ist, manchmal kontrakulturell sein. Nur so kann sie innerhalb der kulturellen Wirklichkeit ihre eigene Grundidentität retten oder ihr treu bleiben. Diese Art kritischer Selbstreflexion äußert sich in prophetischer Anklage. Diese unterscheidet sich beträchtlich von konformistischer Passivität oder naiver Loslösung der Kultur als unantastbares Museumsstück. Eine solche einfühlsam-scharfsinnige Dynamik ist integraler Bestandteil jeder inkulturierten Evangelisierung.

Auf der anderen Seite kommt keine Gruppe von Menschen von selbst, aufgrund ihrer eigenen Verdienste oder ihrer kulturellen Qualität zu dem Geschenk, das Gott uns mit seinem Sohn und mit alldem macht, das er uns für unser Leben mitgibt. Keine Kultur kann sich also als den einzigen oder besten Weg darstellen, der zum Glauben führt. Jede Kultur ist potentiell Trägerin dieses Geschenks. Die Vermittlung durch eine Evangelisierung ist notwendig. Aber jedem Menschen und jeder kulturellen Gruppe wird der Geist die Möglichkeit geben, der Identität seiner Kultur entsprechend den Glauben anzunehmen, zu leben und zum Ausdruck zu bringen. Ja, in einer inkulturierten, reiferen und umfassenderen Evangelisierung können das dem Evangelium gemäße Leben und die Botschaft des Evangeliums sogar zu einem Teil des Erbes der evangelisierten Kultur werden, zu einer eigenen Quelle ihrer Inspiration, zu einer Norm und einer Kraft der Einheit, die sie verwandelt, neuschafft und wiederum vorantreibt. Diesen ganzen Weg der inkulturierten Evangelisierung muß man vor Augen haben, denn nur in diesem Sinn können wir von einer Evangelisierung der Kultur sprechen; wenn man damit, wie gesagt, den Überfall auf die evangelisierte Kultur durch die Übermacht einer fremden evangelisierenden Kultur meinen würde, dann wäre dies freilich der falsche Ausdruck.

VI. Schlußbemerkung

Dieser Evangelisierungsprozeß findet sowohl bei Kulturen statt, die erst jetzt mit dem Evangelium in Berührung kommen, als auch bei den Kulturen mit einer langen christlichen Tradition, die heute kühl oder gleichgültig den Inhalten oder der Praxis des Glaubens gegenüberstehen, wenn sie ihnen nicht gar den Rücken gekehrt haben. Solche oder ähnliche Situationen haben eine Reevangelisierung oder neue Evangelisierung mit neuem Eifer, neuen Methoden, neuen Ausdrucksformen und vor allem dem Versuch, ein neues Licht auf alte Inhalte zu werfen, erforderlich gemacht. Diese neue Evangelisierung ist ein wichtiges Anliegen und ein zentrales Thema in der Verkündigung *Johannes Pauls II.*

Die inkulturierte Evangelisierung ist dialogale und pädagogische Vermittlung sowohl im Kontakt mit den autochthonen Kulturen und jüngeren oder jahrtausendealten Traditionen als auch mit den modernen und postmodernen Kulturen und ihren vielfältigen Subkulturen. Immer wird man von innen heraus, vom wahren Kern ihrer Identitäten her übergehen zur kritischen Beurteilung im Sinne des Evangeliums. Diese wird den Kulturen helfen, in sich selbst und von sich aus die menschlichen Reichtümer und die Spuren Gottes zu entdecken. Aber genauso wird es sie im Licht des Geistes auch von sich aus die Zeichen des Bruchs und der Sünde erkennen lassen, die der Läuterung bedürfen.

Unser evangelischer und evangelisierender Auftrag führt also über die zentrale Bedeutung der Kultur und der Kulturen für die vielfältige menschliche Wirklichkeit ihrer Subjekte. Dieser Sendungsauftrag kann sogar die Entdeckung oder die erlösende Wiederherstellung der ursprünglichen Identität einer kulturellen Gruppe und der im Laufe ihrer Geschichte verlorengegangenen Originalität ihres Lebensplans sein. In diesem Sinn wird die inkulturiert evangelisierte Kultur immer eine Neuschöpfung sein.

Übersetzung: *Victoria M. Drasen-Segbers*

MARÍA PILAR AQUINO

Glaube und Kultur

Eine Antwort auf M. Azevedo und P. Hünermann

In meiner Antwort auf die Beiträge von *Prof. Azevedo* und *Prof. Hünermann* möchte ich zunächst einige Elemente hervorheben, die mir wichtig erscheinen, um ihren Beitrag zu dem uns hier interessierenden Thema verstehen zu können. Diese Elemente dienen dazu, ihre Auffassung sowohl von der Beziehung zwischen Christentum und Kulturen als auch vom Aufbau der Identität des Glaubens in den Kulturen zu kontextualisieren. Außerdem erlauben sie es mir, die begrifflichen Konstanten zu bestimmen, die in ihren Arbeiten wirksam sind. In einem zweiten Schritt möchte ich gerne auf einige wesentliche Komponenten aufmerksam machen, die heute für jede kritische Annäherung an die „Inkulturationsparadigmen" relevant werden und für eine weitergehende Diskussion offen sind.

I. Die begrifflichen Konstanten

Für *M. Azevedo*[1] ist die Mission der Kirche auf die Evangelisierung ausgerichtet. Was die christliche Gemeinde eint, ist diese Mission, das Evangelium *Jesu Christi* zu verkündigen und zu leben. Die Notwendigkeit, die Beziehung zwischen Christentum und Kultur zu vertiefen, erwächst aus der Tatsache, daß sowohl das Evangelium als auch die christliche Gemeinde nicht in abstrakter Weise existieren, sondern innerhalb von durch kulturelle Rahmen bestimmten historischen Koordinaten. Die Mission der Kirche wird von unterschiedlichen sozialen Gruppen verwirklicht, die ihre Glaubenserfahrung in der von ihren Kulturen zur Verfügung gestellten Sprache artikulieren, und deshalb impliziert und erfordert dieses Missionsverständnis eine inkulturierte Evangelisierung. Die Inkulturation ist für *Prof. Azevedo* zugleich „ein Weg kultureller und spiritueller Beurteilung und ein Prozeß pädagogischen Kennenlernens der Kultur als eines realen oder potentiellen Vehikels des Glaubens". Diese Aussage erlaubt es, die drei Dimensionen zu erklären, die *Azevedo* als Voraussetzung dafür nennt, daß die Evangelisierung in den verschiedenen Kulturen *Sinn* hat: 1. Sie muß das Ganze der menschlichen Existenz im Blick haben; 2. sie muß den von den Menschen innerhalb ihrer praktizierten Kultur gelebten Glauben im Blick haben; 3. sie muß das monokulturelle europäische Christentum überwinden und einem

---

1 Meine Bemerkungen stützen sich auf *Marcelo de C. Azevedo*, Cristianismo, una experiencia multicultural. Cómo vivir y anunciar la fe en las diferentes culturas?, in: COMLA 5, Nr. 18-23 (Juli 1995) 1-9.

interkulturellen und interreligiösen Christentum Platz machen, das auf die evangelischen Werte der Freiheit und der Gerechtigkeit gegründet ist. Während die Evangelisierung die Grenzen und die Gegenwerte der Kulturen zu korrigieren sucht, bekräftigt und erneuert sie gleichzeitig die Werte, die sie in sich tragen, weil in ihnen das Geschenk Gottes angenommen und zum Ausdruck gebracht wird.

Für *P. Hünermann*[2] wird das Verhältnis zwischen Kirche, Gesellschaft und Kultur von dem Gebiet aus untersucht, das manche kirchliche Kreise als „Katholische Soziallehre" bezeichnen und auch in einem weitergefaßten Sinn als „Catholic Social Teaching" oder als „Catholic Social Thought" bekannt ist[3]. In seinem Artikel spricht *Prof. Hünermann* dieses Gebiet als eine theologische Disziplin an, die trotz ihrer bedeutenden Ergebnisse noch gewisse Theoriedefizite mit weitreichenden Konsequenzen für die Aufgaben der katholischen Soziallehre in der heutigen Gesellschaft, vor allem in der technisch entwickelten Weltgesellschaft, aufweist. Diese Aussage erlaubt es, die Komponenten seines Beitrags festzustellen: 1. Als Ausgangspunkt legt er die klassische Definition der katholischen Soziallehre, deren Methode und einige kritische Einwände dar, die man gegen sie erhoben hat. 2. Er untersucht die Erklärungen des II. Vatikanischen Konzils und die Methode der dogmatischen Theologie und der Moraltheologie mit dem Ziel, daraus Prinzipien für eine neue Definition des Wesens und der Methoden der katholischen Soziallehre abzuleiten. 3. Er weist der kirchlichen Soziallehre als theologischer Disziplin eine doppelte Aufgabe zu: zum einen die kritische Reflexion auf die Kirche und ihre Lebensformen und zum andern die begriffliche Reflexion auf die gegenwärtige Gesellschaft und deren Lebensformen in den jeweiligen kulturellen Großräumen und ihre kritische Beurteilung und Weiterentwicklung aus der Perspektive des Glaubens.

II. Komponenten des Verhältnisses Glaube - Kultur:
Fragen, die weiterer Erforschung bedürfen

Die gerade dargelegten inhaltlichen Zusammenfassungen erscheinen durchaus vernünftig, was ihre begriffliche Darstellung und ihre methodologische Kohärenz anbelangt. Dennoch weist der Hauptteil beider Arbeiten schwere begriffliche Brüche auf, die sichtbar gemacht werden können, wenn man die Beiträge der Überprüfung durch die analytischen Kategorien des soziokul-

---

2 Meine Bemerkungen stützen sich auf *Peter Hünermann*, Iglesia - Sociedad - Cultura, in: *ders.* (Hrsg.), Enseñanza social de la iglesia en América Latina, Frankfurt/M. 1991, 81-116 (deutsch: Kirche - Gesellschaft - Kultur. Zur Theorie katholischer Soziallehre, in: *ders./Margit Eckholt* (Hrsg.), Katholische Soziallehre - Wirtschaft - Demokratie. Ein lateinamerikanisch - deutsches Dialogprogramm I, Mainz-München 1989, 9-49).

3 Diese beiden Bedeutungen werden von der US-amerikanischen katholischen Bischofskonferenz konsequent übernommen. Siehe z.B. *United States Catholic Conference*, A Century of Social Teaching. A Common Heritage. A Continuing Challenge, Nov. 1990.

turellen Geschlechts oder durch die feministischen theoretischen Voraussetzungen in ihrem umfassenderen Kontext unterzieht. Die analytischen Kategorien des soziokulturellen Geschlechts machen nicht nur den reduktionistischen Charakter beider Arbeiten deutlich, sondern auch die erkenntnistheoretischen Grenzen, die sie enthalten. Der Rückgriff auf die Kategorien der Geschlechtsidentität erlaubt es, die Werte, Urteile, Vorverständnisse und Verhaltensweisen aufzuzeigen, die in ihrem tiefsten Grund von einem unterdrückerischen kulturellen Paradigma bestimmt sind.

Als Vorbemerkung möchte ich gern einige Unterschiede und Gemeinsamkeiten feststellen, die ich in den Beiträgen von *Azevedo* und *Hünermann* auf dem Gebiet der Sprache finde, denn diese sind aufschlußreich im Hinblick auf das Selbst-Bewußtsein. Während *Azevedo* den Gebrauch einer sexistischen Sprache vermeidet, verwendet *Hünermann* eine solche von Anfang bis Ende, beiden aber fehlt ein analytischer Rahmen, der sowohl ein Bewußtsein des Geschlechts als auch die soziokklesialen Machtverhältnisse zwischen den soziokulturellen Geschlechtern im Rahmen der weltweit herrschenden patriarchalen Kulturen entfalten würde. Mit mehr oder weniger Nachdruck werden in beiden Fällen Perspektiven positiv bewertet, die von androzentrischen theoretischen Voraussetzungen geprägt sind, welche eine umfassendere Analyse der Beiträge und Implikationen des Einsatzes von Frauen und Männern für die Transformation unterdrückerischer patriarchalischer Strukturen verbieten. Im folgenden zeige ich einige Komponenten der Beziehung Christentum - Glaube - Kulturen auf, die nach meiner Auffassung noch einer eingehenderen Diskussion bedürfen.

Die *erste Komponente* hat mit der Auffassung von der Mission der Kirche zu tun. So wie *Hünermann* annimmt, die katholische Soziallehre schließe die Interessen aller Sektoren der Kirche ein, geht *Azevedo* von der Voraussetzung aus, die Mission der Kirche werde von verschiedenen kirchlichen Gruppen verwirklicht, von Bischöfen, Priestern, Diakonen, Ordensmännern, Ordensfrauen, Laien, Männer und Frauen, Erwachsenen, Jugendlichen, Theologen, Katecheten, und diese Mission sei das, was uns miteinander verbinde und uns bewege. Diese Voraussetzung zeigt sich in drei Aspekten.

a) Es besteht ein Konsens zwischen den einzelnen kirchlichen Gruppen, was das Verständnis von der Mission der Kirche in ihren Inhalten, Methoden und soziokklesialen Implikationen anbelangt. Dieser vorausgesetzte Konsens ist problematisch, da in der Geschichte diese Missionsauffassung im Kontext einer von großen Ungleichheiten in den soziokklesialen Machtverhältnissen geprägten Kirche formuliert worden ist, und zwar nicht nur im Sinne der Nord-Süd-Polarität, sondern auch im Sinne rassischer, sozialer und sexueller Ungleichheit. Die Formulierung der Mission der Kirche und ihre dynamische Neuinterpretation im Licht der Zeichen der Zeit beruhte traditionell auf den theoretischen Voraussetzungen und kulturellen Werten, die sich die an der Macht befindliche Gruppe zu eigen gemacht hatte, welche auch die Kriterien für die Definition der Begriffe der Wahrheit und der

Normativität festlegte. Wie *O. Espín* hervorhebt, hat der Akt des Formulierens und Definierens in der Tat wenig mit Neutralität und Unschuld zu tun, weil dieser Akt selbst Machtausübung impliziert[4]. In diesem Fall hat die Auffassung von der Mission die theoretisch-praktische Welt der bestehenden patriarchalischen Gesellschaften gutgeheißen, und die Kirche selbst hat sich an diese angepaßt und reproduziert die kulturellen Einteilungen in Klerus/Laien, Männer/Frauen. Weder die Laien noch die Frauen partizipieren auf eine der christlichen Sendung entsprechende Weise an den Bereichen der Macht, in denen man die Kompetenz und die Möglichkeit hat, die Prinzipien, das Ziel und den Sinn der Mission der Kirche zu bestimmen.

b) Da diese Voraussetzung die konsensuelle Präexistenz des Sinns der kirchlichen Mission annimmt, nimmt sie auch an, daß die Wünsche und Hoffnungen, welche die verschiedenen sozioekklesialen Gruppen mit diesem Sinn verbinden, übereinstimmen. Diese Voraussetzung ignoriert die Tatsache, daß nur die herrschende Gruppe an der Konstruktion des Sinns dieser Mission beteiligt war und daß sie folglich hauptsächlich auf die Probleme und Fragen eingeht, die sich aus der Erfahrung der privilegierten sozioekklesialen Gruppen ergeben. Auch wenn es innerhalb der Hierarchie soziale und rassische Unterschiede gibt, so ist es doch die biologische Tatsache des Mannseins, die sie eint, und diese Tatsache begründet kulturell den Anspruch auf eine privilegierte Stellung. In dieser Hinsicht verleiht die biologische Tatsache des Mannseins der Hierarchie die außerordentliche Macht, Inhalt, Methoden, Sinn und Ziel der Mission der Kirche zu bestimmen. Die biologische Tatsache des Frauseins versetzt uns automatisch in eine Position außerordentlicher Benachteiligung, wenn es darum geht, den Sinn der kirchlichen Mission mit der gleichen Macht der Einflußnahme zu bestimmen. In dieser Hinsicht stellt die ungleiche Bewertung der biologischen Tatsache des Mann- und des Frauseins das christliche Glaubens- und Missionsverständnis zutiefst in Frage.

c) Da das kirchliche Missionsverständnis eine ungleiche soziale Bewertung der biologischen Grundbefindlichkeit des Menschen einschließt, schließt es auch kulturelle Bewertungen der Geschlechtsidentität ein, die für Männer und Frauen unterschiedlich ausfallen. Die offizielle Theologie der Kirche setzt sich noch immer dafür ein, daß den Frauen eine Position sozialer und intellektueller Abhängigkeit und oftmals sogar der völligen Unsichtbarkeit zugewiesen wird. Die Kombination dieser Faktoren macht es unmöglich zu behaupten, es gäbe in der Kirche einen Konsens hinsichtlich der realen Implikationen der kirchlichen Mission für das konkrete Leben ihrer Akteure. In der Tat gibt es in den Beiträgen, die ich zur Vorbereitung dieses Referats zu lesen hatte, eine bemerkenswerte Lücke, was die Bedeutung der christlichen Mission für das Leben der Frauen und was die Bedeu-

---

[4]   *O. Espín*, A Multicultural Church? Theological Reflections From Below, in: *W. Cenkner* (Hrsg.), The Multicultural Church. A New Landscape in U.S. Theologies, New York 1995, 61.

tung der Erfahrungen der Frauen für das Missionsverständnis der Kirche anbelangt. Die Klärung dieser drei Aspekte ist unbedingt notwendig, um zu einem angemesseneren Verständnis von der inkulturierten Evangelisierung und der Beziehung zwischen Kirche, Gesellschaft und Kultur zu gelangen. Die *zweite Komponente* hängt mit dem Verständnis von den sozioekklesialen Erfahrungen zusammen, die unsere Reflexion über die Beziehung Glaube - Kultur beeinflussen. Während *Hünermanns* Diskurs gegen die Absichten einer Veränderung der unterdrückerischen patriarchalen Strukturen immun ist, geht *Azevedo* von der Voraussetzung aus, daß unsere Reflexion tatsächlich die Erfahrungen der Gruppen, mit denen wir arbeiten und leben, einbezieht. Diese Voraussetzung ist problematisch nicht aufgrund dessen, was sie beinhaltet, sondern aufgrund dessen, was ihr fehlt. In dieser Hinsicht gilt es vier Aspekte festzuhalten.

a) Wenn die Verkündigung des Evangeliums „eine genaue Kenntnis der Kultur voraussetzt, in der man tätig wird"[5], müßte es doch wohl als selbstverständlich gelten, daß Bischöfe, Priester, Diakone und Theologen die grundlegende Bereitschaft und Offenheit besitzen, sich dem neuen kulturellen Klima anzupassen, das sexistische Kulturen und androzentrische Theologien ablehnt. Als untrennbar mit dem Evangelisierungsauftrag verbunden müßte der ausdrückliche Wille dieser Gruppen gesehen werden, mit der wachsenden Bewegung von Frauen und Männern einen Dialog zu führen, die nach mehr Gerechtigkeit und Partizipation, nach mehr Möglichkeiten strebt, ihre Anschauungen über die Bildung nicht-ausschließender kultureller Paradigmen in die befreiende Mission der Kirche einzubringen. Die volle Beteiligung, die im Politischen und im Theologischen ihren Ausdruck findende menschliche Integrität und die Abschaffung der Gewalt gegen die Frauen sind Kennzeichen des gegenwärtig weltweit herrschenden kulturellen Klimas. Die theoretische und praktische Position der Führung der Kirche scheint jedoch dem zuwiderzulaufen, insofern sie in Isolation verharrt und für diese wichtigen kulturellen Entwicklungen unempfänglich bleibt.

b) Wenn die Evangelisierung bedeutet, daß die Botschaft des Evangeliums die Prozesse zur Veränderung der Wirklichkeit inspiriert und unterstützt, dann bedeutet sie auch eine Unterstützung der feministischen Bewegungen in unserer Mitte. Um das engagierte und organisierte Handeln der Frauen zu benennen, bevorzugt der offizielle kirchliche Diskurs die Verwendung des abstrakten Begriffs „Frau" statt des Begriffs „feministisch", der einen stärkeren soziopolitischen Inhalt hat. Diese Wortwahl im offiziellen Diskurs ist deswegen interessant, weil sie nicht nur das Unverständnis gegenüber der feministischen Sichtweise aufdeckt, die heute kirchliche Frauen und Männer inspiriert, sondern auch den Mangel an Selbstkritik im Hinblick auf den in der Kirche herrschenden Androzentrismus. Zu beachten

---

5   *Azevedo*, 8 (Anm. 1).

ist ebenfalls, wie ich an anderer Stelle betont habe, das Verhalten der patriarchalischen Institutionen und ihrer androzentrischen Theologien angesichts
des raschen Anwachsens der feministischen Bewegungen und Theologien:
„Im allgemeinen hat man auf vielerlei Weise versucht, das kritische Potential, das die feministische Sicht in bezug auf Befreiung, menschliche Integrität
und Gerechtigkeit enthält, zu neutralisieren. Sogar bei manchen theologischen Veranstaltungen zusammen mit (männlichen) Theologen fiel auf, wie
diese sich einschalteten, um die 'Qualitätskontrolle' bei der Formulierung
theologischer Aussagen durch Frauen sicherzustellen. Nach der Erfahrung
mehrerer lateinamerikanischer Theologinnen akzeptierten sowohl die kirchliche Hierarchie als auch einige Befreiungstheologen einen von Frauen
entwickelten theologischen Diskurs nur dann als gültig und beachtenswert,
wenn er sich nicht selbst als 'feministisch' bezeichnet. Für diese Kreise ist
die Reflexion der Frauen nur akzeptabel, wenn sie die Leitlinien reproduziert, die sie bei ihren androzentrischen theoretischen Modellen anwenden.
Schließlich beweist dies Vorgehen der Theologen, wie weit sie von der sozioekklesialen Realität entfernt sind, in der der lateinamerikanische Feminismus gegoren und gereift ist. Der Feminismus hat in Lateinamerika eine
lange Tradition, aber für die androzentrische erkenntnistheoretische Welt
hat er nicht existiert. Die Spezialistinnen für dieses Thema lassen diese
Strömung in der frühen Kolonialzeit beginnen, und zwar mit den Kämpfen
der indigenen, schwarzen und mestizischen Frauen um körperliche und
kulturelle Selbstbestimmung, lange vor dem Erwachen des Bewußtseins der
weißen Frauen in den kolonialisierenden Ländern. Vor dieser großen Tradition, die unsere Geschichte durchzieht, die Augen verschließen zu wollen,
heißt, der Realität der Dinge den Rücken zu kehren und die Kämpfe der
Frauen, die uns vorangegangen sind, der Vergessenheit anheimzugeben.
Daß die Welt der lateinamerikanischen Theologie nicht seit den Anfängen
der Befreiungstheologie mit dieser Tradition einen Dialog geführt hat, das
ist Stoff für eine andere Debatte, aber die Frauenbewegungen und der Feminismus als solcher sind - wie die feministischen Bewegungen u.a. in Mexiko, Brasilien, Bolivien und Peru beweisen - immer dagewesen und oft unter repressiven Bedingungen gereift ... In einer solchen Situation, meine ich,
hat das Fehlen eines Diskurses, der die feministischen Instrumente auf kon-
sistente Weise denen, die die Befreiungstheologie traditionell angeboten hat,
hinzugefügt hätte, dem religiösen und gesellschaftlichen Patriarchat enorm
genützt"[6], das zu dieser Zeit existiert hat und sich gegenwärtig weiter reproduziert. Sicherlich geht die größte Herausforderung, mit der der römische Katholizismus am Ende des 20. Jahrhunderts auf dem Gebiet der Identität des Glaubens in den Kulturen konfrontiert ist, von den feministischen
Bewegungen und Theologien aus. Um der Botschaft des Evangeliums treu

---

[6] *María Pilar Aquino*, Teología Feminista Latinoamericana. Evaluación y Desafíos, in: Tópicos 90,
Nr. 7 (Jan. 1995) 117-119.

zu sein und um als vom Geist Gottes ausgegangene Kraft der Erneuerung selbst überleben zu können, muß der offizielle römische Katholizismus die feministische Sichtweise als eine Chance annehmen, die Autorität zu bestätigen, die wir Männer und Frauen der Kirche haben, um der Evangelisierungsaufgabe der Kirche im Kontext der Gegenwart ihren Sinn zu geben.

c) Dieser Aspekt bezieht sich auf den Mangel an Sensibilität, den die Hierarchie im Hinblick auf die intellektuelle und theologische Ausbildung der Frauen erkennen läßt. Besonders dramatisch ist diese Unsensibilität in Lateinamerika und in der Dritten Welt ganz allgemein.

Was uns Katholikinnen anbelangt, vor allem diejenigen, die wie ich aus armen Schichten stammen, so haben nur wenige von uns das Glück gehabt, dank der Unterstützung weiblicher Ordenskongregationen oder, in anderen Fällen, dank der Unterstützung ihrer finanziell bessergestellten Familien, Zugang zu einer professionellen theologischen Ausbildung zu erhalten. Die Bischöfe haben keine Programme realisiert, die für eine solide theologische Reflexion Räume schaffen, in denen die armen Frauen ihre eigene Glaubenserfahrung in Übereinstimmung mit ihren eigenen Träumen von Wohlstand und Gerechtigkeit in von patriarchalischen Verhältnissen freien Kulturen artikulieren können. Auf dem ganzen Kontinent Lateinamerika beläuft sich die Zahl von Katholikinnen, die den theologischen Doktorgrad erreicht haben, noch nicht einmal auf zehn, wobei die in den USA lebenden Frauen lateinamerikanischer Herkunft noch eingeschlossen sind. Nach mehr als fünfhundert Jahren Christentum in Lateinamerika, mehr als fünfhundert Jahren, in denen kirchliche Mission sich die ohne Anerkennung und ohne Bezahlung geleistete Arbeit der Frauen zunutze gemacht hat, haben heute die meisten lateinamerikanischen Länder nicht einmal eine einzige Frau, die die geeigneten intellektuellen Voraussetzungen entwickelt, um die Glaubenserfahrung von Frauen in nicht-androzentrischen Codes zu interpretieren. Und obgleich wir doch schon so wenige sind, ist es dennoch vorgekommen, daß einige Bischöfe entschieden haben, die Theologinnen zu maßregeln, die die kritischen Theorien der Geschlechtsidentität und die Prinzipien des kritischen Feminismus in den theologischen Diskurs aufnehmen. Diese systematische Bestrafung durch die Hierarchie durchkreuzt nur die Bemühungen derer, die versuchen, dem Dialog mit dem gegenwärtigen kulturellen Kontext neue Wege zu bahnen. Es wird keine wirklich inkulturierte Evangelisierung geben, solange die Erfahrungen von Männern und Frauen, die gegen patriarchale Strukturen und Theorien angehen, nicht den theologischen Diskurs gestalten. Es wird keine inkulturierte Evangelisierung geben, solange die Männer, die die Kirche regieren, die Wege zum interkulturellen Dialog verbauen, der neue Ordnungen für auf Gleichheit beruhende soziale Beziehungen zwischen den Geschlechtern erkunden will.

d) Ebenso wie die zuvor genannten Aspekte hat auch dieser Aspekt mit dem zunehmenden Bewußtsein von Frauen und Männern hinsichtlich der Perversität der heutigen Kultur zu tun, die die Gewalt gegen Frauen hinnimmt und fördert. Die katholische Kirche, vor allem diejenigen, die sie leiten, ist zu einem großen Teil mitverantwortlich für die Aufrechterhaltung dieser Kultur, sei es durch das, was sie in der Vergangenheit gerechtfertigt hat, oder wegen ihrer Gleichgültigkeit in der Gegenwart oder wegen ihres komplizenhaften Schweigens angesichts dieser Tatsache von globalem Ausmaß. Auf diese Verantwortung haben die Bischöfe von Quebec in ihrem Hirtenbrief *Violence en héritage?* („Gewalt als Erbe?") hingewiesen, der das Problem der häuslichen Gewalt beleuchtet, aber in der Sozialverkündigung des Vatikans keinen Widerhall gefunden hat[7]. Vom Verhältnis zwischen Glaube und Kultur zu reden heißt, von der Beziehung zwischen der Mission der Kirche und der Erfahrung von alltäglicher Gewalt zu sprechen, die Frauen in der Öffentlichkeit und im Privatleben betrifft. Bei unseren Diskussionen und bei der Durchsicht unserer Arbeitsmaterialien müssen wir uns die Frage stellen: Welche Erfahrungen sind bestimmend für das, was uns im Verhältnis zwischen Glaube und Kultur am meisten am Herzen liegt? Welche sozialen Gruppen stehen hinter unseren Fragen über die Mission der Kirche in den Kulturen? Welche Erfahrungen dienen uns als Bezugspunkt, um die Relevanz des Glaubens im Geflecht der kulturellen Wirklichkeit zu untersuchen? Sind wir als Kirche ehrlich und mutig genug, um unsere Mittäterschaft bei der Aufrechterhaltung dieser Kultur der Gewalt gegen Frauen zuzugeben? Hat die Kirche eine Botschaft der Hoffnung und Wiedergutmachung für die Opfer der institutionalisierten Gewalt in patriarchalischen Kulturen? Kann das Evangelium sich in solchen Kulturen „inkulturieren", die Rassismus, Sexismus, Kolonialismus und den Ausschluß ganzer sozialer Gruppen auf Weltebene betreiben?

Gewalt gegen Frauen ist die Realität, die bei der Reflexion über den Evangelisierungsauftrag der Kirche in den Kulturen am meisten ignoriert wird. Diese Realität kann nur dann die Wahrheit der Dinge an den Tag bringen, wenn wir uns dazu entscheiden, sie so zu betrachten, wie sie vom Standpunkt der Opfer der Gewalt aussieht. „Dies bedeutet", erklärt *Jon Sobrino* in seinem Werk *Principio Misericordia*, „daß bei der theologischen Arbeit vor allem die intellektuelle Redlichkeit gegenüber der Realität vorhanden sein muß, entgegen aller Tendenz, die Wahrheit zu unterdrücken"[8]. Aus der Welt der Opfer der Gewalt ergeht der Ruf an uns, diese Wirklichkeit zu erkennen, sie zu verstehen und ihre Opfer von ihr zu befreien. „Die primäre Reaktion auf die leidende Welt ist die, sie abzuschaffen, ohne dafür andere Gründe zu haben als die Existenz dieser leidenden Welt. Es geht um

---

7 Für *Christine E. Gudorf* ist dieses Dokument nicht nur die bedeutendste Behandlung des Themas der häuslichen Gewalt, sondern auch eine Umkehrung der traditionell in der katholischen Soziallehre vorgebrachten Behauptung, daß die Kirche immer die Beschützerin und Verteidigerin der Frau gewesen sei: *Christine E. Gudorf*, Art. Sexism, in: *J.A. Dwyer*, The New Dictionary of Catholic Social Thought, Collegeville, Minnesota 1994, 880.

8 *Jon Sobrino*, El Principio Misericordia. Bajar de la Cruz a los Pueblos Crucificados, Santander 1992, 64.

die primäre Liebe, die wir 'Barmherzigkeit' nennen ... Es ist eine Option dafür, daß die Barmherzigkeit die richtige Reaktion auf die leidende Welt ist; sobald sie aber verwirklicht worden ist, entdeckt man, daß sie auch in der Offenbarung einen zentralen Platz hat."[9] Damit der Evangelisierungsauftrag der Kirche im Leben der großen Mehrheit des Volkes Gottes Sinn und Ziel bekommt, müssen wir Frauen Mitleid und Arbeit für Gerechtigkeit mit den Anstrengungen zur Abschaffung derjenigen Strukturen verknüpfen, die Gewalt gegen Frauen und die von ihnen Abhängigen erzeugen.

Im Schlußbericht der Zweiten Lateinamerikanischen Theologinnenversammlung, die im Dezember 1993 unter dem Motto *Entre la Indignación y la Esperanza* („Zwischen Empörung und Hoffnung") in Rio de Janeiro stattfand, haben wir dargelegt, daß diese leidvolle Realität der Gewalt gegen Frauen die allerschlimmste ist, weil sie die versteckteste, die am meisten ignorierte, die skandalöseste und die im Leben der Frauen am unmittelbarsten gegenwärtige Realität ist[10]. Der theologische Diskurs über die Identität des Glaubens in den Kulturen oder über das Verhältnis von Glaube und Kultur kann verlogen sein, wenn er nicht das Übel der gegen die Frauen gerichteten Gewalt anspricht und wenn er unsere Hoffnungen, unser individuelles und gemeinsames Handeln im Sinne des Überlebens, des Widerstands und der Veränderung innerhalb der Kulturen und der bestehenden patriarchalischen Institutionen nicht zur Kenntnis nimmt[11]. Diese Gewalt, so heißt es im Schlußdokument des „Internationalen Dialogs von Theologinnen gegen die Gewalt gegen Frauen", der im Dezember 1994 in Costa Rica stattfand, „läßt sich nicht auf individuelle Vorfälle oder bloß auf individuelle Erfahrungen reduzieren. Es handelt sich um eine globale und systematische Gewalt. Sie muß im Kontext der Globalisierung der Ausbeutung und Unterdrückung in allen Lebensbereichen gesehen werden."[12] Diese Realität im Blick zu haben bedeutet keineswegs, daß man andere Realitäten von Gewalt, die andere soziale Gruppen betreffen, beiseiteschiebt, wohl aber verbindet sich damit die Forderung nach einer redlicheren Erforschung der kulturellen Wirklichkeiten und konsequenterweise nach einer kritischeren und umfassenderen theoretischen Formulierung des Evangelisierungsauftrags der Kirche in den Kulturen.

Die *dritte Komponente* hängt mit dem Beitrag der katholischen Soziallehre zum Verhältnis von Kirche und Kultur zusammen. Sowohl *Azevedo* als auch *Hünermann* scheinen wie selbstverständlich davon auszugehen, daß ein Kor-

---

9 Ebd., 66.
10 *Ana Maria Tepedino*, Entre la Indignación y la Esperanza. Reporte de la Segunda Reunión de Teólogas Latinoamericanas, Rio de Janeiro, 3.-9. Dez. 1993.
11 *Maria Pilar Aquino*, Evil and Hope: A Response to Jon Sobrino, in: *P. Crowley* (Hrsg.), The Catholic Theological Society of America. Proceedings of the Fiftieth Annual Convention, New York 1995, 85-92.
12 Final Statement of the „Women Against Violence" Dialogue: Voices from the Third World, EATWOT 1 (Juni 1995) 214.

pus der Soziallehre ohne innere Widersprüche hinsichtlich der gesellschaftlichen Strukturen und der kulturellen Paradigmen, die die sozioekklesialen Beziehungen zwischen Frauen und Männern regeln, tatsächlich existiert. Diese Annahme ist ein abstrakter Mythos. In seiner Zusammenfassung der Schwächen, die die katholische Soziallehre charakterisieren, betont *Donal Dorr*, daß die katholische Kirche in der Frage der Gerechtigkeit gegenüber den Frauen vielleicht ihre größte Lücke hat[13]. Diese Lücke läßt sich damit erklären, daß diejenigen, die diese Lehre entwickeln, mehrheitlich Männer, Kleriker, weiße Okzidentale sind, aber sie ist auch auf die Grenzen zurückzuführen, die in den von ihnen verwendeten analytischen Methoden liegen. Die Auswahl ihrer theoretischen Instrumente ist durch ihre eigene Geschlechtszugehörigkeit und durch ihre kirchlich privilegierte Position präjudiziert. Die analytischen Instrumente selbst, mit denen sie arbeiten, verhindern, daß sie die Wurzel der strukturellen Gewalt in der bestehenden Wechselbeziehung zwischen den patriarchalischen Strukturen und den ökonomischen, politischen, kirchlichen und soziokulturellen Strukturen der Wirklichkeit von heute freilegen können. Die Tatsache, daß man die Auseinandersetzung mit Patriarchat und Androzentrismus immer stillschweigend ausspart, wenn das Thema der Identität des Glaubens in den Kulturen angeschnitten wird, stellt ein ernstes erkenntnistheoretisches Problem dar. Läßt man dieses Problem außer acht, so führt dies lediglich zur Aufrechterhaltung dessen, was das Dokument von Puebla als „kulturelle Atavismen" kritisiert (Nr. 834). Wie ich an anderer Stelle deutlich machte, hat der lateinamerikanische Episkopat die Stärke der Frauen beim Aufbau einer neuen Kultur anerkannt[14], aber er hält weiterhin an einem in anthropologischer und ekklesiologischer Hinsicht dualistischen Diskurs fest, was die Würde und die Rolle der Frauen in Gesellschaft und Kirche anbelangt.

Die systematische Analyse der unterdrückerischen Strukturen, die sich aus der patriarchalischen Kultur innerhalb der Kirche, der Gesellschaft und der kirchlichen Soziallehre selbst herleiten, eröffnet sicherlich neue theoretisch-praktische Wege für ein besseres Verständnis der Mission der Kirche in den Kulturen. Der Dialog zwischen Feminismus und kirchlicher Soziallehre bietet neue Perspektiven an, um die Grundprinzipien dieser Lehre aus einer kritischeren Position mit neuem Leben zu erfüllen, zum Beispiel: die Würde der Person, die Option für die Armen, das Gemeinwohl, Partizipation, Solidarität, die politischen und ökonomischen Menschenrechte, Gerechtigkeit und Frieden. Ja, die „Einbeziehung der feministischen Analyse

---

13 *Donal Dorr*, Option for the Poor. A Hundred years of Catholic Social Teaching, Revised Edition, New York 1992, 372-374.
14 Zur Analyse der Dokumente von Medellín und Puebla über die Frauen siehe *María Pilar Aquino*, La teología, La Iglesia y la mujer en América Latina, Bogotá 1994. Zur Analyse der Dokumente von Santo Domingo über die Frauen siehe *dies.*, Santo Domingo: La visión sobre las mujeres Latinoamericanas, in: Reflexión y Liberación Nr. 19 (Sept./Nov. 1993) 39-50.

in das katholische soziale Denken läßt" sogar, wie *Maria Riley* betont, „dessen Bedeutung und dessen Verständnis für die menschlichen Erfahrungen in den Gesellschaftsstrukturen wachsen ... Da die Veränderungen, die die Frauenbewegung ausgelöst hat, für den Entwurf der Zukunft so überaus wichtig sind, muß dieser Dialog stattfinden."[15] Die Implikationen dieser Aussage für die Methode und die Inhalte der katholischen Soziallehre in bezug auf die Kulturen sind zahlreich, folgenschwer und lassen sich nicht hintanstellen, es sei denn, man wollte riskieren, denjenigen in den Rücken zu fallen, die die Befreiungsmission der Kirche leben und verwirklichen.

Die *vierte und letzte Komponente* hängt mit der Auffassung vom Evangelium in seinem Verhältnis zu den Kulturen zusammen. Aufgrund meiner Lektüre der Beiträge stelle ich fest, daß *Azevedo* und *Hünermann* den Begriff „Evangelium" oft mit den kanonischen Schriften gleichsetzen. Wenn dem so ist, dann haben wir es wiederum mit einem hermeneutischen Problem zu tun, das für das Verständnis der Beziehung zwischen Evangelium und Kultur schwerwiegende Konsequenzen hat. Die umfangreiche Literatur der Befreiungstheologen, einschließlich der feministischen biblischen Hermeneutik, hat nachgewiesen, daß eine solche Gleichsetzung nicht zulässig ist. Das Evangelium ist zwar in den kanonischen Schriften enthalten, aber die kanonischen Schriften enthalten nicht das ganze Evangelium. Der Begriff der Inkulturation des Evangeliums, so wie er sich in den Materialien darstellt, läßt die Frage unbeantwortet, die große Teile des Volkes Gottes beschäftigt, nämlich die nach der Rolle der Bibel im Leben der Frauen. In ihrem ausführlichen Beitrag hat *Prof. Elisabeth Schüssler Fiorenza* nachgewiesen, daß „einerseits die Bibel in androzentrischer Sprache geschrieben ist, ihren Ursprung in den patriarchalischen Kulturen der Antike hat und im Verlauf ihrer Geschichte androzentrische und patriarchalische Werte vermittelt hat. Andererseits diente die Bibel auch dazu, Frauen und andere Nicht-Personen in ihren Kämpfen gegen die patriarchalische Unterdrückung zu inspirieren und zu ermächtigen."[16] In dieser Linie muß jede Erörterung des Verhältnisses zwischen Evangelium und Kultur unbedingt sowohl den Unterschied zwischen Evangelium, kanonischen Schriften und Kultur als auch die Verwendung der Bibel und der Interpretationsmethoden für die Bewahrung oder Umgestaltung der kulturellen Paradigmen zur Sprache bringen. Auf diesem Gebiet ist es wichtig, die methodologischen und inhaltlichen Voraussetzungen einzubeziehen, die von der kritisch-feministischen Hermeneutik der Befreiung entwickelt worden sind. *Prof. Schüssler Fiorenza* als Pionierin und wirklich inspirierende Kraft auf diesem Gebiet weist darauf hin, daß die kritisch-feministische Hermeneutik der Befreiung die Bibelin-

---

15 *Maria Riley*, Transforming Feminism, Washington D.C. 1989, 98.
16 *Elisabeth Schüssler Fiorenza*, But She Said. Feminist Practices of Biblical Interpretation, Boston 1992, 91. Siehe auch *dies.*, Zu ihrem Gedächtnis ... Eine feministisch-theologische Rekonstruktion der christlichen Ursprünge, München-Mainz 1988.

terpretation als einen „komplexen Prozeß der Lektüre und Rekonstruktion
und als eine theologisch-kulturelle Praxis des Widerstands und der Veränderung" begreift[17], mit seinen analytischen Strategien des Verdachts, der
Rekonstruktion, Evaluation und Imagination. Diese Art von Hermeneutik
stellt eine der bedeutendsten erkenntnistheoretischen Entwicklungen des 20.
Jahrhunderts dar und leistet einen ungeheuren Beitrag zu einem umfassenderen, angemesseneren und realistischeren Verständnis von der Beziehung
zwischen dem Evangelium, dem Glauben und den Kulturen.

Schließlich legen diese vier Komponenten es nahe, eine Reihe von Zielen
ins Auge zu fassen, die das Engagement der gesamten Kirche für eine inkulturierte Evangelisierung zum Ausdruck bringen. Diese Ziele müssen folgendes beachten:

1. Es gilt, weltweit dazu aufzufordern, sich mit den von Frauen und
Männern gemachten Erfahrungen mit Glaube, Hoffnung und Liebe näher
zu beschäftigen im Zusammenhang mit dem, was wir tun und in unserer
Phantasie entstehen lassen, um die patri-kyriarchischen Machtstrukturen
(die Herrschaft des Herrn/Hausherrn/Vaters)[18] zu transformieren, welche
Gewalt gegen Frauen, Rassismus, Sexismus, Heterosexismus, Kolonialismus
und massives Leid erzeugen und vermehren.

2. Die obligatorische Abschaffung sexistischer Sprache, Symbole, Anspie-
lungen und Verhaltensweisen soll implementiert und damit der Wille der
Kirche zum Ausdruck gebracht werden, eine Gemeinschaft zu bejahen, in
der für Frauen und ihre Ideen Platz ist.

3. Für eine von androzentrischen religiös-kulturellen Codes freie theologische Ausbildung von Frauen und Männern sind Räume und Mittel bereitzustellen.

4. Es gilt, Frauen und Männer als Subjekte sichtbar zu machen, die neue
kulturelle Paradigmen schaffen, welche eine Alternative zu dem bestehenden patri-kyriarchischen Paradigma darstellen, und ihre praktischen und
intellektuellen Beiträge sowohl im theologischen Diskurs als auch im Leben
und in den Institutionen der Kirche zum Ausdruck kommen zu lassen.

5. Mit Nachdruck ist die Entwicklung pastoraltheologischer Perspektiven
zu fordern, welche die kulturellen Erklärungsmuster aufdecken und überwinden, die beim Ausschluß und bei der Unterdrückung der Frauen wirksam sind.

6. Es muß die Rolle der patri-kyriarchischen Kulturen bei der Entmensch-
lichung von Frauen und Männern sowie die Rolle der androzentrischen

---

[17] *Schüssler Fiorenza,* But She Said, 40 u. 39-50 (Anm. 16).
[18] Der analytische Begriff „Patri-Kyriarchie" wurde von *Elisabeth Schüssler Fiorenza* geprägt, um die
theoretisch-praktischen Voraussetzungen zu bezeichnen, die auf die Befehlsgewalt und Herrschaft des „Herrn", des „Hausherrn" und des „Vaters" ausgerichtet sind. Siehe *dies.,* Ties That
Bind: Domestic Violence Against Women, in: Voices From the Third World, EATWOT Bd.
XVIII/1 (Juni 1995) 122.

Theologien bei den Spaltungen, die die kirchliche Gemeinschaft beeinträchtigen, kritisch untersucht werden.

7. In der Diskussion um Glaube und Kultur müssen die Methoden und theoretischen Voraussetzungen aufgenommen werden, welche die kritisch-feministischen Theologien entwickelt haben, die auf einen fundamentalen Wechsel der bestehenden kulturellen Paradigmen hinzielen.

8. Die Bezugspunkte, die unsere Auffassung von der Inkulturation des Evangeliums bestimmen, müssen revidiert werden. Wenn der Begriff der Inkulturation alle Kulturen und alle Völker umfaßt, dann erscheint es unangebracht zu meinen, der Begriff der Inkulturation schließe nur die indigenen, afroamerikanischen, asiatischen Kulturen oder jede andere nicht-weiße Kultur ein.

9. Revidiert werden müssen auch die Bezugspunkte, die unsere Auffassung von der Inkulturation des Evangeliums als unbelastet von den Voraussetzungen der Geschlechtszugehörigkeit und der patriarchalischen gesellschaftlichen Beziehungen bestimmen. Nur wenn man die Erfahrung und Sichtweise der Männer als Bezugspunkt hat, nur wenn die theoretischen Voraussetzungen von androzentrischen Kategorien bestimmt sind, kann man von den Frauen, von mehr als fünfzig Prozent der Menschheit, als von einer „Subkultur" unter anderen vermeintlichen „Subkulturen" wie der des Flüchtlings, des Emigranten, der Umweltschützer usw. reden. Es gibt ebensowenig eine „Subkultur" der Männer, wie es eine „Subkultur" der Frauen gibt, vielmehr gibt es die Menschheit, Frauen und Männer, die innerhalb der in Gesellschaft und Kirche bestehenden patri-kyriarchischen Kulturen hierarchische Beziehungen erleben.

10. Es gilt einen Begriff der inkulturierten Evangelisierung zu entwickeln, der den kulturellen Paradigmenwechsel zu anderen Paradigmen fördert, die in der Lage sind, die menschliche Integrität von Frauen und Männern weltweit, die Integrität der ökologischen Ordnung, die gegenseitige Verknüpfung menschlicher Erfahrung auf der Basis von Gleichheit und Freiheit, das Mitleid mit den Opfern der Ungerechtigkeit, Demokratie und Partizipation, den mit Gerechtigkeit einhergehenden Frieden und die Freude an den - von unterdrückerischen Machtverhältnissen freien - kulturellen Unterschieden zu stärken.

Übersetzung: *Victoria M. Drasen-Segbers*

ZWEITER TEIL

PRAXIS DER INKULTURATION
IN GESCHICHTE UND GEGENWART

Viertes Kapitel
Historische Vergewisserung

MANUEL M. MARZAL SJ

Inkulturationsprozesse in der Geschichte Lateinamerikas und seiner Kirche

Von 1492 bis Santo Domingo

I. Einleitung

In diesem deutsch-lateinamerikanischen Band über das Inkulturationsparadigma darf ein Panorama desselben in der Geschichte von Gesellschaft und Kirche Lateinamerikas nicht fehlen. Es soll unserer Reflexion als Hintergrundfolie dienen. Ich gestehe, daß mir das aufgetragene Thema ein wenig Angst macht und daß ich nicht weiß, ob es mir gelingen wird, folgende zweifache Klippe zu umschiffen: einerseits die Gefahr, sich in der Fülle von Details im Raum (einem Subkontinent, der zwar durch das eine Adjektiv „lateinamerikanisch" benannt wird, aber nichtsdestotrotz heterogen ist) und in der Zeit (einem halben Jahrtausend Geschichte von Amerikas isoliertem Dasein vor 1492 bis hin zu seiner Eingemeindung ins globale Dorf) zu verlieren; und andererseits das Risiko, nur Dinge zu sagen, die wir alle schon wissen. Dennoch will ich es versuchen. Wenn ich mich auf die historischen Ereignisse beziehe, dann spreche ich vor allem von den Integrationsprozessen - verstanden als Vorgänge des Wandels, die neue Kulturen hervorbringen -, um damit eine Reihe von Strukturlinien in der Geschichte und Religion Lateinamerikas nachzuzeichnen. Im übrigen spreche ich nicht von allen Ländern, sondern von Mexiko, Peru und Brasilien, die ich besser kenne und die mir repräsentativ für die lateinamerikanische Inkulturation scheinen.

Ich gehe von einer bekannten Tatsache aus. Indem die Spanier und Portugiesen sich in Lateinamerika festsetzten, lösten sie, anders als die Engländer Sächsischamerikas, in der autochthonen indianischen und der importierten schwarzen Bevölkerung zahlreiche kulturelle Veränderungen aus. Die Ursache dafür ist ebenfalls bekannt: Während die Engländer der dreizehn Kolonien nach Amerika kamen, weil sie ein Territorium suchten, auf dem sie am Rand des indianischen Lebensraums Neuengland gründen konnten, suchten die Spanier und Portugiesen nicht bloß ein Territorium, sondern auch eine ganze Bevölkerung, die die Arbeitskraft für das koloniale Unternehmen stellen und das Zentrum des Evangelisierungs- und Zivilisationsprojekts bilden sollte. Im Hinblick auf diese Differenz ist *Darcy Ribeiros* Typologie von *Zeugenvölkern, neuen Völkern und transplantierten Völkern* noch immer hilfreich[1]. So besitzen die USA eine aus Europa *transplantierte* Kultur (auch wenn man angesichts der über den Río Bravo brandenden Wogen hispanischer Immigranten nicht weiß, wie lange das noch so sein wird), während Lateinamerika eine *neue* Kultur in Form einer Mischung aus iberischen, indigenen und schwarzen Kulturen aufweist, daneben aber auch eine *Zeugen*-Kultur in den Ländern, in denen die Indianer eine hohe Entwicklungsstufe erreicht hatten, wie etwa in Mittelamerika und in den Anden. Sicher ist jedoch, daß es in Lateinamerika insgesamt und in vielen seiner Länder im einzelnen Zonen mit *transplantierten, neuen* und *Zeugen*-Kulturen gibt.

Dieses Panorama der Inkulturation hat zwei Dimensionen, die mit der Sozialgeschichte und der Religion Lateinamerikas zusammenhängen und den Gegenstand der zwei Teile dieser Studie bilden werden. Nach gängiger Meinung ist Lateinamerika ein durch und durch *mestizischer und plurikultureller* Erdteil mit einem *allgegenwärtigen popularen Katholizismus,* der mit alten religiösen Traditionen koexistiert. Bei der Konferenz von Puebla (1979) haben die Bischöfe beide Aspekte betont. Über den ersten sagen sie: „Lateinamerika hat seinen Ursprung in der Begegnung der spanisch-portugiesischen Rasse mit den präkolumbianischen und afrikanischen Kulturen. Die rassische und kulturelle Vermischung hat diesen Prozeß grundsätzlich geprägt, und seine Dynamik weist darauf hin, daß dies auch in der Zukunft so sein wird. Diese Tatsache kann uns nicht verkennen lassen, daß gewisse Kulturen der Urbevölkerung oder afroamerikanische Kulturen im Reinzustand weiterbestehen und daß Gruppen mit einem unterschiedlichen Integrationsgrad existieren. Zu einem späteren Zeitpunkt, während der letzten zwei Jahrhunderte, kommen besonders im südlichen Teil neue Einwandererströme hinzu, die sich grundsätzlich in das vorherrschende kulturelle Sediment integrieren und dabei die ihnen eigene Wesensart miteinbringen." (409-411)

Zum zweiten Aspekt, dem popularen Katholizismus, der mit anderen religiösen Traditionen koexistiere, sagen die Bischöfe: „Vom 16. bis zum 18. Jahrhundert werden die Grundlagen für die lateinamerikanische Kultur und deren echtes katholisches Substrat gelegt. Ihre Evangelisierung war genügend tiefgehend, so daß der Glaube für ihr Sein und ihre Identität konstitutiv werden konnte, der dieser Kultur die geistliche Einheit vermittelte." (412) Allerdings hat diese religiöse Transformation „noch nicht in angemessener Weise oder auch gar nicht die Evangelisierung einiger autochthoner Kulturgruppen oder Gruppen afrikanischen Ursprungs verwirklichen können, die ihrerseits sehr reiche Werte besitzen und in denen 'Samenkörner des Wortes' vorhanden sind, die auf das lebendige Wort warten" (451). Ich komme nun zum ersten Teil der Problemstellung.

---

1   Vgl. *Darcy Ribeiro,* As Américas e a civilização, Petrópolis 1977; deutsch: Amerika und die Zivilisation, Frankfurt/M. 1985.

II. Inkulturationsprozesse in der Sozialgeschichte

Ich werde die Inkulturationsprozesse in Lateinamerika analysieren, und zwar sowohl jenen, der sich in der Epoche vom 16. bis zum 18. Jahrhundert zwischen den drei großen ethnischen Gründungskollektiven (den autochthonen Gesellschaften, den iberischen Kolonisatoren und den schwarzen Sklaven) abspielte, wie auch jenen, der vom 19. Jahrhundert bis in die erste Hälfte des 20. hinein stattfand, als neue Wellen europäischer und asiatischer Immigranten auf der Suche nach dem Gelobten Land heranrollten. In der zweiten Hälfte des 20. Jahrhunderts kehrt sich diese Migrationsbewegung um, und nun sind es die Lateinamerikaner, die auf der Suche nach dem Gelobten Land fortziehen - vor allem in die USA, in die Europäische Gemeinschaft und nach Japan, wo sie allerdings die unangenehme Überraschung erleben müssen, daß sie dort keineswegs so freundlich begrüßt werden, wie sie seinerzeit die Menschen aus diesen Regionen aufgenommen haben. Im Blick auf dieses halbe Jahrtausend kann man von *sechs Typen von Inkulturation* zwischen Indianern und Europäern sprechen, die sich, zumindest in heuristischer Absicht, durchaus auch auf das Verhältnis zwischen Schwarzen und Europäern anwenden lassen: die Inkulturation in der „Indianerrepublik", außerhalb der Reduktionen, in den utopischen Projekten, in der Aufklärung, im Indigenismus und im Indianismus.

Sinnvollerweise beginnen wir jedoch mit dem, was in der Karibik, dem Laboratorium für das Zusammenleben von Spaniern und Indianern, vorging, als diese verschwanden und schwarze Sklaven herangeschafft wurden. Bekanntlich hat ja Spanien im Anschluß an die erste Reise des *Kolumbus* eine Reihe von Maßnahmen getroffen, um seine Präsenz in Amerika zu legitimieren, den durch die Goldgier der Konquistadoren verursachten Mißbrauch zu steuern und den Indianern einen legalen Status zu geben, indem es diese als Untertanen des spanischen Königs betrachtete und der Evangelisierung unterwarf - Züge, die in anderen Kolonialprojekten fehlen und daher eine Besonderheit der lateinamerikanischen Welt darstellen. Da dies die erste koloniale Unternehmung des neuzeitlichen Europa war, erprobte man verschiedene Modelle; zunächst allerdings übertrug man einfach eine Institution der spanischen Rekonquista. So entstand die *Encomienda*, die dreierlei zu leisten suchte: den Dienst der Konquistadoren an der Krone zu bezahlen, das Territorium und die Indianer zu kontrollieren und dieselben zu katechisieren, wofür jeder Encomendero eine für die Katechese verantwortliche Person stellen mußte. Doch die Encomienda erwies sich als unheilvoll für die autochthone Bevölkerung (im anklagenden Schrifttum wird sie öfter „Messer der Indianer" genannt), und mit ihr beginnt denn auch die Kritik an Spanien in Amerika.

Bartolomé de Las Casas, Kleriker und Encomendero, stellt eine gute Synthese dieser ersten Periode dar. Der Verzicht auf seine Encomienda nach seiner Bekehrung, sein beharrlicher Kampf gegen die Auswüchse der Konquista, seine Erfahrungen mit einer friedlichen Okkupation in Tezulutlán (Guatemala) und an der Costa de Paria (Venezuela) bis hin zu seinem Vorschlag, Schwarze zu importieren, die bereits Sklaven waren, um die Indianer aus der Sklaverei zu befreien - das alles spiegelt die Probleme der spanischen Kolonisation in der Karibik. Zusammenfassend muß man sagen, daß diese Periode in der Karibik keine Inkulturation kannte, sondern nur einen Ethnozid und Genozid, auch wenn dieser vielleicht eher auf die von den Spaniern eingeschleppten Krankheiten als auf die koloniale Ausbeutung zurückzuführen ist. Schreiten wir nun zur Darstellung der einzelnen Inkulturationstypen.

1. Die Inkulturation in der „Indianerrepublik"

Nach dem Scheitern in der Karibik und vor allem aufgrund der Konquista der beiden Reiche der Azteken und der Inka etabliert Spanien in jeder Kolonie ein „Reich mit zwei Republiken". Es war das offiziellste Modell für das Verhältnis zwischen Spaniern und Indianern. Die erste Republik bildeten die Städte, in denen die Kolonisten, abgesehen von den durch den neuen ökologischen und kulturellen Kontext erforderten Änderungen, die transplantierte spanische Kultur beibehielten; die zweite bestand in den Siedlungen der *Reduktionen*, die gemäß der königlichen Verordnung von 1555 jene indigenen Bräuche beibehalten durften, die dem Zivilisations- und Evangelisierungsprojekt der Kolonie nicht entgegenstanden. Bei der Schaffung der Reduktionen spielten humanitäre Gründe (der Schutz der Indianer) ebenso eine Rolle wie politische (das Gegengewicht zur Macht der Encomenderos) und ökonomische (die *Mita*, d.h. der Frondienst in den Bergwerken, die Grundlage der kolonialen Wirtschaft).

In Peru war die treibende Kraft bei der Errichtung der Reduktionen der Vizekönig *Francisco de Toledo* (1569-1581), der nach der Konquista und den Bürgerkriegen zum eigentlichen Organisator des Vizekönigreichs wurde[2]. In seinen *Ordenanzas* für die Reduktionen übernahm er indianische Bräuche, angefangen beim andinischen *Ayllu*, setzte aber das Modell des Kolonialprojekts durch, das sich die Indianer in einer Haltung zwischen Widerstand und Neuinterpretation zu eigen machten. So wurde die neue Kultur mestizisch, nicht einfach weil indigene Züge in sie eingegangen waren, sondern gerade aufgrund des Widerstands der Besiegten. Diese Kultur bestand keineswegs in einem von allen Indianern geteilten ethnischen Bewußtsein, auch wenn *Pablo Macera* meint, die Spanier hätten, „ohne es zu wollen, aus den Indianern eine einzige Nation gemacht"[3]; sie war vielmehr eine juridi-

---

2 Vgl. *Francisco de Toledo*, Disposiciones gubernativas para el gobierno del Perú, 2 Bde. (1569-1574 und 1575-1580), Sevilla 1986-1989.
3 *Pablo Macera*, Visión historica del Perú, Lima 1978, 52.

sche Ordnung, die ähnliche kulturelle Muster zusammenbrachte. Es scheint, daß viele Indianer im Laufe der Revolution von *Túpac Amaru II.* gegen Ende der Kolonialzeit zu einem Bewußtsein der gemeinsamen Identität gelangten; doch während der kolonialen Periode, wie übrigens auch heute, identifizierten sich die Indianer durchaus nicht mit der gesamten indigenen Bevölkerung, sondern nur mit den Gliedern ihrer eigenen lokalen Gemeinde. Das Projekt der zwei Republiken bestand im wesentlichen darin, die Indianer in einem Territorium zusammenzuführen, zu „reduzieren", sie kulturell und religiös zu bilden und ihre Tribute und persönlichen Dienstleistungen unter der Kontrolle der *Kurakas* sicherzustellen. Das Ergebnis dieses Prozesses läßt sich in vier großen Zügen resümieren:

1. Kommunales Territorium. Die Kultur der andinen Ureinwohner, die sich, zumindest als Ideal, auf eine Diskontinuität des Territoriums gründete, die mittels eines Netzes von Verwandten und *Mitmaq* den Zugang zu verschiedenen ökologischen Stufen erlaubte und die ökonomische Autarkie sicherte, wurde ersetzt durch eine andere Kultur, die auf einem kontinuierlich in Anspruch genommenen kommunalen Territorium basierte, in dem sich die Mehrheit der agrarischen Grundstücke in Privatbesitz befand, während die anderen Grundstücke und die Weiden kommunales Eigentum waren.

2. Verwandtschaft. Die prähispanische andine Kultur, deren soziale Grundeinheit der Ayllu war, das heißt eine Gruppe von Verwandten mit einer echten oder fiktiven Verwandtschaftsbeziehung, die eine *Paqarina*, einen ihnen gemeinsamen Ursprung, annahmen, wurde durch eine andere Kultur ersetzt, die Personen aus verschiedenen Ayllus umfaßte, die zwar die Zweiteilung in *hanan* und *urim* (von „oben" und „unten") beibehielten, aber ihre Solidarität durch ihre unterschiedliche Herkunft und durch die Teilnahme von *fremden* Indianern bedroht sahen, die vor der Zwangsarbeit und vor dem Tribut aus ihrer eigenen Reduktion geflohen waren. Diese neue Kultur schuf ihre eigenen Mechanismen von Solidarität; deren Grundlage war nicht mehr die Verwandtschaft, sie bestand vielmehr in den dem Patronat eines Heiligen unterstellten Bruderschaften, die wie die Ayllus das Recht verliehen, Grundstücke und Weiden gemeinschaftlich zu nutzen, und in der Gevatterschaft aufgrund der Taufe und der anderen Sakramente und Sakramentalien, die ja ebenfalls Quelle von Rechten und Pflichten waren.

3. Die *Kurakas*. Diese waren in der alten andinen Kultur Repräsentanten des Ayllu und Hüter der Normen, die die sozialen Beziehungen zwischen den Mitgliedern eines Ayllu regelten und deshalb einen speziellen Zugang zu den Gütern des Ayllu hatten. Die *Ordenanzas Francisco de Toledos* gliedern den Kuraka in die Verwaltung ein und legen seine Rechte und Pflichten fest. Somit war der Kuraka das problematische Bindeglied zwischen beiden Welten, stand er doch im Konflikt mit einer auf der indigenen Welt basierenden Legitimität und einer auf der kolonialen Welt fußenden Macht. *Karen Spalding* untersucht die Entwicklung der *Kurakas* im kolonialen Handel im 16. bis 18. Jahrhundert und sagt, in dieser Zeit hätten sich „die *Kurakas* allmäh-

lich in die Gruppe der Provinzkaufleute, Verwalter und Grundbesitzer ein-
gegliedert. Das bedeutet nicht, daß sie sich nicht mehr als Indianer betrachteten oder von anderen nicht mehr als solche angesehen worden wären."[4]
Und als Beispiel führt sie *Túpac Amaru II.* an, um dann zu folgern, wie immer auch damals die Definition des *Kuraka* ausgesehen haben möge, in ihrem sozialen Verhalten hätten jedenfalls „*Túpac Amaru II.* und andere seines
Schlages mehr Ähnlichkeit mit ihren spanischen Zeitgenossen aufgewiesen
als mit ihren Vorgängern aus dem 14. Jahrhundert"[5].

4. Der Schutzheilige. In der neuen Kultur folgte auf die von der Paqarina
garantierte Einheit des Ayllu die Einheit, die sich auf den Schutzheiligen
der Reduktion stützte. In dieser Zeit gab es zwar das ganze Jahr hindurch
Feste zu Ehren eines jeden in der Kirche bildlich dargestellten Heiligen,
doch das wichtigste von ihnen war das Patronatsfest, das alle Einwohner
der Reduktion zusammenführte, und der Schutzheilige, der dem Dorf zusätzlich zur indigenen Benennung einen christlichen „Namen" gab, war das
klarste Symbol für die Identität des Ortes. Im Lauf der Zeit wurde das Patronatsfest zum bedeutsamsten Band der Integration der Bevölkerung aus
autarken Kleinlandbesitzern. Und so kehrten viele auf der Suche nach
Chancen in die Stadt abgewanderte Campesinos aus Anlaß des Festes ins
Dorf zurück oder schufen sich in der Stadt eine Nachbildung des heimatli-
chen Festes. Andere Einzelzüge lassen sich hier nicht mehr darstellen, doch
sei daran erinnert, daß viele Normen der *Ordenanzas* Teil der kolonialen
andinen Identität waren und daß nicht wenige von ihnen auch noch zur
Identität der heutigen peruanischen ländlichen Gemeinden gehören.

In Mexiko spielte sich ein ganz ähnlicher Prozeß ab. *Eric Wolf* spricht in
seiner Zusammenfassung der kulturellen Entwicklung dieses Landes von
zwei kolonialen Institutionen, der Hacienda und der Gemeinde, die zwei
noch immer auszumachende Kulturtypen hervorbringen: „Die *Hacienda*
oder das territoriale Privateigentum des Kolonisten und die sehr eng zu-
sammenhaltende Gemeinde des indianischen Campesino, die *Indianerrepublik*, wie sie in den Akten der Kolonialzeit oft heißt. Beide Institutionen wiesen jeweils einen ganz besonderen kulturellen Aspekt auf, und zugleich
prägten sie die jeweils zu ihnen gehörenden Menschen so stark, daß die
Grundzüge des Modells noch in der heutigen Struktur Mittelamerikas leicht
zu sehen sind. Die Ziele beider Institutionen waren sehr verschieden: die
eine war das Werkzeug der Sieger, die andere das der Besiegten."[6]

Von der Hacienda wird im folgenden Abschnitt die Rede sein. Die indigene mexikanische Gemeinde hat eine der peruanischen sehr ähnliche Genese, nicht nur weil die indigene kulturelle Basis in beiden Fällen vergleichbar war, sondern vor allem aufgrund der ähnlichen spanischen Akkultura-

---

4 *Karen Spalding*, De indio a campesino, Lima 1974, 55.
5 Ebd.
6 *Eric Wolf*, Pueblos y culturas de Mesoamérica, Mexiko 1967, 181.

tion. Zu Recht sagt *Wolf*, die Anthropologen hätten zwar diese Gemeinden „als Repositorien einer von dreihundert Jahren spanischer Herrschaft unberührten prähispanischen Vergangenheit (angesehen), doch ist es sicher, daß diese Gemeinden ihre organisatorische Form durch die Kolonialbürokratie erhielten"[7].

In Brasilien gibt es ebenfalls eine Politik der Gemeinden oder indianischen *Aldeias*; in ihr spielten die Jesuiten eine entscheidende Rolle. 1549 kamen sie nach Brasilien, um die Indianer zu evangelisieren. Die erste juridische Fassung der Aldeias und die Basis für die Organisation der Indianer ist die *Ordenança* von *João III.* an *Tomé de Sousa*, den ersten Generalgouverneur von Brasilien, aus dem Jahr 1548. Darin wird gesagt, die Indianer seien frei, sie sollten durch Missionare katechisiert werden und dem König bzw. den portugiesischen Kolonisten gewisse Dienste erbringen; deren Regelung und Bezahlung wurde gesetzlich fixiert. Neben diesen freien Indianern (*Forros*) gab es indianische Sklaven oder *Ausgelöste*; das waren Indianer, die die Portugiesen durch Kauf oder Tausch erwarben, indem sie Indianern Gefangene einer anderen indigenen Gruppe abkauften, angeblich, um sie vor dem sicheren Tod zu retten. Die Jesuiten übernahmen dieses Modell der Aldeias, und bald gründete *Manoel de Nóbrega*, einer der Väter der Evangelisierung Brasiliens, seinerseits Aldeias, deren Zahl spektakulär zunahm; 1561 gab es allein in Bahia elf davon, die freilich nach der Epidemie und der Hungersnot von 1563/1564 ganz neu strukturiert werden mußten.

1615 kamen die Jesuiten in den Estado do Maranhão, wo sie eine Mission aufbauten, deren Visitator, der große Verteidiger der Indianer, *Antônio de Vieira*, ein *Regulamento das aldeias do Maranhão* hinterließ[8]. Seiner Darstellung ist zu entnehmen, daß der Dreh- und Angelpunkt der Organisation darin bestand, daß die Jesuiten neben der pastoralen Sorge auch die weltliche Leitung der Aldeias hatten. Gegen diese Leitung sprach sich anfänglich selbst der General der *Gesellschaft Jesu* aus, da er der Meinung war, sie schicke sich nicht für Ordensleute; und natürlich opponierten die portugiesischen Kolonisten immer gegen sie, da sie in den Jesuiten ein Hindernis für die Ausbeutung der indigenen Arbeitskraft erblickten. Im übrigen darf man nicht vergessen, daß, anders als in Spanischamerika, wo die *Leyes Nuevas* von 1542 die Indianersklaverei untersagten, im kolonialen Brasilien in dieser Hinsicht ein periodisches Hin und Her herrschte. In vielen Aldeias gelang es den Jesuiten, eine neue Kultur zu schaffen, wie sich bei der Betrachtung des utopischen Projekts noch zeigen wird.

Zusammenfassend können wir sagen: In diesem Inkulturationstyp in Spanischamerika und in geringerem Maße in Brasilien wurden zwar die Indianer als solche am Leben erhalten, doch versuchte man dort, eine mestizi-

7 *Eric Wolf*, Europa y la gente sin historia, Mexiko 1987, 181.
8 Vgl. *Manuel M. Marzal*, La utopia posible: indios y jesuitas en la América colonial, 2 Bde., Lima 1992-1994, 171-181.

sche Kultur zu schaffen, denn der König approbierte durch seinen Erlaß von 1555 die indianischen Bräuche, vorausgesetzt, „daß wir hinzutun können, was zum Dienst Gottes und unser selbst sowie zu unserem Erhalt und zu einem christlichen Gemeinwesen sich geziemt". Diese Mestizisierung verdankte sich nicht nur dem Willen der Sieger, sondern auch der Neuinterpretation der Besiegten, die schließlich und endlich die Gemeinde zur Grundlage ihrer Identität machten.

2. Die Inkulturation außerhalb der Reduktionen

Das offizielle Inkulturationsprojekt stellten also die Reduktionen dar, doch gab es Inkulturation auch außerhalb dieser. Man darf nämlich nicht vergessen, daß *Toledo*, der Organisator der Reduktionen, auch die Arbeit der zur Mita gezwungenen Indianer in den Minen, der *Yanaconas*, der indianischen Diener auf den Haciendas, und der indianischen Handwerker in den Städten der Spanier legalisierte. Die Hauptmechanismen der Inkulturation außerhalb der Gemeinde sind die Hacienda, der Markt und die Stadt. Zu Recht bezieht sich *Wolf*, wenn er die Verhältnisse in der iberischen Kolonialgesellschaft von den Produktionsweisen her analysiert, auf spanische Ansiedlungen, Minen, Haciendas, Handel und Gemeinden: „Ansiedlungen und Minen waren von Haciendas umgeben, und diese wiederum waren von den Behausungen überlebender Ureinwohner umgeben. Dieses Niederlassungsmuster war auf die Minen ausgerichtet, wiewohl es nicht rein ökologischen oder geographischen Charakters war. Seine Organisation basierte auf der politischen Ökonomie, die es verkörperte und in der die unteren Ebenen den Ebenen über ihnen Überschüsse lieferten. Die Bergleute verkauften an die Händler, die ihrerseits überhöhte Preise für Manufakturwaren aus Europa verlangten. Also suchten sich die Minenbesitzer mit den Besitzern oder Verwaltern der Haciendas gut zu stellen, damit diese ihnen Rohstoffe und Nahrungsmittel zu niedrigen Preisen verkauften. Die Haciendaleute ihrerseits drückten wieder auf die Gemeinden der Ureinwohner und zwangen sie in die Abhängigkeit als Sklaven oder Pächtern auf den Gütern oder in gering entlohnter Gelegenheitsarbeit. Innerhalb dieser Hierarchie nahmen die indigenen Gemeinden den letzten Platz ein."[9]

Hier tritt die Inkulturation der *Hacienda* in Erscheinung. Sie entstand nicht als Entwicklung aus der Encomienda, die ja eher eine politische, in der Tributeintreibung sich ausdrückende Herrschaftsform war, sie hatte vielmehr zum Zweck, den Lebensunterhalt für die Minen und die spanischen Städte sicherzustellen. Viele Indianer verließen ihr Land, weil sie unter der demographischen Krise litten oder weil sie dem Tribut, der Mita und anderen persönlichen Dienstleistungen entgehen wollten; ihr Grund und Boden

---

[9] *Wolf*, Europa, 181 (Anm. 7).

wurde von Spaniern in Beschlag genommen, die ihre Usurpationen mit den Landversteigerungen legalisierten, die die Kolonialregierung zur Behebung ihrer finanziellen Probleme durchführte. So wuchs die Zahl der *Yanaconas* auf Kosten der Gemeinde, und die Hacienda wurde, wie wir sahen, zu einem Brennpunkt der Akkulturation; noch immer ist ihre Kultur in vielen Teilen des Kontinents mehr oder weniger lebendig. Ein anderer Inkulturationsmechanismus war der *Markt*. Die Corregidores und andere Funktionäre veranstalteten periodisch „Repartos mercantiles", bei denen sie unter den Indianern eine Reihe von Waren verteilten, die sie erst später zahlen mußten. Diese Verteilung sicherte einen leichten Gewinn, stützte Industrie und Handel durch einen abhängigen Markt und erzeugte bei den Indianern neue Bedürfnisse. Ein weiterer Inkulturationsmechanismus war die *spanische Stadt*, in der die Indianer als Handwerker, Handlanger oder sonstige Dienstleistende lebten. Zweifellos gab es in vielen Städten mehr schwarze Sklaven, und Lima war zur Kolonialzeit mehrheitlich schwarz. Diese Nähe der Indianer zur transplantierten spanischen Kultur führte dazu, daß sie sich bereitfanden, die vorherrschende Kultur anzunehmen.

Doch der bedeutsamste Inkulturationsmechanismus, der die iberische Kolonisation eigentlich prägte, war die sowohl biologische wie kulturelle Mestizisierung. *Claudio Esteva Fabregat* sagt dazu: „Der Spanier, der nach Amerika gekommen war, um es zu erobern und zu kolonisieren, war kulturell und biologisch ein Euromestize", und zweifelsohne „war die Einstellung und Neigung des Spaniers zur Mestizisierung positiv"[10]. Das war durch drei Umstände bedingt: das Fehlen von spanischen Frauen bei der Konquista, die Faktoren Stellung und Prestige, die die Verbindung von Indianerinnen mit Spaniern begünstigten, und die kleine Zahl von spanischen Familien, die in der ersten Phase der Kolonisierung emigriert waren[11]. Zu Beginn vollzog sich die Mestizisierung in Mexiko und Peru zwischen den Konquistadoren und hochgestellten Frauen dieser Reiche; solche Mestizen besaßen einen höheren Status und waren stolz auf ihr doppeltes Erbe, wie der Inka *Garcilaso* 1617 sagt: „Uns Kinder von Spaniern und Indianerinnen nennen sie Mestizen, weil wir aus beiden Nationen gemischt sind; so haben es die ersten Spanier, die in Westindien Kinder hatten, festgesetzt, und weil es ein von unseren Vätern festgesetzter Name ist und um seiner Bedeutung willen nenne ich mich laut so und rühme mich seiner"; allerdings fügt er, um die Zweideutigkeit des Mestizentums auszudrücken, hinzu: „wenn man zu einem von ihnen sagt: 'Du bist ein Mestize', oder: 'Er ist ein Mestize', dann fassen sie das als Geringschätzung auf"[12].

Mit der Zeit nahm das Mestizentum zahlenmäßig zu, und obwohl es nach wie vor ein gewisses Stigma trug, entwickelte es sich doch zur breiten

---

10 *Claudio Esteva Fabregat*, El mestizaje en Iberoamérica, Madrid 1988, 38.
11 Vgl. ebd.
12 El Inca *Garcilaso*, Historia del Peru (1616), Buenos Aires 1943.

Brücke zwischen den beiden „Republiken" und zum Symbol des wachsenden Nationalismus. So schlägt *Juan de Solórzano Pereyra* um die Mitte der Kolonialzeit vor, die Indianer sollten Spanisch lernen, spanische Kleidung tragen und man solle indianisch-spanische Eheschließungen fördern, die ja schon durch die königlichen Erlasse der Jahre 1514 und 1515 gebilligt worden waren[13]. In alldem spiegelt sich die zunehmende biologisch-kulturelle Mestizisierung. *Claudio Esteva Fabregat* stellt fest: „In Mexiko schritt der Mestizisierungsprozeß ebenfalls ziemlich schnell voran. So war Neuspanien im Jahre 1545 von nur 1345 Spaniern bewohnt. 1810, also im Augenblick der Unabhängigkeit, wies es dann rund dreimal mehr Indianer als Mestizen auf. Zwanzig Jahre später dagegen gab es nur noch doppelt soviel Indianer wie Mestizen, und um 1900 war deren Zahl schon doppelt so stark wie die der Indianer. Heute gibt es neunmal mehr Mestizen als Indianer, ja wahrscheinlich sogar noch mehr."[14]

Zwar herrschte bei der Mestizisierung zunächst eine biologische Dimension vor, doch diese verlor ganz allmählich gegenüber der kulturellen Dimension an Bedeutung. Aber was heißt das überhaupt, in Iberoamerika Mestize zu sein? Es heißt etwas ganz Offensichtliches, über das man freilich nicht gern nachzudenken scheint, wie die wenigen Studien zum Thema - darunter die von *Portocarrero*[15] - beweisen und wie aus dem Fehlen einer Anthropologie des Mestizentums zu schließen ist, das möglicherweise mit der ja schon von *Garcilaso* bezeugten Ambivalenz zu tun hat, mit der die Hispanoamerikaner die Tatsache wahrnehmen. In Peru ist die große Ausnahme *José María Arguedas* mit seinen Studien über den kulturellen Wandel im Tal von Mantaro[16] und über die Gemeinden von Peru und Spanien[17], wenn man auch sagen muß, daß er dem Gegenstand in seinen Romanen besser gerecht wird als in seinen Essays. *George M. Foster* bietet eine gute Analyse der Gestalt des hispanoamerikanischen Mestizentums, ausgehend von der Kultursphäre zwischen Río Bravo und Feuerland (das vor geraumer Zeit den Fluß überschritten hat und heute den dritten kulturellen Block der Vereinigten Staaten bildet), vom netzförmigen Grundriß der Städte rund um die Plaza, ihr kulturelles und religiöses Zentrum, bis hin zu den Einstellungen und Werten der Leute in bezug auf Familie, Arbeit, Religion, Solidarität, Zeitvertreib und Höflichkeit[18]. Für *Foster* gibt es eine gebende Kultur (die spanische), eine nehmende (die indigene) und vier Mechanismen, die den Kontakt zwischen beiden regeln: auf seiten der ersten sind es die

---

[13] Vgl. *Juan de Solórzano Pereyra*, Política indiana (BAE, Biblioteca de Autores Espanoles) (1648), 5 Bde., Madrid 1979.

[14] *Fabregat*, 44 (Anm. 10).

[15] Vgl. *Gonzalo Portocarrero*, Racismo e mestizaje, Lima 1993.

[16] Vgl. *José María Arguedas*, Formación de la cultura nacional indioamérica (1952-1970), Mexiko 1975.

[17] Vgl. *José María Arguedas*, Las comunidades de España y el Perú, Lima 1968.

[18] Vgl. *George M. Foster*, Cultura y Konquista - la herencia española de América, Jalapa 1962.

koloniale Autorität und die Kultur der Immigranten, auf seiten der zweiten die Mechanismen, mittels derer die indigenen Gesellschaften das koloniale Angebot annehmen, neuinterpretieren oder ablehnen, sowie der Faktor Zeit, der erklärt, warum manche spätere Angebote mißlungen sind, da bereits früher eine gültige Antwort gegeben worden war.

Zusammenfassend läßt sich sagen: Die von der Republik der Spanier getrennte Indianerrepublik war zwar der formelle Mechanismus der Inkulturation, doch daneben vollzog sich diese durch drei informelle Inkulturationsmechanismen, die Hacienda, den Markt und die Stadt, und vor allem durch das sowohl biologische wie auch kulturelle Mestizentum. Das Ergebnis war das Auftreten zahlreicher, dem kolonisatorischen Projekt mehr oder weniger nahestehender Subkulturen, die aufgrund der örtlichen Unterschiede verschiedene Formen annahmen und aus Iberoamerika jenen mestizischen Kontinent par excellence machten, den *Vasconcelos* im Mythos von der „kosmischen Rasse" besingt[19]. Im übrigen üben die drei informellen Inkulturationsmechanismen noch immer ihre transformierende Wirkung auf die Indianer in den drei Ländern aus: Sie gehen zur Arbeit auf die Haciendas oder in andere Produktionszentren, migrieren auf der Suche nach einer Chance in die Stadt oder begeben sich auf einen immer allgegenwärtiger werdenden nationalen Markt.

3. Die Inkulturation in den utopischen Projekten

Neben der Inkulturation in den Gemeinden und der eher völkermörderischen Zwangsinkulturation der vier Wege gab es Missionare, die utopische Inkulturationsprojekte in Angriff nahmen. So versuchte es etwa *Las Casas* an der Costa de Paria (Venezuela) und in Tezulutlán (Guatemala), wenn auch mit bescheidenem Erfolg. Besser und dauerhafter glückte der Versuch mit den Hospitaldörfern von *Bischof Vasco de Quiroga* in Mexiko und Michoacán, deren Ordnung sich wörtlich an die *Utopia* des *Thomas Morus* anlehnte. Ich werde jedoch nur von der Utopie der Jesuiten sprechen, die ich eingehend untersucht habe[20]. Sie ging vom Modell der Reduktionen im Sinne *Toledos* aus und bemühte sich, dieses möglichst weitgehend nutzbar zu machen, wie die zweihundert Jahre alte Aymara-Doctrina von Juli zeigt[21], die die *Gesellschaft Jesu* auf Drängen *Toledos* unter dem Provinzialat von *José de Acosta* und inspiriert von dessen Werk *De procuranda indorum salute* übernahm[22]. Juli war die Ausbildungsstätte für viele spätere Organisatoren der Reduktionen in Paraguay, die als Prototyp der jesuitischen Utopie gelten.

19 *José Vasconcelos*, La raza cosmica. Missión de la raza iberoaméricana (1925), Lima, 5. Aufl. 1977.
20 Vgl. *Marzal*, La utopía posible (Anm. 8).
21 Vgl. *Norman Meiklejohn*, La Iglesia y los lupaqas durante la colonia, Cusco 1988.
22 Vgl. *José de Acosta*, De procurando indorum salute, in: *ders.*, Obras (BAE = Biblioteca de Autores Espanoles) (1588), Madrid 1954.

Diese stützte sich auf drei Pfeiler: Der erste bestand in der *Durchbrechung der kolonialen Verhältnisse.* Daher kämpften viele Jesuiten aus Brasilien und vor allem *Antônio de Vieira* gegen die Indianersklaverei; ob diese als legal oder illegal galt, hing tatsächlich davon ab, wer bei Hofe mehr Gewicht hatte: die Kolonisten oder die Jesuiten. Um desselben Zieles willen ging es den Jesuiten darum, die Encomiendas, die persönlichen Dienstleistungen (außer der Bergwerks-Mita in Juli) und die Repartos mercantiles abzuschaffen und den dauernden Aufenthalt von Spaniern in den Reduktionen zu unterbinden, der eine Ursache für die Ausbeutung war. Was den Tribut angeht, so blieben die Indianer, sobald sie „reduziert" waren, für zwanzig Jahre exemt; daneben gab es Missionen mit völliger Exemtion, wie die von Maynas und andere, in denen der Tribut aus den Erträgen der vorzüglich verwalteten Ländereien oder aus von den Jesuiten beschafften Schenkungen finanziert wurde. So wurden die kolonialen Verhältnisse in den Reduktionen auf ein Minimum reduziert. Doch ganz beseitigt wurden sie nicht, und so trugen die Jesuiten ihr Scherflein zur Unterwerfung der Indianer unter die Kolonialmacht bei.

Der zweite Pfeiler war die *effiziente sozio-ökonomische Organisation.* Die Guaraní-Reduktionen (und in kleinerem Maßstab auch die übrigen) wiesen, im Vergleich mit dem Lebensniveau vieler spanischer Kolonisten in Amerika, ja vieler europäischer Zeitgenossen, große Errungenschaften im sozialen Leben auf. Aus diesen Errungenschaften sind auf ökonomischer Ebene insbesondere das Ernährungsniveau[23], die Balance zwischen der privaten und der kollektiven Nutzung des Bodens und die neue Technologie beim Teeanbau hervorzuheben. Auf politischem Gebiet sind erwähnenswert die Selbstverwaltung durch Kaziken und indianische Corregidores, die rechtliche Autonomie, die Abschaffung der Todesstrafe und die Aufstellung indigener Streitkräfte. Auf dem sozialen Feld sind die Entwicklung des Guaraní als gesprochene Sprache und Schriftsprache, die Urbanisierung der Dörfer und das Druckerhandwerk zu nennen. Diese effiziente Organisation zeitigte allerdings auch unerwünschte Resultate, etwa den demographischen Absturz in vielen Missionen durch Epidemien sowie das Schwinden indigener Technologien.

Der dritte Pfeiler war *die gründliche religiöse Bildung.* Die Jesuitenchronik bezeugt das tiefverwurzelte Christentum der Indianer. Diese religiöse Bildung war das Schmieröl im Getriebe der Utopie, da sie ihren Akteuren die Motivationen und Kräfte lieferte, die nur eine transzendente Sicht wie die Religion zu geben vermag.

Zusammenfassend ist zu sagen: Mit Indianern, die gerade erst in die agrarische Ära eingetreten waren, Polygynie und rituelle Anthropophagie pflegten, gelang die Schaffung einer Kultur, die in der Geschichte als große

---

[23] Vgl. *Rafael Carbonell*, Estrategias de desarrollo rural en los pueblos guaraníes (1609-1767), Barcelona 1992, 101-108.

Errungenschaft gilt. Leider verschwand sie mit der Vertreibung der Jesuiten; und genau das hat Kritik hervorgerufen, denn der Erfolg eines Prozesses sozialer Veränderung wird ja daran gemessen, ob seine Wirkung fortdauert, auch wenn seine Urheber abgetreten sind. Um die Kritik richtig zu würdigen, muß man sich in Erinnerung rufen, daß zum einen die Ethnien der besagten Missionen in einer widrigen Umwelt lebten und nur einen niedrigen Entwicklungsstand erreicht hatten und zum anderen die so plötzliche und unerwartete Vertreibung eine geglückte Überleitung unmöglich machte. Im übrigen mag ja zwar das politische Modell verschwunden sein, doch seine Kultur hat vielerorts überlebt und stiftet die Identität so mancher Ethnien, wie etwa der Mayo von Sonora[24].

4. Die Inkulturation in der Aufklärung

Bekanntlich hat die Aufklärung das Ancien régime kritisiert und ein neues Projekt von Gesellschaft auf der Grundlage der Vernunft entworfen. Gesellschaftliche Gruppierungen wurden rechtlich inexistent, und es galten nur noch „Bürger" mit gleichen Rechten und Pflichten. Auch wenn diese Ideen erst in der Französischen Revolution ihren Triumph feierten, gab es zuvor schon Könige, die unter der Amtsführung von aufgeklärten Ministern Politik in diesem Sinne machten. Dafür steht unter anderem um die Mitte des 18. Jahrhunderts in Brasilien der *Marqués de Pombal*. *Carlos de Araújo Moreira Neto* hat die gründlichste Untersuchung über die Entwicklung der indigenen brasilianischen Bevölkerung zur Zeit des Liberalismus vorgelegt[25]. Er weist darauf hin, daß die Jesuiten in der Formulierung und Durchführung der Indianerpolitik in Brasilien sehr lange eine privilegierte Stellung innehatten, was sie bei den Kolonisten verhaßt machte und im 17. Jahrhundert zu ihrer Vertreibung aus Maranhão und São Paulo führte (allerdings konnten sie in beide Staaten zurückkehren, nachdem sie ihre Position hinsichtlich der weltlichen Regierung der Indianer revidiert hatten). *Moreira* fährt fort: „Dieser Wandel in der Denkart auf individueller Ebene geht einher mit einer ganz bestimmten Veränderung im Charakter und Interesse der in den Prozeß involvierten Missionare. Die utopisch-missionarische Berufung *Vieiras* wird ersetzt durch den Pragmatismus zweier Ökonomen der *Gesellschaft Jesu: Jorge Benci* (Verfasser der *Economia cristã dos senhores no governo dos escravos*) und *João Antônio Andreoni* (Autor von *Cultura e opulência do Brasil*), die die Grundlagen der neuen Politik formulierten."[26]

---

24 Vgl. *N. Ross Crumrine*, El ceremonial de Pascua y la identidad de los mayos de Sonora, Mexiko 1974.
25 Vgl. *Carlos de Araújo Moreira Neto*, Indios da Amazônia: da maioria à minoria (1750-1850), Petrópolis 1988.
26 Ebd., 21f.

Dennoch stand die *Gesellschaft Jesu* in ihren Missionen vor neuen Schwierigkeiten, weil sich die Ideen der Aufklärung verbreiteten. Die portugiesischen Politiker waren von der Notwendigkeit überzeugt, das alte korporativ-hierarchische Regime durch ein neues, individualistisch-egalitäres System zu ersetzen. Daher verbot schon eine königliche Verordnung von 1727 den Gebrauch der allgemein verbreiteten Sprache und ordnete den Portugiesischunterricht in den Dörfern an[27]. Der klarste Ausdruck dieser Politik ist jedoch das *Directorio Pombals* von 1753, das *Moreira Neto* zur Gänze wiedergibt[28] und das *Márcio Pereira Gomes* so zusammenfaßt: „Ein Ensemble von 95 Artikeln, das die letzte portugiesische Regelung hinsichtlich der Indianer darstellt. Es schärft ein weiteres Mal den Rückzug der weltlichen und geistlichen Macht der Jesuiten ein. Es gesteht allen Indianern Freiheit zu. Es begünstigt den Zuzug von Nichtindianern in die Aldeias, ermuntert zum Eingehen von Mischehen und sieht von Indianern und Weißen bewohnte Kleinstädte oder Ortschaften vor. Es ernennt laikale Vorstände. Es fördert die landwirtschaftliche Produktion und setzt Steuern fest. Es ordnet den Ausweis von Gebieten für die Indianer an. Es untersagt den Unterricht der indigenen Sprachen und macht das Portugiesische obligatorisch."[29]

In den spanischen Kolonien trat diese Inkulturation der Aufklärung mit der Unabhängigkeit von Spanien ein, als in logischer Folge das Projekt der beiden Republiken zerbrach. In Peru hob *San Martín* 1821 den Indigenentribut, die Mita und die anderen Formen persönlicher Dienstleistungen auf und dekretierte, vor dem Gesetz gebe es keine Indianer und keine Kreolen, sondern nur Peruaner. 1824 schaffte *Bolívar* die Kurakas wie auch die anderen Adelstitel ab, 1825 ordnete er die Aufteilung des kommunalen Landes unter die Indios an und erlaubte diesen seinen uneingeschränkten Verkauf. Diese Normen waren denen der Verfassung von Cádiz aus dem Jahre 1812 ähnlich[30]. In Mexiko verkündete *Morelos* im Namen des politischen Liberalismus 1817 das Ende des Kastensystems, der Sklaverei und des Indigenentributs sowie die Rückgabe des usurpierten Grundes und Bodens, wogegen die von *Iturbide* 1821 vollzogene Unabhängigkeit einem konservativeren Programm folgte. In den fünfziger Jahren machte dann im Zuge des politischen Liberalismus Präsident *Benito Juárez* dem indigenen Kommunalbesitz endgültig ein Ende.

Zusammenfassend gesagt stellte diese Inkulturation der Aufklärung trotz des guten Willens der Befreier und Reformer einen Völkermord dar. Es ging nämlich nicht darum, die Indianer als solche in den Reduktionen oder Aldeias zu *erhalten*, sondern sie den anderen Bürgern zu *assimilieren*. Doch die Indianer betrachteten sich nach wie vor als Indianer; das hatte seinen

---

[27] Vgl. *Márcio Pereira Gomes*, Os indios e o Brasil, Petrópolis 1988, 72.
[28] Vgl. *Moreira Neto*, 165-208 (Anm. 25).
[29] *Pereira Gomes*, 73 (Anm. 27).
[30] Vgl. *Christine Hünefeldt*, Lucha por la tierra y protesta indígena, Bonn 1982.

Grund einerseits in ihrer Treue zu ihrer indigen-kolonialen Identität und andererseits in den neuen Diskriminierungen, deren Objekt sie waren (so wurde etwa in Peru der Tribut wieder eingeführt und den Indianern samt allen Analphabeten das Stimmrecht genommen). Außerdem verloren sie ihren besten Grund und Boden an die Hacendados, weil der Staat weder das kommunale Eigentum noch die indigenen Autoritäten anerkannte. Diese völkermörderischen liberalen Gesetze haben den schmalen Streifen des Mestizentums in den drei Ländern breiter gemacht, doch viele Indianer hingen weiter fest an ihren Traditionen und an ihren verstümmelten Gemeinden oder „Zufluchtsgebieten"[31].

5. Die Inkulturation im Indigenismus

Dieses Verharren vieler Indianer in ihren Gemeinden und Traditionen erklärt mittels zahlreicher, verschiedenartiger Faktoren eine neue politische Wendung, die einen neuen Typ von Inkulturation brachte. Jetzt ging es nicht mehr darum, die Indianer zu *assimilieren*, sondern sie in das Land zu *integrieren*, aber in dem Versuch, die Muster und Werte ihrer Kultur zu erhalten. Der Funke entsprang in Brasilien, genau in dem Land, das die Assimilationspolitik begonnen hatte. Der Motor der neuen Politik war Colonel *Cândido da Silva Rondón*, der ab 1890 damit beauftragt war, die Telegrafenleitungen in den Grenzgebieten des Landes zu installieren, dabei mit vielen Ethnien in Kontakt kam und Zeuge der Ausbeutung und Vernichtung wurde, mit der die dominierende Bevölkerung sie überzog. Aufgrund von *Rondóns* Enthüllungen und Kampagnen und unter seiner Leitung wurde im Jahre 1910 der SPI, der Serviço de Proteção aos Indios, der Indianerschutzdienst, gegründet, der in unserem Jahrhundert für die Politik gegenüber den Indigenen in Brasilien verantwortlich ist; seine Arbeit war, vor allem nach dem Ausscheiden des charismatischen *Rondón*, starken Schwankungen unterworfen, und sein Zurückweichen gegenüber den antiethnischen Interessen führte 1967 schließlich auch zur Umbenennung in Fundação Nacional do Indio (FUNAI, Nationale Indianerstiftung). *Roque Barros Laraia* zufolge wollte der SPI folgendes sicherstellen: „Das Recht des Indianers, nach seinen Traditionen zu leben; den kollektiven Besitz seines Grundes und Bodens; den Schutz der indigenen Familie bei Verbot ihrer Zerstückelung auch unter dem Vorwand der Erziehung und Katechisierung der Kinder. Von Anfang an erhob der SPI den Anspruch, diese Politik habe zum objektiven Ziel 'die Eingliederung des Indianers in die nationale Gemeinschaft'."[32]

Mexiko verspürte nach der Revolution von 1910, an der die Indianer nur in Teilen, etwa unter *Zapata*, beteiligt gewesen waren, die Notwendigkeit,

---

[31] *Gonzalo Aguirre Beltrán*, Regiones de refugio, Mexiko 1967.
[32] *Roque Barros Laraia*, Los indios del Brasil, Madrid 1993, 127.

sich um die Situation der Indigenen zu kümmern, die sich unter dem liberalen Regime und zumal in dessen letzter Phase, für die *Profirio Díaz* steht, beträchtlich verschlechtert hatte. Die Regierung schuf verschiedene Organe, darunter speziell das Instituto Nacional Indigenista, um den Indianer ins Land zu *integrieren* und die Muster und Werte seiner Kultur zu erhalten. 1951 wurde in Chiapas das erste Centro Coordenador Indigenista gegründet, und bald gab es ähnliche Zentren in fast allen 54 Indianergebieten des Landes. Dank diesen Gegebenheiten konnten Anthropologen wie *Manuel Gamio*[33], *Alfonso Caso*[34], *Gonzalo Aguirre Beltrán*[35] und andere einen Indigenismus entwickeln, der sich über den ganzen Kontinent verbreitete und dessen Grundlagen im ersten Interamerikanischen Indigenistischen Kongreß (Pátzcuaro 1940) zu suchen sind.

In Peru restaurierte die Verfassung von 1920, hundert Jahre nach der Unabhängigkeit, die indigene Gemeinde und sah eigene Gesetze für die Indianer vor, auch wenn diese nicht zur Verkündung gelangten. Dieser doppelte Umschwung wurde in der Verfassung von 1933 aufgegriffen, die zudem den Grund für die Agrarreform legte. Die neue Sicht auf den Indianer war deutlich beeinflußt von den politischen Essayisten der zwanziger Jahre, die die Indianerfrage als nationales Schlüsselproblem darstellten und die großen Nationalmythen untersuchten. *Hildebrando Castro Pozo* formuliert den Mythos von der Gemeinde. In seinem ersten Buch von 1924 zeigt er, daß diese nach einem Jahrhundert der Unterdrückung noch immer lebendig ist und den Schlüssel zur indianischen Identität bildet[36]; und in einem weiteren Werk (von 1936) führt er aus, daß die Gemeinde der Schlüssel zur Entwicklung ist, denn sie könne modernisiert und in Produktionsgenossenschaften umgestaltet werden, ohne ihre ancestralen Werte preiszugeben[37]. *Luis Valcárcel* prägt in seinem Essay von 1927, der eher Parabel als Gesellschaftsanalyse ist, den Mythos von der Andinität[38]. Er sagt dort, in Peru gebe es zwei Nationen, repräsentiert durch Lima und Cusco, die miteinander in einem jahrhundertealten Konflikt stünden, denn „die Mestizisierung der Kulturen bringt nichts als Mißgeburten hervor", und Rettung kann für den Indianer nur aus Cusco kommen, denn „die Sierra ist die Nationalität"; und schließlich verkündigt er in prophetischem Ton: „Die Kultur wird ein zweites Mal aus den Anden herabsteigen."[39] *José Uriel García* präsentiert den My-

[33] Vgl. *Manuel Gamio*, Forjando Patria, Mexiko 1916; *ders.*, Hacia un México Nuevo. Problemas sociales, Mexiko 1935; *ders.*, Consideraciones sobre el problema indígena (1948), Mexiko 1966.
[34] Vgl. *Alfonso Caso*, Indigenismo, Mexiko 1958.
[35] Vgl. *Gonzalo Aguirre Beltrán*, El proceso de aculturación, Mexiko 1957; *ders.*, Regiones (Anm. 31); *ders.*, Obra polémica, Mexiko 1976.
[36] Vgl. *Hildebrando Castro Pozo*, Nuestra comunidad indígena, Lima 1924.
[37] Vgl. *Hildebrando Castro Pozo*, Del ayllu al cooperativismo socialista, Lima 1936.
[38] Vgl. *Luis Valcárcel*, Tempestad en los Andes (1927), Lima 1972.
[39] Ebd., 23.

thos von der Mestizisierung[40]. Es gibt ihm zufolge einen neuen Indianer, der nicht der historische ist, sondern „jeder Mensch, der in Amerika lebt und dieselben emotionalen und spirituellen Wurzeln wie jener hat"[41]. Das Inkatum müsse entmythifiziert werden und der Mestize zu neuer Wertschätzung gelangen; für diesen letzteren stünden der Inka *Garcilaso, El Lunarejo* und *Túpac Amaru II.* als Schlüsselfiguren der Nation. *Víctor A. Belaúnde* teilt diese These vom Mestizen und untermauert sie durch seine Untersuchung des Volkskatholizismus, der die Frucht der indigenen religiösen Transformation sei[42].

Ungeachtet der Radikalität gewisser Indigenisten Perus, wie etwa *Valcárcel*, waren die Resultate ihres Indigenismus recht dürftig, weil die Regierungen keinerlei entsprechendes Programm organisierten. Der tiefste Grund dafür war, daß die assimilationistische These noch immer vorherrschte. Auch wenn es 1946 zur Gründung des Instituto Indigenista Peruano kam, dessen Direktor dann paradoxerweise *Valcárcel* war, und 1959 ein Nationalplan zur Integration der Urbevölkerung aufgestellt wurde - die verschiedenen Regierungen, ob konservativ (*Odría* und *Prado*), revolutionär (*Velasco* und *Morales Bermúdez*), populistisch (*Victor A. Belaúnde Térry* und *Alan García*) oder neoliberal (*Fujimori*), haben immer vom Mestizen ausgehend gedacht und gehandelt. Gleiches gilt für die politischen Parteien. Nicht einmal der Sendero Luminoso hat einen ethnischen Diskurs aufzuweisen. Dieser tritt einzig in der Bewegung der tribalen Indianer im Amazonasgebiet und durch deren Einfluß in kleinerem Maßstab auch unter den Andencampesinos in Erscheinung.

Um es zusammenzufassen: Die Inkulturation im Indigenismus bedeutete eine verheißungsvolle Anerkenntnis der Unterschiede und den Anfang einer Lösung für das Problem der Marginalisierung und Ausbeutung der Indianer in den drei betreffenden Ländern. Doch die Folgen waren sehr begrenzt. Nicht nur, weil es, mit Ausnahme Mexikos, so wenig regierungsamtliche Programme in den Indianergebieten gab, sondern auch aufgrund der deutlichen Ablehnung des Projekts eines plurikulturellen Landes, das die Kritiker des integrationistischen Indigenismus als Alternative vor Augen hatten.

6. Die Inkulturation im Indianismus

Der Indianismus entstand in den drei Ländern in den siebziger Jahren aus der Wirkung zweier Kräfte. Die eine waren die Anthropologen, die die Promotoren des integrationistischen Indigenismus gewesen waren; sie began-

---

[40] Vgl. *José Uriel García*, El nuevo indio (1930), Lima 1973.

[41] Ebd., 5.

[42] *Víctor A. Belaúnde* 1987 (1931), La realidad nacional (1931), Lima 1987; *ders.*, Peruanidad (1942), Lima 1987.

nen ihn in ihren Schriften und auf ihren Kongressen als Ethnozid zu kritisieren und eine gewisse politische Autonomie der indianischen Gesellschaften zu vertreten. Ein Beispiel dafür sind die *Barbadoserklärungen*. Deren erste (1971) kritisiert die staatlichen Integrationsprogramme, die Arbeit der Kirchen und die Leistung der Anthropologen; die zweite (1977) bereichert die Kritik um ein neues Moment: das Auftreten indigener Leader. Die zweite Kraft sind die *Ethnien*, die sich in Verbänden organisieren, um mit einem grundlegend ethnischen Diskurs ihre Rechte gegen den Staat und die Kolonisten zu verteidigen: ihr Territorium, ihre Werte, ihre Autonomie, ihre Identität und ihr ökologisches Wissen.

In Peru gibt es zwei Verbände: die AIDESEP (1979) und die COPNA, die sich 1987 von der ersteren abspaltete. Sie verfolgen ähnliche Ziele, wie die Interviews ihrer Leiter mit der Zeitschrift *Perú indígena* zeigen[43]; ihre Rivalität dagegen ist auf persönliche Interessen und auf den Einfluß gewisser Ideologien zurückzuführen. Im Lauf der Zeit haben sich beide Verbände dem Consejo Indio de Sudamérica (CISA) angeschlossen, der Kongresse organisiert, die Zeitschrift *Pueblo Indio* herausgibt und zweierlei internationale Unterstützung erhält. Die eine, ökonomische, stammt aus Mitteln, die die Länder der Ersten Welt den indigenen Organisationen meistens über eine Nichtregierungsorganisation zuwenden; die andere, politische, resultiert aus dem Druck, den die internationalen Organisationen auf die Regierungen ausüben, die Rechte der indigenen Völker anzuerkennen.

So hat schon 1957 die ILO (International Labour Organization [UN-Sonderorganisation]) die Konvention *107* über tribale Bevölkerungen veranlaßt, ein internationales, für die Unterzeichnerstaaten obligatorisches Instrument, und 1987, als der alte, 1957 noch wirksame Indigenismus durch den Indianismus ersetzt worden war, brachte die Internationale Arbeitsorganisation die Konvention *169* heraus, um sich der neuen Situation anzupassen. *Hernández Pulido* zufolge ist dieses letzte Abkommen eine ausdrückliche Anerkennung „der indigenen Völker und entspricht einer der leidenschaftlichsten Forderungen der Organisationen indigener und tribaler Völker, indem es die integrationistische Philosophie aufgibt, die noch die Konvention *107* vertrat"[44]. In der Tat ersetzt die Konvention *169* die Begriffe „Bevölkerungen" durch „Völker" und „Boden" (tierras) durch „Territorien" (territorios); außerdem institutionalisiert es die Anhörung der besagten Völker „bei jeder vorgesehenen Gesetzes- oder Verwaltungsmaßnahme, die sie direkt betreffen könnte" (Artikel 6), und nimmt andere Normen auf, die eine Diskriminierung der genannten Völker in der Berufsausbildung, in den Kommunikationsmitteln und in der Erziehung, in der Beschäftigung, im Gesundheitswesen und bei der sozialen Absicherung verhindern (Artikel 25, 2) sowie

---

[43] Vgl. Peru indigena, 1990, 235-259.
[44] J. R. *Hernández Pulido*, El convenio número 169 de la Organización Internacional de Trabajo sobre pueblos indígenas y tribales, in: Derechos indígenas en la actualidad, Mexiko 1994, 163.

den Kontakt und die Zusammenarbeit zwischen Ethnien über nationale Grenzen hinweg fördern sollen.

All das beeinflußt den Indianismus Mexikos. Dieser ist allerdings nicht sehr stark, denn das Mestizentum hatte dort größeres Gewicht, und anders als in Peru gibt es in Mexiko außer den Lakandonen keine Ethnie, die an ihrer Identität festhielte. Da es ihm am Indianismus der Indianer fehlte, hatte Mexiko seinen Indianismus der Anthropologen. Ein typischer Fall ist *Bonfil*, der an der *Barbadoserklärung* beteiligt war und das Thema in Büchern vertieft hat. In einem von ihnen resümiert er die Entwicklung der Indianerorganisationen Amerikas und faßt die Grundzüge seines utopischen Denkens systematisch zusammen[45]. Und in seinem weitverbreiteten Werk *México profundo - Una civilización negada* stellt er die mexikanische Identität gegen die offizielle mestizische These[46]; dabei vertritt er die Auffassung, mit der Integration der indianischen Kulturen in die Nation habe man lediglich erreicht, daß der Ursprung der Indianer negiert und sie aus dem nach westlichem Vorbild gebildeten imaginären Mexiko von heute ausgegrenzt würden. Es gibt aber auch einen Indianismus in Sektoren der Kirche, die für eine Neuevangelisierung optiert haben, welche sich auf die Begleitung der indianischen Völker und auf die Neuinterpretation ihres synkretistischen Christentums stützen soll. Davon ist im zweiten Teil zu reden.

In Brasilien hat sich der Indianismus vor dem Emanzipationsdekret ausgebreitet und konsolidiert, mit dem die Regierung 1978 versuchte, weite Gebiete des Landes zu entwickeln und die Indianer unter die Kontrolle der FUNAI zu bringen. Nach Ansicht von *Barros Laraia* waren es die Anthropologen, der Indianische Missionsrat CIMI und andere Vereinigungen, die die Öffentlichkeit aufmerksam machten und Treffen der Indianerführer zum Zweck der Situationsanalyse förderten[47]. Demselben Autor zufolge erwarteten die Indianer von ihren Leaders „keine Wiederbelebungsbewegungen wie etwa den Geistertanz, aber auch keine messianischen Bewegungen auf der Suche nach dem 'Land ohne Böses' (terra sem males), sondern die Fähigkeit, mit den Weißen in Dialog zu treten und mit deren eigenen Waffen für die Forderungen der Indigenen zu kämpfen"[48]. Ich kann den Weg des Kampfes und die Wechselfälle der indianischen Bewegung gegenüber dem Staat hier nicht nachzeichnen; bei *Barros Laraia* findet man sie ausführlich dargelegt. Die indianische Bevölkerung in Brasilien ist zwar klein an Zahl, vor allem relativ gesehen (sie beträgt nur ein Promille der Gesamtbevölkerung), doch sie nimmt, entgegen den Prognosen, in manchen Regionen zu;

---

[45] Vgl. *Guillermo Bonfil*, Utopía y revolución. El pensamiento político contemporáneo de los indios de América latina, Mexiko 1981.
[46] Vgl. *Guillermo Bonfil*, México profundo. Una civilización negada, Mexiko 1989.
[47] Vgl. *Roque Barros Laraia*, Los indios del Brasil, Madrid 1993.
[48] Ebd., 155.

noch mehr aber wächst unter den Indianern und im ganzen Land das Bewußtsein von ihrem Recht, anders zu sein.

Zusammenfassend läßt sich sagen: Die Inkulturation im Indianismus hat ein deutliches Profil in ihrer Kritik am Indigenismus, aber auch ein weiteres, weniger eindeutiges, wenn es darum geht, ihr eigenes Projekt zu formulieren. Die indianische Bewegung verteidigt die Ethnien gegen die Erosion, die ihr seit der Kolonialzeit durch die spontanen Inkulturationsmechanismen (Stadt, Hacienda und Markt) zugefügt werden und stiftet ein utopisches Denken, das bei der Suche nach neuen Wegen behilflich ist. Es ist allerdings, ungeachtet der augenblicklichen Explosion von Nationalismen und Ethnien, schwer vorherzusagen, wie weit es die neue Utopie auf dem mestizischen Kontinent, der ja nur ein Teil des globalen Dorfes ist, noch bringen wird.

III. Inkulturationsprozesse in der Kirche

Ich komme zur Analyse einiger Inkulturationsprozesse, die sich während dieses halben Jahrtausends aufgrund der Präsenz der Kirche in den drei Ländern abgespielt haben. Dabei gehe ich von den drei Schlußfolgerungen meines Beitrags über „Christentum und indigene Kultur im Andenraum" aus, die ich anläßlich des Essener Symposiums über die Evangelisierung 1992 formuliert habe: „Erstens: Aufgrund ihrer Theologie, die das Christentum für die einzige geoffenbarte Religion und die indigenen Religionen für Teufelswerk hielt, haben die Kirche und die Missionare des 16. Jahrhunderts sicherlich keine wirkliche Inkulturation begründet.

Zweitens: Einige Missionare und Intellektuelle, die die Welt der Anden besser kannten und ihr näher waren, wie *Acosta, Valera, Garcilaso*, skizzierten die Grundlagen einer Theologie der andinen Inkulturation, deren Umsetzung nicht sehr erfolgreich war.

Drittens: In der Praxis gab es eine wirkliche Inkulturation auf zwei Wegen: Der eine führte über die Volksfrömmigkeit, die Missionare und Indianer miteinander teilten und die schließlich zur gemeinsamen Sprache wurde, der andere führte über den Synkretismus der Indianer; dieser ist nämlich die Kehrseite der Inkulturation."[49]

Wenn ich nun das Thema räumlich - unter Einschluß von Mexiko und Brasilien - und zeitlich - bis zur Gegenwart - in erweitertem Umfang wieder aufnehme, berühre ich vier Punkte: Erstevangelisierung und Inkulturation; Volkskatholizismus und Inkulturation; synkretistischer Katholizismus und

---

[49] *Manuel M. Marzal*, Christentum und indigene Kultur im Andenraum, in: *Michael Sievernich/Dieter Spelthahn* (Hrsg.), Fünfhundert Jahre Evangelisierung Lateinamerikas. Geschichte - Kontroversen - Perspektiven, Akten der Fachtagung der katholischen Akademie *Die Wolfsburg* und der Bischöflichen Aktion *Adveniat* in Mülheim (Ruhr) vom 19. bis 21. November 1992, Frankfurt/M. 1995, 90-100, hier 90 (hier in neuer Übersetzung, A.d.Ü.).

Inkulturation; Aufklärung, wiederentdeckter Volkskatholizismus und Evangelisierung der Kulturen.

1. Erstevangelisierung und Inkulturation

So wie die Iberer in Amerika ein Kolonialprojekt entwickeln mußten, mußte die Kirche ihr Missionsprojekt ausbilden. Ähnlich wie im Hinblick auf die Kolonisierung der Karibik, ließe sich vielleicht auch von einer ersten ethnozidischen Evangelisierung sprechen, die manche Konquistadoren betrieben und die, trotz der durchaus vorhandenen subjektiven Aufrichtigkeit einiger von ihnen, doch nur eine Rationalisierung ihrer Räubereien war. Dieser ethnozidischen Evangelisierung, die vor allem in Mexiko und Peru infolge des Reichtums der dortigen Tempel und der Komplexität der bestehenden Religionen, weniger aber unter den tribalen Religionen Brasiliens wütete, folgte eine mehr oder weniger inkulturierte Evangelisierung. Aus räumlichen Gründen kann ich mich hier nicht mit den einzelnen pastoralen Projekten der Missionare und mit den Bischofssynoden und -konzilien befassen, sondern nur mit der Reflexion dreier kenntnisreicher Chronisten der andinen Welt.

Ihr erster ist der Jesuit *José de Acosta*, Verfasser von *De procuranda indorum salute* [50]; er spielte eine Schlüsselrolle als Theologe des III. Konzils von Lima, hielt sich auch in Mexiko auf, dessen Religion und Evangelisierung er in seinen Schriften behandelte und übte erheblichen Einfluß auf die Jesuiten Brasiliens aus, die die Grundlagen für die Evangelisierung dieses Landes legten.

De procuranda handelt davon, wie das Evangelium einer fremden Welt in einem kolonialen Kontext zu verkünden sei, moderner ausgedrückt: wie eine inkulturierte und befreiende Evangelisierung auszusehen habe. Ich beschränke mich auf den ersten Aspekt. Eine Schwierigkeit bei der inkulturierten Evangelisierung bestand für die Missionare darin, daß sie aufgrund ihrer mittelalterlichen Theologie die indianischen Religionen als Teufelswerk betrachteten. *Acosta*, ein Kind seiner Zeit, dachte ebenfalls so und schrieb gewisse Ähnlichkeiten zwischen diesen Religionen und dem Katholizismus (Glaube an ein anderes Leben, mündliches Sündenbekenntnis, geweihte Jungfrauen) einer *Parodie des Teufels* zu, der die Indianer mit einer falschen Kopie der wahren Religion täusche, auch wenn Gott sich dieser Täuschung bediene, um bei den Indianern Eingang zu finden und ihre Bekehrung zu erleichtern.

Doch da *Acosta* davon ausging, daß die Indianer mit ihrer natürlichen Vernunft Gott erkennen konnten, weil sie ja „einen höchsten Herrn und Schöpfer von allem bekennen, den die Einwohner Perus Viracocha nen-

---

[50] *Acosta* (Anm. 22).

nen"[51], widersetzte er sich der Methode der *Tabula rasa* gegen die Tempel, die Bilder und die anderen Symbole. In *De procuranda* sagt er mit *Augustinus*: „Ihnen die Götzenverehrung gewaltsam wegzunehmen, statt daß sie aus eigenem Antrieb das Evangelium annehmen, schien mir immer so, als würde man die Tür zum Evangelium zumauern."[52] Und er formuliert das große Prinzip der Inkulturation: „Man muß die abergläubischen Riten, die Sakrilegien und die barbarisch wilden Bräuche Schritt für Schritt zurückschneiden. In Punkten aber, in denen ihre Sitten nicht gegen die Religion oder die Gerechtigkeit sind, glaube ich nicht, daß man sie so ändern muß wie in dem Falle, daß sie das täten. Es gilt, ihre heimischen und traditionellen Sitten zu bewahren, die nicht gegen die Gerechtigkeit gehen, und ihnen im Einklang mit diesen eine rechtliche Ordnung zu geben, so wie die Entscheidungen des Indienrats es anordnen."[53]

Zur Rechtfertigung seiner Strategie, die vorsah, indianische Sitten häufig zu dulden, gelegentlich zu loben und schlechte geschickt in gute umzuwandeln, beruft sich *Acosta* auf den klassischen Text *Papst Gregors* an *Anselm von Canterbury* über die Evangelisierung Englands[54]. Sodann wendet er das Prinzip an und rät, man solle den Indianern erlauben, öffentliche Schmausereien wie zu Inkazeiten zu veranstalten; er setzt hinzu, bei der Unterscheidung solle man sich an die Liebe *Christi* halten, denn diese, „verbunden mit einer guten Dosis Klugheit und Maß, wird uns ganz genau sagen, was wir zu erlauben und zu dulden und was wir hingegen zu ändern oder auf gar keinen Fall zuzulassen haben."

Der zweite Gewährsmann ist der mestizische Jesuit *Blas Valera*, Verfasser einer *Relación de las costumbres antiguas de los naturales del Perú* (1595[?]) und einer verlorengegangenen Chronik, die der Inka *Garcilaso* (1609) zum Teil benutzt hat. *Valera* schreibt die Ähnlichkeit zwischen manchen christlichen und inkaischen Glaubensüberzeugungen (ein allmächtiger, unsichtbarer Gott, der Teufel, die Auferstehung der Toten u.a.m.) der Predigt des *Apostels Bartholomäus* zu, der in einer Statue mit langem Gewand im Sonnentempel von Cusco verehrt werde. Von hohem Interesse ist *Valeras* Sicht der *Wakas* (oder *Huacas*), die nicht einfach Götzenbilder, sondern Bilder des unsichtbaren Gottes waren und verehrt wurden, „nicht weil es darin vielleicht eine Gottheit oder eine Wirkkraft des Himmels gegeben hätte oder weil sie etwas Lebendiges gewesen wären, sondern weil sie glaubten, daß der große Gott *Illa Tecce* dieses Ding geschaffen und dorthin gestellt habe, ... damit es als heiliger Ort und als Heiligtum diene, wo er und die anderen Götter angebetet werden sollten; das kann man aus den Gebeten ersehen, die sie verrichteten ..., denn sie sprachen nicht mit dem Berg oder der Quelle, mit dem

---

[51] Ebd., 141.
[52] Ebd., 261.
[53] Ebd., 587.
[54] Vgl. ebd., 589-591.

Fluß oder der Höhle, sondern mit dem großen *Illa Tecce Viracocha*, von dem sie sagten, er sei unsichtbar im Himmel und auch an jenem Ort."[55]

Diese „ursprüngliche Christianisierung" der indigenen Religionen wird auch von vielen anderen Chronisten vertreten; ihr Hauptapologet ist freilich der Augustiner *Antonio de la Calancha*[56].

Unser dritter Zeuge ist ein weiterer Mestize, der Inka *Garcilaso*. Dieser sagt in seinem Werk *Comentarios reales de los Incas* gegen die Praxis des Limenser Katechismus, Gott solle *Pachacamac* genannt werden[57]. Und wenn er den Kult der *Apachectas*, der Hügel, auf deren Spitzen die Inkas Opfergaben zu legen pflegten, analysiert, kann er, dank seiner besseren Kenntnis des Quechua und im Einklang mit *Valera*, die Auffassung vertreten, es habe sich dabei nicht um eine idolatrische Verehrung des Hügels gehandelt, sondern um eine Danksagung an Gott. Das sei deshalb so, weil das Wort *apachecta* von *apáchec* komme, was „hinaufbringen" bedeute, und somit sei der Dativ des Partizips Präsens, *apachecta*, nicht der Name des divinisierten Berges, sondern ein ritueller Ausdruck des Dankes an Gott, „der hinaufzubringen befiehlt"[58]. In seinem Werk *Historia del Perú*[59] spricht er von der Inkulturation des Kultes in der Fronleichnamsprozession von Cusco, bei der die Indianer mit denselben Dingen wie bei ihren alten Festen „zu meiner Zeit das Fest des Allerheiligsten Sakraments feierten ... als Leute, die sich bereits von ihrem vergangenen Heidentum abgewandt hatten"[60].

Auch wenn ich von der kolonialen Inkulturation im Hinblick auf Peru gesprochen habe, läßt sich das gleiche doch auch von Mexiko sagen. *Jacques Lafaye* analysiert in *Quetzalcoatl y Guadalupe* das Verhältnis zwischen autochthonen und christlichen Traditionen und untersucht in diesem Zusammenhang das Entstehen des mexikanischen Nationalbewußtseins[61]. *Richard Nebel* stellt Guadalupe als einen gelungenen Fall von Inkulturation dar, denn es beinhalte sowohl die religiöse Kontinuität wie auch die religiöse Transformation Mexikos[62]. Und *Serge Gruzinski* greift die Analyse des Verhältnisses zwischen beiden Traditionen auf, betont aber die Komplexität des Prozesses, der sich nicht auf das religiöse Feld beschränke, wenn er sich

---

[55] *Blas Valera*, Relación de las costumbres antiguas de los naturales del Perú (1595[?]), o.O. 1968, 157.

[56] *Antonio de la Calancha*, Crónica moralizada del Orden de San Agustín en el Perú (1639), Lima 1974-1975.

[57] *El Inca Garcilaso*, Comentarios reales de los Incas (1606), Mexiko 1991, 72.

[58] Ebd., 78.

[59] *Garcilaso*, Historia (Anm. 12).

[60] Ebd., 186.

[61] *Jacques Lafaye*, Quetzalcoatl y Guadalupe. La formación de la conciencia nacional en México, Mexiko 1977.

[62] *Richard Nebel*, Santa María Tonantzín Virgen de Guadalupe. Continuidad y transformación religiosa en México (1992), Mexiko 1995.

dort auch in besonderer Weise äußere[63]. In seinem Buch *La colonización de lo imaginario* gelangt er zu dem Schluß: „Die Okzidentalisierung läßt sich nicht auf den wechselhaften Gang der Christianisierung oder auf die Durchsetzung des kolonialen Systems beschränken, sie beseelt vielmehr tiefere und entscheidendere Prozesse: die Entwicklung des Bildes von der Person und vom Verhältnis der Geschöpfe untereinander, die Transformation der figurativen und graphischen Kodizes, der Ausdrucksmittel und der Wissensweitergabe, die Veränderung des Zeitverständnisses und der Glaubensüberzeugung, schließlich die Neudefinition des Imaginären und des Realen, in dem die Indianer, gezwungen und fasziniert, sich ausdrücken und leben sollten. Neben den brutalen und autoritären Manifestationen der Kolonialherrschaft, und vielleicht besser noch als diese, erklärt die Faszination durch den Okzident - durch die Schrift, das Buch, das Bild, die technischen Möglichkeiten, die Heiligen und die Städte - dessen unwiderstehliche Wirkung."[64]

2. Volkskatholizismus und Inkulturation

Die Kolonialkirche hat zwar, infolge der geltenden Erlösungstheologie und aufgrund des Kontextes politischer Herrschaft über den Anderen, keine Evangelisierung unter voller Respektierung dieses Anderen betrieben, aber es gelang ihr, einen Volkskatholizismus zu schaffen, der der beste Ausdruck für Inkulturation ist. Mit ihm identifiziert sich die Mehrheit der Lateinamerikaner, und sie nehmen ihn mit, wenn sie in die Vereinigten Staaten emigrieren. Dieser Katholizismus ist das Ergebnis zum einen der Verpflanzung der Religion der iberischen Kolonisten und eines Großteils des Klerus, die bis zur Aufklärung ziemlich einheitlich war, und zum anderen der Annahme dieser Religion durch die Indianer zu Beginn des zweiten Jahrhunderts der Evangelisierung. Er ist eine Kultur oder eine Weise, das Leben zu sehen und die Welt zu gestalten, wird eher durch die Sozialisation als durch die Katechese vermittelt und stellt die Form dar, in der sich die Mehrheiten mit geringer religiöser Bildung ausdrücken. Der Volkskatholizismus hat sein Grundprinzip in der *Heiligenverehrung*, im doppelten Sinn der sichtbaren Repräsentation und des vermittelnden Eintretens vor Gott, ein Grundprinzip, an dem die Kirche in ihrer antiprotestantischen Polemik in Trient festhielt und das die Evangelisierung von Völkern erleichterte, die sichtbar repräsentierte heilige Mittlergestalten kannten.

Auch wenn der Volkskatholizismus als ein nur wenig zusammenhängendes Gebilde aus religiösen Formen einer besseren Vergangenheit erscheinen

---

[63] *Serge Gruzinski*, La colonización de lo imaginario. Sociedades indígenas y occidentalización en el México español. Siglos XVI-XVIII (1988), Mexiko 1993.
[64] Ebd., 279f.

mag, liefert er eine religiöse Sicht des Lebens und stiftet so echte Spiritualität. Diese kann sich in „generativen" Wörtern ausdrücken, wie etwa „Verehrung", „Heiliger", „Wunder", „Strafe", „Gelübde", „Fest" und „Wallfahrt".

a) Die *Verehrung* schafft eine Art glaubendes Vertrauen auf den Heiligen,
und der Verehrer weiß, daß er sich auf ihn verlassen kann. Zunächst entsteht dieses Verhältnis zwar aus kulturellen Motiven, insofern es sich eben
um den Heiligen des Dorfes handelt, oder durch eine Familientradition,
aber es entwickelt sich dann zu einer immer tieferen personalen Beziehung,
die der Verehrer auf zärtliche Weise zum Ausdruck bringt.

b) In der Figur des *Volksheiligen* sieht sich der Heilige der katholischen
Theologie einer Neuinterpretation unterzogen. In den Augen der Theologie
besitzen die Heiligen heroische Tugenden und werden als Fürsprecher und
Lebensvorbilder kanonisiert. Der Volksheilige repräsentiert diese Heiligen,
Maria und *Jesus* und ist Fürsprecher bei Gott, kann aber kein Vorbild sein,
weil man zuwenig Kenntnis von seinem Leben hat; als Mythos freilich motiviert er durchaus dazu, ein Leben als Christ zu führen.

c) Das Volk faßt das *Wunder* nicht in einem theologischen Sinn als Geschehen auf, das die Naturgesetze übersteigt und auf ein Eingreifen Gottes
zurückzuführen ist, sondern in einem weiteren Sinn als Geschehen, das über
die Möglichkeiten des Frommen hinausgeht, die ja häufig sehr begrenzt
sind. Wichtig ist somit nicht, alles über das Geschehen zu wissen, das als
Wunder gilt, sondern seine religiöse Deutung durch den Frommen. Jedes
Wunder stärkt den Glauben und macht neue Wunder möglich.

d) Dieser Glaube nährt sich auch durch die *Strafen* des Heiligen, der nicht
nur ein freundlich gesinnter Wohltäter ist, sondern auch ein eifernder
Freund, der nicht zuläßt, daß seine Verehrer ihn vergessen. Die Strafe ist
also die Kehrseite des Wunders. Auch wenn manche Forscher das Phänomen im Sinne des Masochismus interpretieren - der Verehrer des Heiligen
tut nicht mehr, als das Unglück religiös als Strafe zu deuten, ja, es ist ihm
ganz recht, daß der Heilige strafend dreinfährt, weil dies, wie das Wunder
und der Offenbarungstraum, ein Beweis für seine Präsenz und seine Sorge
um seine Verehrer ist.

e) Das *Gelübde* ist die Gegenleistung des Frommen für Wunder und Strafen. Es scheint zwar von Interesse geleitet, da es sich ja oft mit der Erwartung einer Gunst verbindet, ist aber keineswegs immer utilitaristisch ver-
zweckt, sondern bringt den heiligen Charakter eines Engagements zum
Ausdruck. Gelübde verlangen Opfer und stehen in der Regel mit dem Kult
in Zusammenhang: den Habit (eines Dritten Ordens) zu tragen, eine Kirche
zu besuchen, die Sakramente zu empfangen.

f) Eine andere Gegenleistung ist das *Fest*, das eine heilige Zeit impliziert
und als Geschenk an den Heiligen gefeiert wird, mit dem man ihn um eine
Gunst bittet oder ihm für eine bereits erwiesene dankt. Wenn es sich um das
Patronatsfest handelt, erfüllt es auch andere Funktionen: Es trägt bei zur Integration der Dorfbewohner untereinander, mit den Emigranten, die zum

Fest ins Dorf zurückkehren und mit den Toten, die es zu ihren Lebzeiten oft
gefeiert haben; es dient der kollektiven Erholung in einem harten Leben, ja
auch der Rückbesinnung auf die „Anfangszeit" in einer Welt, die den ge-
nuinen Sinn des Festes bewahrt hat, und schließlich auch der Mehrung des
Ansehens durch die Auszeichnung der verantwortlich mit Ämtern Betrau-
ten.

g) Eine weitere Gegenleistung ist die *Wallfahrt*, die einen heiligen Ort impliziert und sich mit Symbolen der popularen religiösen Sprache umgibt
(Wunder, Strafen, Gelübde, Kutten, Prozessionen, körperliche Bußübungen,
Lieder, Tänze, Klagen und tiefe Gemütsbewegungen). Auf dem gesamten
Kontinent gibt es Orte der Hierophanie, an denen sich den Mythen der
mündlichen Tradition zufolge die Heiligen gezeigt haben; diese Mythen
weisen eine dreiteilige Struktur auf: Grenzsituation eines Menschen, insbesondere eines Armen; rettendes Eingreifen des Heiligen; Verallgemeinerung
der Heilserfahrung für alle, die herbeieilen, weil „der Heilige Wunder tut".

Diese grundlegende Erfahrung bringt das Volk in sein Verhältnis zu *Jesus*
ein, an den es glaubt als Sohn Gottes, der am Kreuz gestorben ist, um uns zu
erlösen. Im Unterschied zu anderen Katholiken, die von anderen Erfahrungen ausgehen (vom Buch der Bibel, vom Armen und von der Basisgemeinde, vom Heiligen, heilenden, sich offenbarenden Geist), geht der populare
Katholik aus von der *Verehrung* für die *heiligen* Christusse mit ihren *Wundern, Festen* und *Gelübden*, die *Strafen* verhängen können. Diese christliche
Vermittlung hat hohe Geltung, wenn sie auch zusammen mit anderen Vermittlungen betrachtet werden kann und muß, und sie ist die kulturelle
Sprache, die Lateinamerika in seiner Erstevangelisierung erhalten hat.

3. Synkretistischer Katholizismus und Inkulturation

Dieser Katholizismus besteht in den Regionen des Kontinents, die die dich-
teste indigene Bevölkerung aufweisen (im Herzen von Tawantinsuyu und
Mexiko-Tenochtitlán) und in den Gebieten mit höherer Zuwanderungsrate
von schwarzen Sklaven (Brasilien und Karibik). Er ist das Produkt der Män-
gel in der Erstevangelisierung unter den Indigenen und Schwarzen bzw.
das Ergebnis ihrer Neuinterpretation, die Indianer und Schwarze unternehmen. Vor allem hängt er mit dem zahlenmäßigen Rückgang des Klerus
nach der Unabhängigkeit der iberischen Länder zusammen. Dieser Katholizismus war einerseits eine Form des Widerstands von Indianern und
Schwarzen zur Rettung ihrer religiösen Traditionen, andererseits aber war
er auch die Form, in der sie die christliche Botschaft in ihre religiösen Kategorien übersetzten, indem sie die begrenzte Inkulturation der Pastoralagenten vervollständigten. Somit ist der Synkretismus nur die Kehrseite der Inkulturation.

Dieser synkretistische Katholizismus wird von vielen Indianern der Anden und Mittelamerikas gelebt. Man kann sie als Angehörige eines Volkska-

tholizismus betrachten, weil sie ihre Religion um die Heiligenverehrung zentrieren, aber daneben haben sie doch auch andine oder mittelamerikanische Elemente ihrer ursprünglichen Religion bewahrt. So kennen die Quechua der südperuanischen Sierra noch andine Mittlergestalten wie die *Apus* und die *Pachamama* und repetieren andine Mythen zur Sinndeutung für Leben und Tod. Außerdem bewahren sie andine Riten, wie etwa den *Pago* an die Pachamama und an die Apus und andere, die sich auf Gesundheit, Ehe (*Servinakuy*) oder Tod beziehen. Und sie interpretieren gewisse katholische Riten neu, indem sie sie verändern oder ihnen Bedeutungen hinzufügen. So verliert beispielsweise das Responsorium seinen Charakter als Gebet um die Befreiung der Toten von den Strafen für ihre Sünden und wird zu einem Gebet um die Befreiung von den Toten, damit diese nicht wieder auf die Erde zurückkehren.

Gleiches könnte man sagen über das synkretistische Christentum vieler indigener „Zufluchtsgebiete" Mexikos, etwa über die Mayo[65], die Otomí[66], die Tzotzilen[67] und die Tarahumara[68]. Um den Punkt abzurunden, verweise ich auf die indigenen Beiträge zur synkretistischen Inkulturation, die in einem 1991 von mir herausgegebenen Buch versammelt sind. Dort sind behandelt: der synkretistische Katholizismus der Quechua in Peru (*Manuel M. Marzal*), die Aymara in Bolivien (*Xavier Albó*), die Tseltal (*Eugenio Maurer*) und die Tarahumara (*Ricardo Robles*). In der Einführung zu diesem Band schreibe ich: „Zu den Beiträgen des indigenen Christentums zählen meiner Auffassung nach folgende: die sakrale Dimension der Ökologie ('Mutter Erde' und die Berge in der Kultur der Aymará und Quechua); die Einheit der Person (Körper und Seele); die Rolle der Sinne in der religiösen Erfahrung; die Bilder oder 'Heiligen' als Hierophanie; bestimmte Formen des 'Animismus', die uns aufgrund unserer Auffassung des einzigen Gottes zwar entsetzen, aber auch als Symbole des einzigen fürsorglichen und nahen Gottes angesehen werden können; die Logik des Körperlichen und des Sinnlichen, die weniger von Verallgemeinerungen der unantastbaren Dogmen beherrscht wird und gegenüber der Vielfalt und Einzigkeit jeder Realität respektvoller ist; vielfältigere Formen der Annäherung an das Göttliche (zum Beispiel durch Tänze oder bestimmte Formen des Fastens)."[69]

---

[65] Vgl. *Ross Crumrine* (Anm. 24).

[66] Vgl. *James W. Dow*, Santos y supervivencias. Funciones de la religión en una comunidad otomí, Mexiko 1974.

[67] Vgl. *Evon Z. Vogt*, Los zinacantecos. Un grupo maya del siglo XX, Mexiko 1973; ders., Ofrendas para los dioses. Análisis simbólicos de rituales zinacantecos, Mexiko 1979.

[68] Vgl. *Pedro de Velasco Rivero*, Danzar o morir. Religión y resistencia a la dominación en la cultura tarahumar (1974), Mexiko, 2. Aufl. 1987.

[69] *Manuel M. Marzal*, Einführung, in: *Thomas Schreijäck* (Hrsg.), Die indianischen Gesichter Gottes, Frankfurt/M. 1995, 32f. (Die spanische Originalausgabe wurde 1991 von *Marzal* herausgegeben. Hier wird die deutsche Übersetzung angegeben, A.d.Ü.).

Die synkretistische Inkulturation geschah aber auch unter den Schwarzen. Nicht freilich unter den Schwarzen Mexikos und Perus, wo aufgrund der geringeren Anzahl von Sklaven und dank der höheren pastoralen Aufmerksamkeit, die sie dort genossen, die Schwarzen zu einem Volkskatholizismus gelangten und es deshalb nicht zu einer Wiedergeburt der afroamerikanischen Religionen kam. Anders war es in Brasilien und in der Karibik. *Maria Rostworowski* deutet einen „tausendjährigen Werdegang" zwischen Pachacamac, der Gottheit des autochthonen Pantheons und dem Herrn von den Wundern, dem populärsten *Christus* des peruanischen Katholizismus, an[70]; dazu untersucht sie das von Archäologie, Ethnohistorie und Mythos gelieferte Wissen über den Pachacamac-Kult, auf den die Indianer bei Erdbeben zurückgriffen und die Kenntnisse über den Kult des Herrn von Pachacamilla oder des Herrn von den Wundern, der ebenfalls mit den Erdbeben in Verbindung steht. Im Zusammenhang mit dem Synkretismus gelangt sie zu dem Schluß, daß „um diese Jungfrauen (von Guadalupe in Mexiko und von Copacabana in Bolivien) herum" - über die sie eine vergleichende Untersuchung anstellt, weil sie „beide, wie der *Cristo Morado*, dunkelhäutig sind, was ein Beweis für ihre präkolumbianischen Wurzeln ist, die sich nur schwer aus der Seele der Ureinwohner ausreißen oder löschen lassen"[71] -, „daß also um sie herum, ähnlich wie beim *Christus* von Pachacamilla, sich eine Reihe von Glaubensüberzeugungen, Symbolen und Wurzeln einer fernen amerikanischen Vergangenheit kristallisiert hat. Mit ihnen hat sich der Triumph des Christentums über die prähispanischen Gottheiten gefestigt; dennoch haben die alten Götter ihre Präsenz im Volk nicht eingebüßt. Guadalupe ist noch immer 'Unsere Mutter' (Tonantzin), der Cristo Moreno schützt uns vor seismischen Bewegungen, und die alte Gottheit vom Altiplano wird zur triumphierenden Jungfrau, die den Dämon verjagt und unterwirft: religiöse Synkretismen, entstanden inmitten von Wundern, außerordentlichen Geschehnissen und Vorgängen. Sie haben sich, ganz im Geist der Epoche, gebildet, um verschiedene ethnische Gruppen in ein und derselben Überzeugung zu vereinen und um die unterschiedlichen rassischen Ursprünge des amerikanischen Umfelds in einer einzigen integrierenden Sicht zu verschmelzen."[72]

Auch wenn die drei Titel durchaus fähig sind, „die unterschiedlichen rassischen Ursprünge ... in einer einzigen integrierenden Sicht zu verschmelzen", und jener „Triumph des Christentums über die prähispanischen Gottheiten" gewiß ist, folgt daraus nicht deren Fortbestehen, wiewohl die Funktion, die sie einst erfüllten, auch heute noch existiert. Ist der Herr von den Wundern Pachacamac? Der Cristo Moreno erfüllt zwar gegenüber den Erd-

---

[70] *Maria Rostworowski*, Pachacamac y el Señor de los Milagros. Una trayectoria milenaria, Lima 1992.

[71] Ebd., 166.

[72] Ebd., 173.

beben die gleiche Funktion wie Pachacamac, doch die Frommen von heute denken, wenn sie den Herrn von den Wundern anrufen, zweifellos allein an *Jesus*, den Sohn Gottes, der am Kreuz gestorben ist.

In Brasilien ist die Situation anders. Für die meisten Brasilianer fungieren die Heiligen zwar so, wie im vorangegangenen Abschnitt zu sehen war, aber die Heiligen, die im *Candomblé* verehrt werden, sind keine einfachen Fürsprecher bei Gott, sondern neue Symbole und Namen für die alten afrikanischen Mittlergestalten, die *Orixás*. Der Grund dafür ist bekannt. Aufgrund der gewaltigen Sklavenmigration und infolge der geringen pastoralen Aufmerksamkeit, der sie sich in Brasilien erfreuten, hielt sich während der ganzen Kolonialzeit die afrikanische Religion in der Klandestinität. Anläßlich der Patronatsfeste auf den Fazendas (der brasilianischen Entsprechung der Haciendas, A.d.Ü.) veranstalteten die Sklaven ihre Tänze, von denen die Missionare meinten, sie seien eine Randerscheinung des Festes, während sie in Wirklichkeit das Zentrum des ancestralen Kults zu Ehren der Orixás bildeten, welche sich hinter der Maske katholischer Heiliger verbargen. Unsere spärlichen Informationen über die „Schwarze Republik Palmares", jenen Staat der rebellierenden Sklaven aus Pernambuco, der seine Autonomie fast das ganze 17. Jahrhundert hindurch wahren konnte, erlauben uns kein genaueres Wissen über den Orixá-Kult während der Kolonialzeit. Solche klandestinen Kulte entwickelten sich in größerem Umfang nach der Aufhebung der Sklaverei, als schon ein großer Teil der schwarzen Bevölkerung städtisch geprägt war, wenn auch die *Orixás*, die sie anriefen, noch der ländlichen Welt angehörten. Die Charakterzüge und Funktionen dieser Figuren erlebten eine Neudefinition im urbanen Kontext, wie *Roger Bastide* im Hinblick auf Exu gezeigt hat[73]. Im *Candomblé* begegnet, neben der synkretistischen Inkulturation des Heiligen, auch die Trance, die keine bloße Exaltation durch den Rausch des Tanzes ist, sondern eine psychosomatische Veränderung, die der Präsenz eines *Orixá* zugeschrieben wird. Dies scheint zwar mit dem Glauben an einen einzigen Gott nicht vereinbar, doch ist es eine pastorale Herausforderung mehr, die Erfahrungen einer Kultur von innen heraus zu transformieren und dabei gewisse Bedeutungen derselben zu betonen bzw. sie für neue Bedeutungen zu öffnen.

4. Aufklärung, wiederentdeckter Volkskatholizismus und Evangelisierung der Kultur

Die iberoamerikanische Unabhängigkeit stand insgesamt im Zeichen der Aufklärung, deren Einfluß innerhalb der Kirche der drei Länder jedoch recht unterschiedlich war. In Brasilien herrschte unter *Pombal* ein früher Liberalismus, der im Kaiserreich etwas zurücktrat, aber sich dann 1889 bei der

---

[73] *Roger Bastide*, El próximo y el estraño. El encuentro de las civilizaciones, Buenos Aires 1973.

Errichtung der Republik in der Trennung von Kirche und Staat wieder nie-
derschlug. In Mexiko triumphierte der Liberalismus mit *Benito Juárez*, und
die nämliche Trennung nahm eine so radikale Form an, daß sie erst in jüng-
ster Zeit überwunden werden konnte. In Peru behielt die Kirche ihre Macht
in vollem Umfang, und die öffentliche Kultausübung der anderen Kirchen
blieb bis zur Verfassungsreform von 1915 verboten. Wie dem auch sei - al-
lenthalben war das Klima des einheitstiftenden Entwurfs der Aufklärung
spürbar, der alle, ungeachtet ihrer verschiedenen kulturellen Traditionen,
als einfache Bürger mit denselben Rechten und Pflichten betrachtet. Ein weiteres übergreifendes Moment war die Schwächung der Kirche durch die
Abnahme der Priesterzahl und das Fehlen von Bischöfen, das auf das durch
die alten patronatsrechtlichen Bindungen zwischen den Ländern in den
Kolonien und dem Heiligen Stuhl bedingte langwierige Ernennungsverfah-
ren zurückzuführen war. Daher sah es der Papst[74] als notwendig an, 1899 in
Rom ein lateinamerikanisches Plenarkonzil einzuberufen, bei dem die ohnehin herrschende Vereinheitlichungstendenz der Ortskirchen des Kontinents
unter der Führung des Heiligen Stuhls, der seinen eigenen Kampf gegen die
liberalen Ideen führte, noch an Schärfe zunahm.

Die spätere Geschichte ist weitgehend bekannt. Sie hat neuen Inkulturaa-
tionen das Tor geöffnet. Medellín (1968) bedeutet eine echte Neuentdeckung
des populären Katholizismus, Puebla (1979) hat die kulturelle Sicht der
Evangelisierung betont und Santo Domingo (1992) hat sie im Sinne einer Be-
standsaufnahme nach einem halben Jahrtausend bekräftigt. Lateinamerikas
Kirche ist in den letzten Jahren von den verschiedensten pastoralen Erfahrungen mit der Inkulturation geprägt; unter dem Patronat der Bischöfe entstehen zahlreiche Zentren zur Erforschung der indigenen bzw. schwarzen
Kulturen, es gibt Kurse für die Pastoralagenten, insbesondere die aus anderen Kirchen und Kulturen stammenden, auf allen Ebenen werden Begegnungen organisiert, damit auf diesem Kontinent aller Rassen eine wirklich
inkulturierte Evangelisierung gelingt. Zu beobachten sind ferner die Öffnung, die der kritischste Sektor der Befreiungstheologie gegenüber dem
Volkskatholizismus vollzieht, das theologisch-pastorale Fortschreiten der
Evangelisierung der Kultur, das Aufkommen neuer Kirchen und Sekten, die
eine Herausforderung bedeuten und manchmal ganz eigene Formen der Inkulturation darstellen, ein wachsender Pluralismus der Kirche, der neue
Formen der Inkulturation erfordert, und ein Neuerwachen der Ethnien inmitten des globalen Dorfes. Doch all das gehört in die Gegenwart und ist
kein Gegenstand jener historischen Betrachtung mehr, um die ich hier gebeten war.

Übersetzung: *Michael Lauble*

---

[74] Gemeint ist *Papst Leo XIII.*, A.d.Ü.

Fünftes Kapitel
Inkulturationsprozesse 1
Praxis und Verkündigung des Glaubens in indigenen Kulturen

XAVIER ALBÓ SJ

Samenkörner des Wortes oder dichtbelaubte Bäume indigenen Glaubens

Inkulturation von außen und von innen

I. Einleitung

Dieser Beitrag konzentriert sich - noch ziemlich unsystematisch - auf den indigenen Bereich und stellt Überlegungen und Anmerkungen vor, die allenfalls Linien für die spätere Debatte aufzuzeigen versuchen.

1. Inkulturation von außen und von innen

Innerhalb der vielfältigen Konzepte, die in den Begriff „Inkulturation" einfließen und u.a. von *Paulo Suess* (1995) diskutiert wurden, werde ich mich hier, mehr aus pragmatischen denn aus theoretischen Gründen, ausschließlich auf die am weitesten fortgeschrittene Ausdifferenzierung beziehen:

a) Die Inkulturation durch diejenigen, die *von außen* kommen, um ein bestimmtes indigenes Volk zu evangelisieren.

b) Die Inkulturation des Glaubens *von innen*, also ausgehend von der religiösen Erfahrung der indigenen Völker selbst.

Im alltäglichen Gebrauch des Begriffs Inkulturation wird gewöhnlich die erste Dimension angesprochen, und sie weist pastorale Konnotationen auf. Sie hat auf der spirituellen Ebene sehr viel mit der „Einpflanzung" (*inserción*) zu tun und hebt dabei die kulturelle Dimension heraus. Die zweite Dimension weist tiefere theologische Implikationen in bezug auf das Mysterium der Inkarnation auf, das grundlegend im Thema der Inkulturation angelegt ist. Weil zwischen beiden Perspektiven eine Verbindung besteht, kann man mit den Worten erfahrener Pastoren und Missionare sagen, daß auch „die Evangelisatoren durch die indigenen Völker evangelisiert werden". Es ist jedoch nicht einfach, ein Gleichgewicht zwischen den beiden Perspektiven herzustellen, denn innerhalb der Kirche finden sich weitaus mehr und mächtigere Vertreter der ersten Sichtweise. Daher werde ich hier einen besonderen Versuch unternehmen, die Perspektive der Inkulturation von innen darzustellen.

2. Die Ausgangspunkte der Inkulturation von innen

Ich gehe von folgenden methodologischen Annahmen aus:

a) Es ist nicht so entscheidend, ob wir uns auf getaufte oder nicht getaufte Indianer beziehen.

b) Es ist weniger relevant, ob eine bestimmte kulturelle und religiöse Ausdrucksform der Gegenwart autochthone, europäische oder - was am wahrscheinlichsten ist - beide Wurzeln aufweist.

c) In heuristischer Hinsicht ist es sinnvoller und ehrlicher, die Tatsache zu berücksichtigen, daß heute jedes indigene Volk, auch wenn es bereits christlich ist, *seine* Religion (im kulturellen Sinne des Wortes) hat, die sich von der Religion der nichtindigenen pastoralen Mitarbeiter unterscheidet.

a) Taufe und Glaube

Die Tatsache, daß ein Volk die christliche Taufe empfangen hat, ist ohne Zweifel ein sehr bedeutsames historisches, gesellschaftliches und religiöses Datum, das einen wichtigen Punkt in der Geschichte vieler indigener Völker des lateinamerikanischen Kontinentes setzt. Bereits zu Beginn dieses Jahrhunderts gelangte der Anthropologe *Kubler* (1916), als er den massiven Übertritt der Quechua zur christlichen Religion im 17. Jahrhundert untersuchte, zur Auffassung, daß dieses Ereignis eine der grundlegendsten Transformationen in der Geschichte dieses zahlenmäßig größten indigenen Volkes Südamerikas darstellte.

Wir können außerdem sagen, daß eine deutliche Mehrheit der vor Jahrhunderten getauften indigenen Völker zutiefst stolz ist, auch christlich zu sein. Aber es bleibt zu fragen, ob ihre eigene Form des Christ-Seins von der Veränderung herrührt, die die Tatsache in ihnen bewirkte, daß ihre Vorfahren die Taufe empfangen haben - noch dazu wahrscheinlich in einem Kontext von Konquista und kolonialer Unterwerfung?

Die methodologische und theologische Voraussetzung, mit der ich hier arbeiten werde, lautet: nein. Gewiß gab es Beispiele eines bedeutsamen und fruchtbaren Austausches zwischen indigenen Völkern und Missionaren, auch im Bereich des Glaubens und der Religion. Aber bei beiden Gesprächspartnern hatte es von jeher die Samenkörner des Wortes gegeben, die diesseits und jenseits des Atlantiks in sehr unterschiedlichen Kontexten heranwuchsen und Frucht brachten. In Europa vollzog sich die Entwicklung innerhalb einer *christlichen Kultur*. In den entwickelten Kulturen Amerikas hingegen gab es das Adjektiv *christlich* zwar nicht, doch sollte das nicht heißen, daß die Samenkörner desselben Wortes noch nicht aufgegangen wären.

Hat es sich vielleicht um Samenkörner gehandelt, die auf die Ankunft der europäischen Christen warteten? Vielleicht als „Altes indianisches Testament"[1], das nur nach der Ankunft der europäischen Schiffe ein Neues werden konnte? Hier muß zwischen dem Glauben und den Kulturen, in denen sich dieser notwendigerweise ausdrückt, unterschieden werden. Was wir sicher wissen, ist, daß es einen deutlichen Unterschied gab zwischen der religiösen Dimension innerhalb der (christlichen) Kultur der Neuankömmlinge und der religiösen Dimension innerhalb der Kulturen derjenigen, die sie aufnahmen, abwiesen oder zu ertragen hatten. Darüber liegen sehr viele Informationen und aufschlußreiche Analysen vor. Was aber wissen wir über den Glauben der beiden Gruppen? Ist Glaube denn nur dann christlich, wenn man die historische Gestalt des *Jesus von Nazareth* kennt und sie angenommen hat? Aus dem aufschlußreichen Text vom Endgericht läßt sich dies wohl nicht ableiten, wo es heißt: „Herr, wann sahen wir dich hungrig und haben dich gespeist?" Der Glaube verwächst immer mit einer bestimmten Kultur und drückt sich in ihr aus, aber er ist mit keiner Kultur gleichzusetzen und geht in keiner ganz auf.

b) Bedeutung des Originären und des Angenommenen

Zweitens ist eine detaillierte Kenntnis über den historischen Ursprung bestimmter Elemente des heutigen komplexen religiösen Lebens eines indigenen Volkes von sekundärer Bedeutung. Wirklich relevant ist zu wissen, was zu einem bestimmten Zeitpunkt von diesem indigenen Volk und seiner Kultur als etwas Eigenes oder als etwas Fremdes angenommen worden ist. Die Tatsache jedoch, daß jemand die historischen Ursprünge dieses oder jenes Elementes kennt, dient oftmals nur der Befriedigung der intellektuellen Neugier des Forschers, denn was es auch immer mit diesem Ursprung auf sich haben mag, am Ende wird doch alles so interpretiert, wie es gerade ins allgemeine Bild des Nutznießers paßt[2].

---

[1] *Gerskí* (1978). Dieser Begriff ist u.a. von *Gustavo Gutiérrez* (1990) kritisiert worden, denn diese Werte der indigenen Kulturen „sind nicht bloß eine Vorbereitung (auf das Christentum), sondern sie stellen zentrale christliche Werte dar." (Leider sind alle Versuche gescheitert, die durch einen Übertragungsfehler nicht übermittelten Quellenangaben noch rechtzeitig vor der Drucklegung zu erhalten. Die Herausgeber bitten um Verständnis.)

[2] Im religiösen Bereich der Andenvölker werden zum Beispiel bei originär indigenen Riten und Glaubensüberzeugungen viele Begriffe und Gesten kastilischen Ursprungs verwandt, aber auch, allerdings in geringerem Maße, Begriffe und Glaubensüberzeugungen, die scheinbar indigenen Ursprungs sind, aber nur von nichtindigenen Gruppen übernommen und neuinterpretiert worden sind. In den indigenen Andenregionen beispielsweise ist die Heilige Jungfrau *(Wirjina*, vgl. span. *Virgin)* gleichbedeutend mit der durch die Vorfahren überlieferte Mutter Erde, während umgekehrt die Mestizen sehr viel häufiger als die Indigenen auf den „Gott des Überflusses" (igigu) Bezug nehmen. Sogar der Begriff *Pachamana* (Mutter Erde) wird öfter von Weißen oder Mestizen gebraucht als von Indianern.

Die Transformation einer Gesamtheit von Glaubensformen und Praktiken
als Resultat von jahrhundertelanger Konquista und Kolonisierung ist ohne
Zweifel etwas Wichtiges, das bei der Geschichte der indigenen Religionen
berücksichtigt werden muß. Dadurch dringt man sicher in die komplexe
und manchmal sehr kontroverse kulturelle Analyse des Synkretismus ein,
ohne daß diese notwendigerweise die theologische Frage des Glaubens oder
einer echten Bekehrung einbeziehen würde.

Aber unabhängig von diesen von innen oder von außen kommenden
Veränderungen ist das Entscheidende für unsere Diskussion die Frage, ob
wir von den Glaubensformen und Praktiken ausgehen, wie sie an einem Ort
und in einem Moment des Lebens eines Volkes anzutreffen sind, oder nicht.

c) Als wären es verschiedene Religionen

Die Mehrheit der indigenen Völker des amerikanischen Kontinentes ist heute getauft, aber sie drücken, zumindest teilweise, ihren Glauben mit Hilfe
anderer Elemente aus als nichtindigene Gläubige, wobei beide Gruppen
gleichzeitig viele Ausdrucksformen teilen, denn sie sind Teil derselben Kirche.

Wenn man die Kombination des allgemein „Christlichen" und des spezifisch „Indigenen" analysiert und vor allem vom Standpunkt des Allgemeinen aus behandelt, dann wird man sie eher nach der offiziellen Norm be-
werten. Und dann tendiert man dazu, die indigenen Ausdrucksformen als
Abweichungen oder überflüssige Reste zu interpretieren, die, um zum wahren Glauben gelangen zu können, „gesäubert" werden müssen. Ist dies nun
aber eine wirkliche Frage des Glaubens oder ein Problem der unterschiedlichen Kulturen, in denen er sich ausdrückt?

Daher ist es besser, von einem gewissen Kulturrelativismus auszugehen,
der im religiösen Bereich viel mit Ökumene zu tun hat. Die Ökumene wird
viel glaubwürdiger sein, wenn sie endlich auch zustande kommt zwischen
nichtindigenen Christen, die eine übergeordnete Position, eine klare Macht-
position einnehmen, und indigenen Partnern, die, gleichgültig ob sie sich als
Christen fühlen oder nicht, ihre eigene Religion mehr oder weniger klande-
stin ausüben und sich außerdem als Unterdrückte und Diskriminierte in einer untergeordneten Position befinden. Verglichen mit der Ökumene, wie
sie die katholische Kirche mit sozial und politisch mächtigeren Gruppen be-
treibt, erfordert diese Ökumene noch mehr Dialogbereitschaft und Respekt,
ohne irgendwelche eigenen Interessen im Auge zu haben[3].

---

3   Vgl. Fe y Pueblo 1987, 31-51.

II. Die Kolonialzeit

Ich bin kein Experte für die Kolonialgeschichte der katholischen Kirche. Die folgenden, sehr allgemein gehaltenen und sicherlich oberflächlichen Bemerkungen - in der Art impressionistischer Pinselstriche - versuchen daher auch nur, die Gegenwart in einen Kontext zu stellen.

Die allermeisten schriftlichen Geschichtsquellen stammen von den Spaniern - von Chronisten, Missionaren und anderen - und spiegeln in der Hauptsache deren Perspektive wider, d.h. die Perspektive derer, die sich von außen kommend in die Kulturen und religiösen Erfahrungen der indigenen Völker hätten inkulturieren sollen - ob sie diese Absicht hatten oder nicht -, denen sie die Frohbotschaft verkündigen, die sie bekehren, christianisieren und zivilisieren wollten. Das Panorama der Perspektiven, die sich aus dem ersten Kontakt mit der Neuen Welt ergaben, reicht vom Vergleich der „Neuen Welt" mit dem „Paradies auf Erden" bis zur Unfähigkeit wahrzunehmen, daß die dort Lebenden bereits ihre eigene Religion besaßen. Über die erste Perspektive schrieb *Fray Bartolomé de Las Casas*, indem er einige Erzählungen von *Kolumbus* ausschmückte:

„Als der Admiral und die anderen die Einfalt sahen, ... hielten die Christen inne, um die Indios zu betrachten ..., wie groß ihre Sanftmut, ihre Arglosigkeit und ihr Vertrauen waren ..., wie sie zwischen [den Spaniern] umhergingen und sie mit so viel Vertrautheit, ganz ohne Furcht und Argwohn, aufnahmen, als ob es Eltern und Kinder wären; wie sie alle nackt herumliefen, so wie ihre Mütter sie geboren hatten, so unbekümmert und arglos ließen sie ihre Schamteile unbedeckt, so daß es schien, als ob sie den Zustand der Unschuld, in dem unser Vater Adam nur eine Weile gelebt hat - wie es heißt, nicht länger als sechs Stunden -, niemals verloren oder aber wiedergewonnen hätten."[4]

Dieser erste Eindruck hielt jedoch nur wenige Stunden an. Schon zweifelt *Kolumbus* bisweilen am menschlichen Wesen dieser Leute, da sie „weder Religion, noch Staat, noch Privateigentum haben"[5]. Bald griff er auf die Mittel der Konquista und der kolonialen Ausbeutung zurück.

Nur eine Minderheit von Christen im eigentlichen Sinn, wie der zitierte *Las Casas* und andere Bischöfe, angefangen von *Valdivieso* im Norden bis *Domingo de Santo Tomás* in Charcas, klagten den in keiner Weise christlichen Machtmißbrauch der Spanier an. In einigen Fällen erreichten sie ein erstaunliches Maß an sozialer und kultureller Integration, wie beispielsweise in den Randregionen der Mission, weit entfernt von den Zentren der Kolonialmacht. Jedoch machten es die theologischen Grundannahmen jener Zeit schwer, tiefer in die Dimension der spezifisch religiösen Inkulturation vorzudringen. Die Vermischungen verschiedener Religionen, von Guadalupe

---

4 Zitiert nach *Amodio* 1993, 96.
5 Ebd., 50.

bis Copacabana, gingen trotz des guten Willens der Evangelisatoren allein von der indigenen Bevölkerung und ihrer Fähigkeit zur Spontaneität aus.

1. Von der Ausrottung zur Anerkennung

Daß in den Urvölkern der Neuen Welt Religionen existierten, wurde von der Mehrheit der ersten Missionare zwar erkannt, doch waren ihre Reaktionen sehr unterschiedlich. Viele sahen in den indigenen Religionen nur das Werk des Teufels. Die Schlauesten unter ihnen deckten sogar Ähnlichkeiten zwischen den indigenen Glaubensformen und Riten und denen der Christen auf, doch auch sie sahen darin nur die betrügerische List des Teufels. Eine letzte kleinere und erst später auftretende Gruppe brachte die verwegene Meinung auf, daß es in den indigenen Religionen Elemente gebe, die mit der vorchristlichen Glaubenspraxis durchaus in Einklang stünden. Dessenungeachtet ließ ihre eigene Theologie - „fides ex auditu", „extra ecclesiam nulla salus" – kaum zu, an eine Evangelisierung ohne vollständigen Übertritt der Indios zum römisch-katholischen Christentum mit seinem europäischen Gesicht zu denken. Damit dies besser zu verkraften war, gingen sie vielfach so weit, eine erste Evangelisierung durch einen Apostel, wie den heiligen *Thomas* oder den heiligen *Bartholomäus*, zu postulieren. Vor allem von dieser dritten Position her ließe sich die Problematik der frühen Inkulturation von außen deutlich machen.

2. Die Guaraní - nicht so atheistisch, wie sie dargestellt wurden

Ich werde mich darauf beschränken, einige Grundzüge der Evangelisierung der Guaraní, mit der vor allem die Jesuiten beauftragt waren, aufzuzeigen. In den Anfängen ihrer Evangelisierungsarbeit ist dies einer der bemerkenswertesten Fälle von Nichtbeachtung der indigenen religiösen Dimension durch jene ersten Missionare. Der Jesuit *Lorenzo* sprach beispielsweise von den Guaraní als „schlaue Atheisten, die keiner Gottheit Opfergaben bereiten, weil die Götter diese ohnehin nicht annehmen würden."[6] Obgleich andere etwas nuancierter urteilen[7], kommt *Melià* zu dem Schluß: „Heute fällt auf, daß sich sogar die Missionare, die doch Experten für das Heilige sein müßten, gegenüber den indigenen religiösen Erfahrungen (der Guaraní) verschlossen und kaum mehr als einzelne, negativ bewertete Aspekte wahrnahmen."

---

[6] *Melià* 1991, 24
[7] *Barzana*, der viele Orte aufgesucht hat und mehr als ein Dutzend Sprachen beherrschte, gelangte beispielsweise zu einer entgegengesetzten Überzeugung: „Das ganze Volk hat einen starken Hang zu einer wahren oder falschen Religion." (zitiert nach *Melià* 1986, 39).

Die folgenden Auffassungen zweier Persönlichkeiten des Guaraní-Volkes, die von Missionaren aufgezeichnet wurden, zeigen den Gegensatz zwischen den beiden kulturellen und religiösen Perspektiven: „Diese Männer wurden uns von bösen Geistern geschickt, denn die wollen uns mit neuen Lehren wegholen von der alten, guten Lebensweise unserer Vorfahren, die viele Frauen und Mägde hatten. Sie hatten die Freiheit, sich die Frauen nach ihrem Gefallen auszusuchen. Und jetzt wollen diese Männer, daß wir uns an nur eine Frau binden ... Man kann nicht länger unter der Freiheit dieser Männer leiden, die uns in unserem eigenen Land dazu bringen wollen, auf ihre schlechte Art zu leben."

„Daß sie mich oder dich beleidigen, macht mir nichts aus; mich schmerzt nur, was diese fremden Leute unserer alten Lebensart antun und dem, was die Sitten unserer Väter für uns erreicht haben. War denn das Erbe, das sie uns hinterließen, etwas anderes als unsere Freiheit?"[8]

Recolons (1992), der den konkreten Fall des großen Missionars und Mystikers *Ruíz de Montoya* untersucht hat, kommt zu dem Ergebnis, daß dessen Kurzsichtigkeit in diesem Punkt mit der Tatsache zu tun hat, daß die Jesuiten mit einer zu klaren Vorstellung über ihr eigenes Evangelisierungs- und Zivilisierungs-„Projekt" zu den Guaraní kamen, was ihnen den Blick für die sich auf andere Weise ausdrückende Spiritualität des Anderen verstellte.

Wie wir wissen, trieb dieser „Projektzentrismus" der Jesuiten seine stärksten Blüten in den *Reduktionen* in Paraguay und anderen Tiefebenen des Kontinents, die wegen ihrer beachtlichen Errungenschaften in fast allen kulturellen Bereichen in die Geschichte eingegangen sind. Zentral war dabei das starke Vertrauen jener aufgeklärten Missionare auf die Fähigkeit der Indios, sich neue Entwicklungen der Welt jener Zeit anzueignen; ein klassisches Beispiel hierfür sind die Musik und andere Künste. Die grundlegende Konzeption der Missionierung ging von einer *tabula rasa* aus. Daher war der Beitrag jener ersten Jesuitischen Missionare im konkreten Bereich der religiösen Inkulturation gering. Die Guaraní, die Moxos und andere indigene Völker eigneten sich die religiöse und profane Kultur der Missionare als etwas sehr Eigenes an, während diese, von der Sprache abgesehen, wenig von der Kultur der Guaraní annahmen[9].

Es gibt einen anderen Aspekt, der berücksichtigt werden muß. Die jesuitischen *Reduktionen* wurden von den Guaraní vor allem in Gebieten bzw. Situationen akzeptiert, in denen sie sich in ihrem freien Leben durch irgendein höheres Risiko bedroht fühlten. Daher hatten die Jesuiten nie dabei Erfolg, die *Reduktionen* auf das Gebiet der Guaraní-Chiriguanos auszudehnen, da diese am Fuße der Anden lebten und kriegstüchtiger, freier und prosperierender waren als andere.

---

8   Zitiert nach *Melià* 1986, 100f.
9   Vgl. *Melià* 1986.

Eine der interessantesten Ausnahmen bildet in diesem Zusammenhang die Missionsarbeit von *Pater José Pons* in Salinas, von der *Pifarré*[10] berichtet: „Die Art, die Mission zu organisieren, ging vollständig über das klassische Schema hinaus ... Auf eine bestimmte Weise war es eine Reduktion im eigenen Chiriguano-Stil, ein neues, originelles Modell. In der Reduktion genossen die Neubekehrten große Freiheit. Sie bewegten sich frei und hingen nicht von den klassischen Kontrollen ab, wie sie anderswo üblich waren ... Sie arbeiteten, wann sie wollten und verließen die Reduktion, wenn sie es für nötig hielten und Lust hatten, in den Bergen herumzulaufen oder ihre Zeit mit Jagen oder Fischen zu verbringen. Vielleicht hatten sie sich an die Mission angepaßt, weil sich die Mission ihren Lebensweisen angepaßt hatte."

Pons starb 1761, und sechs Jahre später, als im Gebiet der Chiriguanos das Dekret zur Ausweisung der Jesuiten bekannt wurde, kam es zu einem Aufstandsversuch, der durch Soldaten niedergeschlagen werden sollte. Als die Franziskaner die Ausgewiesenen ersetzten, waren sie bestürzt, daß „die Chiriguanos all das Haar und Fell ihres Barbarentums" behalten hatten, womit die traditionelle Kleidung, die Tänze, die Gelage und die freie Liebe gemeint waren.

Vergleichen läßt sich die Wirkung, die *Pons* mit seiner Arbeit erzielte, mit der des franziskanischen Laienbruders *Fray Franciscano del Pilar*, der in einem anderen, nicht weit entfernten Gebiet in einer Hütte lebte, die noch bescheidener war als die der Chiriguanos. *Fray Franciscano del Pilar* schleppte Brennholz und Wasser für die Indios, als wäre er ihr Sklave. Schließlich akzeptierten sie ihn, boten ihm sogar eine Frau an - ein Geschenk, das er ablehnte -, aber erst nach sechs Jahren erlaubten sie ihm, eine Kapelle zu errichten. Erst da, nach dieser späten Akzeptanz, setzte in dieser Region die Blüte der franziskanischen Missionen ein, und zwar mit einem liberaleren Stil als dem der klassischen Mission der Jesuiten, die dort gescheitert waren[11].

Die Literatur der damaligen Zeit deutet jedoch nicht darauf hin, daß diese alternative Sichtweise zu einer wirklichen Anerkennung der Religion der Guaraní geführt hätte. Es scheint sich mehr um eine strategische „Einpflanzung" und Toleranz gehandelt zu haben als um eine Inkulturation, zumindest, was den Bereich der ursprünglichen Religion anbelangt.

Im Falle der Guaraní mußte man auf die Arbeiten einiger moderner Anthropologen, insbesondere die von *León Cadogan* (1959), warten, um das tiefreligiöse Leben dieses Volkes zu erkennen. Da die Anthropologen, die speziell darin ausgebildet waren, Verständnis für das Anderssein zu entwikkeln, und ein vollständiges Zusammenleben mit den Guaraní suchten, nicht mit einem bestimmten Evangelisierungsprojekt kamen, gelang es ihnen am

---

[10] 1989, 179.
[11] Vgl. *Pifarré* 1989, 178-189.

besten, die andersartige Religiosität der Guaraní zu erfassen - eine Religiosität, die *Melià* (1991) ohne weiteres mit der des Evangelisten *Johannes* vergleicht.

III. Die ersten Zeugnisse der originären Völker

Nur sehr schwer kann man die Perspektive der Indios aus jener lang zurückliegenden Zeit einnehmen, ohne dabei durch die Brille der Chronisten und Missionare zu blicken. Hier werde ich den Fall der Andenvölker skizzieren.

1. Befreiung der verteufelten Religion

Die allermeisten Zeugnisse handeln von Rebellionen, die häufig stark von dem Ambiente der überlieferten Religion geprägt waren, die ausgerottet werden sollte. Erinnern wir uns beispielsweise an die Bewegung *Taqui onco* (*takiy unquy:* „Krankheit oder Besessenheit im religiösen Gesang und Tanz"), die gewissermaßen Vorkehrungen gegen die späteren Wellen der Ausrottung des Götzendienstes traf[12]. Hier aber soll uns interessieren, in welcher Weise einige aufgeklärte Intellektuelle, die sich als echte Christen verstanden, die uralten religiösen Werte der indigenen Völker anerkannten, ohne ihre eigenen dabei zu verwerfen. Präkoloniale religiöse Texte und Gesänge der Andenregionen, wie sie von dort stammenden Chronisten wie dem Inka *Garcilaso* (1609 und 1617), *Juan de Santacruz Pachacuti* (1613) oder *Guamán Poma de Ayala* (1615) aufgezeichnet wurden, lassen im Gegensatz zu der ersten verteufelnden Auffassung eine autochthone Religion erkennen, die der christlichen weitaus näher stand, und bringen nicht so sehr Lug und Trug und all das Blendwerk des Satans ans Tageslicht als vielmehr die Samenkörner des Wortes.

Neuere Untersuchungen auf der Grundlage der Textkritik deuten darauf hin, daß in diese religiösen Gesänge bereits Strukturen oder Färbungen eingearbeitet worden seien, manchmal ohne dies deutlich zu machen, die gar nicht so ursprünglich waren, wie man meinte oder behauptete. Mit solchen „Schönheitspflästerchen" seien sie im neuen, christlich geprägten soziokulturellen Kontext leichter zu ertragen gewesen[13]. Wir wissen nicht, ob dies

---

[12] Vgl. *Duviols* 1977, 133-145.
[13] Vgl. dazu etwa die Analyse von *Duviols* (1993) über die „Ungläubigen" von Manco Capas in Santa Cruz Pachacuti. In den 14 Quechua-Gesängen zu Ehren des Schöpfers (Viracucha), die bereits 1575 durch den Priester *Cristóbal de Molina* zusammengestellt wurden, gibt es klare Belege für eine beabsichtigte katechetische Vermischung (vgl. *Beyersdorff* 1993).

wirklich beabsichtigt war oder unbewußt geschah[14]. Wichtig ist hingegen, daß die eigene religiöse Vergangenheit wieder mit Stolz betrachtet wurde.

2. Das Zeugnis des Guamán Poma de Ayala

„El largo alegado al rey" von *Guamán Poma de Ayala* (1615), ist der vielleicht bemerkenswerteste Text aus einer originär andinen Perspektive, über die im übrigen bereits mindestens eine missionswissenschaftliche Dissertation (*Amayo* 1995) verfaßt worden ist; diese hat uns zu den folgenden Bemerkungen angeregt. Der tief christliche *Guamán Poma de Ayala*, Mestize und Laie, mußte als Quechua-Übersetzer gar eine Kampagne zur Ausrottung des Götzendienstes miterleben und würzte seine Anklage bezüglich der Ausbeutung der Indios mit zwei nachdrücklichen Redewendungen: „Los pobres yndios" („Die armen Indios") und „El mundo al rreues" („Die Welt steht Kopf"). Die erste Redewendung bezieht sich auf die Mißhandlung, die die Indios zu erleiden hatten. An einigen Stellen präzisiert er: „Die Armen *Jesu Christi*, Indios Seiner Majestät" (495ff). Hier klingen Ideen durch, wie sie auch bei *Las Casas* zu finden sind, doch werden sie von innen her entwickelt: „Wer die Armen *Jesu Christi* verteidigt, dient Gott. Wer sagt, was das Wort Gottes in seinem Evangelium ist, und die Indios Eurer Majestät verteidigt, dient Eurer Königlichen Krone." (972, 990)

Auf diese Weise verkündet der Laie und Mestize *Guamán* dem König die befreiende Frohe Botschaft und die Orthopraxis des Evangeliums. Wenn die andine Bevölkerung von den „Indios *Jesu Christi*" sprachen, war dies eine sehr wirklichkeitsnahe Form, das *kerygma* zusammenzufassen.

Die zweite Redensart - „Die Welt steht Kopf" - kann im Sinne einer Bestrafung für die Sünden der Alten gemeint sein. Aber im Kontext des Autors betrachtet, scheint es auch zu bedeuten, daß die vorchristliche andine Ordnung (die er im ersten Fall der *Nueva corónica* beschreibt) mehr mit dem Christentum gemeinsam hatte als die von den Spaniern aufgezwungene Ordnung. In diesem Sinne unterscheidet er fortlaufend zwischen dem Christlichen und dem Spanischen. Von dem Inka *Atawallpa*, der von *Pizarro* hingerichtet wurde, sagt *Guamán*, daß „er in zutiefst christlicher Weise als Märtyrer starb" (391ff).

Die Konquista und Kolonisierung, deren Unheil der Autor beschreibt, seien ein negatives *pacha kuti*[15], und die Antithese als neue Synthese und

---

[14] Heute kommt es z.B. nicht selten vor, daß Experten für die Andenreligionen die Welt des Unten als böse uminterpretieren (was ursprünglich nicht der Fall war), so sehr sie auch auf formaler Ebene jeden christlich-europäischen Einfluß ablehnen.

[15] Wörtlich: „Umkehren einer pacha (= Welt oder Epoche); manchmal mit „Kataklysmus" (erdgeschichtliche Katastrophe, Vernichtung, A.d.Ü.) übersetzt. Die Missionare verwandten den Ausdruck im Sinne von „Jüngstem Gericht". Heutige indigene Politiker benutzen ihn als Synonym für „indianische Revolution".

neues *pacha kuti* erfordere die Rückkehr des Andinen, um die Welt wieder geradezurücken. Daher fügt *Guamán* jeder Anklage hinzu: „Es bleibt keine andere Lösung."

Die Lösungen oder Alternativvorschläge für die „gute Regierung", die der Autor dem König in einem ständigen Dialog anbietet (S. 909-980, 923-998), sehen als Synthese eine ziemlich autonome Republik christlicher Indios vor, die der spanischen gegenübergestellt wird: „Kastilien gehört den Spaniern, Westindien den Indios und Guinea den Schwarzen ... Als Christ muß man dieses Gesetz Gottes beachten." (915, 929)

IV. Die heutige Inkulturation von außen

Machen wir einen Sprung in die heutige Zeit. Das Zweite Vatikanische Konzil (1962-1965) nahm die Reflexionen vieler Missionswissenschaftler auf und brachte, ohne die Ureinwohner ausdrücklich zu erwähnen, frischen Wind in das Thema[16].

1. Das Erwachen der lateinamerikanischen Bischöfe

Bereits vor dem Konzil hatte es in Lateinamerika einige neue Erfahrungen mit der indigenen Bevölkerung gegeben (vgl. *Carrasco* u.a. 1993, 25), auf der Ebene der Lateinamerikanischen Bischofskonferenz (CELAM) stellte sich der Wandel jedoch nur sehr langsam ein, wie man an den Denkfortschritten in den Dokumenten der drei großen Konferenzen deutlich ablesen kann.

Der erste Durchbruch gelang in Medellín (1968) mit der Option für die Armen und ihre Befreiung. Vor allem hier finden sich die wenigen Hinweise auf die Indios. Bald nach Medellín kam es zu einer Umstrukturierung der bereits 1966 gegründeten Missionsabteilung des CELAM, und auf Initiative ihres Vorsitzenden *Mons. Samuel Ruíz*, Bischof von San Cristóbal Las Casas in Chiapas, wurde eine neue Art von Treffen zwischen indigenen Vertretern, Bischöfen, Priestern und in der Sache engagierten Wissenschaftlern veranstaltet[17]. Vielleicht müßte man bis zu *Bernardo de Sahagún*, einem Missionar aus den ersten Jahren der Kolonialzeit Mexikos, zurückgehen, um einen ähnlichen Dialog zwischen der offiziellen Kirche und den Indios zu finden.

Vergleichbares geschah im Herzen Südamerikas. Wegen seines pionierhaften Stils und Charakters muß man das Dokument der Bischöfe aus den südlichen Andenregionen Perus mit dem Titel „Acompañando a nuestro

---

[16] Bei der folgenden Bewertung der offiziellen Dokumente beziehe ich mich vor allem auf den ausgezeichneten Fastenhirtenbrief von 1993, [der von vier mexikanischen Bischöfen] aus Diözesen mit mexikanischer Bevölkerung [verfaßt wurde] (vgl. *Carrasco, Ruiz* u.a. 1993).

[17] Vgl. Missionsabteilung des CELAM 1970.

pueblo" („Unser Volk begleiten", A.d.Ü.) (September 1978) herausheben.
Das Dokument wurde sowohl in einer konzeptionellen als auch in einer etwas populäreren Form herausgegeben. Der einzigartige Charakter bestand
jedenfalls darin, daß das Dokument aus Treffen von Quechua- und Aymara-
Gemeinden entwickelt wurde, wobei die Bischöfe deren Auffassungen und
Ergebnisse praktisch als die ihren aufnahmen und der stets unterdrückten
Stimme der Indios dadurch das Siegel des Amtes verliehen.

Trotz dieses neuen Klimas behandelte die Konferenz von Puebla (1979)
die spezifisch kulturelle und religiöse Thematik der Indios nicht mit wesentlich mehr Nachdruck. Die Indios wurden weiter als „Arme unter Armen"
(Nr. 34) gesehen, was zwar noch immer mehr als richtig ist und deswegen,
theologisch wie pastoral, immer wieder erinnert werden muß. Und doch
ging Puebla einen Schritt weiter: Ohne den Begriff *Inkulturation* zu verwenden, rief die Konferenz zu einer Evangelisierung der Kulturen auf, und
zwar ausgehend von „(der) Anerkennung, Konsolidierung und Stärkung
der Werte ... (als) Beitrag zum Wachsen der 'Keime des Wortes', wie sie sich
in den Kulturen finden" (Nr. 401).

Der Nachdruck jedoch lag, wie Jahre später Bischof *Carrasco* (u.a. 1993,
12) sowie andere mexikanische Bischöfe von Diözesen mit indigener Bevölkerung unterstrichen, stärker auf der Kultur als einer „objektiven Wirklichkeit", die von den Bischöfen geläutert und vervollkommnet werden sollte,
als auf den indigenen Völkern als historischen Subjekten, mit denen die Kirche in einen respektvollen Dialog einzutreten hätte. Erst 1987 führte die
Missionsabteilung des CELAM eine deutliche Unterscheidung zwischen der
bisherigen, von den Missionaren ausgehenden „pastoral indigenista" und
einer von den indigenen Gemeinden selbst ausgehenden „pastoral indígena" ein. Sogar im Bereich Gerechtigkeit benutzte Puebla eine so nuancierte Formel wie die der „vorrangigen" Option für die Armen, „weder exklusiv noch ausschließend", und drohte alles vorher Erreichte zu den Akten
zu legen, um wieder bei Null anzufangen.

Schließlich dauerte es bis Santo Domingo (1992), daß der lateinamerikanische Episkopat den Indio wirklich als Subjekt anerkannte. Die vier mexikanischen Bischöfe sagen dazu in ihrer gemeinsamen Botschaft: „In der Kirche
gibt es keine anderen Dokumente des lateinamerikanischen Episkopats, die
der Indianerfrage einen solchen Raum und eine solche Bedeutung gegeben
hätten wie Santo Domingo. Aus diesem Grund wird Santo Domingo als
Konferenz der Inkulturation des Evangeliums und Inkulturation der Indianerpastoral in die Geschichte eingehen."[18]

Zwar gilt die Konferenz von Santo Domingo als sehr vorsichtig in bezug
auf ihre Fortschritte in theologischen Fragestellungen, doch liegt ihre Bedeutung auf pastoraler Ebene; ohne andere Aspekte zu vernachlässigen,

---

[18] Vgl. *Carrasco* u.a. 1993, 15.

wird hier der Inkulturation in und ausgehend von den indigenen, afroamerikanischen und Mestizen-Völkern ein zentraler Stellenwert zuerkannt (Nr. 243-251). Dies ist um so bedeutsamer, wenn man weiß, daß sich die ursprünglichen Fragestellungen der Konferenz sehr viel mehr auf die „hinzukommende Kultur" als auf die originären Wurzeln des Glaubens unseres Kontinentes bezogen[19].

2. Die Inkulturation anderer kirchlicher Instanzen

Für gewöhnlich geben die großen Erklärungen der großen Konferenzen der Hierarchie einen starken Impuls für neue pastorale Aktionen, aber was ihre Entstehung anbelangt, so sind sie die Resultate jahrelanger Arbeit, die sich im Stillen auf den eher lokalen Kirchenebenen vollzieht. So ist es sicherlich auch in Santo Domingo gewesen, wo die Erklärungen aus den vorbereiteten Dokumenten der nationalen Bischofskonferenzen hervorgingen. Um davon eine Vorstellung zu geben, werde ich im folgenden etwas zu den Koordinierungsinstanzen sagen, die dazu beigetragen haben, daß die lokalen Erfahrungen allgemein bekannt und vertieft wurden[20].

Einige Koordinierungsinstanzen unterhalten eine gewisse organische Beziehung mit den jeweiligen nationalen oder regionalen Bischofskonferenzen oder zumindest mit bestimmten Gruppen von Bischöfen, die in engerem Kontakt mit indigenen Bevölkerungsgruppen stehen. Ohne damit andere, stärker lokal orientierte Einrichtungen abwerten zu wollen, möchte ich die kontinentale Bedeutung des „Centro Nacional de Misiones Indígenas" (CENAMI) in Mexiko und des „Conselho Indigenista Missionário" (CIMI) in Brasilien hervorheben. Seit 1983 führen sie alle drei Jahre sogenannte ökumenische Gespräche zur Indianerpastoral durch, wobei es gelungen ist, immer mehr Vertreter der indigenen Völker, katholischen wie protestantischen Glaubens, und der Basisorganisationen einzubinden. Auch haben andere, ebenfalls ökumenisch angelegte Workshops und Kurse zugenommen und dazu beigetragen, daß die Inkulturation jetzt ein Anliegen von pastoralen Mitarbeitern und sogar Indios geworden ist, die der Kirche näher stehen[21].

Einer der wichtigsten Kanäle, um das Thema der indigenen Völker im allgemeinen und das der Reflexion über die Inkulturation des Glaubens bei ihnen im besonderen auf dem Kontinent zu verbreiten, ist mit seinen zahl-

---

19 Vgl. dazu den Beitrag von *Manuel M. Marzal* bei der Konferenz von Santo Domingo.
20 Vgl. dazu eine umfangreichere, aber ebensowenig vollständige Liste in: Teología India (1991, 323-324)
21 Außer CENAMI, CIMI und anderen lokalen katholischen Instanzen haben sich auch verschiedene ökumenische Organisationen an den Treffen beteiligt, besonders der „Consejo Latinoamericano de Iglesias" (CLAI). Adveniat aus Deutschland hat eine solide finanzielle Unterstützung geleistet.

reichen Publikationen der Verlag „Abya Yala" gewesen. Er wird in Ekuador von dem Salesianer *Juan Botasso* geleitet, verlegt neben anderen Monographien seit 1986 die Zeitschrift „Iglesia, Pueblos y Culturas" und nimmt an vielen der erwähnten Treffen teil. Der Name des Verlages leitet sich von dem Begriff ab, den die indigenen Organisationen für die Bezeichnung Lateinamerikas bevorzugen[22].

Der andine Kern im Süden Perus und zum Teil das Aymara-Gebiet in Bolivien weisen eine lange Geschichte der Reflexion über Inkulturation auf. In den 70er Jahren wurden auf beiden Seiten der Grenze eine Reihe pastoraler Treffen der „Aymara-Nation" durchgeführt, die ihren Anteil daran hatten, daß sich ein neuer Stil von Aymara-Kirche konsolidieren konnte[23]. Nach einigen Jahren der Unterbrechung haben sich diese Treffen bis heute fortgesetzt und sind auch auf einige Quechua-Regionen in Peru ausgeweitet worden. In Peru ist die Arbeit vom „Instituto de Pastoral Andina" (IPA), 1960 von Bischöfen gegründet, und den beiden Zeitschriften „Allpanchis" (seit 1969) und Pastoral Andina (seit 1978) unterstützt worden. 1983 wurde in Bolivien das „Centro de Teología Popular" (CTP) gegründet, das ökumenischen Charakter aufweist und im Laufe der Jahre sein Augenmerk immer mehr auf eine inkulturierte Aymara-Kirche gerichtet hat.

3. Inkulturation und soziales Engagement

Historisch gesehen hat man die Bedeutung der Inkulturation wohl ausgehend von der Praxis der *inserción*, der „Einpflanzung", entdeckt. In der pastoralen Arbeit ist der erste Schritt zu einem sozialen Engagement meistens der Wunsch, an der Seite der Armen zu sein, und in einigen Fällen größerer spiritueller Hingabe, mit ihnen zu leben. Schon bald aber führt dieses Miteinanderleben zur Entdeckung des kulturellen Reichtums dieser Armen, ob sich daraus ein größeres politisches Engagement entwickelt oder nicht. Wenn arm sein bedeutet, in einer Situation zu leben, die gekennzeichnet ist von einem relativ großen Mangel an ökonomischen und politischen Möglichkeiten, dann heißt das nicht, daß dies auch kulturelle Armut bedeutet, vor allem nicht im Fall der Indios mit ihrer langen Tradition und Geschichte. Wer mit ihnen lebt, wird dies schnell spüren. Mit ihnen zu leben heißt, sich in ihre Lebensart zu inkulturieren - auch auf religiösem Gebiet.

---

[22] Der Begriff „Abya yala" stammt von den Kuna, die an der Nordküste Panamas leben, und bedeutet „Tierra Virgen ya Madura" („Jungfräuliches, schon reifes Land", A.d.Ü.). Dies ist ein Locus theologicus und sehr viel bedeutungsvoller und anregender als ein Bezug auf das römische Latinum oder auf einen florentinischen Geographen. „Abya yala" findet begrifflich auch bei indianischen Theologen Verwendung, beispielsweise in ihrer „Carta al Dios de la vida ... Padre y Madre de todos" („Brief an den Gott des Lebens ... Vater und Mutter aller", A.d.Ü.), mit der sie ihr erstes kontinentales Treffen abschlossen (vgl. 319).

[23] Vgl. *Jordá* 1981

Konkret ist dies mit vielen Ordensgemeinschaften und Kongregationen geschehen, die in den letzten Jahrzehnten ihre Bestimmung in einem Engagement mit den Armen und für Gerechtigkeit gefunden haben. In Bolivien verstand die einflußreiche Bewegung „Comunidades Religiosas Insertas en el Medio Popular" (CRIMPO), die ein starkes Echo bei - vor allem weiblichen - Kongregationen gefunden hat, ihre Aufgabe in erster Linie sozial: Man suchte die Armen in den Stadtvierteln oder in ländlichen Gebieten auf. Aber mit den Jahren ist aus dieser Beziehung immer stärker eine Inkulturation geworden. Und im Fall der Jesuiten läßt sich fragen, ob sie auf ihrer XXIV. Generalversammlung (1995) das Thema Inkulturation so energisch hätten in den Vordergrund stellen können, wenn sie vorher nicht die ureigene Aufgabe ihres Ordens neuinterpretiert und aktualisiert hätten im Sinne eines Engagements für die Gerechtigkeit, die der Glaube fordert (XXII. Generalversammlung 1975).

Engagement und Inkulturation fallen aber nicht immer zusammen. Wie wir bereits gesehen haben, liegt eine lange Zeit hinter uns, in der diejenigen, die sich der Befreiung der Armen verpflichtet fühlten, die kulturelle Dimension noch nicht entdeckt hatten. Auch das Umgekehrte kommt vor: Man erkennt einige kulturelle Aspekte und nimmt sie auf, beispielsweise aus dem Symbolsystem des Glaubens, der Riten und Werte, aber man begleitet die indigenen Völker nicht in ihrem Kampf um ein menschliches Leben und ihr Recht auf Anerkennung. Dies geschieht vor allem dann, wenn der Prozeß der Inkulturation nur oberflächlich verläuft und man mehr auf Formen als auf den Inhalt achtet.

Die Dynamik der Inkulturation weist, auch wenn diese gründlich betrieben wird, eine Logik auf, die nicht immer erforderlich macht, das soziale Engagement besonders zu betonen. Denken wir an Missionare, die in ökonomisch reiche, aber kulturell und religiös anders geprägte Länder wie z.B. Südostasien gehen. Aber im Fall von Lateinamerika läßt sich diese Trennung nicht machen. Unsere indigenen Völker sind auch arm unter den Armen, und wenn wir ihre verschiedenartigen Lebensweisen und Glaubensformen genau betrachten, dann erkennen wir auch zwangsläufig ihre spezifische Form des Armseins, sei es die der Aymara, die der Yanomani oder die der Shuar. Ihr kultureller Reichtum beinhaltet ebenfalls Elemente, die *Oscar Lewis* als Armutskultur bezeichnet hat, die aber immer in einem bestimmten eigenen kulturellen Code Ausdruck finden - sei es in der Variante der ländlichen Gemeinden, dort eher traditionell, oder in der der städtischen Randzonen, dort eher synkretistisch.

4. Wirkungen in größeren Kontexten

Die skizzierte Entwicklung im Denken der Bischöfe und anderer kirchlicher Bereiche hat sich weder zufällig eingestellt noch geht sie allein auf interne Überlegungen zurück. Sie vollzieht sich innerhalb globaler gesellschaftlicher und politischer Entwicklungen. In anderen Arbeiten (*Albó* 1991) habe ich dargelegt, wie man überall auf unserem Kontinent von einer fast ausschließlich ökonomischen und klassenbezogenen Sicht der ländlichen Welt Lateinamerikas zu einer Wiederentdeckung ihrer kulturellen und ethnischen Wurzeln gelangt ist.

Nach dem sozialen Indigenismus zu Anfang des Jahrhunderts begann sich in den 50er Jahren die Klassenperspektive durchzusetzen; man sprach nicht mehr von indigenen Gemeinschaften, sondern von Landarbeitergewerkschaften und Bauernverbänden. Die Indios wurden euphemistisch Campesinos genannt. Ihre Probleme würden durch die Unterrichtung im Spanischen, durch Agrarreformen und, wie die ganz Verwegenen meinten, durch eine Revolutionen im Sinne eines egalitären Staatssozialismus gelöst werden. Es war die Zeit von Medellín. Mit einer kleinen zeitlichen Verschiebung kam die Bewegung der 1970 von *Gustavo Gutiérrez* begründeten Befreiungstheologie auf, die sich damals gleichfalls fast ausschließlich auf das Engagement für die Armen konzentrierte[24]. Diese Betonung des Ökonomischen und des Politischen war, und ist immer noch, richtig, weil sie wichtige strukturelle Wurzeln der Probleme berührt. Aber sie greift zu kurz, wenn die Armen auf eine rein ökonomische Kategorie reduziert und ihre tieferliegenden Identitäten ignoriert werden.

Nach Ablauf der 60er Jahre, des „Jahrzehnts der Entwicklungsideologie" („desarrollismo") und zeitgleich mit Puebla kam es im globalen Kontext zu einer Akzentverschiebung. Neue indigene Organisationen traten auf und gewannen zusehends an Einfluß, vor allem seit den 80er Jahren und 1992 innerhalb des günstigen Klimas im Zusammenhang mit dem 500. Jahrestag der Entdeckung (descubrimiento) und Verdeckung (encubrimiento) Amerikas.

In der zweiten Hälfte der 80er Jahre entdeckten die Befreiungstheologen in stärkerem Maße, daß sie ihrer klassischen Option für die Armen andere Perspektiven hinzufügen mußten, wie die Frauenfrage, die Sicht auf Rassismus oder die ethnischen Fragestellungen; Frauen, Schwarze und Indios sind Opfer anderer Formen von Unterdrückung und Ausgrenzung, die sich nicht auf die Klassenfrage reduzieren lassen. Aus diesem Grund begann das von *Leonardo Boff* geleitete Team, die umfangreiche Reihe „Teología y Liberación" in verschiedenen Sprachen[25] herauszubringen und von Beginn an spezielle Bereiche dieser Thematik zu widmen.

Die letzte Phase dieser Entwicklung fällt mit anderen Phänomenen der Neuordnung der Welt zusammen wie dem Sturz der kommunistisch ge-

---

[24] Es ist dennoch angebracht, daran zu erinnern, daß *Gustavo Gutiérrez* seine erste Ausgabe von „Teología de la liberación" (1971) sowohl einem Schwarzen als auch *José María Arguedas*, dem großen Wiederentdecker des kulturellen Reichtums der peruanischen Indios, widmete. Auf diese Weise konnte er zeigen, daß die Armen Perus auch Träger von ganz besonderen Kulturen waren.

[25] Deutsch: Bibliothek Theologie der Befreiung, Düsseldorf (A.d.Ü.).

nannten Regierungen Osteuropas, der damit zusammenhängenden Krise der reinen Klassenperspektive, dem Zusammenbruch sozialistischer Utopien und, gerade in jenen Ländern, der brutalen Wiederkehr der verdrängten Dimension in den ethnisch-nationalistischen Konflikten und Unduldsamkeiten. Sogar die wachsende Sorge um die Erhaltung der Umwelt hat die indigenen Völker wichtig werden lassen; man hat sie als diejenigen entdeckt, die es am besten verstehen, mit der Natur zu leben, ohne diese zu zerstören, weil sie ihnen heilig ist.

In den letzten Jahren sind indigene Bewegungen auf die Titelseiten der Zeitungen vorgedrungen: Die brasilianischen Indios haben es geschafft, ihre Rechte in der neuen Verfassung zu verankern; die CONAIE in Ekuador hat mehrere Aufstände und Streiks organisiert und das Land lahmgelegt; in verschiedenen Teilen Lateinamerikas sind indigene Gruppen auf massive Weise bis in die Hauptstädte marschiert; Chiapas hat die Aufmerksamkeit Mexikos und der ganzen Welt auf sich gezogen ...

Aufgrund dieses politischen Drucks der indigenen Organisationen und der oben skizzierten perspektivischen Veränderungen haben viele Staaten Lateinamerikas begonnen, ihre Verfassungen und Gesetze zu modifizieren und den indigenen Blickwinkel expliziter einzubeziehen. Auf internationaler Ebene formuliert die ILO ihre Konvention 169 über die indigenen Völker neu, und die UNO hat gar ein Jahrzehnt der indigenen Völker ausgerufen.

Wenn dem Indigenen und dem Ethnisch-Kulturellen eine so vorrangige Bedeutung zugemessen wird, dann ist es nicht erstaunlich, daß auch die Bischöfe Lateinamerikas in Santo Domingo dem Thema der Inkulturation einen so zentralen Stellenwert gegeben haben. Aber all diese Zusammenhänge dürfen nicht zu dem Schluß führen, die Kirche folge lediglich den gesellschaftlichen Entwicklungen. Die systematischen Treffen *Papst Johannes Pauls II.* mit indigenen Völkern bei jedem seiner Lateinamerikabesuche hatten schon viel früher prophetischen Charakter. Auch muß man sehen, daß das Entstehen vieler indigener Organisationen nicht der Anlaß für kirchliches Engagement in diesem Bereich ist, sondern erst durch dieses ermöglicht wurde.

Hierzu einige Beispiele: Im Urwald von Ekuador ging die Stiftung „Shuar" aus einem alten Internat der Salesianerpater hervor, und in der Andenregion Ekuadors wurde die Bewegung „Ecuarunari" auf Initiative verschiedener Priester gegründet - eine Entwicklung, wie sie sich auch in anderen Teilen des Landes abspielte. Und die Bewegung für eine verfassunggebende Versammlung in Brasilien besaß die entschiedene Unterstützung des CIMI. Der mexikanische Soziologe *González Casanova* (1995) bezeichnet die lange und lautlose Arbeit bestimmter Sektoren der Kirche in Chiapas, angeführt von *Bischof Samuel Ruíz*, im Sinne der Stärkung der indigenen Völker, einschließlich ihrer religiösen Zusammenschlüsse, als eines der grundlegenden Elemente für das Aufkommen der dortigen Bewegung.

V. Die indianische Theologie

Kehren wir zur Inkulturation von innen zurück. So wichtig auch die bis hierher beschriebenen Fortschritte gewesen sind, der bemerkenswerteste Meilenstein des letzten Jahrzehnts ist das Aufkommen einer indianischen Theologie, d.h. einer Reflexion des Glaubens durch die Indios selbst, ausgehend von ihrer eigenen Erfahrung und religiösen Kultur.

Zu einem großen Teil wurde diese Reflexion, von Entwicklungen und Ereignissen stimuliert, wie ich sie in den vorangegangenen Abschnitten aufgezeigt habe. Doch nach und nach gewann diese neue Form der Reflexion an eigenem Gewicht. Dabei handelt es sich nicht um eine Bewegung, in der Indios ohne Beziehung zu anderen Pastoralagenten oder den Kirchenhierarchien agieren würden; bei ihren Treffen treten letztere als Gäste, Beobachter oder sogar als Vortragende auf. Aber der entscheidende Punkt ist, daß die Indios dort das Wort führen: Sie sind Laien und Laiinnen, Ordensmänner und -frauen, Kleriker, Pastoren, einige von ihnen in theologischen Spezialgebieten oder in Missionswissenschaft ausgebildet, aber auch Schamanen oder traditionelle Priester der jeweiligen indigenen Völker.

1. Die regionalen Treffen

Wie immer sind die ersten Erfahrungen eher lokalen Charakters, und dabei ist es einfacher, Leute aus den Basisgruppen wie auch Schamanen oder andere traditionelle Fachleute einzubeziehen. Aber die Tatsache, daß die Bewegung bereits internationale und kontinentale Treffen organisiert, macht ihre Energie und Entwicklung deutlich.

Auf lateinamerikanischer Ebene, oder in Abya Yala, wie die indigenen Organisationen gerne sagen, gewinnt die indianische Theologie mit dieser Bezeichnung seit dem ersten kontinentalen Treffen 1990 in Mexiko, also zwei Jahre vor der Lateinamerikanischen Bischofskonferenz in Santo Domingo, an Bedeutung. 1993 fand ein zweites Treffen in Panama statt, und ein drittes ist für April 1997 in Cochabamba, Bolivien, geplant.

Im gleichen Zeitraum hat es andere Entwicklungen regionalen und lokalen Charakters gegeben. In den Andenregionen, die sich über fünf Länder erstrecken[26], sind dank der Unterstützung der „Ökumenischen Vereinigung der Dritte Welt-Theologen" (Asociación Ecuménica de Teólogos del Tercer Mundo, ASETT) bereits drei internationale Treffen zur andinen Theologie durchgeführt worden: in Chucuito (Peru, 1990), Viacha (Bolivien, 1992) und Quito (Ekuador, 1992). Gleichzeitig wurden für den Bereich der Maya, die in vier Staaten leben[27], regionale Veranstaltungen in Chiapas (Mexiko, 1991)

---

[26] Ekuador, Peru, Bolivien, Chile und Argentinien.
[27] Im Südosten Mexikos, in ganz Guatemala sowie in Teilen von Honduras und El Salvador.

und Chichicastenango (Guatemala, 1992) organisiert. Jede dieser breit angelegten Versammlungen wird in der Regel mittels vielzähliger lokaler oder binationaler Treffen und Aktivitäten vor- und nachbereitet, abgesehen von den ökumenischen Konsultationen, von denen ich bereits berichtet habe.

Vergleichbare Aktivitäten - die je nach Ort mehr oder weniger weit entwickelt und autonom sind - gibt es sicherlich auch in anderen indigenen Regionen Lateinamerikas. Im bolivianischen Chaco beispielsweise sind mehrere lokale Workshops zur, wie man dort sagt, *Teología Guaraní* durchgeführt worden, bei denen pastorale Mitarbeiter und *ipayes*, die traditionellen Priester der Guaraní, sehr gleichberechtigt auftraten.

2. Besonderheiten der indianischen Theologie

Nach den Worten ihrer Protagonisten besteht die indianische Theologie darin, „Rede und Antwort stehen zu können über unsere jahrtausendealte Hoffnung"[28]. Genau diese Formulierung zeigt, wie diese Theologen die uralte Inkulturation des Glaubens in ihren Kulturen wahrnehmen. Einer ihrer exponiertesten Vertreter, der zapotekische Priester *Eleazar López* drückt es wie folgt aus: „Was authentisch menschlich ist, ist auch authentisch christlich. Auf der Grundlage diese Prinzips vertreten wir den Standpunkt, daß eine authentische indianische Theologie ... auch eine authentische christliche Theologie ist. Und in der Konsequenz bedeutet dies, daß unsere Arbeit nicht darin besteht, sie christlich einzukleiden, sondern ihren tiefen christlichen Sinn aufzuzeigen ... Es geht um mehr: Für die Indios muß der christliche Glaube notwendigerweise aus dem indianischen Glauben hervorgehen. Denn wir gelangen nicht zum christlichen Gott dadurch, daß wir unseren Gott töten, sondern wir erkennen, daß er derselbe ist ... Und wenn wir uns dem christlichen Beitrag gegenüber öffnen, bedeutet das, ... unser Eigenes nicht zu verlieren, sondern es auf das Höchste zu potenzieren."[29]

Eine andere besondere Charakteristik der Theologie dieser kolonisierten Indios, die Arme unter Armen sind, liegt darin, daß die Theologie gleichzeitig eine und mehrere ist. Dies wird von *Eleazar López* selbst aufgeworfen, wenn er in seiner zweifachen Einführung zu den lateinamerikanischen Treffen im ersten Fall den Singular und im zweiten den Plural verwendet: „(Es ist) Theologie, und zwar im Singular, um die soziale Matrix zu bezeichnen, in der sie seit 1492 weiterentwickelt wurde. Die indianische Theologie ist ... eine Theologie der Unterdrückung. Eine Unterdrückung, die, da sie aus einer einzigen Quelle kommt und mit denselben Methoden arbeitet, uns Völker unterschiedlicher Kulturen schließlich im Schmerz verbrüdert hat."[30]

---

[28] Teología India 1 1991, 7.
[29] *Eleazar López* 1991, 14f.
[30] Ebd., 11.

Auf diesem Weg schließt sich die indianische Theologie unmittelbar der Befreiungstheologie an. Nicht ohne Grund war das Thema der letzten ökumenischen Versammlung in Quito (1995) die Frage, wie die indigene Reflexion und die pastorale Arbeit auf den Neoliberalismus zu reagieren haben. Aber es gibt zwei Nuancierungen: Erstens handelt es sich nicht um eine Reflexion anderer, die ihre Option für die Armen treffen[31], sondern um die Reflexion der armen Indios - um den Ausdruck von *Guamán Poma de Ayala* aufzugreifen. Zweitens sind es Arme mit ihren sehr konkreten und differenzierten Gesichtern und Träumen.

Daher kann auch *Eleazar López* (1994) akzeptieren, wenn von „indianischen Theologien" gesprochen wird, weil dieses „Rede-und-Antwort-stehen-Können über unsere jahrtausendealte Hoffnung" sehr viel tiefere Wurzeln in der Vergangenheit und Utopiehorizonte hat, die sich von Volk zu Volk unterscheiden, je nach seinen Erfahrungen mit der Natur, seiner Art von Kontakten mit anderen Völkern und tausend anderen Faktoren.

Wenn das Ziel der sozioökonomischen Befreiung die Gleichheit ist, dann besteht das der kulturellen Befreiung („das Eigene auf das Höchste potenzieren") darin, in diese Gleichheit den Respekt vor der großen Vielfalt zu integrieren, in der sich derselbe Glaube ausdrückt. Diese Theologie, oder diese Theologien, ist bzw. sind qua Definition zutiefst ökumenisch angelegt - dies vielleicht sogar innerhalb einer großen Fülle von Religionen und Traditionen, die in ihrem innersten Kern ein und denselben christlichen Glauben teilen.

Das Zeugnis eines anderen indianischen Theologen, des Kuna *Aiban Wagua*, drückt dies in sehr anschaulicher und schöner Weise aus. Als er von seinen theologischen Studien in Europa zurückkehrte, wurde er von seinem Onkel, dem traditionellen indigenen Priester der Gemeinschaft, des Verrates bezichtigt:

„Gott ist sehr groß, und wir können ihn nicht vollständig erfassen. Jedes Volk kennt einen Teil von Ihm. Und es ist wichtig, daß dieser Teil als etwas erhalten wird, das sich von den anderen unterscheidet, damit man, wenn alle unter den Völkern verstreuten Teile zusammengesetzt werden, zur vollständigen Wahrheit Gottes gelangt. Du hast als Kuna die Gelegenheit gehabt, Gott aus der Sicht eines Kuna kennenzulernen, und deine Aufgabe ist es, Ihn den anderen in dieser Weise zu vermitteln. Das hast du aber nicht getan. Du bist vielmehr auf die Suche gegangen nach anderen Teilen Gottes und hast damit den Teil geleugnet, den Er dir ursprünglich gegeben hatte."[32]

---

[31] Es ist bezeichnend, daß in dem Buch „Rostros indios de Dios" (*Marzal* u.a. 1989; vgl. *Schreijäck* [Hrsg.] 1992) der Reihe „Teología y Liberación" keiner der Autoren indigen ist. Alle fünf sind Jesuiten, davon drei spanischer Herkunft.
[32] Zitiert nach Mons. *Samuel Ruiz*, Teología india mayense, 1993, 139.

Innerhalb dieser Vielfalt indianischer Theologien finden sich bemerkenswerte, für uns ungewöhnliche methodologische Ähnlichkeiten. Ihre Reflexion ist außerordentlich kollektiv und kommunitär angelegt und selten mit einzelnen Namen verbunden. Sie ist ganzheitlich, ohne diese für die andere Theologie so typischen Einteilungen in Denkrichtungen oder gar Disziplinen. Ihre Logik bewegt sich auf den Pfaden des Konkreten und der mystischen und symbolischen Sprache, der Riten, Gesten, Bilder und Geschichten, der zyklischen Wiederholung, die aber trotzdem niemals gleich ist. Sollten wir angesichts dieser Alternative nicht auch unsere eigenen Definitionen von Theologie überdenken?

Die indianische Theologie steckt noch in den Anfängen. Auch weist sie Risiken und Herausforderungen auf[33], die noch klarer bearbeitet werden müssen. Nach meiner Meinung könnte das größte Risiko sein, daß sie sich auf einen indianistischen Fundamentalismus zurückzieht und dabei die oben skizzierte ökumenische Zielbestimmung vernachlässigt. Das beste Gegenmittel sind die bereits erreichten Fortschritte im Dialog miteinander und unter anderen. Aber wir haben es da mit einem zweischneidigen Problem zu tun: Ist nicht auch der Ethnozentrismus unserer eigenen Theologie und Kirchenlehre eine ernste Gefahr für die wahre und noch nicht erreichte Katholizität unseres Glaubens? Auch wir Nicht-Indios müssen uns von dieser indianischen Theologie befruchten lassen.

VI. Epilog: Die Reflexion der Andenbischöfe

Diese Befruchtung zeigt bereits erste Ergebnisse. Ein aktuelles Beispiel ist eine Gruppe von Bischöfen aus den Andenregionen Perus, Boliviens und Nordchiles, die mit der indianischen Theologie vertraut sind und sich einen eigenen Reflexions- und Informationsrahmen geschaffen haben. Ihnen geht es nicht um eine bischöfliche Bewertung der indianischen Theologie, um diese zu „läutern", sondern um ein vertieftes Engagement für die Quechua und Aymara.

Das zweite ihrer Treffen fand im März 1996 in Tacna, Peru, unter Beteiligung von zwei bolivianischen Bischöfen statt (von denen einer Vorsitzender der dortigen Bischofskonferenz ist), drei chilenischen sowie sechs peruanischen Bischöfen. Im Vorfeld hatte eine Gruppe aus den drei Ländern, bestehend aus einem Priester, einem Laien der Aymara, einem Quechua-Priester und zwei Anthropologen bzw. Theologen, eine Diskussionsvorlage zu verschiedenen Aspekten der andinen Kultur und deren theologischen Implikationen erarbeitet.

Zum Ende meines Beitrags möchte ich einige Stellen aus ihrem Schlußdokument, das in den jeweiligen Diözesen verteilt wurde, zitieren, denn sie

---

[33] Vgl. *López* 1994, 24-28.

zeigen, in welcher Weise die Inkulturation von innen auch eine verbesserte Inkulturation von außen, d.h. von den höheren Kirchenebenen aus anregen kann:

„Die offizielle Kirche repräsentiert die sogenannte ‚große Tradition' und die lokalen Beiträge der Volksreligionen die sogenannte ‚kleine Tradition', vor allem, wenn letztere aus Kulturen stammen, die sich von der europäischen Kultur sehr unterscheiden. Wenn diese Einschätzung zutrifft, dann bedeutet ‚katholisch': 1. Einheit in der großen Vielfalt lokaler Kulturen, 2. Eine Sprache mit einer großen Vielfalt an Dialekten, in der jeder Christ seinen Glauben in seinem lokalen Dialekt ausdrücken soll (*Casaldáliga*). Der christliche Glaube ist nur dann universal, wenn er sich in vielen ‚lokalen Religionen' ausdrückt ...

Die hier angesprochenen Prinzipien ... sind sicher alle mit dem Wort Gottes vereinbar, und häufig findet dieses in ihnen sogar seinen Ausdruck. Sie bilden den Hintergrund für die gesamte Evangelisierungsarbeit. Sie erleichtern sogar die Bearbeitung von Aspekten, die für gewöhnlich vergessen werden, wie z.B. das Aufeinanderbezogensein, die Beziehung zum Kosmos, die Vergebung durch die Gemeinde, die partizipative Liturgie und sogar der Sinn von Opfergabe und Opfer (der in der heiligen Messe auf eine ‚distanzierte Erklärung' beschränkt bleibt).

Es kann Zweifelsfälle geben. Die Grundhaltung eines Christen besteht darin, die Aufrichtigkeit und den guten Willen des Nächsten vorauszusetzen. Man muß zunächst von der Vereinbarkeit ausgehen, die Unvereinbarkeit muß erst bewiesen werden ...

Der Heilige Geist wirkt auch in den Anden, wo das Wort bereits Wurzeln geschlagen hat. Es gilt, diese andinen Vermittlungen in *Christus*, dem universalen Mittler (als dem Haupt), zusammenzufassen."[34]

Wie der verstorbene *Mons. José A. Llaguno*, Bischof von Tarahumara, bei der Vorstellung der Ergebnisse des ersten Treffens der indianischen Theologie sagte, „müssen wir mit der nötigen pastoralen Klugheit, aber auch mit der nötigen Kühnheit des Heiligen Geistes handeln". Die kühne evangelische Klugheit dieser Bischöfe und die aufrichtige, aber auch kühne und am Evangelium orientierte Reflexion dieser jungen indianischen Theologie mit ihren tausenden Gesichtern brechen neue Fenster in die Wände und bringen

---

[34] II Encuentro de obispos andinos 1996, 7f. In einem anderen Teil des Dokuments stellen die Bischöfe Überlegungen zu spezifischeren Vermittlungen an wie der *Pachamama* (Madre tierra, Mutter Erde) und den *achachilas* (Vorfahren), den Heiligen mit ihren heiligen Stätten und Pilgerfahrten, der Kokapflanze und den berauschenden Getränken, den Blutopfern oder der menschlichen Partnerschaft. Zur sozialen Bedeutung von Koka, die „mindestens so groß ist wie die des Brotes oder des Weins in mediterranen Kulturen", fragen sie: „Hat es einen Sinn, daß die offiziellen Meßfeiern die einzigen Feierlichkeiten sind, bei denen keine Koka konsumiert wird?" Ausgehend von der fundamentalen Bedeutung der Partnerschaft in den Andenregionen (und in der Bibel) fragen sie auch: „Würde nicht die Glaubwürdigkeit des Zölibats, sein Zeugnischarakter und seine prophetische Kraft wachsen, wenn er freiwillig wäre? In jedem Fall wird immer eine gute Erklärung zu geben sein, damit der Zölibat kein Gegenzeugnis wird." (9f)

frischen Wind in eine Kirche, deren Katholizität noch als unerledigter Punkt auf der Tagesordnung steht.

Qurpa, Jesús de Machaga, Mai 1996

Übersetzung: *Wigbert Flock*

CLODOMIRO ACUÑA SILLER

Inkulturation

Erfahrungen der Indianerpastoral in Mexiko

I. Einführung

1. Inkulturation als historisch-kultureller und als bewußter und gegenwärtiger Prozeß

Wann und wo auch immer es eine Beziehung zwischen Evangelium und Kulturen gegeben haben mag, wurde eine Auseinandersetzung zwischen der frohen Botschaft und dem Leben der Völker in Gang gesetzt, die man im Nachhinein als Inkulturation bezeichnet. Aber eigentlich ist Inkulturation etwas Unerbittliches. Heute sehen wir angesichts der Distanz zwischen Glauben und Leben die Notwendigkeit, diese Beziehung auf eine reflektierte und bewußte Weise anzugehen - und das ist das Neue. Ich möchte von der Erfahrung der Inkulturation in Mexiko in diesem doppelten Sinne sprechen.

2. Die verschiedenen Haltungen der Kirche angesichts der Kulturen und der historischen Inkulturation

Die Kirche ist immer Beziehungen zu anderen Völkern und Kulturen eingegangen, hat ihnen gegenüber aber nicht immer die gleiche Haltung eingenommen. Die Kirchenväter traten mit den griechischen und römischen Kulturen in einen Dialog, und das Ergebnis war eine neue Art und Weise, den Glauben zu verstehen und zu leben. Einige dieser Dialoge zwischen Glaube und Kultur sind in der Patristik aufbewahrt. Andere Spuren solcher Inkulturation finden wir bei den Apologeten. Gelegentlich war die Begegnung zwischen den Kulturen gewalttätig, wovon die *Summa contra gentiles* des heiligen *Thomas von Aquin* oder verschiedene Missionare des 16. Jahrhunderts in Amerika, Afrika und Asien Zeugnis geben[1].

---

[1] Natürlich gab es während der ersten Evangelisierung dieser Kontinente auch Dialoge, so z.B. bei *Montesinos, Las Casas, Sahagún, Motolinía, Mendieta, Ricci*, etc. Sie alle sind große Gestalten der Missionsgeschichte und der Kirche. Aber leider waren sie die Ausnahmen, so daß man die Evangelisierung dieser Epoche kaum als Dialog und Inkulturation bezeichnen kann. Sie versuchten wirklich zu inkulturieren, obwohl sie damit nur unzureichenden Erfolg hatten.

3. Rechtzeitige Erklärungen des Lehramtes über die
Kulturen und die Inkulturation

Die zeitgenössische Welt ist Zeugin einiger der größten menschlichen Kata-
strophen: der kulturellen und religiösen Intoleranz. Hegemoniale, aber auch
kleinere Gesellschaften haben ganze Völker überfallen, verachtet, sie lächer-
lich gemacht, marginalisiert oder Völkermord an ihnen begangen, nur weil
sie anderen Kulturen oder Religionen als denen der Herrschenden angehörten[2].

In diesem Kontext hat das - außerordentliche und ordentliche - Lehramt
der Kirche, sowohl aus der Sicht des Glaubens als auch aus einer gesellschaftlichen Perspektive, die Menschheit mit seinen Aussagen über den historischen, autonomen, relationalen, bereichernden und heilshaften Wert
der Kulturen aufzuklären versucht. Bereits seit dreißig Jahren insistiert die
Kirche darauf, daß der Glaube in eine dynamische und belebende Beziehung zu den Kulturen zu treten hat. Ihre Empfehlungen hat man jedoch in
den Sektoren, die für den pastoralen Dienst gegenüber den gläubigen Völkern entscheidend und real verantwortlich sind, nicht in ausreichendem
Maß umgesetzt. Wenn wir in den letzten dreißig Jahren die Einstellung der
Kirche zu den Kulturen ernstgenommen hätten, dann wäre die Situation der
Welt wahrscheinlich eine ganz andere. „Der Bruch zwischen Evangelium
und Kultur" - wie *Paul VI.* sagte - „ist zweifellos das Drama unserer Zeit-
epoche" *(Evangelii nuntiandi* 20).

4. Die Erfahrung der Dynamik der Kulturen in der
Indianerpastoral und anderen Pastoralbereichen

Anthropologisch und pastoral betrachtet ist die Evangelisierung in Mexiko
eine bedeutsame Tatsache, die ihren historischen Ursprung in der Verbindung von Schwert und Kreuz, von Konquista und evangelischer Zärtlichkeit
hatte. Das Evangelium wurde zum ersten Mal in einem *gewalttätigen Kontext*
verkündet, für den Menschen verantwortlich waren, die der gleichen Kultur
angehörten wie die Evangelisatoren. Trotzdem verstanden die Indianer die
grundlegende Intention und den zutiefst vermenschlichenden und heilbrin-
genden Sinn der frohen Botschaft. Indem sie sie in bewundernswerter Weise
in ihre jahrtausendealten kulturellen und religiösen Kategorien einbauten,

---

2   Der Fall der Sowjetunion z.B. veranschaulicht die desintegrierenden Folgen, mit denen man zu
    rechnen hat, wenn kulturelle und religiöse Verschiedenheit nicht berücksichtigt wird. Der euro-
    päische und nordamerikanische Rassismus könnte Situationen heraufbeschwören, die nicht aus-
    zumalen sind. Die Aggression gegen die Indianer und Afroamerikaner in Lateinamerika oder die
    Ereignisse in Bosnien oder Ruanda beispielsweise verweisen auf menschliche Verirrungen und
    Grenzsituationen, für die jegliche Beurteilungsgrundlage fehlt.

erfanden sie eine volkstümliche[3] Art, den christlichen Glauben zu leben, die die von der Kirche offiziell empfohlene Art der Teilhabe am Glauben überlagert oder ihr untergeschoben wird. Es gibt also einen enormen Reichtum der Volksreligiosität, aber die schizoide pastorale Einstellung dazu haben wir vielleicht noch nicht ausreichend analysiert. Denn die Volksreligiosität und die offizielle Religiosität sind zwei in einem Geist und einem Herz des Volkes engstens miteinander verbundene Formen des Glaubens.

5. Inkulturation, eine Theorie, die weiter ist als ihre Praxis

Sicherlich ist es eine unleugbare Tatsache, daß das evangelisierende und pastorale Angebot der Kirche bezüglich der Kulturen und der Inkulturation eine große Chance ist, den interkulturellen und intersozialen Stillstand der Menschheit zu überwinden. Aber es gilt auch festzuhalten, daß diese Lehre zur Zeit noch nicht auf allen Ebenen der Evangelisierung und des Glaubens auf vernetzte und flüssige Weise umgesetzt wird. Es gibt im Gegenteil Anzeichen dafür, daß sich die Kirche gelegentlich gegen diejenigen stellt, die sich der Aufgabe der Inkulturation stellen. Darüber hinaus ist etliches an der Lehre der Kirche so widersprüchlich, daß es zu Lähmung und Sprachlosigkeit führt[4].

II. Die Analyse der Kulturen in der Indianerpastoral

1. Die Kultur im ideologischen Block

Bis zum Zweiten Vatikanischen Konzil analysierten die Seelsorger weder den sozialen Kontext noch die Kulturen, in denen sie evangelisierten. Erst durch die Inspiration des Konzils und das Überdenken seiner Ergebnisse entdeckte man Ende der sechziger Jahre in Lateinamerika die Notwendigkeit, die soziale Wirklichkeit zu berücksichtigen, sie zu thematisieren und zu systematisieren, um auf sie von der Kirche her zu reagieren[5]. Die Analysen, die die Pastoral-Teams damals vorlegten, situierten die Kultur (und auch die Religion) innerhalb des ideologischen Blocks[6]. Die Träger der

---

3 Bei der Übersetzung von „popular" mit „volkstümlich" muß mitgedacht werden, daß sich dieses Begriffsfeld in Lateinamerika an der Achse von Autonomie und Fremdbestimmung ausrichtet (A.d.Ü.).

4 Damit meine ich beispielsweise viele Aspekte der Liturgie, wie sie in *Vicesimus annus* erwähnt sind und die dem Geist der Konstitution *Sacrosanctum concilium* und der Dynamik der Inkulturation zu widersprechen scheinen.

5 Dies wurde durch den Enthusiasmus von *Gaudium et spes* und durch dessen Methode und Gehalt und durch die neue Weise, sich der eigenen Welt zu nähern, hervorgerufen, die die lateinamerikanischen Bischöfe auf der Konferenz von Medellín 1968 zeigten.

6 Ich meine hier nicht ausschließlich den *Marxismus*. Auch andere Analysen näherten sich dem Thema der Kultur ebenfalls auf eine sehr begrenzte und oberflächliche Weise. Die verhängnis-

Evangelisierung kamen auf diese Weise, „gesellschaftlich gesehen", zu einer ziemlich negativen Einstellung gegenüber den Kulturen, insofern diese die gesellschaftlichen Systeme *legitimierten*, und die Indianer hegten den Verdacht, daß die Kirche mit neuen Worten und neuen Leuten in alte Zeiten zurückfiel. Aber wegen des kirchlichen Interesses an Fortschritt und sozialem Wandel schöpften die Indianer auch neue Hoffnung und hatten den Eindruck, daß man im Grunde doch neuen Zeiten entgegenging.

2. Die Kultur im Blick der Indianerpastoral als historische Kraft und Motor des Sozialen

Ziemlich schnell wurde uns in der Indianerpastoral bewußt, daß die in den Teams sehr verbreitete Analyse der Kultur die Wirklichkeit der indianischen Völker nicht ausreichend erklärte[7]. Viele pastoralen Mitarbeiter hatten erfahren und erkannt, daß die Kulturen der *Motor des Widerstandes, des Überlebens, des Kampfes und der Präsenz* der indigenen Völker sind. Wir spürten die Notwendigkeit, die sozio-ökonomische Analyse um eine Analyse zu ergänzen, die die Kulturen aus der Perspektive der Anthropologie einbezieht, um eine Analyse, die über das Wesen der Kulturen in ihrer dynamischen Wirklichkeit, in ihrer Bedeutung für die Zugehörigkeit, die Identifikation und die soziale und historische Kraft der Völker Aufschluß geben kann. Dieser Schritt ist keineswegs leichtgefallen. Ja, viele meinten sogar, die Indianerpastoral sei im Begriff, gegenüber jener an vorderster Front kämpfenden Pastoral fahnenflüchtig zu werden, die in Mexiko eine Umkehr der Gesellschaft als Annäherung an das Reich Gottes suchte[8].

3. Die Kultur: essentielles und strukturelles Element des sozialen und religiösen Lebens

Nach dieser methodologischen Entdeckung sahen wir die Notwendigkeit, die Kulturen sowohl in ihrem gegenwärtigen Zustand als auch deren Wur-

---

vollsten waren die moralisierenden Analysen, die die sozialen Fakten in zwei Bereiche trennten: die positiven und die negativen. In der Praxis kann man feststellen, daß, während die Pastoral-Teams den ökonomischen, familiären, sozialen, den Erziehungs- und den ideologischen Aspekten mehrere Seiten in diesen Studien widmeten, die Kultur und die Religion gerade einmal in einigen Absätzen auftauchten. Entweder waren es Fakten, die selbstverständlich und bekannt waren; oder man wollte sie nicht zur Sprache bringen, weil man dafür keine Methode hatte oder weil sie umstandslos in das Ideologische einzubeziehen waren.

[7] Auf dem Treffen von Xicotepec, das von *Bischof Samuel Ruíz* 1970 einberufen wurde, hoben sich die Analysen der Indianer deutlich von denen der Bischöfe, der pastoralen Mitarbeiter und der Anthropologen ab. Vgl. dazu: Indígenas en polémica con la Iglesia, Mexiko 1970, CENAMI.

[8] Es hat immer Leute gegeben, die öffentlich verkündet haben, daß diejenigen, denen die Kulturen ein pastorales Anliegen bedeuten, *romantische Anthropologen* seien, die den pastoralen Prozeß in Lateinamerika aufhielten.

zeln und ursprüngliche Elemente zu studieren, auf die sich die gegenwärtigen Erfahrungen der Völker stützen und aus denen sie sich nähren. Danach mußten wir diese Erkenntnisse in Seminare und Werkstätten übertragen. Später begann sich die Basis der Indianer mit einem anderen Anliegen an uns zu wenden: Es ging um die Wiedergewinnung des historischen Gedächtnisses und der kulturellen Identität. Die Indianer spürten die massive Gefährdung durch die Kommunikationsmedien, die in aggressiver Weise die herrschende Kultur als historisches und zukunftsweisendes menschliches Ideal darstellten. Die indianischen Völker, die durch diesen Prozeß der Pastoral und der Evangelisierung gingen, entwickelten eine sehr klare Vision von ihrem Wesen und ihrer Aufgabe in der Geschichte und in der Kirche. Sie wurden auf eine ganzheitliche Weise mit neuem Leben erfüllt.

III. Der Prozeß der Inkulturation in der Indianerpastoral

Die Inkulturation muß innerhalb eines Gesamtverständnisses gesehen werden, das den Prozeß der Inkulturation unter den indigenen Völkern von seinem Ursprung in der ersten Evangelisierung bis in die heutige Zeit umfaßt.

1. Die Mission im 16. Jahrhundert

Zuallererst muß daran erinnert werden, daß sich als Prinzip der Mission in Mexiko ein Verständnis durchsetzte, nach dem die Indianer *kein Subjekt der Mission* sein konnten, weil sie nicht als menschliche Personen angesehen wurden[9]. Dieses Verständnis war äußerst nützlich, um ihre *Ausbeutung* in den Minen, den Encomiendas[10] und beim Aufbau der Infrastruktur zu rechtfertigen. Nachdem der Streit über ihre Vernunftbegabtheit ausgefochten war, tröstete man die Indios über die Desaster der Konquista hinweg, indem man ihnen das Reich Gottes im Himmel versprach, da ja *Christus*, der leidende Gottesknecht, wie sie gewesen sei[11]. Und dann kam jene Sternstunde, eingeläutet von Bischof *Vasco de Quiroga*, in der das utopische Projekt der Integration der Ureinwohner als voll berechtigte Mitglieder in die koloniale Welt entwickelt wurde[12]. Dies verlangte *Vasco de Quiroga* ein hohes Maß an Solidarität und Brüderlichkeit ab und trug ihm den indiani-

---

9   Erinnert sei nur an die ganze Literatur über den gerechten Krieg gegen die Indios, die aus den Federn solcher Intellektueller wie *Ginés de Sepúlveda* floß.

10 Die Encomienda ist eine in der Ideologie des Patronats verbrämte Form der Übertragung der Verfügungsgewalt über Indianer an die Soldaten der spanischen Eroberer (A.d.Ü.).

11 Diese missiologische Position, die in sich einen Fortschritt gegenüber der vorherigen war, hat viele Zeugnisse in den Bildern vom leidenden *Christus* hinterlassen, die im 15. und 16. Jahrhundert entstanden sind.

12 Es war die Erfahrung, die in Pátzcuaro ihren Anfang nahm und die in vielfältiger Weise bis in unsere Tage reicht.

schen Ehrentitel „Tata" (Vater) ein. Am bekanntesten ist wohl der befreiende Einsatz von *Bartolomé de Las Casas* für die Menschenrechte und die menschliche Würde der indigenen Völker. Schließlich verstand der Franziskaner *Johannes van Techt*, daß die Indianer das Evangelium nicht akzeptieren und leben würden, wenn sie nicht ihre eigenen Evangelisatoren wären. Und inmitten dieser Errungenschaften der Welt, der Mission, des Evangeliums und des Glaubens siedelt sich die Arbeit der Lehrer des Kollegs von Santa Cruz de Tlaltelolco an (die ersten waren Europäer, dann kamen bald Indianer hinzu). Hier erweckte man das großartige antiideologische, kulturelle und religiöse Erbe zu neuem Leben, das sich in den Schriften wie der „Historia de las Cosas de la Nueva España" und dem „Dialog der Zwölf"[13] befindet und das den Zugang für viele andere öffnete, wie z.B. den Mythos der fünften Sonne, die Annalen von Cuahtitlan, die toltekisch-chichimekische Geschichte, die Beschreibung der Stadt und Provinz von Tlaxcala usw. Inmitten dieses Panoramas des Lebens und des Kampfes erscheint die Jungfrau von Guadalupe, und die Bekehrung der Völker dieses Kontinents beginnt. Die Jungfrau von Tepeyac ruft die Indianer zum Leben nach dem Evangelium von ihrer je eigenen Geschichte, ihrer Kultur und ihrem Glauben her. Auf diese Weise verwob sich die missionarische Arbeit von Indios und Evangelisatoren mit der Geschichte, der Kultur und dem tausend Jahre alten Glauben der Völker dieses Teiles des Kontinentes zu dem, was man heute befriedend den „volkstümlich-indigenen Katholizismus" nennt. Das Christentum Mexikos war geboren.

2. Inkulturation: ein abgeschlossener Prozeß?

Die Lebendigkeit des indianischen Christentums ist offensichtlich. Es stellt die lebendigste religiöse Kraft dieser Region dar. Deswegen darf man berechtigterweise davon ausgehen, daß sich das Christentum *schon inkulturiert hat* und die Aufgabe einer Inkulturation obsolet geworden ist. Dies ist aber nur in einer Hinsicht richtig. Die Volksreligiosität der Indianer ist ein inkulturiertes Christentum, sogar ein neues, eigenes, autochthones Christentum. Aber dieses indigene Christentum hat jahrhundertelang gelebt, im permanenten Kampf gegen eine im Untergrund aggressive Pastoral; es hat eine eigene Dynamik, die niemals wirklich begriffen wurde; man ließ es neben dem offiziellen Christentum existieren. Die Inkulturation als bewußte Aufgabe der Kirche dagegen, wie beispielsweise bei den Kirchenvätern, ist eine bis heute immer noch unerledigte und angesichts der früheren Versäumnisse dringende Aufgabe.

---

13 Werke, die *Fr. Bernardino de Sahagún* ausgehend vom Wissen indianischer Informanten aus drei verschiedenen Gegenden zusammentrug.

3. Die Lebendigkeit des Glaubens in der Kultur der Kirche
und in den Kulturen der Völker

Wenn wir von Inkulturation in der Indianerpastoral sprechen, meinen wir eine Inkulturation zwischen verschiedenen Kulturen[14]. Inkulturation heißt für die Pastoralagenten etwas anderes als für das glaubende Volk. Es handelt sich um verschiedene Aufgaben und Verantwortlichkeiten von jeweils anderem Gewicht. Worin bestehen diese Unterschiede?

a) Die Verantwortlichkeit der Evangelisatoren

Die Evangelisatoren, die einer anderen Kultur angehören als die Comunidades, mit denen sie arbeiten, müssen deren Sprache sprechen, sich in deren Leben, Wesensart, Charakter, Traditionen und Gebräuche einfügen[15].

Einpflanzung und Schicksalsgemeinschaft

Das, wozu uns *Paul VI.* aufgefordert hat, nämlich das Schicksal der Anderen als unser eigenes anzunehmen[16], ist das Element, in dem die Einpflanzung gipfelt. Dies eröffnet Dimensionen der Inkulturation, die nicht nur aus interkulturellen Beziehungen bestehen, sondern auch soziale Beziehungen im Sinne von Förderung, Befreiung und Spiritualität umfassen.

Absolute Notwendigkeit für die Inkulturation: eine integrale Pastoral

Es gehört in der Indianerpastoral zum Grundverständnis, daß eine Inkulturation, die eine wirkliche Inkulturation sein will, die Schicksalsgemeinschaft mit dem Volk und integrale pastorale und evangelisatorische Dienste erfordert, die alle Dimensionen des täglichen Lebens einschließen: das Soziale, das Kulturelle und das Religiöse. Alles andere wäre keine wirkliche Inkulturation. Es wäre anthropologistische Pastoral, eine bloße Befriedigung des Interesses an den unglaublich anziehenden indianischen Kulturen. Häufig orientiert sich die Pastoral an Modellen, die sich bei anderen Völkern bewährt haben. Integrale Inkulturation dagegen bedeutet, daß die ganze Dynamik der ökonomischen, der sozialen und politischen Förderung, der Befreiung und der Reflexion des Glaubens sich an dem Sinn auszurichten hat, den die Kulturen der Völker eben diesen Dimensionen geben. Wenn dies

---

[14] Selbstverständlich muß die Aufgabe der Inkulturation erfüllt werden, auch wenn die Kultur von Evangelisatoren und Evangelisierten die gleiche ist. Auf jeden Fall gilt festzuhalten, daß, selbst wenn die Evangelisatoren und Evangelisierten in der gleichen Kultur leben, die Subkultur der Evangelisatoren nur selten mit der der Evangelisierten, für die sie arbeiten, übereinstimmt. Aufgrund ihrer religiösen Erfahrung, ihrer Bildung, ihrer Spiritualität usw. entwickeln die Evangelisatoren eine Subkultur, die mit den anderen Subkulturen der Evangelisierten in Beziehung tritt.

[15] Dieses beschreibt *Johannes Paul II.* klar in *Redemptoris missio* 52-54.

[16] *Evangelii nuntiandi* 21; vgl. *Redemptoris missio* 53.

nicht gegeben ist, wird jede Organisation, jede Erziehung, jeder religiöse Ausdruck früher oder später eine aufgezwungene Sache sein, die eher anderen Interessen als denen der Comunidades dient und die sie bald aufgeben werden. Daß Inkulturation es erreichen muß, die sozialen Strukturen zu transformieren, hat *Paul VI.*[17] mit gleicher Deutlichkeit wie später *Johannes Paul II.*[18] gesagt. So, wie die Kulturen dem ganzen Leben der Völker Sinn geben, so muß auch die Inkulturation das ganze Leben der Völker erreichen.

b) Das Leben des Evangeliums in den Kulturen

Das Vorhergehende, erinnern wir uns, bezog sich auf die Formen bewußter und gegenwärtiger Inkulturation, wie sie von Teilen der Urbevölkerung und ihren Evangelisatoren angestrebt wird. Aber es gibt noch eine andere Inkulturation, eine historische, eine viel realere, die langsam und in langwierigen Prozessen in den letzten Jahrhunderten von den Ureinwohnern entwickelt wurde. Um sie geht es im folgenden.

Die neue Dynamik der Kulturen in der Mission und der Pastoral

Die Inkulturation, wie sie von CENAMI[19] begonnen wurde, versuchte, den oben erwähnten Erfordernissen und Elementen gerecht zu werden. So gingen indianische Comunidades in der integralen Planung ihrer Aktionen dazu über, Kommissionen einzusetzen, die aus indianischen und nicht-indianischen Mitgliedern bestehen und die die Aufgabe haben, über den Erfolg der Aktionen zu wachen. Vor allem diejenigen Kommissionen, die Aufgaben bezüglich der Kultur, der Wiedergewinnung der historischen Erinnerung und der kulturellen Identität, der Theologie und Spiritualität übernommen hatten, haben eine bemerkenswerte Entwicklung durchgemacht. Einige ihrer erwähnenswerten Resultate sind folgende:
- Die Comunidades verfügen über Konsumgenossenschaftsläden.
- Sie stellen ihr Grundnahrungsmittel, die Tortilla, selbst her und verkaufen es.
- Sie haben eigene Produktionsstätten und Handelsgesellschaften für den Export von Produkten, der bisher in den Händen von Zwischenhändlern lag.

---

[17] Vgl. *Evangelii nuntiandi* 19.
[18] Vgl. die verschiedenen *Reden an die Urbevölkerung* während seiner apostolischen Reisen.
[19] CENAMI ist das Nationale Unterstützungszentrum für Indianermission. Seit Mitte der sechziger Jahre dient es den indianischen comunidades des Landes. (Im folgenden bleibt der spanische Begriff „comunidades" unübersetzt, um die im deutschen mitgegebene, für die Indianer aber unangemessene romantische und völkische Konnotation des Begriffes „Gemeinschaft" zu vermeiden. A.d.Ü.) Fünfzehn Jahre lang, bis 1987, war es das Exekutivsekretariat der bischöflichen Kommission für die Indianer bei den mexikanischen Bischöfen.

- Sie haben Sekundar- und Landwirtschaftsschulen eröffnet, in denen ihre eigene Geschichte, Kultur, Sprache und ihre Traditionen im Zentrum der Lehrpläne für die Jugendlichen stehen.
- Sie haben eigene theologische Reflexionen auf der Basis ihrer Erfahrungen entwickelt.
- Sie haben religiöse Räume so umgestaltet, daß sich in ihnen ihr eigenes kulturelles Leben und die eigene Erfahrung von Transzendenz ausdrükken können[20].

Die Volksreligiosität ist schon Inkulturation des Evangeliums

Wenn man vom religiösen Leben der Völker reden will, wie es sich von deren eigener Kultur aus verwirklicht, eignet sich bestens der Begriff, den *Paul VI.* benutzte: „Religion des Volkes" *(Evangelii nuntiandi* 48). Seit 1976 wurden eine Unmenge von Seminaren durchgeführt, um sie zu beschreiben, zu analysieren, um die sie betreffende Lehrmeinung der Kirche kennenzulernen, um den kulturellen Sinn zu finden, den sie in sich trägt, um Methoden zu entwickeln, die Religion des Volkes zu evangelisieren, ihre Theologie und Spiritualität zu erkennen, um den rituellen, symbolischen Gehalt ihrer Feiern zu bestimmen und den christologischen und mariologischen Glauben zu enthüllen, den sie in sich trägt, um zu verstehen, wie das Volk in seinen praktischen Vollzügen und in seinen Forderungen als Volk lebt und schlußendlich, um sichtbar zu machen, wohin diese religiöse Erfahrung überhaupt führt. Das Bemerkenswerteste an diesen Arbeiten ist die Entdeckung, daß all diese religiösen Felder nichts anderes sind als die Inkulturation des Evangeliums in das Herz, in die Wurzeln, die Einstellung, den Sinn und den Lebenshorizont der indianischen Völker. Die Religionen der indianischen Völker sind das europäische Christentum des 16. Jahrhunderts und des darauffolgenden, inkulturiert in die Traditionen und tausend Jahre alten religiösen Wurzeln dieser Menschen. Diese Inkulturation war zuerst mit einer Technik des Verheimlichens verbunden, später mit Strategien des Widerstandes, des Überlebens und der Planung von alternativen Lebensformen. Und genaugenommen haben sie sich nicht nur die Möglichkeit bewahrt, ihre lebendige Transzendenz auszudrücken, sondern auch ihre Identitäten belebt. Das, was uns der Päpstliche Rat für den Interreligiösen

---

[20] Es ist ratsam, darauf hinzuweisen, daß all diese Prozesse gefährdet sind, auch wenn einige von ihnen schon seit Jahren im sozialen, kulturellen und religiösen Gesamtzusammenhang des Landes ablaufen. Denken wir z.B. an den Angriff der neuen religiösen Bewegungen, die sich der Kultur entgegenstellen; denken wir auch an die Repression gegen indianische Organisationen, die die Fortschritte zunichte macht etc. Daraus ergibt sich natürlich eine Herausforderung an die Gesellschaft, die bisher nicht angemessen in Angriff genommen wurde. Genau hier siedelt sich die Arbeit einer inkulturierten Evangelisierung in einem umfassenderen Rahmen gemeinsamer Pastoral an.

Dialog[21] zeigt, daß nämlich die traditionalen Religionen trotz ihres Kontaktes zum Christentum ein Rekurs sind, um den Glauben in schwierigen Situationen des Lebens auszudrücken, illustriert gut diesen inkulturierten Sinn, den die Religion des Volkes hat. Gleichzeitig tragen die indianischen Religionen, wenn man sie gemeinsam mit den Wegen der frohen Botschaft *Jesu*, wie sie in den vier Evangelien kanonisiert sind, untersucht, viel für das Verständnis der Dynamik der Inkulturation bei.

Die Inkulturation von heute: ein neuer Abschnitt

Die Inkulturation ist also keine beliebige Art und Weise der Evangelisierung, die man akzeptieren könnte oder nicht. Seit die Dynamik der Inkulturation die griechische und die lateinische Kultur evangelisiert und das Evangelium hellenisiert und latinisiert hat, ist eine lange Zeit ohne Inkulturationen vergangen, wenn man einmal von einigen durchaus bemerkenswerten Ausnahmen absieht[22]. Das Lehramt der lateinamerikanischen Bischöfe, die sich in Puebla versammelt hatten, formuliert diesbezüglich eine erhellende Aussage: Die Volksreligiosität ist eine aktive Form, in der das Volk sich ständig selbst evangelisiert[23]. *Johannes Paul II.* selbst lehrt uns, daß die Volksreligiosität Elemente in sich trägt, die „sehr wohl dazu dienen könnten, die Geheimnisse *Christi* und seine Botschaft besser kennenzulernen"[24]. Es handelt sich, so sagt er, darum, die Präsenz und das Handeln *Christi* und seines Evangeliums besser erfahrbar zu machen. Für Mexiko heißt dies, daß es schwierig ist, das Christentum ohne die Volksreligiosität zu verstehen, und daß es gleichzeitig unmöglich ist, die Volksreligiosität ohne das Christentum zu verstehen.

Die Bedeutung der heutigen Inkulturation für die Kirche

Heute ist die Inkulturation ein besonders drängendes Erfordernis. Für uns könnte die Inkulturation sogar zu einer Frage des Überlebens werden. Der einzige Ort, an dem das Evangelium überleben kann, ist der Sinn, den die Kulturen ihm im Leben der Völker geben. Das jahrhundertelange Desinteresse der offiziellen Evangelisierung an den Kulturen hat ein starkes Defizit hinterlassen. Heute nehmen wir den ursprünglichen Weg wieder auf. Die unlösbare Verbindung zwischen dem Evangelium und der Förderung der Humanität[25] ist ebenso grundlegend wie die Beziehung zwischen Inkultura-

---

[21] Vgl. Päpstlicher Rat für den Interreligiösen Dialog/Kongregation für die Evangelisierung der Völker, Dialog und Verkündigung. Überlegungen und Orientierungen zum Interreligiösen Dialog und zur Verkündigung des Evangeliums Jesu Christi (Verlautbarungen des apostolischen Stuhls 102, hrsg. vom Sekretariat der Deutschen Bischofskonferenz), Bonn 1991.

[22] Hier lohnt eine eingehendere Beschäftigung mit dem Christentum der slawischen Völker, der koreanischen und südwestindischen Christen.

[23] *Puebla* 450.

[24] *Catechesi tradendae* 54.

[25] Vgl. *Evangelii nuntiandi*; *Redemptor hominis*.

tion und Evangelisierung. Insofern hat die Inkulturation für die Kirche wesentliche Bedeutung.

IV. Ergebnisse der Inkulturation in der Indianerpastoral

1. Das wirkmächtige Auftauchen der indianischen Völker: ein neues historisches Subjekt

Die indianischen Völker Lateinamerikas sind vom Widerstand zum planvollen Auftreten übergegangen. Auf allen Ebenen machen sie Vorschläge: zur Ökologie, zur Ökonomie, zum Sozialen und Politischen, zur Erziehung, zum Kulturellen und Religiösen[26]. Bei verschiedenen Treffen, Werkstätten und Aktionen sprechen die Ureinwohner von ihrer gegenwärtigen Situation, die sie zu einem neuen historischen Subjekt in den Arenen der Welt macht[27]. Es handelt sich dabei um Aktionen, die alle von der indianischen Geschichte und Kultur her entwickelt wurden, obwohl einige Vorschläge dazu aus ganz anderen Zusammenhängen stammen.

2. Die ökonomischen Szenarien der Inkulturation

Das Wichtigste, was die Ureinwohner im sozio-ökonomischen Bereich erreicht haben, ist der Aufbau einer alternativen Volksmedizin, die auf der traditionellen indianischen Medizin basiert und unzählige Elemente aus anderen kulturellen Bereichen[28] inkorporiert[29]. Wir haben schon die Tortillerí-

---

[26] Ein Beispiel dafür ist das kürzliche Auftauchen der indianischen Theologie. In einem weitergefaßten Rahmen ist die verbindende Wirkung zu sehen, die die Bewegung der zapatistischen Ureinwohner in Chiapas erreicht hat. Ihre Runden Tische, die zu einer Institution der Legislative geworden sind, haben im ganzen Land bei vielen anderen indigenen Gruppen, die durch pastorale Prozesse, wie den der „500 Jahre" oder andere gegangen sind, ein Echo hervorgerufen. Sie haben ihrerseits andere soziale, politische und kulturelle Sektoren nicht nur im Land selbst, sondern auch im Ausland mobilisiert. In der ganzen Welt ist die Indianerpastoral bekannt, die Teil der neozapatistischen Bewegung ist. Die EZLN hat auf ihrem mehr als zweijährigen Weg Zeichen der Inkulturation in ihren Methoden, ihren Vorschlägen und ihrer Grundeinstellung gezeigt. Sie hat sich von einer bewaffneten Bewegung zu einer Instanz des Dialogs und der nationalen Erneuerung und des Friedens gewandelt.

[27] Seit 1992 liegt die internationale Charta der Rechte der Indianer vor, die bis heute in der Hauptversammlung der Vereinten Nationen wegen der Passagen, die sich kritisch mit dem derzeit weltweit herrschenden Modell des neoliberalen Kapitalismus auseinandersetzen, nicht diskutiert worden ist. An der Ausarbeitung dieser Charta waren Ureinwohner aus allen Kontinenten beteiligt.

[28] Zum Beispiel die Heilkunst der Bauern, die Homöopathie, die „microdosis" (die Verabreichung von aus Pflanzen und Tieren gewonnenen Heilextrakten), die Temperaturregulierung. Alles ist in einem System praktischer Fortbildung organisiert, dessen Entwicklung auf einer genauen Analyse der nationalen Gesundheitssituation beruht: Es gibt Diagnosen und Therapien für Magen-Darm-Kranke, an den Atmungswegen Erkrankte, für Frauen, Arbeiter etc. Gesundheitspromotoren wachen in ihren jeweiligen comunidades über die Gesundheit. Außerdem führen sie Ausbil-

as und die Lebensmittelläden erwähnt, die umsichtig von Männern und Frauen betreut werden, die keinerlei Entlohnung für ihre Arbeit erhalten. Sie arbeiten auf der Basis traditionaler Verpflichtungen, die demjenigen, der solche Hilfe gewährt, Ansehen verleiht. Ein anderes Beispiel der Inkulturation im sozio-ökonomischen Bereich ist die Wiedereinführung indianischer Produktionsweisen, die auf der Basis traditionaler Formen gemeinschaftlicher Arbeit[30] weiterentwickelt wurden und bei denen in ökologischer Weise nicht nur für den Eigenbedarf und für den Handel zwischen den Comunidades und verwandten Organisationen, sondern auch für den freien internationalen Markt[31] produziert wird.

3. Soziale Errungenschaften der Inkulturation

Traditionellerweise sind die sozialen Beziehungen, die die Ureinwohner zu anderen Gruppen im Land unterhalten, sehr asymmetrisch. Aber seit einiger Zeit beziehen sie sich nachdrücklich und auf zunehmend wirksame Weise wieder auf ihre traditionalen Organisationssysteme. So führte die Stärkung ihrer Versammlungen zur Gründung von indianischen Komitees zur Verteidigung der Menschenrechte, zur Verteidigung der Gemeinschaftsrechte, Organisationen für die Menschenrechte der Kinder, zur Verteidigung der Naturressourcen usw. Die Reform des Artikels 40 der mexikanischen Verfassung mußte eine Ergänzung vornehmen, die besagt: Die mexikanische Nation hat eine plurikulturelle Zusammensetzung, die in ihrem

---

dungsprogramme für Multiplikatoren durch, um ihr Wissen anderen Gegenden verfügbar zu machen.

[29] Das heißt, eine Medizin, die ihrem eigenen Körper „einverleibt wird".

[30] So zum Beispiel „téquio" (Náhuatl-Sprache, im Spanischen trabajo = Arbeit, eine Form unentgeltlicher Arbeit zum Wohl der comunidad ohne Gegenleistung; der Begriff ist im heutigen Mexiko und Zentralamerika weit verbreitet, A.d.Ü.), „mano vuelta" (ebenfalls eine Form unentgeltlicher Arbeit, die aber im Falle der Notwendigkeit zur Erwiderung verpflichtet, A.d.Ü.), „gozona" (diese spezielle Form unentgeltlicher, gemeinsamer Arbeit ist in einen festlichen Rahmen eingebettet; sie existiert vor allem bei den Zapoteken in Oaxaca, A.d.Ü.). All diese Institutionen erlauben es, über die unentgeltliche Arbeitskraft der übrigen Mitglieder der comunidad verfügen zu können, und dies verleiht der Arbeit ein unvorstellbares Maß an Rentabilität angesichts der derzeitigen Bedingungen des Weltmarktes. Gleiches gilt für das „trueque", bei dem die Waren ohne die Vermittlung von Geld (d.h. ohne Vermittlung eines allgemeinen Äquivalentes oder Tauschwertes, sondern unter Berücksichtigung des Gebrauchswertes) getauscht werden. So gibt es einen Regionalmarkt, auf dem während der Morgenstunden durch diesen „trueque" nur zwischen den Ureinwohnern gehandelt wird, während nachmittags der „tiánguis" gilt: Der Markt wird für die Geldwirtschaft und für alle Menschen geöffnet. (Náhuatl-Sprache: „tiánquez = Markt. Obwohl dieser „tiánguis" nach den Regeln des Geldmarktes funktioniert, trägt er viele Charakteristika traditionaler indigener Strukturen wie des „trueque" in sich. Diese Formen des Austauschs, die vielerorts, so zum Beispiel in Michoacán, existieren, können bezüglich Produktivität und Qualität durchaus mit den Anforderungen des modernen Marktes mithalten, A.d.Ü.)

[31] Diese Erfahrungen begannen mit dem Kaffee, der in vielen comunidades in Monokultur angebaut wurde. Danach kamen Grundnahrungsmittel wie Mais und Bohnen dazu und zuletzt Hibiskus und kunsthandwerkliche Produkte.

Kern aus den indianischen Völkern besteht. Das Gesetz wird die Entwicklung ihrer Sprachen, ihrer Kulturen, ihrer Sitten und Gebräuche, ihrer besonderen Formen der sozialen Organisation unterstützen und fördern und wird ihren Mitgliedern den tatsächlichen Zutritt zur staatlichen Jurisdiktion garantieren. In den Gerichtsverfahren und Rechtsstreitigkeiten um Land, in denen sie beteiligt sind, werden in einem gesetzlich zu regelnden Rahmen ihre eigenen juristischen Praktiken und Gebräuche berücksichtigt werden[32].

4. Politische Ergebnisse der Inkulturation

Die Gesundheits-, Landwirtschafts- und Produktionsprogramme, die Förderung des zwischengemeinschaftlichen Handels, des Exportes, die Stärkung ihrer traditionalen Organisationen, ihr politisches Handeln und ihre Organisation für die Wahlen gemäß ihrer Sitten und Gebräuche, hat die indianischen Comunidades nach und nach gestärkt. Heute ist die politische Opposition in Mexiko enorm gewachsen. Vor zwölf Jahren, als das Einparteiensystem stabilisiert wurde, waren von den zweiundneunzig oppositionellen Kommunen mehr als achtzig indianisch. Auch wenn sich ihre Anzahl proportional verringert hat, sind sie bis heute in absoluten Zahlen gewachsen. Fälle politischer Ungerechtigkeit im indianischen Gebiet sind bedeutsam geworden und rufen Forderungen nach Reformen auf nationaler Ebene hervor. Einige indianische Kommunen haben erreicht, daß alle Autoritäten aus ihren eigenen indianischen Reihen stammen[33]. Es gibt sogar zwei Kommunen, die über mehrere Wahlperioden ihre Triumphe zu wiederholen vermochten.

5. Die kulturellen Szenarien der Inkulturation

Dies ist eines der Felder, auf dem die indianischen Völker ihre Präsenz am weitesten entwickelt haben. Bei allem, was sie unternahmen, haben sie Interesse an der eigenen Geschichte und Kultur gezeigt. Fast alle Pastoral-Teams mußten ihren Comunidades Werkstätten für Kultur anbieten. Es gibt Anzeichen dafür, daß bei der nächsten Volkszählung die Anzahl der Indianer höher sein wird, als ihre Geburtenrate vermuten ließe. Denn wegen der

---

[32] Diario Oficial de la Federación, 28.1.1992 (vergleichbar dem deutschen Bundesgesetzblatt, in dem alle neuen Gesetze veröffentlicht werden, A.d.Ü.). Diesem Grundgesetz fehlt noch das Ausführungsgesetz. Aber die Diskussion hat die indianischen Völker wachsen und reifen lassen. Vorschläge, Ergänzungen, Redaktionen und Modifikationen wurden in sämtlichen Foren und auf verschiedenen Ebenen entwickelt. Es ist möglich, daß der gegenwärtige Dialog zwischen der Regierung und dem nationalen Befreiungsheer der Zapatisten alles bisher Erreichte übertrifft, zumal es in diesem entscheidenden Moment für die Reformen in Mexiko erörtert wird.

[33] Diese paradigmatischen Situationen sind zwar wegen des nationalen Kontextes von Reform und Repression momentan insgesamt fragil. Aber genau diese Situation ist gleichzeitig ihre enorme Stärke.

intensiven Wiederentdeckung indianischer Identität[34] werden es immer mehr, die sich als Indianer bezeichnen. Von mal zu mal gibt es mehr Ureinwohner, die ihre Kultur wertschätzen, die stolz auf sie sind, die sie verteidigen und in ihr eine Quelle für Alternativen finden.

6. Die religiösen Szenarien der Inkulturation

a) Die autochthonen Kirchen

In Mexiko gibt es keine einzige autochthone Kirche. Es sind ausschließlich Ortskirchen, was von der *transplantatio ecclesiae*, wie sie im 16. Jahrhundert eingeführt wurde, herrührt. In autochthonen Kirchen gibt es einen einheimischen Klerus; dort sind die Strukturen eigene, die Reflexion über den Glauben wird in den Kategorien und in der eigenen Denkart des Volkes geführt, und die Glaubensfeiern werden in Worten, Zeichen und Symbolen der eigenen Kultur durchgeführt. Dies alles geschieht in Kontinuität mit den kulturellen und religiösen Traditionen, die die gläubigen Völker von ihren Vorfahren geerbt haben[35]. Es ist tatsächlich offenkundig, daß die Ureinwohner einerseits verschiedene Dimensionen ihres Lebens inkulturiert haben, obwohl sie sich gleichzeitig gezwungen sahen, nach anderen kulturellen Kategorien zu leben[36], dies andererseits in bezug auf ihr kirchliches Leben nicht geschafft haben. Es war die Pastoral der Kirche, die sie motiviert hat und die das Umfeld der Inkulturation begünstigt hat. Doch die Strukturen scheinen noch nicht für die Flexibilisierung und Vernetzung bereit zu sein, die das Entstehen autochthoner Kirchen ermöglicht.

---

[34] Es wird behauptet, daß diese Situation auf die EZLN zurückzuführen sei, die viele Menschen zusammengeführt habe, die sich in einer kulturellen Anomie befunden hätten. Dies soll nicht bestritten werden, aber genauso wenig kann man die anderen Fakten, von denen wir gesprochen haben, negieren. Die beiden Tatsachen widersprechen sich nicht, sondern verstärken sich.

[35] Vgl. *Ad gentes*, 6, 16; *Johannes Paul II.*, Seid Lenker eures eigenen Fortschritts. Ansprache an die Indios in Latacunga (Ekuador), in: *ders.*, Predigten und Ansprachen Johannes Paul II. bei seiner sechsten Pastoralreise nach Lateinamerika vom 26. Januar bis 6. Februar 1985 (Verlautbarungen des Apostolischen Stuhls 61, hrsg. vom Sekretariat der Deutschen Bischofskonferenz), Bonn 1985, III, 4,1.

[36] Die in den vorhergehenden Absätzen vermerkten Tatsachen bezüglich des ökonomischen, des sozialen, des pädagogischen und kulturellen Lebens, in dem die Ureinwohner ihren Kulturen entsprechend eine Führungsrolle übernommen haben, verstehen wir als Ergebnis der Inkulturation. Denn dies alles wird aus Gründen des Glaubens verwirklicht, als Antwort auf das, was die comunidades als Plan Gottes für die Menschheit verstehen.

b) Autochthone Liturgie

Es ist bereits angedeutet worden, daß viele liturgische Gegenstände genauso wie einige religiöse Räume[37] schon inkulturiert sind[38]. Wir erinnern uns mit Freude daran, daß einige Comunidades den Umbau von Seitenschiffen und Hochaltären vornahmen und sich dabei an der herausragenden Architektur orientierten, die sie beim Besuch einer ehemaligen Stadt ihrer Vorfahren kennengelernt hatten[39].

c) Indianische Theologie

Am stärksten hat sich die indianische Reflexion des Glaubens inkulturiert. Sie wiederum trieb die indianische Theologie hervor[40]. Diese theologische Produktion bietet einerseits von den überlieferten kulturellen Traditionen her Reflexionen über den Plan Gottes an (indianisch-indianische Theologie); andererseits existiert eine Theologie über den christlichen Glauben, die auf die den Indios eigenen Kategorien, ihren Sinn und Horizont des Lebens zurückgreift (indianisch-christliche Theologie). Es scheint so zu sein, daß diese Theologie in den oberen Rängen der kirchlichen Hierarchie einige Besorgnis hervorruft[41]. Wir glauben, daß die indianische Theologie als eine Möglichkeit gefördert und verstärkt werden muß, immer mehr Zugang zu der unendlich großen Zahl von Antworten zu bekommen, die der Glauben geben kann.

---

[37] Wir erinnern den Fall einer comunidad, die auf ihrem Territorium archäologische Spuren ihrer Vorfahren entdeckte. Man nahm diesbezügliche Untersuchungen vor, restaurierte einige Gebäude und benutzte den Ort für die eigenen Liturgien. Die Feier der Liturgie ist christlich und völlig indianisch.

[38] Gemeint ist nicht der Gebrauch indianischer Objekte, der sich an abendländischen Denkvorstellungen orientiert, sondern derjenige Gebrauch, der eng an den Sinn geknüpft ist, den diese Objekte in der jeweils eigenen Kultur haben.

[39] Hierbei handelt es sich um keinen unbedeutenden Anachronismus, sondern um eine Notwendigkeit, die Gegenwart und das Handeln *Christi* von ihren Ursprüngen her auszudrücken. Was sie dann ohne die vorherige Erlaubnis der entsprechenden Autoritäten durchführten, ist später von Anthropologen und von ihrem eigenen Bischof gelobt worden. Man dachte immer, daß sie bei diesen Arbeiten beraten worden seien. Aber der einzige Beistand, den sie besaßen, war ihre eigene Erfahrung.

[40] Es hat bereits zwei lateinamerikanische Treffen, sechs Treffen für das Maya-Gebiet, zwei für die andinen Gebiete und viele andere gegeben.

[41] Dies haben uns in brüderlicher Weise einige Bischöfe unseres Landes und anderer Teile Lateinamerikas anvertraut. Sie haben Kommentare, Anzeichen und Signale erhalten, die sie diesbezüglich warnen.

V. Zusammenfassung: Von der Inkulturation zur Enkulturation

1. Die Inkulturation ist noch kein Paradigma

Möglicherweise existieren verschiedene Definitionen dessen, was ein Paradigma sein kann. Für uns ist ein Paradigma die Gesamtheit ausformulierter Ideen, die in die Praxis übertragen werden und sich dynamisch und bereichernd auf diese Praxis auswirken und dadurch wiederum sich selbst verändern, so daß sie zu einem Handlungsmodell werden. Nach dieser Definition ist Inkulturation noch kein Paradigma: Die Erfahrungen sind noch begrenzt, und sie stößt auf Schwierigkeiten in der Praxis und auf ideologische und ethnozentrische Hindernisse. Man wird das Paradigma der Inkulturation von der Inspiration des Lehramtes und der Anthropologie, von der Praxis und vom Leben her entwickeln müssen, mit dem die Indianer dem Gott des Lebens antworten wollen.

2. Einstweilen werden Elemente der bewußten Inkulturation in der Volksreligiosität und der offiziellen Religion der Völker gelebt

Sicherlich ist angesichts des Unerbittlichen der Inkulturation als interkultureller Beziehung und wegen der unbefriedigten Sehnsucht, Gott in jedweder Situation zu antworten, die Volksreligiosität immer schon eine Abfolge von Inkulturationen. Diese Inkulturationen fanden in einem dramatischen Kontext statt, von dem wir ja schon gesprochen haben. Angesichts der neuen Position des Lehramtes bezüglich dieser Praxis, angesichts der Lehre über die Inkulturation und angesichts des Wunsches der Kirche nach der Begegnung mit den Kulturen, läßt sich die Volksreligiosität vielerorts durch Elemente der Inkulturation bereichern. Man entdeckt in den Praktiken dieser Religionen deren profunden christlichen Gehalt und verstärkt ihn mit neuen Elementen, realisiert sie in anderen Räumen und setzt sie direkt mit christlichen Liturgien in Beziehung.

3. Die Kultur der Globalisierung bedroht die Kulturen und die Inkulturation

Allerdings darf die enorme Gefahr nicht ignoriert werden, die die gegenwärtige Kultur planetarischer Globalisierung für die Inkulturation bedeutet. Ein Ideologe des Neokapitalismus[42] hat behauptet, daß das Ende der nichtkapitalistischen Ideologien das Ende der Geschichte signalisiert habe. An-

---

[42] *Francis Fukuyama*, Das Ende der Geschichte, München 1992.

dere, die besser beraten[43] sind, bieten ihren Traum von einer einzigen Kultur, nämlich der eigenen, als Ideal an. Wer sich gegen solche ideologischen Angriffe nicht verteidigt, reiht sich in das Heer der Verfechter des globalen Monokulturalismus ein, die sich vor der Verschiedenheit entsetzen und mit Gewalt gegen sie vorgehen. Die Inkulturation bedarf ökonomischer, sozialer, pädagogischer, politischer und religiöser Räume, in denen die Verschiedenheit die Luft ist, die man zum Atmen braucht und das Lebenselexier der Gemeinschaftlichkeit und der Erfahrung des Glaubens ist.

4. Inkulturation vollzieht sich langsam auf den Wegen der kulturellen Identität

Trotz allem können wir festhalten, daß die meisten indianischen Völker in Mexiko und auf dem ganzen Kontinent die Inkulturation als ein eigenes Element zu sehen beginnen, daß ihnen Lebenssinn gibt. Das heißt, sie übernehmen es als Teil der eigenen Kultur. Gleiches machen viele pastorale Mitarbeiter. Und das Thema gehört bereits zum Alltagswortschatz der Pastoral, der Bischöfe und Roms. Das verdeutlicht, daß wir uns in einer neuen, insgesamt vorteilhaften Situation befinden. Und auch wenn sie manchmal voller Widersprüche steckt, ist sie eine Situation, die wir schützen und vertiefen und an dem einen und vielfältigen Sinn orientieren müssen, den das Geheimnis der Menschwerdung des Gottessohnes in der Geschichte der Menschheit und aller Menschlichkeit hat.

5. Das gelebte Evangelium als Sinn des Lebens

Wenn sich das Evangelium inkulturiert, dringen seine Methoden, sein Gehalt und das Leben *Christi* in die Wurzeln, ins Zentrum und pulsieren im Herzen der Kulturen. Dann gehört das Christsein zu dem Sinn, den die Völker ihrem Leben geben, und es wird zu einem wesentlichen Element der Identität. Auf diese Weise christianisieren sich die Kulturen, und das Christentum erwacht zu neuem Leben. Der kirchlich-pastorale Prozeß der Inkulturation ist dazu bestimmt, langsam in einen kulturell-anthropologischen Prozeß der Enkulturation überzugehen.

Übersetzung: *Michael Ramminger*

---

[43] Die flüchtigen Berichterstatter der Zeitungen, der kulturellen Programme, der Fernsehsender und Satellitennetze, die konservativen Herausgeber usw.

JORGE LACHNITT SDB

Evangelisierung und Praxis des Glaubens in den indigenen Kulturen

In meinem Beitrag möchte ich in groben Zügen skizzieren, wie die Salesianermissionare in Mato Grosso in Brasilien ihr Vorhaben in die Praxis umsetzen, das Evangelium bei den Xavante-Indianern zu inkulturieren; und ich werde einige Fragen stellen, die sich aus diesem evangelisierenden Tun ergeben. Ich gestehe gleich, daß ich keine großen Ergebnisse oder Antworten zu bieten habe, denn wir wissen nun einmal, daß wir trotz jahrelanger Anwesenheit unter den Xavante noch ganz am Anfang eines Prozesses in Richtung auf die Inkulturation des Evangeliums stehen.

I. Einige bereits geschehene Schritte in der Inkulturation des Glaubens

Die Xavante-Kultur weist ein komplexes System der Initiation neuer Generationen auf, und diese Komplexität zeigt sich sowohl im sozialen wie im religiösen Bereich. Versuchen wir also, die christliche Initiation diesem System anzunähern.

Das Initiationssystem der Xavante realisiert sich im Durchgang durch drei Etappen, deren jede mehrere Jahre dauert. Väter und Paten haben ebenso wie jede Gruppe eine ganz klar definierte Stellung und Verantwortung. Das heißt: Im Evangelisierungsprozeß muß der Inhalt des christlichen Glaubens durch dieses System vermittelt werden; nur auf diesem Wege können wir echte Ergebnisse erzielen.

So ist eine christliche Initiation mit einer eigenständigen Methode zur Einführung der Katechumenen in die Glaubenslehre entstanden. Besondere Bedeutung kommt in dieser Methode der katechetischen Feier zu. Wenn ein katechetischer Kurs stattfindet, nehmen alle bereits voll initiierten Christen daran teil. Dabei wird aber nicht Theorie gelehrt, sondern Praxis, indem nämlich die benötigten Beispiele aus dem Christenleben genommen werden. Das verlangt natürlich, daß die Katechumenen und Taufpaten, die bereits die letzte Etappe der Initiation erreicht haben, ein Leben führen, das mit den Lehren, die sie weitergeben wollen, in Einklang steht.

Die Xavante bewahren voller Stolz ihre Muttersprache und sprechen sie vorbehaltlos auch vor Fremden. Man muß also die Bibel und die liturgischen Texte unter vorrangiger Beteiligung der Indianer übersetzen. Leider sprechen nur wenige von ihnen Portugiesisch, und diese wenigen kennen die Sprache nicht besonders gut; so kommt es zu Schwierigkeiten bei der Übersetzung. Missionare, die die Stammessprache beherrschen, sind ihrerseits rar. Um eine Passage übersetzen zu können, bemühen sich die Xavante zuerst einmal, sich ihren Sinn insgesamt zu vergegenwärtigen. Dann stellen sie eine Liste von Wörtern auf, deren Verständnis ihnen Probleme bereitet. Die Missionare, die dabei mittun, müssen natürlich bibelkundig sein und Portugiesisch können. Der dritte Schritt ist dann ihre Sache, aber damit ist es nicht getan. Denn die Ältesten und die Vertreter einer gegenteiligen Meinung müssen mit der Übersetzung einverstanden sein. Und das führt nicht selten zu neuerlichen Diskussionen über den biblischen Diskurs und seine Interpretation. Mit den liturgischen Traditionen verfährt man auf dieselbe Weise. Ein Beispiel kann den Vorgang verdeutlichen: Um die Akklamation „Geheimnis des Glaubens!" zu übersetzen, bedurfte es mehr als eines Monats; am Ende stand die Formulierung: „Hier ist der Ort (das Objekt), an dem (mit dem) man den Glauben erkennt!"

Im September beginnt man mit den Gesprächen über die Feier der Geburt des Herrn, und nach dem Weihnachtsfest beginnt die Diskussion darüber, wie das nächste Osterfest zu begehen ist. Ort der Diskussion ist der Ältestenrat, der sich im Dorfzentrum versammelt und in dem alle, ob Christen oder nicht, vor allem aber die Betagteren, Rederecht haben.

In Momenten wie diesen stoßen die Xavante zum Sinn wichtiger Aspekte unserer Katechese vor. So haben sie beispielsweise den Sinn der Auferstehung *Christi* voll erfaßt und ihm Ausdruck verliehen in einem eigenen Ritus, der das neue Leben nach dem Durchgang durch die Erfahrung der Präsenz des Bösen feiert. Mit seiner Feier stellt dieser Ritus für die Gemeinde Leben, Heil, Frieden und Lebensfreude wieder her: „Jetzt entdecken wir, daß *Christus* der Gemeinde wirklich neues Leben schenkt!" lautet ihr froher Ruf. Wir stehen hier vor einer neuen Weise, Tod und Auferstehung *Christi* von der traditionellen Religion der Xavante aus und in ihrem Rahmen zu interpretieren.

Doch im Laufe dieses Prozesses treten Herausforderungen auf. Einige von ihnen werde ich im folgenden beschreiben. Abschließend werde ich einige wichtige theoretische Fragen formulieren, mit denen wir Missionare uns auseinandersetzen müssen und die nicht leicht zu beantworten sind.

II. Einige Probleme in der Erfahrung mit den Xavante

Der Erstkontakt der Xavante mit den Missionaren und der „zivilisierten" Welt ist zwar relativ frisch (er datiert von 1953 und 1956), trotzdem haben sie noch eine Missionierung vorkonziliaren Stils erlebt, und die ersten Ausdrucksformen ihres Glaubens entsprachen ganz dem traditionellen römischen Ritus. Gleichzeitig aber hielten sie an ihren stets sehr expressiven und markanten Riten und Traditionen fest. Sie gehen nicht in Opposition zum christlichen Glauben, aber sie leben ihn parallel zu ihrem Leben als Indigene.

In der Folge und als Folge des Zweiten Vatikanischen Konzils haben die Missionare einen Prozeß der Infragestellung und der schrittweisen Erneuerung durchgemacht, in dem der CIMI, der Indianische Missionsrat, entscheidenden Einfluß ausübte. Schritt für Schritt und mit viel Geduld hat man begonnen, eine neue Art der Evangelisierung, der Katechese, der Einführung ins christliche Leben zu erarbeiten und Erfahrungen mit einer Liturgie auf dem Wege der Inkulturation zu machen. Dieser Prozeß war und ist Ursache von Konflikten: unter den Missionaren, zwischen den Missionaren und den Indigenen und unter den Indigenen selbst.

Heute können wir freilich, Gott sei Dank, über die Inkulturation des Evangeliums, der Katechese und der Liturgie im Kontext eines geduldigen und gelassenen Dialogs diskutieren.

Die Xavante lehnen jedwede Trennung zwischen einem Gott der Christen und einem Gott der Indigenen ab: „Gott ist ein und derselbe für alle", erklären sie kategorisch (ich kann allerdings nicht abschätzen, inwieweit die christliche Katechese dazu beigetragen hat, daß sie zu dieser Aussage gelangt sind).

Unser Gottesbegriff unterscheidet sich von dem der Indigenen; doch soviel scheint immerhin klar: Sie haben eine monotheistische Religion, in der Gott als Schöpfer (dapoto'wa) gilt und sein Sohn (da'ra) vor allem in den Riten handelt und in ihnen repräsentiert wird. Allerdings dürfen wir den Da'ra und den Gottessohn *Jesus Christus* nicht miteinander verwechseln, da ihre jeweiligen Konzeptionen sich erheblich unterscheiden. Einstweilen läuft die Evangelisierung parallel zu diesem ursprünglichen Glauben des Xavante-Volks, und die Indianer selbst sagen ganz klar, sie seien Christen, wenn sie zur Messe gehen, und Xavante, wenn sie im Dorf unter sich sind. Wir haben es also mit zwei deutlich unterschiedlichen Realitäten zu tun.

In der Vergangenheit ist der originäre Glaube der Xavante unterdrückt worden, da die Missionare ihnen eine völlig neue Auffassung brachten, die jede andere mögliche Glaubensquelle als die ihre ausschloß. Heute dagegen ermuntern die Missionare die Indianer, ihren Stammesglauben und ihre traditionellen Riten beizubehalten, von denen nicht zuletzt das Überleben des Stammes abhängt. „Wenn der Wai'a (ein zentrales und nahezu wöchentlich gefeiertes religiöses Ritual) am Ende ist, dann ist auch das Volk der Xavante am Ende", sagen sie mit voller Überzeugung. Die Xavante identifizieren sich mit der Feier dieses grundlegenden Ritus, der sie von Nichtinitiierten und Nichtindigenen unterscheidet.

Aus diesem ganzen Befund resultiert eine neue Frage von fundamentalem Gewicht, die sich folgendermaßen formulieren läßt: Verlangt die Verkündigung des Evangeliums, wenn auch auf lange Sicht, die Beseitigung diese Stammesrituals, oder ist es möglich, dafür zu arbeiten, daß es erhalten bleibt, und seinen Wert für das christliche und das liturgische Leben anzuerkennen?

Wenn dieser Ritus für das Leben und Überleben des Volkes so wichtig ist, wenn er die Grundlage und der Grund für seine Existenz ist, wenn er die ganze Samstagnacht hindurch bis zum Anbruch des Sonntags gefeiert wird, müssen sich die Indianer fragen: Ist es denn notwendig, daß die Christen noch eine Messe feiern, die bloß eine halbe Stunde dauert? Genügt denn nicht der Ritus der Xavante? Angesichts dieser Fragen stehen wir Missionare ziemlich ratlos da; eine offizielle Antwort können wir ihnen nicht geben.

Interessant ist ein Blick zurück in die Heilsgeschichte des Alten Testaments, und ebenso nützlich könnte es sein, sie mit der Geschichte der Xavante zu konfrontieren, die ihrerseits ebenfalls ein tief religiöses und mythisches Gepräge aufweist. Das Alte Testament erweckt die Geschichte der Xavante zu neuem Leben, und diese finden sich darin wieder. Da erwacht die Frage: Wenn die Geschichte des auserwählten Volkes des Alten Testaments so wichtig ist, wird dann die Geschichte der Xavante verzichtbar oder allenfalls zu einem schwachen, bedeutungslosen Hauch? Das Denken des *Paulus* und die Missionstheologie von heute schaffen zwar eine gewisse Öffnung, doch die Praxis unserer Evangelisierung tendiert dazu, alle Menschen zu behandeln, als hätten sie keinerlei religiöse Geschichte oder Gotteserfahrung und als wären sie darauf angewiesen, daß wir ihnen alles verkündigen: nicht nur *Jesus Christus*, sondern ein ganzes Paket abendländischen Christentums.

Die christlichen Xavante, vor allem die in der Zeit vor dem Konzil konvertierten, haben den Glauben an *Christus* zusammen mit einer von den Missionaren vermittelten traditionellen Praxis angenommen; und sie haben es ernsthaft und aufrichtig, aber eben doch in Parallele zu ihren alten Überzeugungen getan. Dieser Parallelismus ist ein Schutz für ihre eigene Originalität, die es ja, wie manche Alte sagen, zu wahren gilt. Er ist eine Haltung, die das unantastbare Erbe schützt, das jeder Stamm - und nicht nur die Christen - sein eigen nennt und an dem nicht manipuliert werden darf. Aber dieser Parallelismus läßt sich auch als Ausflucht für ein geringeres Engagement verstehen, die den Glauben an *Christus* vom wirklichen Leben und von den wahren Problemen fernhält.

Wir suchen einen Weg echter Inkulturation, der die reiche und gehaltvolle Kultur des Stammes respektiert. Der Dialog ist eröffnet, doch es gibt gewisse Engpässe, die ausweglos scheinen. Wäre es in einer autochthonen Kirche möglich, das reiche Erbe eines Volkes zu bewahren und zugleich die Neuheit des Evangeliums von *Jesus Christus* zum wahren Kriterium für das Wachstum im ancestralen Glauben und für die Unterscheidung im Blick auf die originäre Kultur und Religion zu machen? Wie ist auf dieses Problem zu antworten?

„Die ‚Weißen' denken viel nach. Aber warum so viel Theologie, wenn die Riten so kurz und so arm sind?" Müssen die Indios wirklich soviel Lehre in sich aufnehmen, um Christen sein zu können? Müssen sie wirklich auch die Theorien von manchen Gruppierungen und Theologen kennen, die im Lauf der Geschichte aufgetreten sind, heute aber für diese Ethnie so gut wie keine Bedeutung haben? Müssen die Kandidaten für das Ordensleben und für die Dienstämter wirklich all das wissen, um zugelassen zu werden? Würde nicht eine entsprechende Ausbildung auf dem Feld der Arbeit und des kulturellen Lebens genügen? Die Indianer werden von den Weißen immer noch diskriminiert. Warum bürdet man ihnen ein so schweres Joch auf, daß nicht einmal die „weißen" Christen zu tragen vermögen? Ja, muß man überhaupt Portugiesisch sprechen, um Christ sein zu können, nur weil die Missionare die Sprache der Indigenen nicht beherrschen?

Das Evangelium kann in jeder Kultur gelebt werden, sei sie modern oder auch „primitiv", römisch oder nichtrömisch. Jede Kultur hat ihre Geschichte und ist die Frucht einer konkreten menschlichen Lebensoption, die sich in den geschichtlichen, geographischen und sonstigen Kontext jedes Volkes einfügt. Im Rahmen jeder Kultur läßt sich die Person identifizieren als Glied einer bestimmten Ethnie, die sich zwar von allen anderen unterscheidet, aber von ihrer eigenen Identität ausgehend mit ihnen in Kontakt treten kann. Diese Identität findet und konzentriert sich vor allem in der Religion einer Ethnie und schafft sich in Mythen und Riten Ausdruck. Ich meine, daß diese Identität durch die Verkündigung des Evangeliums konsolidiert, geläutert und erhöht werden kann und muß. Doch leider sehen sich die Kulturen von Minderheiten gezwungen, die Identität der majoritären Kulturen anzunehmen; das geht so weit, daß sie genötigt werden, im Namen der Gemeinschaft mit den anderen Kirchen eine neue Sprache zu übernehmen. Das sorgt in den jungen Christengemeinden Lateinamerikas, zumindest Brasiliens, für Irritationen.

III. Einige besondere Herausforderungen

Jede Kultur, auch die jeder indigenen Minderheitsethnie, besteht in einem erstaunlich komplexen und in sich kompletten Gefüge. Doch manche offizielle Verlautbarungen scheinen diese anthropologische Grundtatsache nicht zugeben zu wollen: In ihnen wird das Evangelium zusammen mit einer angeblich christlich-universalen Kultur verkündigt. Wenn die andere, die heidnische Religion vielleicht einen gewissen Wert hat, kann dieser übernommen, geläutert und auf eine höhere Stufe gehoben werden. Der Rest muß verschwinden. Doch eine Kultur, die evangelisiert werden soll, kann man nicht einfach zerschneiden, denn sie ist ein Ganzes: Wenn man das Unkraut ausreißt, vernichtet man auch den Weizen. Zudem spricht aus einer solchen Betrachtungsweise immer auch eine negative Sicht der Religion des anderen, da sie nämlich nicht in Rechnung stellt, daß jedwede Kultur als Lebensentwurf einer Ethnie positiv ist.

Ich habe Missionare erlebt und erlebe nach wie vor Missionare, denen es in erster Linie darum geht, „die Heiden ein christliches Leben zu lehren"; sie geben sich alle Mühe, damit ihre Schüler Fortschritte machen und sich entwickeln. Man kann ihnen eben nicht *Jesus Christus* verkündigen und sie zugleich in Frieden leben lassen. So mancher junge Missionar unterscheidet sich kaum von den alten, vor allem dann nicht, wenn er sich anschickt, eine indigene Minderheit zu missionieren, die doch „so arm und rückständig" ist. Was ihm fehlt, ist die Erfahrung, daß auch der Missionar lernen muß, als Christ zu leben, während er das Evangelium verkündet. Solche Leute wollen nur geben, geben, geben ... Und vergessen darüber, daß sie auch empfangen müssen.

Wie schwer ist es, wichtige - christliche oder nichtchristliche - Werte einer anderen Kultur zu akzeptieren! Ich glaube, daß wir uns ohne weiteres darauf einlassen können, einiges mit den Indigenen zu teilen. Da ist zum Beispiel der gegenseitige Respekt, mit dem die Indianer debattieren und der zur Folge hat, daß jeder seinen Gedanken ausführen darf, ohne unterbrochen zu werden. Es muß auch möglich sein, einen Verwandten, Kollegen oder Freund zu verteidigen, selbst wenn er einen Fehler gemacht hat, und dergleichen mehr. Solche und andere christliche Werte, die die Indigenen besitzen, stellen so hoch entwickelte Lebensalternativen, ja Alternativen christlichen Lebens dar, daß sie neue Lösungen liefern können für brennende Probleme und Situationen, die nach Evangelisierung verlangen. Doch von wenigen Ausnahmen abgesehen, kann ich nicht erkennen, daß dieser neue Weg beschritten würde.

Die im römischen Ritus vorgesehenen Anpassungen der Liturgie sind im Rahmen lateinischer Kulturen leichter zu vollziehen. Doch wenn man sie Kulturen andient, die der abendländisch-lateinischen völlig fremd sind, scheinen sie nur Flickwerk zu sein, ohne Verbindung und Abstimmung mit der Kultur, in der das Ostermysterium gefeiert wird. Zwischen diesen beiden Polen - dem österlichen Geheimnis, das da begangen wird, und der Kultur, in der es sich ausdrückt - ist der römische Ritus angesiedelt, der einen echten Ausdruck des Mysteriums vom Glauben einer jeden Ethnie her erschwert, wenn nicht gar unmöglich macht.

Es scheint, als wären wir genötigt, kulturelle Modelle aus dem römischen Bereich zu wiederholen - in Kulturen, in denen diese Modelle ohne jede Ausdruckskraft, ja vielleicht sogar fehl am Platze sind. Es kommt hinzu: Wenn es darum gehen soll, den Prozeß der Inkulturation des christlichen Glaubens in minoritären Kulturen zu legalisieren, bedarf es großer Anstrengungen, und es gibt noch nicht einmal eine Erfolgsgarantie. Andererseits erwachsen die Inkulturation des christlichen Glaubens und ihr Ausdruck in der Liturgie ganz natürlich aus der Annahme des Glaubens, der bei den Indianern in der Regel wenig oder gar nicht rationalisiert ist. Das kann ich mit Gewißheit sagen, denn ich habe selbst festgestellt, daß die Xavante ihre überlangen Riten fast ganz ohne Reden oder gesprochene Kommentare feiern.

Ich komme zum Schluß: Die hier herangezogenen Beispiele stammen aus einer Ethnie. In Brasilien gibt es aber zweihundert Ethnien mit insgesamt etwa 300.000 Indigenen, gewiß eine im Vergleich mit den andern lateinamerikanischen Ländern verschwindend kleine Zahl. Jede von ihnen folgt ihrem eigenen Weg, jede von ihnen ist ein Sonderfall. Pluralität ist in Brasilien charakteristisch für die Pastoral der Ureinwohner. Im übrigen sind in Brasilien alle Ethnien Minderheiten. Trotz alledem gibt es Perspektiven, die hoffen lassen, daß diese Minderheiten überleben.

Ich freue mich über die Fortschritte der inkulturierten Evangelisierung, aber ich bin bekümmert, wenn ich die zahlreichen und enormen Schwierigkeiten von seiten der Kirche sehe, einer Kirche, die sich zu den Völkern, die zu evangelisieren sie behauptet, erst noch bekehren muß.

Übersetzung: *Michael Lauble*

SR. REBECA LEE SPIRES

Identität - Glaube - Kulturen - Inkulturation

„Wir tragen einen Schatz in irdenen Gefäßen" (2 Kor 4,7)

Eine Geschichte aus alter Zeit, als die Tiere noch redeten

Es war einmal eine große Versammlung der Tiere. Sie kamen von überall her, um sich zu treffen und zu beten, um den Großen Geist, den Schöpfer und Erhalter des Lebens zu erkennen und mit ihm zu sprechen. Da sie meinten, es könnte mehrere Tage dauern, brachte jeder in einem Tontopf etwas zu essen mit. Es gab alle möglichen Arten von Töpfen: bemalte, mit Henkeln, mit Deckel, ohne Deckel, runde, ovale, mit Bildern und ganz schlichte. Allein die Tongefäße zu betrachten, war ein Fest für die Augen.

Sie begannen zu beten und nachzudenken, aber vom Großen Geist keine Spur. Die Zeit verging. Man bekam Hunger. Jeder setzte sich allein hin und aß für sich. Der Jaguar hatte nur Fischmehl dabei, die Cutia[1] nur Pfefferkörner, der Kaiman nur Tucupi[2], der Affe nur Mehl, der Hirsch hatte nur Wasser mitgebracht, usw. Jeder stillte seinen Hunger, und dann beteten sie wieder und dachten nach. So machten sie es drei Tage lang. Schließlich waren sie es leid, zu warten und immer dasselbe zu essen und begannen sich übereinander zu ärgern. Sie zweifelten sogar am Großen Geist, weil dieser nicht erschien.

An diesem dritten Tag aber spielte der kleine Sohn des Jaguars mit dem kleinen Sohn der Cutia und sagte: „Von mir aus können wir eure Pfefferkörner mit unserem Fischmehl mischen." Gesagt, getan. Es schmeckte ganz köstlich. Sie freuten sich, und die anderen Kinder kamen mit Mehl, Tucupi, Wasser. Als die Mütter dies sahen, stellten sie im Handumdrehen einen großen Tisch bereit, auf dem alle Töpfe mit Essen versammelt wurden. Alle kamen herbei und hielten ein ganz großes, schönes, heiteres Festmahl ab. An diesem Tag, bei diesem Festessen, erkannten sie den Großen Geist.

Jeder von uns, jedes Volk trägt in sich, in seiner Kultur ein wenig von dem Schatz, der Gott, das Göttliche ist. Im Teilen, indem man das, was man selbst besitzt, der Gemeinschaft zugute kommen läßt, kann das Göttliche in seiner Fülle zum Vorschein kommen, kann es sein Reich der Liebe, des Friedens und der Gerechtigkeit ereignen lassen. Um ein solches Teilen zu vollbringen, müssen und sollen wir keine Töpfe zerbrechen. Im Gegenteil müs-

---

1   Nagetier, das sich von den Früchten und Samen der Bäume ernährt (A.d.Ü.).
2   Sauce aus dem milchigen Saft der Maniokwurzel mit Pfeffer (A.d.Ü.).

sen wir sie mit gebührendem Respekt entgegennehmen, um ihren kostbaren Inhalt erkennen zu können.

Ich genieße das Privileg, mit verschiedenen indigenen Völkern in den Staaten Pará und Amapá einen gemeinsamen Weg gehen zu dürfen, wobei mich mit den Karipuna im äußersten Norden von Amapá und mit den Aikewar im Süden von Pará eine engere und tiefere Beziehung verbindet. Bei diesem Treffen hier, das ein Teilen von Gefäßen und Schätzen ist, möchte ich ein wenig von diesen beiden indianischen Völkern, von mir und vom Ergebnis unseres Zusammenlebens einbringen.

I. Das Karipuna-Volk

Wohngebiet: im brasilianischen Bundesstaat Amapá, in der Gemeinde Olapoque, an der Grenze zu Französisch-Guayana, im Indianergebiet Vaçá, Rio Curipi. Etwa 1.200 Menschen in sechs Dörfern in einer Region mit sumpfigem Gelände und bewaldeten Inseln. Im selben Gebiet leben die Palikur (Aruak) und die Galibi-Marworno (Karib).

Geschichte: Sie gelangten im letzten Jahrhundert in die Region, eine gemischte Gruppe von Überlebenden der *Cabanagem* (Volksaufstand 1840 in Amazonien) auf der Suche nach Sicherheit und Frieden. Sie stießen bis zum Curipi vor, das noch heute ein ökologisches Paradies darstellt. Sie sprachen Nheengatu (eine in Amazonien allgemein verbreitete Sprache), heute sprechen sie Kheuol (die in der Region Olapoque verbreitete Sprache) und Portugiesisch. Sie bauten ihr Leben, ihre Kultur, ihre eigene Identität als Volk neu auf. Katholisch zu sein, gehörte zu dieser Identität, und sie brachten die Ausdrucksformen einer kolonialen Religion mit. Es kamen auch die Pajés (Schamanen). Das Volk ergänzte sein Repertoire durch Elemente der benachbarten Kulturen (Sprache, Kleidung, Lieder und Tänze).

Schwierigkeiten: Die Karipuna wurden in gewisser Weise verachtet, weil sie neu in der Region waren, weil ihnen viele Elemente ihrer ursprünglichen Kultur fehlten. Sie wurden von Gaunern ausgenutzt, die Alkohol und andere Mittel einsetzten, um sie zur exzessiven Jagd auf Kaimane zu zwingen. In den Schulen des SPI („Indianerschutzdienst") war ihre Sprache verboten. Sie litten unter den in der Region üblichen Krankheiten, hauptsächlich Malaria und Amöbenruhr, ohne Hilfe bei der Vorbeugung und Behandlung zu erhalten. Sie verinnerlichten ein negatives Bild von sich, was manche dazu brachte, die Region zu verlassen, und andere, ihre so mühsam wiederaufgebaute indianische Identität abzulehnen.

Evangelisierung in jüngerer Zeit: Im Jahre 1971 begann *Pater Nello* mit seiner Arbeit, indem er die Würde der Gotteskindschaft hervorhob und betonte, daß die Karipuna nicht nur den anderen gleich seien, sondern auch etwas Besonderes, daß sie etwas ganz Spezifisches besäßen, das kein anderes Volk habe, und daß dieses Etwas nicht verlorengehen dürfe. Dann bemühte er sich um würdige Lebensbedingungen. Für die Gesundheit: Wasserfilter, Klärgruben, Brunnen, indianische Krankenpfleger; Genossenschaften, um die Zwischenhändler beim Kauf und Verkauf ihrer Erzeugnisse auszuschließen; ein organisierter Kampf um die Festlegung der Grenzen ihres Landes; Versammlungen aller Völker der Region, um sich zusammenzuschließen und ihre gemeinsamen Probleme solidarisch zu lösen; Wertschätzung ihrer Kultur und Sprache; Sonntagsgottesdienst mit indianischen Leitern; Kurse und Bildungsveranstaltungen, damit die Leute das geeignete Instrumentarium erwerben, um ihre Projekte voranzutreiben.

II. Das Aikewar-Volk

Wohngebiet: Im Süden von Pará, etwa 120 km von Marabá entfernt. Das Indianergebiet Sororó war der entscheidende Schauplatz der Guerillakämpfe des Araguaiagebiets. Es handelt sich um 160 Personen, die in einem einzigen Dorf zusammenleben. Ihr kleines und von Fazendas und Straßen eingegrenztes Areal bietet nur geringe Möglichkeiten zur Jagd, und die Rinnsale zwischen den Inseln sind so klein, daß es kaum Fische gibt. 1995 wurde die Hälfte ihres Waldes durch ein außer Kontrolle geratenes Feuer zerstört.

Geschichte: Das Volk der Aikewar erinnert sich noch an die Zeit, als es über ein großes Gebiet, von der Mündung des Araguaia bis zu seinem heutigen Gebiet, verfügte. Von dort wurden sie vertrieben, zunächst von den Kayapó, dann von Wildkatzenjägern und Kristallsuchern, Kastaniensammlern und schließlich von Fazendeiros. Bei so unglücklichen Begegnungen waren sie schließlich gegen Ende der 60er Jahre nur noch achtunddreißig Personen. Während der Guerillakämpfe im Araguaiagebiet (1973-1975) wurden sie als Auskundschafter benutzt, und wieder einmal lernten sie die Brutalität des weißen Mannes kennen. Durch den Verlust so vieler Menschen gerieten viele ihrer Traditionen in Vergessenheit oder blieben nur noch in schwacher Erinnerung. Wenn man sie danach fragte, sagten sie immer: „Weiß nicht, der es weiß, ist gestorben". Damit war ihre ethnische Identität erschüttert. Als gastfreundliches Volk schlossen sie Freundschaft mit den Bewohnern ringsum, und so übernahmen sie neue Sitten und entwickelten ein Unterlegenheitsgefühl. Sie meinten, wenn sie sich taufen ließen und Christen würden, dann könnten sie den Weißen gleich werden, dies würde sie zu „Kamará" machen. Deshalb baten sie jeden Priester, der sie besuchte, um die Taufe.

Evangelisierung in jüngerer Zeit: Frei Gil Gomes aus der Diözese Marabá wirkte zwanzig Jahre hindurch bei den Aikewar, und nur auf den Druck des Militärs hin verließ er sie während der Guerillakämpfe. Die Kirche von Marabá hielt den Kontakt mit den Aikewar immer aufrecht, und seit 1976 ließen *P. Nello Ruffaldi* und *Schwester Rebeca* vom CIMI (Indianermissionsrat) ihnen eine intensivere Begleitung zukommen. Im Hinblick auf den Wunsch nach der Taufe bemühte man sich in elf Jahre langer Arbeit um die Wiederherstellung von Würde und Identität. Als es schließlich eine Katechese auf der Grundlage der Bibel gab, dienten die Geschichten des hebräischen Volkes als Stimulus für das kollektive Gedächtnis der Aikewar, die „Christsein" immer weniger mit „Kamará-Sein" und immer mehr mit „Authentisch-Aikewar-Sein" gleichsetzten.

Die Missionarin, Schwester Rebeca: Amerikanerin aus den Vereinigten Staaten, von protestantischer und indianischer Herkunft, aufgewachsen im Kontext des Antikommunismus der 50er Jahre, erzogen und ausgebildet unter dem Einfluß des Vietnamkrieges, des II. Vatikanischen Konzils, der Hippiebewegung und den Revolutionen der 60er Jahre. Nach der Ankunft in Brasilien 1970: im Kontext der Theologie der Befreiung Lernen von der Landbevölkerung von Maranhão und Pará, vom CIMI und der indigenen Bevölkerung.

III. Indianermissionsrat (Conselho Indigenista Missionário) CIMI

Dies ist die missionarische katholische Kirche bei den indianischen Völkern, ein Organ der Brasilianischen Bischofskonferenz. CIMI entstand 1972 im Kontext der Theologie der Befreiung und der neuen Missiologie des II. Vatikanum. Sein Grundprinzip lautet: Die indigenen Völker müssen *leben* - nicht nur überleben, sondern *„Leben in Fülle"* haben.

CIMI war und ist noch immer geprägt von der *Unterschiedlichkeit* sowohl bei seinen Missionaren (Laien/Laiinnen, Ordensmänner und -frauen, Kleriker; Brasilianer/-innen, Ausländer/-innen; Junge, Alte) als auch in den Formen des Miteinanders (ständige Anwesenheit im Dorf; regelmäßige Besuche; sporadische Besuche; regelmäßige Kontakte außerhalb des Dorfes), vor allem aber in der Vielfalt der Völker, denen der CIMI dient. Jedes Volk ist eine Welt für sich: Sprache, Traditionen, Gebräuche, Weltsicht und ein eigenes, einzigartiges Ganzes von Antworten auf die Welt, die es umgibt. Manche umfassen weniger als fünfzig Personen, andere mehr als fünfzehntausend. Manche haben wenig Kontakt mit der Welt draußen, andere jahrhundertealte Kontakte, mit dem entsprechenden Einfluß auf ihre Kultur. Ihre religiösen Ausdrucksformen sind ebenfalls sehr unterschiedlich: die ursprüngliche Form ihres Volkes mit einigen wenigen oder zahlreichen Veränderungen; die kolonial- oder befreiend-katholische; die evangelikale oder protestantische; die afrobrasilianische; die asiatische; oder andere, häufiger noch eine Mischung aus mehreren Formen.

Aus all diesen Gründen gibt es keine „typische" Erfahrung des CIMI. Aber es gibt so etwas wie einen durchgängigen Faden, *gemeinsame Elemente* und Kennzeichen von uns im CIMI und damit der katholischen Kirche in Brasilien in ihrer Indigenenpastoral.

1. *Leben:* „Damit sie das Leben haben und es in Fülle haben" (Joh 10,10).

2. *Evangelisierung:* Evangelium, Gute Nachricht bedeutet für die indigenen Völker Brasiliens Land, Kultur, Autonomie. Dies erstreckt sich auf alle möglichen Dienste und Aufgaben: Erziehung, Landwirtschaft, Gesundheit,

politische Organisation, Feier der Sakramente, Kunsthandwerk, wobei es darauf ankommt, daß die entscheidende Rolle immer die Indigenen selbst spielen. Die Evangelisierung soll inkulturiert (d.h. ausgehend von und innerhalb der Kultur des Volkes) und integral sein (d.h. befreiend in jeder Hinsicht, auf allen Ebenen) und in einem offenen, ehrlichen Dialog unter Gleichen stattfinden, der von Liebe und Respekt getragen ist.

3. *Grundhaltungen*: Gast, nicht Herr sein; zuhören und lernen; am Leben teilhaben; mitfühlen; fragen und sich befragen lassen; allen indigenen Völkern ohne Unterschied dienen.

4. *Engagement*: für die indigenen Völker, für die Kirche - auf das Reich Gottes, auf eine Welt, in der *alle* in Frieden und Wohlstand leben, auf eine neue Weltordnung hinarbeitend.

1. Die Begegnung, die Erfahrung: bei den Karipuna

1978 wurde ich von Häuptling Karipuna *Tãgaha* eingeladen, bei seinem Volk zu leben, um es im Schreiben zu unterrichten und im Glauben zu begleiten. Seit dieser Zeit besuche ich das Gebiet, und 1980 und 1981 wohnte ich dort im Dorf Espírito Santo. Ich brachte nur meine Hängematte mit, sonst war ich in allem von der Gemeinde abhängig. Die Gemeinde besorgte mir ein Haus zum Studieren und Schlafen, und jede Woche bestimmte sie mir eine Familie, mit der ich die Mahlzeiten und die Arbeit teilen sollte. *Dona Domingas*, meine Nachbarin und beste Freundin, erklärte mir, wie ich mich im Dorf verhalten sollte. Anfangs verbrachte ich Stunden damit, den Frauen bei ihren Unterhaltungen zuzuhören, ohne mich daran beteiligen zu können, denn ich verstand ihre Sprache noch nicht, und sie sprachen mit mir nicht Portugiesisch, damit ich schneller Kheuol lernen konnte. Die Kinder hatten viel Geduld, wenn sie mit mir das Sprechen übten. Ich ging gern mit den Familien aufs Feld, machte Mehl und pflanzte an. Bei diesen Alltagsarbeiten lernte ich viel: Maniok schälen und reiben, rudern, auf Buritipalmen klettern, rohe Schnecken und Chamäleoneier essen, sprechen, den Dingen Namen geben. Sie alle, auch die kleinen Kinder, waren meine Lehrmeister. Ich bekam auch ein neues Gespür, einen neuen Sinn für das Schöne, Köstliche, Lustige, Heilige. Es machte ihnen Spaß, mir etwas beizubringen, aber nachdem ich drei Tage hintereinander aufs Feld gegangen war, sagten sie: „Rebeca, du mußt hierbleiben und studieren, um unsere Bücher vorzubereiten." Die Karipuna waren sich über die Gegenseitigkeit des Prozesses im klaren und wußten, was sie von mir wollten.

Eine Gruppe von zehn jugendlichen und erwachsenen Karipuna lernte mit mir, und gemeinsam erarbeiteten wir einen Entwurf für das Alphabet. Um das Alphabet einzuüben, gab ich für verschiedene Gruppen von Jugendlichen und Frauen Unterricht. Schon bald beherrschten sie die Schrift. Nach einer Auswertung mit der Basisgruppe, die bereits einige linguistische Regeln beherrschte, beschlossen wir, manche Grapheme zu verändern. Die gesamte Arbeit vollzog sich im Teamwork und wurde immer in der Gemeinschaft überprüft. Diese Tatsache, diese Arbeitsweise war eine Übung im Übernehmen von Verantwortung, in der positiven Bewertung der kulturellen Identität - der Tatsache, Karipuna zu sein. Die Auswirkung dessen machte sich in anderen Lebensbereichen bemerkbar, denn die Leute traten kritischer und energischer auf, wenn sie ihre Rechte und den Respekt der andern einforderten.

Bei den Gemeindeversammlungen und Sonntagsgottesdiensten erklärte ich ihnen die Bibel, die Sakramente, die brasilianischen Gesetze, die die indianische Bevölkerung betreffen. Ich erklärte ihnen, wie das Wirtschaftssystem in Brasilien und weltweit funktioniert, wie man in der Genossenschaft eine Bilanz aufstellt, wie man Gottesdienste vorbereitet und die Sakramente verstehen kann. Kurz gesagt, ich brachte das ein, was mir zur Verfügung stand, und sie gaben mir, was sie besaßen. In dem Maße, wie unsere Freundschaft sich entwickelte und das Vertrauen zunahm, ging unser Teilen tiefer, und gemeinsam rührten wir an das Heilige in uns und entfalteten wir unser mystisches Leben. Wer hätte die Worte, um dieses Eintauchen in das Göttliche zu beschreiben?

Unsere Kirchen sind zu klein, und auch die Tiefe des Flusses vermag seine Größe nicht zu fassen. Dieses Eintauchen ist eine Aufforderung, weiter zu gehen. Für die Karipuna heißt es, über ihr Volk, über die Völker ihrer Region hinauszugehen, andere Völker kennenzulernen und ihnen zu helfen. Sie halfen den Walãpi (Amapá) dabei, die Kennzeichnung ihrer Grenzen zu vervollständigen. Mit den Aikewar (Pará) tauschten sie Saatgut aus, und mit den Tembé und den Munduruku (Pará) aus dem Wald stammende Heilmittel. Was die Feier des Geheimnisses der Menschwerdung an Weihnachten anbelangt, so überlegte man im Dorf Espírito Santo, wie man dieses Weihnachtsfest begehen solle. Und man kam zu dem Schluß, die beste Art und Weise wäre die, den Witwen und den Kranken bei der Feldarbeit zu helfen. Sie gingen über den traditionellen Grundsatz der Gegenseitigkeit hinaus, arbeiteten zwei Monate lang umsonst, bestellten die Felder und pflanzten an und ließen auf diese Weise *Jesus* in ihrem Volk zur Welt kommen.

In unserem Zusammenleben, unserem Teilen wuchsen wir in jeder Hinsicht, und die Karipuna eigneten sich die Mechanismen, Instrumentarien und Kenntnisse an, die notwendig waren, um die Kontinuität des Prozesses zu gewährleisten. Sie warteten nicht mehr auf die Bereitwilligkeit anderer, damit etwas passierte. Sie haben Selbstvertrauen gewonnen, sie haben ihre Geschichte in die Hand genommen und nahmen ihre Bürgerrechte wahr, zusammen mit den anderen Völkern der Region und auch innerhalb von indigenen Organisationen auf nationaler Ebene. Heute sind die Karipuna seit der Alphabetisierung in ihrer Sprache so weit fortgeschritten, daß sie über ihre eigenen indianischen Lehrer verfügen, die in einer indigenen Lehrerausbildung den Sekundarabschluß erreicht haben und in ihren Dörfern für alle Bildungsmaßnahmen verantwortlich sind. Ebenso werden auch fast alle in den Gemeinden erforderlichen Dienste von den Gemeindemitgliedern selbst geleistet. Die Karipuna, die die Letzten waren, sind in diesem Punkt zu Pionieren geworden. Unsere Aufgabe besteht jetzt darin, Freunde zu sein. Wir machen immer wieder Besuche, helfen mit der Ausarbeitung von Material. Wir suchen gemeinsam nach Wegen, die sie voranbringen, aber unsere ständige Präsenz im Dorf ist überflüssig geworden.

2. Bei den Aikewar

Das Zusammenleben und der Dialog mit den Aikewar vollzieht sich viel weniger auf der verbalen Ebene. Wir haben so manche Erfahrung miteinander geteilt, einige davon waren traurig: Wir beweinten den vorzeitigen Tod von *Irikwa*, der von einem Kamará ermordet wurde, von *Awasalmeu*, der von einer mysteriösen Krankheit hingerafft wurde, und von *Muruhapu'i*, dessen Malaria nicht rechtzeitig behandelt worden war. Wir weinten miteinander über die Vernichtung von sechzig Prozent des Waldes auf dem Gebiet der Aikewar durch ein außer Kontrolle geratenes Feuer im Jahre 1995. Der Wald starb: der Cupuaçu-, der Bacaba-, der Açai- und der Kastanienbaum, die alten Dörfer; die Tiere starben oder flohen. Über die jetzige Verwüstung hinaus bedeutet dies Hunger in der Zukunft.

Aber wir haben auch viele freudige Ereignisse miteinander besingen können: die große Ernte in diesem Jahr, das erste Karuarafest seit zwanzig Jahren, jedes Kind, das zur Welt kommt, jedes junge Paar, das eine neue Familie gründet und die Zukunft und das Wachstum dieses Volkes garantiert. Wir wanderten zusammen in den Wald, fingen Fische, sammelten Früchte, spielten, sangen, verbrachten einen ganzen Tag damit, Kastanienbrei und Macaxeira zuzubereiten, um miteinander zu essen.

Wenn wir eine Messe feiern oder *sapurahai* tanzen, dann ist dies eine transzendentale Erfahrung. Das heißt, es transzendiert die Grenzen unserer „Töpfe", übersteigt die Ordnungen, die Barrieren, die gegen die Menschlichkeit selbst aufgerichtet sind. Es macht nichts, wenn wir die Worte nicht verstehen, den ganzen theologischen Gehalt nicht erfassen, wenn wir die Erfahrung nicht erklären oder mit unseren Begriffen umschreiben können. Es macht nichts, weil wir eine gemeinsame Erfahrung haben, eine Erfahrung mit dem Göttlichen. Wir erfinden neue, andere Formen zu feiern. Wir lernen, Probleme, wie etwa unberechtigtes Eindringen von Fremden (in indianisches Land), Arbeit, Schule, gemeinsam anzugehen. Die Aikewar verbinden sich mit anderen Tupi-Völkern, um Lösungen für ihre gemeinsamen Probleme zu suchen. Die einfache und tiefe Art und Weise, wie die Aikewar leben, feiern, über die Werke Gottes staunen, läßt unser Denken weiter werden, fordert uns auf, unseren Glauben konkreter zu leben. Sie ist ein Ruf zu den Grundwahrheiten, zur Integration aller Aspekte des Lebens.

Heute sind die Aikewar Aikewar-Katholiken, die stolz darauf sind, Indianer zu sein, Aikewar zu sein. Sie haben ihre alten Ausdrucksformen wieder aufgegriffen, und sie finden sich in den Hebräern, in *Jesus* wieder. Sie setzen sich durch und fordern Respekt von ihren Nachbarn. Widersprüche und Schwierigkeiten bestehen weiter, aber ihr Glaube und ihre Spiritualität geben ihnen Kraft, sie anzugehen und an der Erneuerung ihrer Kultur und der Suche nach Lösungen für die Probleme, mit denen sie konfrontiert sind, weiterzuarbeiten.

Lehren für das Leben: Die wunderbare Erfahrung, mit den indigenen Völkern, vor allem den beiden, die ich näher kenne, zusammenzuleben, hat mich in den vergangenen zwanzig Jahren viel gelehrt. Die Evangelisierung wird sich nur inkulturieren lassen, wenn sie sich für die Kämpfe und Projekte des Volkes engagiert. Inkulturation ist ein grundlegend dialogaler Prozeß. Gott offenbart sich und handelt in allen Völkern aller Zeiten, mit einer Vorliebe für die Kleinen, Einfachen, Armen (Mt 11,25). Im Dialog teilen wir und verbinden wir die Unterschiedlichkeit unserer Erfahrungen, unserer Wahrnehmungen, unserer Auffassungen, unseres Erlebens, was das Heilige, das Göttliche anbelangt. Auf diese Weise fügen wir dem unermeßlich großen Mosaik, welches das Göttliche offenbart, nicht nur neue Teile und Farben hinzu, sondern tragen auch konkret zum Aufbau des Reiches Gottes bei, dem größeren Projekt, das die Projekte aller Völker und einen Plan, die Welt harmonisch zu ordnen, verwirklicht. Bei diesem Teilen entsteht etwas Neues, das größer ist als die Träume, Visionen und die Spiritualität dieses oder jenes Menschen. In diesem Neuen lebt die Hoffnung auf ein Leben in Fülle wieder auf, ein Leben, in dem Friede herrscht und für alle mehr als genug da ist und in dem das Andere nicht bloß respektiert, sondern liebevoll begrüßt wird. Inkulturation - das Evangelium in der Kultur, die Kultur im Evangelium - ist ein Prozeß, in dem jede Kultur ihre besondere Identität behält, aber über sie hinausgeht, sich entfaltet, ihre Fülle findet in der Verbindung mit dem Anderen. Es geht nicht um eine Verbindung, die die Unterschiede beseitigt, sondern um eine solche, die sie achtet, sie schätzt. Aus all diesen Gründen schließen wir uns COMLA 5 an, der sich verpflichtet zum „Aufbau einer plurikulturellen Kirche, was ihre Ämter, ihre Strukturen und ihre Liturgien anbelangt" (Schlußbotschaft COMLA 5, 1955).

Dieses Symposium ist sicherlich eine ganz besondere Gelegenheit zum Teilen, weil es so weit gespannt ist. Wir danken Adveniat, das diese Gelegenheit ermöglicht und schon seit Jahren die „Solidarität der deutschen Katholiken mit der Kirche in Lateinamerika" fördert.

Übersetzung: *Victoria M. Drasen-Segbers*

SECHSTES KAPITEL

INKULTURATIONSPROZESSE 2
PRAXIS UND VERKÜNDIGUNG DES GLAUBENS IN DEN
AFROAMERIKANISCHEN KULTUREN

LAËNNEC HURBON

Das Christentum, die afrikanischen Religionen und das Problem der Inkulturation

Schon in der ersten Begegnung des Christentums mit den afrikanischen Religionen hätte Inkulturation als Problem erkannt werden müssen. Denn wenn das Christentum tatsächlich die Religion par excellence ist, die ihren Sinn und ihre Bestimmung durch eine Praxis der Evangelisierung erhält, muß es sich von einem Zeugnis, von einem Wort aus verwirklichen, das an den Anderen, an den Fremden, an den mit einer anderen Sprache, einer anderen Kultur und einer anderen Religion gerichtet ist. Wenn diese Annahme stimmt, kommen die gegenwärtigen Bemühungen um Inkulturation zu spät und können folglich im aktuellen Kontext der Beziehungen zwischen den Religionen nur als verdächtig bezeichnet werden[1]. Man kann nicht vom Problem der Inkulturation sprechen, ohne nach den Gründen für deren plötzliche Aktualität in der katholischen Kirche zu fragen. Die Kirche scheint ein Versäumnis nachholen zu wollen und so zu tun, als böte sich ihr nun endlich die große Chance, die Inkulturation zu verwirklichen. Aber man kann nicht einfach die Problematik der Inkulturation auf die Tagesordnung setzen und sie wie eine neue und völlig normale Etappe in der Kirchengeschichte behandeln: Denn damit würde man Wesentliches verschweigen, da es ja bereits eine Begegnung zwischen dem Christentum und den afrikanischen Religionen gab. Und diese Begegnung war eine Scheinbegegnung, präzise formuliert, eine absolute Negation der afrikanischen Religionen. Mir scheint, daß die Frage nach der Inkulturation von einem schwerwiegenden und tiefgreifenden Gedächtnisverlust aus gestellt wird, was diese Scheinbegegnung anbelangt. Es gibt nicht auf der einen Seite ein Christentum in seiner Reinheit, mit seiner eigenen Sprache, mit einer klaren Identität, und auf der anderen Seite die afrikanischen Religionen, wie zwei verschiedene Entitäten, die sich einfach kennenlernen könnten, um Standpunkte auszutau-

---

1   Zu diesem Aspekt der Inkulturation als zu spät kommender Einsicht der Kirche vgl. die radikale Kritik bei *Joseph Comblin*, Evangélisation des cultures et priorités apostologiques, in: *I. Berten/René Luneau* (Hrsg.), Les rendez-vous des St. Domingue, Paris 1991, 297-322.

schen. Eine solche Situation gibt es nicht. Vom Phänomen des Sklavenhandels und der modernen Sklaverei in Amerika her weiß man vielmehr, daß das Christentum durch seine Geschichte das Zeichen dessen trägt, was es nicht wahrhaben und vergessen will: Daß es nämlich durch eine Beziehung der Gewalt mit den afroamerikanischen Religionen verbunden ist, die immer noch nicht überwunden ist. *Es ist unmöglich, von der Inkulturation des Christentums in die afroamerikanischen Religionen zu reden, ohne die Geschichte des Sklavenhandels und der Sklaverei zu erwähnen, innerhalb der diese erste Begegnung zwischen den beiden religiösen Systemen stattfand.* Das, was ich hier an erster Stelle herausstellen möchte, ist die durchgängige Gewalt gegen die afroamerikanischen Religionen, die vom Christentum seit dem Beginn des Sklavenhandels bis zum Zweiten Vatikanischen Konzil ausgeübt wurde, und die Bedeutung dieser Praktiken und ihre Konsequenzen für die innere Entwicklung beider Religionen. An zweiter Stelle geht es darum, die theoretischen *Voraussetzungen* der Inkulturation durch eine Untersuchung der Frage der Partikularität des Christentums und der Bedeutung von Religion überhaupt vor dem Hintergrund der momentanen Globalisierung der Welt darzulegen. Die Position, die ich vertreten möchte, ist eine hermeneutische Position, die sich als Aufgabe einer neuen Lektüre des Beziehungsgeflechts zwischen dem Christentum und den afroamerikanischen Religionen darstellt, eine (Re-)Lektüre, die die niemals verwirklichten Möglichkeiten einer Begegnung wieder aufgreifen will.

I. Eine Geschichte der Gewalt zwischen Christentum und afroamerikanischen Religionen

Das Paradigma des Requerimiento[2], in dem sich die Praxis der Missionare zur Zeit der Konquista gegenüber den Indios in Amerika zeigt, setzte sich in der Strategie der gewaltsamen Christianisierung der nach Amerika in die Sklaverei verschleppten Schwarzafrikaner fort. Die theologische und philosophische Reflexion von *Las Casas* zum Schutz der Indios, die in der Karibik ausgerottet wurden, trug für die Schwarzen[3] bis heute nichts aus: Nirgends

---

2   Requerimiento bezeichnet die kirchliche Übertragung von Rechten an Land und Menschen an den König und die theologisch legitimierte Machtübernahme in Lateinamerika durch den König (A.d.Ü.).

3   Natürlich gab es während des 17. Jahrhunderts einige Missionare, vor allem Franziskaner und Jesuiten, die gegen den Handel und die Sklaverei protestierten. Insbesondere die Franziskaner begannen im 16. Jahrhundert nach und nach den schwarzen Sklaven Sakramente zu spenden, statteten ihnen und den freigelassenen Schwarzen Pastoralbesuche ab und entdeckten dadurch die Tristesse ihres alltäglichen Lebens. In einer historischen Untersuchung über die Beziehung zwischen den Franziskanern und den Schwarzen im 17. Jahrhundert in Lateinamerika unterstrich *Ildefonso Azorpado* (1989) die - bisher unbekannte - Tatsache, daß zwei Franziskaner sich in aller Radikalität gegen die Sklaverei als solche stellten. Aber im allgemeinen bezog sich das Interesse katholischer Missionare an den Sklaven lediglich auf deren religiösen Konversion. Viele Synoden und Bischöfe zeigten sich „beunruhigt" über die Evangelisierung der Sklaven. Man diskutierte

und niemals wurde das Problem von Rechten für die Schwarzen oder die Art ihrer Evangelisierung diskutiert. Natürlich gehörte schon etwas dazu, das System der Sklaverei in Zweifel zu ziehen, denn die Kirche war ja selbst sklavenhalterisch. Sie besaß selbst Sklaven und unterstützte die Sklaverei ideologisch und sogar auch theologisch. Die Permanenz des Requerimiento zeigt sich auch in der Art und Weise, wie die afrikanischen Religionen interpretiert wurden. Erst seit ungefähr vierzig Jahren beginnt man - besonders in Anthropologie und Literatur[4] -, sich von den herkömmlichen Interpretationen der afrikanischen Kulte zu lösen und die afrikanischen Kulte als Religionen zu verstehen. Eine solche Anerkennung der afrikanischen Glaubensformen als Religionen hat es zur selben Zeit in der Theologie noch nicht gegeben.

Aber bevor ich in die Details der Interpretation des vorherrschenden theologischen Verständnisses der katholischen Kirche bezüglich der afrikanischen Religionen einsteige, will ich an die physischen Gewaltakte erinnern, die mit der sogenannten Evangelisierung der Sklaven einhergingen.

---

auch über die Gültigkeit der bereits in den afrikanischen Häfen gespendeten Taufe. Ein Jesuit namens *Alonso de Sandoval* stellte die Methoden der Gefangennahme und Versklavung der Schwarzen in Frage, nicht aber die Sklaverei als solche. Genauso war es auch bei den Missionaren auf den französischen Inseln der Karibik; im 17. Jahrhundert drückten einige Dominikaner und Franziskaner ihr Mitleid mit den Schwarzen aus, aber hielten die Sklaverei für ein Mittel, sie zu wirklichen Menschen zu machen bzw. sie aus der „Barbarei" herauszuführen. Freilich gab es auch „eine Einstellung gegen die Sklaverei" bei zwei Dominikanern in Venezuela (1681-1688): *Fray Francisco José* und *Fray Epifanio*, was in der Kirchengeschichte kaum bekannt ist. Die Tatsache, daß sie denen die Absolution verweigerten, die ihre Sklaven nicht freiließen, war schon ein ausgesprochener Widerstand gegen das System, in dessen Folge sie dann auch aus dem Orden ausgeschlossen wurden. Viele ihrer Schriften zeugen von der gleichen Leidenschaft wie jene von *Las Casas* zugunsten der Indianer. Und natürlich muß man der Kirche zugute halten, daß sie sich seit dem 17. Jahrhundert mehr und mehr in eine Institution verwandelte, die der königlichen Macht untergeordnet war und damit nicht mehr in der Lage war, eine Konfrontation mit der kolonialistisch-sklavenhalterischen Administration einzugehen. *Ildefonso D. Azorpado*, Los franciscanos y los Negros en el siglo XVII, in: Actas del Congreso internacional sobre los Franciscanos en el nuevo mundo, 18-23. September 1989, 593-620; *Alonso de Sandoval*, De instauranda Aethiopum salute. El mundo de la esclavitud negra en America, Biblioteca de la Presidencia de Columbia, Bogotá 1956 (Original: Sevilla 1627).

4   Die Werke von *Fernando Ortiz, Arthur Ramos, Melville J. Herskovits, Nina Rodrigues* und *Pierre Verger* über die afrikanischen Kulte sind nach *R. Bastide* (1961, 1967) Pionierleistungen. Sie beschreiben die aus Afrika übernommenen religiösen Praktiken als echte religiöse Verhaltensweisen, die den Rassismus der westlichen Welt bekämpften. Währenddessen behandelte die Kirche die afroamerikanischen Kulte überall in der Karibik und auf dem lateinamerikanischen Kontinent weiterhin als Infantilismus und Barbarei. In einigen Fällen, wie in Haiti, kam es zu einer regelrechten Inquisition gegen den Vudu-Kult. Vgl. dazu meine eigenen Arbeiten (1972, 1987, 1993) über die Geschichte der Beziehungen zwischen Vudu-Kult und Katholizismus in Haiti. In Santa Lucia in der Karibik nahm die Kirche ebenfalls eine ablehnende Haltung gegenüber den afrokaribischen Kulten ein, wie *Patrick A.B. Anthony* (1996) schreibt. *Patrick A.B. Anthony*, Changing Attitudes towards African Traditional Religion and the implications for Afro-caribbean Tradition in St. Lucia, in: *Manfred Kremser* (Hrsg.), Afro-karibische Religionen, Teil I, Wien 1996, 69-84; *R. Bastide*, Les religions africaines au Brésil, Paris 1961; *ders.*, Les Amériques noires, Paris 1967; *Laënnec Hurbon*, Dieu dans le Vaudou haitien, Paris 1972; *ders.*, L'Eglise et l'esclavage au XVIIIe siècle a St. Domingue, in: *M. Dorigny* (Hrsg.), Les abolitions de l'esclavage, Paris 1995, 87-103.

Die Kirche partizipierte[5] massiv am Sklavenhandel durch eigene Sklaven, die sie als Zahlungsmittel von der Verwaltung der sklavenhalterischen Gesellschaften in Amerika erhielt. Die Taufe der deportierten Schwarzen verordnete ein Gesetz, das vom König zugunsten der Handelsgesellschaften eingeführt wurde. Nachdem die Menschen im Innern des afrikanischen Kontinents gefangengenommen waren, mußten sie getauft werden, um dann in die Sklavenschiffe verfrachtet zu werden. Insofern können Handel und Sklaverei nicht vom Christentum für die Sklaven getrennt werden. Drei Jahrhunderte lang war der Kirche auf dem amerikanischen Kontinent von der sklavenhalterischen Verwaltung die Rolle einer ideologischen und praktischen Überwachung zugesprochen. Sie diente vor allem der Bekämpfung des *„maronaje"*, d.h. der Flucht der Sklaven von Plantagen und Arbeitsstätten. Es gab insbesondere den *„code noir"* des französischen Königshauses aus dem Jahr 1685 für die Sklavenkolonien, der einzig die katholische Konfessionszugehörigkeit erlaubte und gleichzeitig die Ausübung jeder anderen Religion explizit verbot. Das Gesetz selbst verstand jede religiöse Praxis oder jeden Glauben, der nicht katholisch war, als Verbrechen. Natürlich war es im Kontext des Kampfes gegen den Protestantismus und gegen das Judentum erlassen worden. Es diente den englischen und spanischen Kolonien als Modell und hatte bis zur Abschaffung der Sklaverei Mitte des vergangenen Jahrhunderts Gültigkeit. Die Kirche war daher der geeignetste Ort zur Bestrafung der *„cimarrones"* (d.h. derjenigen, die in die Berge gegangen waren, um der Sklaverei zu entgehen). Die Missionare, die ein gewisses Mitgefühl für die Sklaven empfanden, wurden als Subversive oder als gefährliche Agenten gegen das Sklavenhaltersystem denunziert. Insofern erklärt sich die Tatsache, daß für die Sklaven Kirche und Sklaverei wie selbstverständlich zusammengehörten. Die Erinnerung an diese Beziehungen lebt darin fort, wie die Afroamerikaner die Kirche sehen. Weiter unten werde ich diese Idee weiterentwickeln. Zunächst aber sollten wir die theologische Interpretation der afrikanischen Religionen durch die Missionare untersuchen.

Innerhalb der Theologie spricht man von den afrikanischen Kulten erst neuerdings als Religion. Die Afrikaner und Afroamerikaner besaßen Praktiken und Glaubensformen, die in die Nähe von Magie und Zauberei gerückt wurden, aber von den Missionaren nicht als Religion bezeichnet wurden. Gleichzeitig standen für sie die Sprachen und Verwandtschaftssysteme der Afrikaner auf einem sehr niedrigen zivilisatorischen Niveau. *Dies bedeutet,*

---

5   Über die aktive Beteiligung der katholischen Kirche an Sklavenhandel und an der Sklaverei vgl. beispielsweise die Studien von *A. Gisler* (1965), von *Louis Sala-Molins* (1986) oder meinen Beitrag im Sammelband über die Geschichte der Kirche in Lateinamerika, publiziert von CEHILA, herausgegeben von *Enrique Dussel* (1995). A. Gisler, L'esclavage aux Antilles françaises, XVII-XIX siècles, Fribourg/Schweiz 1965; *Laënnec Hurbon*, La iglesia y la esclavitud moderna, in: *Enrique Dussel* (Hrsg.), Resistencia y Esperanza. Historia del pueblo cristiano en America latina y el Caribe, San José-Costa Rica 1995; *Louis Sala-Molins*, Le code noir ou le calvaire de Canaan, Paris 1987.

daß die Interpretation der afrikanischen Religionen innerhalb der Theologie auf einer Inferiorisierung der afrikanischen Kulturen, oder um es genauer zu sagen, auf Rassismus beruht.

Die Vorstellungen und Bilder, die man sich von den afrikanischen Religionen macht, haben ihre Wurzeln im Mittelalter und entfalteten sich während der Konquista und der Zeit der Sklaverei in der Theologie und der missionarischen Praxis. Die theologische Sprache konzentrierte sich während des Mittelalters auf die schwarze Hautfarbe und verglich die Welt der Schwarzen mit der Hölle und der Welt der Dämonen.

Dieses Bild, in dem die herrschenden Vorstellungen des Christentums der ersten drei Jahrhunderte von den Äthiopiern als Schwarzen par excellence fortgeschrieben wurde (die Theologie des *Origenes* war eine Ausnahme), übertrug man dann auf die afrikanischen Kulte[6]. So erklärt sich vermutlich auch, weshalb es während der Jahrhunderte der Sklaverei überhaupt keine intellektuelle Neugierde der Europäer für Afrika gab. Die schwarze Farbe und die afrikanischen Kulte sind in der Vorstellung der Europäer und der Missionare Zeichen der besonderen Beziehung der afrikanischen Welt zum Teuflischen. Die Legende von *Cham*[7] ist die Konsequenz dieser Vorstellung gewesen. Seither herrschte in der westlichen Welt eine totale Ablehnung der afrikanischen Kulte, die für Zauberei und Hexerei gehalten werden.

In Lateinamerika und in der Karibik lassen sich zwei Hauptgründe für *die Haltung der Kirche gegenüber den afrikanischen Religionen* festmachen: *Der erste ist der Wille der Kirche, ihre eigene Macht über die Massen im Kampf gegen die Reformation zu retten.* So ist z.B. der „code noir" -, oder, wenn man so will, die „codigos negros", die Gesetzbücher für die Schwarzen - unmittelbar im Horizont der Aufhebung des Edikts von Nantes bzw. im Anschluß daran verfaßt worden. Die Verfolgung der Protestanten wird mit dem Verbot der für diabolisch gehaltenen afrikanischen Kulte verbunden.

Der zweite Grund ist die Identifikation der Kirche mit der europäisch-abendländischen Kultur. Von einem Protest der Theologie gegen die Sklaverei kann kaum gesprochen werden. Mir scheint, daß es bezüglich der modernen Sklaverei sogar einen Rückfall der Kirche auf ihr Verständnis des Heidentums zur Zeit der Kirchenväter und des Mittelalters gegeben hat. Insgesamt hat die Kirche die moderne Sklaverei als Konsequenz gerechter Kriege und

---

6   In diesem Artikel ist es nicht möglich, den Vorurteilen gegen die schwarze Hautfarbe während des Mittelalters, über die auch Theologen und Historiker nur wenig wissen, weiter nachzugehen. Das Werk von *François de Medeiros* (1985) stellt diesbezüglich eine wirkliche Neuheit und ein wissenschaftliches Ereignis ersten Ranges dar, das neues Licht auf die Ursachen und die Entstehung des anti-schwarzen Rassismus wirft. Vgl. *Laënnec Hurbon*, Le Barbare imaginaire, Paris 1988; *François de Medeiros*, L'Occident et l'Afrique (XIIIe-XVe siècle), Paris 1985.

7   *Cham* ist der zum Dienst an seinen Brüdern *Sem* und *Japhet* verfluchte Sohn *Noachs* (vgl. Gen 9,18-28). Er ist Stammvater Kanaans, das in der biblischen Geographie die Länder Nordafrikas bezeichnet: Die Völker Kanaans - sprich die Schwarzen - sind also zur Sklaverei verflucht (A.d.Ü.).

als gerechtfertigte Bestrafung von Gefangenen und Delinquenten, die schon vor ihrer Verschleppung Sklaven waren, zu legitimieren versucht. Auf der Basis ihrer Interpretation Afrikas und der Schwarzen hat die Kirche zugelassen, daß sich bei den Europäern ein Verständnis durchsetzte, nach dem Menschen mit schwarzer Hautfarbe letztlich keine menschlichen Wesen sind, auch wenn man konzedierte, daß sie im eschatologischen Sinne am Ende der Geschichte doch den Status eines menschlichen Wesens erlangen könnten. Zur Erinnerung: Die Sklaverei diente als Mittel der Pädagogik und der Erziehung zur Menschlichkeit, wie sie vom westlichen Menschen, seiner Sprache, seinen Sitten, seiner Religion und seiner Art des Lebens verkörpert wurde: *Der schwarze Mensch muß sich nach und nach den westlichen kulturellen Maßstäben durch einen Prozeß des „blanqueamento"*[8] *angleichen.*

Das Verhalten der Kirche gegenüber der Sklaverei und ihre Vorstellungen von den afrikanischen Kulten hatten immer Auswirkungen auf die Praxis der Evangelisierung der schwarzen Gemeinschaften in Amerika. Bei der Behandlung der Frage der Inkulturation darf deshalb diese Geschichte der kolonialen und sklavenhalterischen Evangelisierung nicht ignoriert werden. Eine solche Evangelisierung verdient ihren Namen nicht, es ging eher um das Bestreben, das Territorium der europäischen Christenheit auszudehnen. Auch wenn der Kirche eine bedeutende Rolle bei der Entstehung der lateinamerikanischen Nationen zukommt, trug dieses doch zur Verstärkung des Rassismus gegen die schwarzen Gemeinschaften und gleichzeitig zu vielen falschen Vorstellungen über die Religionen der Afroamerikaner bei.

Seit dem Zweiten Vatikanum hat es offensichtlich einen zunehmenden Wandel im theologischen Denken über die afroamerikanischen Religionen gegeben. Aber es ist ein relativer und sehr behutsamer Wandel; es gab nicht wirklich einen Bruch mit den Quellen des Rassismus, der die Gesellschaftsstrukturen, die Institutionen und die Mentalität der Bourgeoisie und des Kleinbürgertums in Lateinamerika bis heute dominiert. Die (bis Mitte unseres Jahrhunderts zu beobachtende) Leugnung der Existenz von schwarzen Gemeinschaften in den lateinamerikanischen Gesellschaften (und dementsprechend das „blanqueamento" dieser Gesellschaften) steht in einer engen Beziehung zu einer Theologie[9], die die grundlegende Bedeutung der afroamerikanischen Kulte für die schwarzen Gemeinschaften negiert. Wenn

---

[8] Es ist feststellbar, daß der Prozeß des „blanqueamento" seit einigen Jahren in verschiedenen Ländern der Karibik, wie Puerto Rico, der Dominikanischen Republik oder in Venezuela oder Kolumbien noch bis in die jüngste Vergangenheit andauert. Dies gilt selbst für Brasilien, wo man von einer Ideologie der „Rassen"-Mischung spricht, der Rassismus gegenüber den Schwarzen aber immer noch sehr stark ist.

[9] Die anthropologischen Forschungen über die afroamerikanischen Religionen haben erst in den 90er Jahren Einfluß auf die Pastoral für die schwarzen Gemeinschaften gehabt. Aber dieser Einfluß ist immer noch schwach. Auch wenn in den Vereinigten Staaten die schwarze Theologie immer mehr an Bedeutung gewinnt, muß man doch bedenken, daß sie ihre Wurzeln im Protestantismus und nicht in der katholischen Kirche hat.

man auch heute nicht mehr von einer gewaltsamen Zerstörung der afro-amerikanischen Religionen sprechen kann, trifft man doch auf den subtilen Glauben daran, daß diese Religionen, die man einer infantilen Phase der Menschheitsgeschichte oder einer primitiven Traditionsstufe im Verhältnis zur Moderne zuordnet, nach und nach verschwinden werden. Diese Vorurteile sind der Theologie immer noch eingeschrieben, insofern das Christentum als der Ort interpretiert wird, wo sich das wahre Wesen der afroamerikanischen Religionen verwirklichen wird. Aber das ist natürlich nur eine andere Form, in der man sich das Ende dieser Religionen erhofft.

Inkulturation des Christentums im Verhältnis zu den afroamerikanischen Religionen zu denken, setzt an erster Stelle eine hermeneutische Rekonstruktion der Geschichte der afroamerikanischen Religionen als Religionen voraus, die eine zentrale Rolle im Kampf der Sklaven oder der neuen Freien spielen: der Arbeiter, der Bauern, der Arbeitslosen oder der - meist schwarzen - Armen in den modernen Städten. An zweiter Stelle bedarf Inkulturation - besonders von der hermeneutischen Aufgabe aus - einer deutlichen Kritik früherer Positionen des Christentums, die keine Bitte um Vergebung sein kann, sondern die sich als die Eröffnung eines wirklichen Dialogs darstellen muß. In ihm sollte das Christentum lernen, sich von seinen Vorurteilen und von seinem imperialen Willen zur Konquista zu verabschieden, durch den es mit dem Schicksal der westlichen Welt verknüpft ist.

II. Die afroamerikanischen Religionen und die Geschichte Amerikas

Die Geschichte Amerikas, an deren Ursprung der Genozid an den Indios stand, begann mit einem weiteren Holocaust[10]; mit der Deportation von vielen Millionen Schwarzen aus Afrika in die Sklaverei. Ihre Deportation bedeutete das brutale Herausreißen ihrer Wurzeln aus dem afrikanischen Kontinent und führte zu einer Besessenheit von Ursprung und Abstammung. Insofern erlaubten die entstehenden afrikanischen Religionen den Sklaven die Rekonstruktion ihrer Geschichte. Diese Religionen entwickelten neue Riten und Mythen, die nicht einfach die pure Wiederholung von Kulten waren, die in Afrika praktiziert wurden. Die Sklaven versuchten, ihrer Existenz einen neuen Grund zu geben, weil die Deportation für sie den Verlust aller Beziehungen zu ihren Familien und ihrer Abstammung mit sich gebracht hatte. Zum Beispiel nahmen sie durch den Totenkult, der eine der ersten religiösen Ausdrucksformen der Sklaven war, neue Bande zu ihrer Familie, zu ihren Vorfahren auf, und durch ihre Vorfahren konnten neue Beziehungen zu den „Geistern" aufgebaut werden: zu den *loases, orisha* oder

---

10 Es handelt sich um einen Aufsatz in Concilium (1990), in dem herausgearbeitet wird, daß die Verdrängung der modernen Sklaverei auf der Dominanz eines den Holocaust von 1939-1945 favorisierenden kulturellen und intellektuellen Dispositiv beruht. *Laënnec Hurbon*, Sklavenhandel mit Schwarzafrikanern und Sklaverei in Amerika, in: Conc(D) 26 (1990) 505-512.

santos, wie sie in Kuba, Haiti, Brasilien und Trinidad genannt wurden. In dieser Perspektive sind die „Geister" immer Teil der Familie und drücken eine Beziehung zur verlorenen Herkunft (der afrikanischen Erde) aus. Eine neue Kultur mit subversivem Gehalt, die die Sklaverei radikal zurückwies, war entstanden. *Aus diesem Grund kann man sagen, daß die afroamerikanischen Religionen einer universalen Humanität angehören, weil sie an einer Bewegung zur Rekonstruktion einer Freiheitsgeschichte beteiligt waren.*

Der Glaube an eine Vielzahl von „Geistern" oder Göttern ist also weder Animismus noch Fetischismus: Es handelt sich vielmehr um die Repräsentation der afrikanischen Abstammung als einer radikalen Vorstellung, von der aus Raum und Zeit geordnet werden, die den Sklaven Sinn und Grund gibt, und von der aus es die Schwarzen schaffen, neue Gemeinschaften zu gründen und Subjekte ihrer eigenen Geschichte zu werden. Natürlich sollen hier die afroamerikanischen Religionen nicht per se als befreiende Kraft interpretiert werden. Aber es geht darum, den utopischen Gehalt dieser Religionen in ihrer Genese und in ihrer Kreativität freizulegen, die sich bis heute in der Suche nach dem Ausweg aus der Sklaverei, oder, wenn man so will, auch in der Suche nach dem Erbe der versklavenden Bedingungen zeigt. Auch andere kulturelle Schöpfungen[11] wie die Musik (Negro-Spiritual, Blues und Jazz in den Vereinigten Staaten), Tanz, Malerei, mündliche und schriftliche Literatur haben ihren Ursprung in den Kulten, die der bevorzugte Ort waren, um die Aufstände gegen die Sklaverei zu organisieren.

In dem Maße, in dem die Kirche die Evangelisierung in den schwarzen Gemeinschaften auf der systematischen Zerstörung der afroamerikanischen Religionen (während der Zeit der Sklaverei) oder auf der Illusion aufbaute, die getauften Schwarzen würden diese Religionen zunehmend aufgeben, strickte sie an der Produktion der gegen Ende des 19. Jahrhunderts triumphierenden rassistischen Ideologie mit. Die Aufgabe der Evangelisierung wurde als eine Aufgabe der Ausmerzung all dessen verstanden, was auch nur von fern an die afrikanische Welt erinnerte. Sie blieb in der Missionstheologie des vergangenen Jahrhunderts die Welt des Primitiven oder der Barbarei par excellence.

---

11 Vgl. dazu zum Beispiel die literarischen Werke von *Edouard Glissant*, von *Aimé Cesairé* oder *Derek Walcott* über den Wunsch zur Rekonstruktion der Geschichte seit dem Ereignis der Sklavendeportation aus Afrika. Die re-kreierten afrikanischen Religionen dienten als Folie für künstlerische und kulturelle Tätigkeit (Musik, Tanz, Poesie ...). Auf gleiche Weise entwickelte sich auch die wissenschaftliche Auseinandersetzung mit den afroamerikanischen Religionen, z.B. in Kuba, von deren künstlerischem Gehalt her, wie es *Erwan Dianteill* (1995) aus einer Analyse der Werke von *Lydia Cabrera*, *Lachatanère*, von *Fernando Ortiz* über die afrokubanischen Kulte in den dreißiger Jahren dieses Jahrhunderts ableitete. Die katholische Kirche ihrerseits hat erst in den Jahren seit dem Zweiten Vatikanischen Konzil ein gewisses Interesse für die künstlerischen Anteile der afrikanischen Kulte gezeigt; allerdings ohne sie als Religionen anzuerkennen. Die mögliche politische Bedeutung einer solchen offiziellen Anerkennung der afroamerikanischen Religionen kann hier aber nicht weiter verfolgt werden. *Erwan Dianteill*, Le savant et le santero. Naissance de l'étude scientifique des religions afro-cubaines, Paris 1995.

Das, was offensichtlich große Schwierigkeiten für eine neue Evangelisierung der schwarzen Gemeinschaften in Lateinamerika mit sich bringt, ist der bereits vollzogene Synkretismus zwischen Christentum und afroamerikanischen Religionen. Aber diese Schwierigkeiten könnten überwunden werden, wenn klar wird, wie sehr die afroamerikanischen Religionen noch immer von der Gewalt gezeichnet sind, die aus der Zeit der Zwangstaufen oder einer als Ausweitung der abendländischen Christenheit betrachteten Evangelisierung herrührt. Von diesem Punkt aus möchte ich einige Anmerkungen zu einer praktischen Orientierung des Problems der Inkulturation machen.

III. Die Inkulturation des Christentums als Wagnis

a) Das Christentum müßte die gleichen Anstrengungen gegenüber den afrikanischen Religionen machen, die es heute nach Jahrhunderten der Verfolgung den Juden gegenüber unternimmt. Gegenüber den schwarzen Gemeinschaften in Amerika müßte das Christentum als wirkliche Aufgabe der Inkulturation ansehen, alle Anstrengungen zu unterstützen, die es der afroamerikanischen Welt erlauben, die Erinnerung an den Sklavenhandel und die Sklaverei festzuhalten. Diese Phänomene sind auch Teil der Geschichte der westlichen Welt und wichtige Faktoren ihrer Industrialisierung gewesen. Die afroamerikanischen Religionen sind zentraler Teil der Erinnerung des Holocausts an den schwarzen Völkern Amerikas. Das Christentum muß mit der Idee der notwendigen Absage an die afroamerikanischen Kulte als Voraussetzung zur Konversion brechen. Diese Forderung ist traditionellerweise Konfessionen mit sektiererischer Tendenz eigen und bedeutet eine Verinnerlichung des Rassismus.

b) Das Christentum müßte in seine Theologie die Versuche eigener Christentumsinterpretationen der schwarzen Gemeinschaften integrieren. In vielen Ländern versuchten die Sklaven, die Kirchen zu Orten der Menschenrechte[12] zu machen. Der Synkretismus verweist darauf, daß das Christentum nicht völlig abgelehnt, sondern im Gegenteil nach seinem Betrag zu einer Vision der Gleichheit aller Menschen befragt wird. Diese Vision war für die Sklaven nichts Abstraktes und noch weniger etwas, das sich erst am Ende der Geschichte verwirklichen würde. Insofern darf die Inkulturation

---

[12] Genau dies läßt sich in den schwarzen Gemeinschaften im Protestantismus in den USA beobachten. *Eugene Genovese* (1972) gibt ein hervorragendes Beispiel dieses Phänomens einer originären Re-Interpretation des Christentums durch die schwarzen Sklaven. In diesem Sinne kann man tatsächlich von einem neuen Typus des Christentums sprechen. Einen ähnlichen Prozeß gab es 1791 während der siegreichen Revolution in St. Domingue. Viele Missionare aus Frankreich, Priester, die Anhänger der - von *Abbé Grégoire* aus Frankreich erarbeiteten - „Zivilkonstitution" (constitution civile du clergé) waren, beteiligten sich an dieser Revolution und verbreiteten die Forderung nach Menschenrechten unter den Sklaven. *Eugene Genovese/Jordan Roll*, The World the Slaves made, New York 1972.

nicht von den sozialen Problemen in den schwarzen Gemeinschaften ablen-
ken. Inkulturation ist vielmehr die Chance des Christentums, gegen die
neuen Formen der Ausgrenzung in der gegenwärtigen Weltordnung zu
kämpfen.

c) Das Wagnis der Inkulturation wird sich wahrscheinlich an der Überwindung der bis heute geltenden Voraussetzung erweisen, daß das Christentum in sich universal sei. Seine Universalität ist aber immer schon kontextualisiert und unter den Bedingungen einer besonderen Sprache gegeben,
d.h. es ist immer schon inkulturiert. Das Christentum hat auf reflexive
Weise den Beweis seiner Inkulturation, seiner eigenen Partikularität gegenüber jeder anderen Religion oder Kultur anzutreten. Universalität ist lediglich der Horizont, der sich uns nähert, wenn wir uns auf eine wirkliche Begegnung einlassen; wenn man die Alterität des Anderen annimmt, die Alterität seiner Sprache, seiner Kultur und Religion. Das Bewußtsein seiner eigenen Partikularität verbietet es, den Versuchungen des Fanatismus und der
Intoleranz nachzugeben. Wenn Inkulturation als der Prozeß der Übertragung des Evangeliums in die Kultur (Sprache, Kunst, Mythen, Riten, Denk-
systeme) eines fremden Volkes angesehen würde, so wäre dies einmal mehr
eine Position der Konquista. Eine solche Position kann nicht in einen Streit
über die Interpretation der Welt und der Geschichte einmünden, denn der
setzt den Kontakt zwischen zwei Kulturen oder zwei Religionen voraus.
Das wirkliche Wagnis der Inkulturation führt zu einer Krise, die das Merkmal des Christentums ist, wie wir es aus seiner Begegnung mit der griechischen Kultur kennen. Eine solche Krise ereignet sich genau in dem Moment,
in dem sich das Christentum den Widerstand des Anderen gegen seine Botschaft bewußt macht.

d) Das Thema der Inkulturation taucht in einem Moment auf, indem die
Säkularisierung trotz der sogenannten Wiederkehr des Religiösen weit fortgeschritten ist. Aber dies ist kein Widerspruch. Die Rückkehr des Religiösen
in den unzähligen Sekten und neuen religiösen Bewegungen ist wohl eher
als eine Reaktion auf die Säkularisierung zu verstehen. Aber man sollte die
Aufmerksamkeit auf die Schwierigkeiten richten, Inkulturation in einem
Kontext zu betreiben, in dem alle Religionen Krisen unterworfen sind. Denn
die Phase der Säkularisierung, in der wir uns momentan befinden, ist
gleichzeitig eine Phase der Globalisierung der Welt. Wenn sich in der Kirche die Überzeugung durchsetzt, daß mit der Evangelisierung völlig neu
begonnen werden muß, kann sich die Kirche nicht länger für das religiöse
Zentrum der Welt halten. Eine polyzentrische Welt setzt eine Pluralität der
religiösen Interpretationen von Gesellschaft und Geschichte voraus. Die
Chance einer wahrhaften Begegnung zwischen den menschlichen Gesellschaften, zwischen den Menschen in ihren Kulturen und Religionen, ist
wohl in der Zeit der Eroberung der Neuen Welt und während der Sklaverei
gescheitert, aber sie ließe sich am Ende vielleicht doch noch verwirklichen.

Doch dies ist eine utopische Vision in einer Welt, die von Gewalt, Kriegen, Rassismus und Exklusion zerrissen ist.

Übersetzung: *Michael Ramminger*

JACINTA MARIA SANTOS

Inkulturation und Schwarze-Frau-Sein

Eine Lebenserfahrung

„Ich bin Schwarze, Kämpferin,
vom Norden bis zum Süden Brasilianerin,
Iaiá, Maria oder sonstwer, ich bin Frau.

Ich mache Geschichte, Gedichte,
besiege das Böse, die Tyrannei,
trage in mir die Welt, die alle wollen, bin Frau."

(*Alfredo Dorea*)

I. Gott ist unterwegs und glaubt an uns

Das Kind ist geboren. Es ist ein Mädchen. Eine Frau? Ja, eine Frau, die sich mit anderen Frauen zusammentun wird, um eine neue Gesellschaft ohne Machismo, ohne Vorurteile, ohne Rassismus ... aufzubauen.

Eine Frau zu sein, noch dazu eine schwarze Frau, bedeutet in diesem Land, auf der ganzen Welt und sogar in der Kirche eine große Herausforderung.

Wir werden dazu erzogen zu glauben, daß Gott nur Mann sei und daß *Jesus Christus* keine Frauen in seine Jüngerschaft berufen habe; deshalb ist es verboten, zu denken, daß Frauen zur Hierarchie der Kirche dazugehören, obgleich ein solches Vorurteil weder von der Tradition der Kirche noch von der Bibelexegese gestützt wird. In den Anfängen des Christentums begegnen wir Frauen, die tauften, verkündigten und Diakoninnen waren.

In Röm 16,1 billigt *Paulus* die Arbeit der Frauen, die er als Diakoninnen anerkennt, wenn er erklärt: „Ich empfehle euch unsere Schwester *Phöbe*, die Diakonin der Gemeinde von Kenchräa"[1].

Gott schreibt auf krummen Linien gerade. Gott erwählt eine einfache Frau, um die Welt mit dem Liebsten zu beschenken, das er hat, seinem einzigen Sohn, um so seine große Liebe zu den Menschen zum Ausdruck zu bringen.

Eine Frau ist es auch, die den großen Meister bittet, das erste Wunder zu tun, und erhört wird.

---

[1] Das griechische *diákonon* des Urtextes gibt die deutsche Einheitsübersetzung mit „Dienerin" wieder, A.d.Ü.

Frauen waren, auch wenn die Evangelisten sie nicht erwähnen, die Stütze des großen Projekts der inkulturierten Evangelisierung *Jesu von Nazareth*. Sie sind die ersten, die den auferstandenen Herrn gesehen, erkannt und an ihn geglaubt haben, und sie werden von ihm gesandt: Geht und sagt, daß ich auferstanden bin ...

Uns erzieht man zur Unterordnung, zum Schweigen, zum Verzicht.

II. Unser Alltag

Da ich aus einer katholischen Familie stamme, habe ich früh die Grundsätze des Glaubens kennengelernt. Einer davon lautet: „Wir sind alle gleich, alle Brüder und Schwestern ..." Was für eine Überraschung, als ich feststellen mußte, daß diese Wahrheit keine Wahrheit ist, die im Alltag gilt, vor allem für uns Frauen und für alle Nachkommen von Afrikanern in einem so christlichen, so katholischen Land wie Brasilien!

Wir leben in einer Gesellschaft, die uns auf allen Ebenen ausbeutet, uns von allem ausschließt, indem sie uns beiseite drängt. Das Bild wird noch düsterer, wenn wir Frau, schwarz und arm sind.

Wir waren und sind Sexualobjekt des weißen Herrn, seiner Söhne, der Verwalter und heute derjenigen, die sich in der Weltgeschichte herumtreiben, auch in Brasilien.

Aus der Erhebung des IBGE (Instituto Brasileiro de Geografia e Estatística) von 1980/1983 gehen folgende Daten hervor:

- 90% der schwarzen Frauen haben die Grundschule abgeschlossen.
- 1% ergreifen ein Universitätsstudium.
- 48% aller brasilianischen Analphabeten sind schwarze Frauen, also beinahe die Hälfte der schwarzen Frauen des Landes.
- 62,7% erhalten höchstens einen Mindestlohn.
- Etwa 80% der Hausangestellten sind schwarze Frauen.
- Der schwarze Mann erhält 29,5% bis 72% mehr Lohn als die schwarzen Frauen.
- Nur 17% der brasilianischen Arbeiter haben einen Arbeitsvertrag.
- In den letzten 20 Jahren blieben nur 10% der weißen Arbeiter auf dem Lande, während der Prozentsatz der schwarzen Tagelöhner (bóias-frias) auf dem Lande 35% beträgt.

In der Kirche waren wir Frauen lange Zeit nur Dienstpersonal, diejenigen, die sich sehr gut um den Altar, das Putzen, die Infrastruktur kümmern können.

Die Frauen machen mehr als die Hälfte dieser Kirche aus, die sich gegen die neue Sensibilität für die Wirklichkeit der Frauen sträubt, und die Zahl der Ordensfrauen ist doppelt so hoch wie die der Priester. Aber im Kirchenrecht gelten sie für fast alle Leitungsämter in der Kirche als nicht befähigt[2].

Die Präsenz von Frauen ist gering, was die Zahl der Teilnehmer anbelangt, und gleich Null, wenn es um Entscheidungsprozesse geht wie in den Sekretariaten, Kommissionen, Kongregationen, Konzilien und Synoden. Zum Beispiel waren beim II. Vatikanischen Konzil unter mehr als 2500 Teilnehmern nur sieben Frauen, und zwar ohne Stimmrecht. Auch in Medellín, Puebla und Santo Domingo gab es nur eine geringe Präsenz von Frauen. In der internationalen Kommission für die Reform des *Codex Iuris Canonici* waren unter den zweihundert Männern, die sie bildeten, nicht mehr als drei Ordensfrauen vertreten. Deshalb wurde der neue *Codex* mit Befürchtungen hinsichtlich seiner Aussagen über die weibliche Sexualität erwartet. Außerdem werden die Frauen von den Dienstämtern ausgeschlossen[3]. Mit Sicherheit gab es bei den drei gerade genannten symbolischen Vertretungen keine schwarzen Frauen.

Wir sind doppelt ausgeschlossen, weil wir schwarz sind und weil wir Frau sind. Obgleich wir schwarzen Frauen einen lebendigen Glauben, eine kraftvolle Mystik und Spiritualität und einen schöpferischen Umgang mit der Religion haben, war es lange Zeit und ist es manchmal noch immer schwer für uns, in Ordenskongregationen aufgenommen zu werden. Als Argument brachte man vor, wir neigten „zu sehr zur Zügellosigkeit" und wir müßten Beweise für die „Reinheit" des Blutes vorlegen, das heißt, daß wir nicht von „Neuchristen" oder aus einer „verdorbenen Rasse" stammten[4].

Mit der Absicht, dazu beizutragen, daß Rassismus und Vorurteile, die auch in der Kirche existieren, aufgedeckt, bekämpft und ein für allemal ausgerottet werden, werden in diesem Kontext nach einer langen Zeit der Schwangerschaft im Schoß des schwarzen Volkes die Schwarzen Pastoralen Mitarbeiter (APNs: Agentes de Pastoral Negros) geboren, schwarze Priester, Ordensfrauen und -männer und Laien und Laiinnen innerhalb der katholischen Kirche, mit dem Anliegen, die Kirche Brasiliens in ihrem umfangreichen und vielschichtigen pastoralen Aufgabengebiet „schwarz zu machen".

Wir sind nicht dazu da, um noch eine weitere Pastoral zu verkörpern, sondern um die Erfahrung tief in uns lebendig zu erhalten, daß wir schwarzen Frauen und Männer immer von einem eigenen religiösen Leben durchdrungen waren, das man jahrhundertelang zu zerstören suchte, aber da das Heilige nun einmal heilig ist, gelang dies niemandem, keiner Organisation und keiner Institution. Denn der weiblich-männliche Gott, der Befreier aller

---

2 Vgl. CEHILA (Hrsg.), A Mulher Pobre na História da Igreja Latino-Americana, São Paulo 1984.
3 Ebd.
4 Vgl. Agentes de Pastoral Negros (Hrsg.), Mulher Negra: Resistência e Soberania de uma raça, Petrópolis 1990.

Völker, lebt noch immer, an unserer Seite, so wie er uns auf dem Weg durch
diese fünfhundert Jahre Brasiliens, Lateinamerikas begleitet hat.

III. Ein Versuch inkulturierter Evangelisierung

Indem wir schwarzen Frauen unser Wesen annehmen, uns an der Kirche
aktiv beteiligen, uns Räume erobern und unsere Art zu *sein*, mit unserem
Körper, unserem wiegenden Gang, unserer Spontaneität, aus uns heraus-
bringen, äußern, verkörpern wir eine neue Art und Weise, den Gott des Lebens zu feiern. Und gemeinsam „mit unseren schwarzen Brüdern tragen wir
das Fest, die Schönheit in die Liturgie hinein, die Farbe und auch die
schwarze Farbe ins Weiß der Altäre, und so werden wir bald die Strukturen
der Kirche verwandeln. Dieser Kampf von Frauen und Männern für eine
Feier des Lebens, und zwar des Lebens von Schwarzen" ist eine der pastoralen Aufgaben, die die APNs wahrnehmen[5].

Für uns ist es traurig, feststellen zu müssen, daß die Kirche vor den Toren
des dritten Jahrtausends immer noch machistisch, rassistisch und ziemlich
undemokratisch ist und an Vorurteilen festhält, wenn sie die Religionen
afrikanischen Ursprungs mit Verachtung betrachtet und als „Teufelswerk"
ansieht.

Die Kirche hat sich im Laufe der vergangenen Jahrhunderte das Projekt
der Inkarnation ihres Herrn und Meisters nicht wirklich zu eigen gemacht,
der Inkarnation *Jesu von Nazareth* in einer ganz bestimmten Kultur, seines
Hineinwachsens in die Menschheit, da er „von einer Frau geboren" wurde,
von einem Zimmermann erzogen wurde und nach dem jüdischen Glauben
lebte. Gerade dieses inkulturierte Leben *Jesu von Nazareth* diente uns, den
Schwarzen Pastoralen Mitarbeitern, als Stütze auf unserem Weg, denn wir
dürsteten danach, als Christen von unserer angestammten Kultur her Gott
in *Jesus* zu erfahren.

Dies öffnete uns auch die Augen für die schwarze Frau, die Herrin des
Terreiro, des Ecksteins des afroreligiösen Systems, das Gottheiten, mytholo-
gische Gestalten, der Natur innewohnende Lebenskraft in sich birgt. Die Gegenwart dieser Frau zeichnet sich in der Terreiro-Gemeinde durch die Ausübung von Macht, durch die Gabe des Heilens, die Gabe des Rates, die Ko-
ordination und Feier der Rituale aus. Der Terreiro-Gemeinde, in der sich die
symbolische Wiederherstellung des verlorenen Afrika in einer Antwort auf
die rassistische, ausschließende Gesellschaft ereignet, verleiht sie Dynamik.

In der Afroreligion sucht der Schwarze Zuflucht, fühlt er sich aufgehoben, schließt er sich mit anderen zusammen und findet er einen Raum, in
dem seine Person und seine Kultur Wertschätzung erfahren.

---

5   *Alzira Rufino Santos*, Mulher Negra: Uma perspectiva histórica, 1987.

Es geht um eine Religion der vermeintlich Besiegten, auf der ideologischen Ebene ausgedrückt, um den Widerstand gegen eine von der Religion des Kolonisators aufgezwungene Weltsicht, die für den Schwarzen weder das Wissen um die Unterdrückungssituation, in der er lebt, noch die Vision einer Veränderung dieser Lage enthält.

Mit dieser Vision des Widerstandes sind wir, ausgehend vom konkreten Leben, von der Solidarität der „Besiegten", die immer noch Leben hervorbringen, auf dem Weg zu einer ökumenischen Bewegung.

Es ist gut, sich daran zu erinnern, daß das, was wir in der Kirche sind, ein Erbe dieser Werte ist, selbst wenn wir nicht in die Terreiro-Gemeinde eingebunden sind, daß wir Erbinnen dieser Werte sind, die wir als schwarze Frauen in unsere Praxis in der Kirche einfließen lassen.

IV. Eine Herausforderung

Zwar hat sich die Kirche in diesem Veränderungsprozeß, wie es im Wortlaut der Dokumente der Bischofsversammlung von Santo Domingo zum Ausdruck kommt, verpflichtet:

- die Vergewaltigungen lateinamerikanischer und karibischer Frauen, vor allem die der Landarbeiterinnen, Indianerinnen, Afroamerikanerinnen, Wanderarbeiterinnen öffentlich zu verurteilen, und auch die Gewalt zu kritisieren, die von den Massenmedien gegen die Würde dieser Frauen ausgeübt wird;
- die Frauen in die Prozesse der Entscheidungsfindung in allen Bereichen einzubeziehen;
- die pastorale Begleitung von Frauen in schwierigen Situationen zu intensivieren: im Hinblick auf getrennt lebende, geschiedene Frauen, ledige Mütter, Prostituierte ...

Aber beim V. Lateinamerikanischen Missionskongreß (COMLA V) ist die Frauenfrage nicht ein einziges Mal zur Sprache gekommen. Obwohl die Frauen nach wie vor die wesentliche Kraft jeglichen missionarischen Handelns sind, ob nun in der lebensspendenden Stille oder im Beten während des Kampfes, um das Gebot des Evangeliums zu befolgen, damit alle Leben in Fülle haben ...

Es ist schön festzustellen, daß wir Frauen, auch wenn wir noch immer nicht den Raum erobert haben, in dem die Entscheidungen getroffen werden, dennoch weitermachen und Widerstand leisten ...

Worin besteht letztlich die Herausforderung? Es geht darum, zu ermöglichen, daß *wir Frauen, wir schwarzen Frauen,* unsere Vorschläge praktikabel machen, daß wir uns mit Nachdruck am Prozeß der Entscheidungsfindung in der Kirche beteiligen. Wenn die Kirche demokratisch ist und wir die Mehrheit sind, wo ist dann unsere Vertretung?

V. Was tun?

Aus dem Wunsch heraus, daß unser Handeln wahrhaft befreiend wirkt und mit dem unterdrückten Leben des schwarzen Volkes verwachsen ist und wir dabei genauso „fühlen" wie *Jesus Christus* (Phil 2,5), in der Hoffnung, daß es ein Ausdruck des Engagements der Kirche im Prozeß einer inkulturierten Evangelisierung ist, setzen wir in unserer pastoralen Arbeit folgende Prioritäten:

1. Die Kenntnis der kulturell-religiösen Ausdrucksformen ist das Gedächtnis des schwarzen Volkes. Wir können keine ernsthafte Arbeit im Bereich der Evangelisierung tun, ohne uns sorgfältig mit der historisch-kulturellen Umwelt zu befassen, in der die pastorale Tätigkeit entfaltet werden soll.

2. Gestützt auf die Überzeugung des Evangeliums, „Leben zu haben, ein Leben in Fülle", eingebunden in die verschiedenen Glaubensgemeinschaften, in das konkrete Engagement im Kampf um die Ausübung unseres Bürgerrechts, werden wir uns darum bemühen, ein Netz der Solidarität untereinander und mit all denen aufzubauen, die an eine Gesellschaft ohne Unterdrückte und ohne Unterdrücker glauben und davon überzeugt sind, daß der weiblich-männliche Gott-Olorum noch immer an uns glaubt und mit uns unterwegs ist.

3. Wir bemühen uns um eine wirklich inkulturierte Pastoral, die den Schwarzen als Schwarzen achtet, um die Förderung der Gruppen, die Schwarze Theologie treiben - eine Theologie, die uns geholfen hat, das Bewußtsein unseres Schwarzseins zu stärken, um die Suche nach Gerechtigkeit auf allen Ebenen und um den Aufbau der ökumenischen Bewegung des Volkes, deren Grundlage Solidarität und echte Geschwisterlichkeit bilden.

4. Fortsetzung der Bildungsarbeit zusammen mit den schwarzen und weißen Erziehern, indem wir in unserer Unterschiedlichkeit Vorschläge für eine staatliche Politik erarbeiten, die der Gemeinschaft der Schwarzen Beachtung schenkt.

5. Es gilt auf das Selbstwertgefühl der schwarzen Frau hinzuarbeiten und ihre doppelte und manchmal dreifache Diskriminierung und ihr Ausgeschlossensein zu reflektieren, nach einem Ausweg zu suchen, wie wir in ihre Bildung investieren können, und ausführlich das Problem der Geschlechtsidentität zu diskutieren.

VI. Schlußbemerkung

Angesichts dieser Realität sind wir manchmal versucht, den Mut zu verlieren und uneins zu werden, aber sie stärkt auch die Gewißheit in uns, daß unsere Träume nicht nur von uns geträumt werden. Sie sind Menschheitsträume, und sie sind nicht bloß Träume. Sie sind die Menschheit selbst auf dem Weg ihrer Verwirklichung. Und aus diesem Grund glauben wir,

- daß alle, Männer und Frauen, Schwarze und Weiße, Reiche und Arme, aufgefordert sind, den Ruf des *Lebens* zu verteidigen und zur Geltung zu bringen;
- daß es jetzt an der Zeit ist, die Augen für *Sonne/Mond* zu öffnen, die/der dort oben immer verharrt, und zu erkennen, daß Sie/Er uns nicht blind macht, sondern *uns befreit*.
- daß es von neuem an der Zeit ist, aufzubauen: aufzubauen auf dem Wort und mit dem Wort, das *befreit und erlöst*.

Und weil wir glauben, bringen wir, die Schwarzen Pastoralen Mitarbeiter, Quilombolas[6], Brüder und Schwestern, unseren Glauben in unserem Engagement für Gott-Olorum zum Ausdruck, der Leben ist und uns zu der inkulturierten Evangelisierung aufruft, die sich einsetzt im Kampf um Land, für Bildung, für die Achtung der Frau und ihrer Würde, für die Rechte des Kindes, gegen jegliche Form von Diskriminierung oder Ausbeutung, die unentschuldbare Verbrechen gegen die Menschlichkeit sind.

Olorum Odé Axé

Übersetzung: *Victoria M. Drasen-Segbers*

---

6 Mitglieder des „Quilombo Central", der Vereinigung der schwarzen Pastoralen Mitarbeiter, A.d.Ü.

BISCHOF URIAH ASHLEY

Evangelisierung und Glaubenspraxis in afroamerikanischen Kulturen

Zur Rettung der schwarzen Identität

Das evangelisierende Handeln ist nicht zerstörerisch; vielmehr inkarniert es sich in Eure Werte, festigt und stärkt sie; es bringt die Samenkörner zum Wachsen, die das *Wort Gottes* ausgestreut hat, „das schon, bevor es Fleisch wurde, um alle zu retten und in sich als dem Haupt zusammenzufassen, in der Welt war als das wahre Licht, das jeden Menschen erleuchtet" (*GS* 57).

I. Einleitung

Zunächst möchte ich Gott danken, daß er uns in unserem katholisch-christlichen Glauben ebenso hat wachsen lassen wie in unserer afropanamaischen Identität. Dank auch an die Organisatoren dieses deutsch-lateinamerikanischen Symposiums. Es ist ein gutes Werk, das uns ermöglicht, uns besser kennenzulernen und unser Verständnis einer universalen Kirche zu klären.

Das II. Vatikanische Konzil hat, gedrängt und geleitet vom Heiligen Geist und von pastoraler Sorge, die Tür zur Erkenntnis des Zusammenhangs von Kultur und Evangelium geöffnet. Dies zeigt auch die eingangs zitierte Stelle aus dem Dokument *Gaudium et spes*. Hier können wir die Wurzeln unserer afroamerikanischen Pastoral finden.

Zweifellos führt jede wahrhafte Evangelisierung zu einer Förderung der Person, d.h. einer Verbesserung der Situation dessen, der die Evangelisierung in voller Überzeugung annimmt. Er empfängt ein „neues Leben in Fülle", wie *Christus* sagt. Ausgehend vom II. Vatikanischen Konzil bis hin zur IV. Generalversammlung des Lateinamerikanischen Episkopats, schenkt die Kirche den indigenen und afroamerikanischen Völkern unseres Kontinents besondere Beachtung. Dies ist ein Ergebnis der Untersuchungen und pastoralen Reflexionen, die eine neue und positive Sicht des Verhältnisses von Evangelium und Kultur hervorgebracht haben.

In Lateinamerika finden sich die vom II. Vatikanischen Konzil ausgehenden Orientierungen in den Ergebnissen der Generalversammlungen von Puebla und Santo Domingo. Sie bieten uns eine Erneuerung der Pastoral in unserem Kontinent. Auf dieser Basis finden die pastoralen Mitarbeiter/-innen das Wissen, und sie erkennen die Dringlichkeit, mit den Gemeinschaften eine Pastoral zu entwickeln, die den Bedürfnissen der indigenen und afroamerikanischen Völker entspricht. Dies waren die Anfänge, auf deren Basis sich die Rede von den Afroamerikanern und später von der afroamerikanischen Pastoral entwickelte.

Im Dokument von Puebla finden wir den Hinweis auf die Afroamerikanischen Gemeinschaften in Nr. 335, wo es heißt, daß sie „oftmals vergessen" werden. Die Evangelisierung der Kultur wird in diesem Dokument in den Nummern 409 bis 410 behandelt.

Ich bin meinen Weg genau in diesem genannten Zusammenhang gegangen. Es war eine Erfahrung eines wunderbaren Zusammenhangs von Evangelium und kulturellen Werten der Schwarzen in Panama. Durch die Gnade Gottes und den Ruf *Christi* bin ich heute Bischof im Dienste des Volkes Gottes. Davon möchte ich hier heute mitteilen.

II. Unsere Situation als Afro-Panamaer

Die von Afrikanern abstammende Bevölkerung Panamas besteht aus zwei Gruppen, die ethnisch ähnlich, aber kulturell verschieden sind: Sie werden aufgrund der Unterscheidung von *Reina Torres de Araúz* als „afro-kolonial" und „afro-antillisch" bezeichnet[1].

Der Ursprung des afro-kolonialen Menschen liegt in Afrika. Er kam durch Europäer nach Panama, und zwar durch die Reise des *Diego de Nicuesa*, der nach Nombre de Dios an die Atlantikküste kam und dort 1509 eine Siedlung gründete. Dieser Ort war aber nicht ausreichend zu verteidigen. Deshalb wurde die Stadt im Jahr 1519 verlegt: *Pedrarias Dávila* gründete die Stadt Panama „La Vieja", die dann Jahre später durch den Piraten *Enrique Morgan* eingenommen wird.

Diese afro-koloniale Gruppe hat sich der Kultur seiner Herren angepaßt, der Religion und der Sprache. *Humboldt* bezeugt die Existenz dieser Menschen während seiner Lateinamerika-Reisen. Er schrieb, daß „der Neger in allen Teilen dieser Hemisphäre zu finden ist, ausgenommen in Grönland"[2]. In manchen Regionen ist die Zahl der Schwarzen so groß, daß *Humboldt* von einem „Reich der Farbigen in der Karibik" spricht.

Die afro-antillischen Menschen, deren Abstammung der ersten Gruppe sehr ähnlich ist, kamen nicht direkt aus Afrika zur Landenge Zentralamerikas. Sie wurden durch die Engländer und Franzosen kolonisiert und übernahmen deren kulturelle Traditionen, deren Sprache (Englisch oder Französisch), und in der Regel sind sie keine Katholiken. Die afro-antillischen Menschen kamen als Arbeiter nach Panama, entweder zum Bau der Eisenbahn im Jahr 1850 oder aber zur Errichtung des monumentalen Panamaka-

---

[1] *Reina Torres de Araúz*, Grupos humanos de Panamá - Primer Seminario Latinoamericano. El Papel de las Minorías afro-asiatico en el desarrollo socio-político de América-Latina, 1974, 2f.

[2] *Frank Tannenbaum*, El negro en las Américas, esclavo y ciudadano. Buenos Aires 1968, 16, zitiert nach: *Aminta Núñez*, El elemento afro en Panamá.

nals, der 1914 fertiggestellt wurde. Meine Urgroßeltern gehörten zu letzteren.

III. Die afroamerikanischen Pastoraltreffen und die Erneuerung der kulturellen Werte der Schwarzen

Die Feier von 500 Jahren Evangelisierung des Kontinents bedeutete für viele eine Erinnerung an den Jahrestag der Begegnung von zwei Kulturen, nämlich der europäischen und der indigenen. Die afroamerikanische Kultur stand außen vor. Wenn wir die Situation genau betrachten, zeigt sich, daß Lateinamerika durch die Begegnung von drei Kulturen entstanden ist, die sich im Laufe der Zeit miteinander vermischt haben und damit den Grund legten zu dem, was wir heute unter dem Namen Lateinamerika kennen.

Papst Johannes Paul II. war sich dieser Tatsache in seiner Botschaft an die Afroamerikaner am 13. Oktober 1992 in Santo Domingo sehr wohl bewußt. Er sagte: „Das Datum des 12. Oktober 1492 bezeichnet den Beginn der Begegnung von Rassen und Kulturen, die die Geschichte dieser 500 Jahre prägen sollte ... 'Amerika ist das Ergebnis der Vereinigung von Europa und Afrika mit einheimischen Elementen. Daher gibt es hier keine rassistischen Vorurteile, und wenn sie auftauchen würden, dann würde Amerika ins ursprüngliche Chaos zurücksinken.'" *(Simón Bolívar)*[3]

Die afroamerikanische Bevölkerung hat nicht nur ein kulturelles, sondern auch ein spirituelles Erbe, das in einer tiefgreifenden Religiosität wurzelt und das Leben liebt. In der schwarzen Bevölkerung bestimmt die Religiosität das Leben, und alles wird von dieser Religiosität her beleuchtet. Das Sein, das Verstehen der Dinge, die sozio-politische Ebene, die Ökonomie, der Schmerz, der Tod, die Feste, alles ist in seinem Wesen religiös. Für uns ist Gott in dem Bewußtsein, sein Antlitz ist im Anderen. Wir gewinnen heute dieses Bewußtsein der Schwarzen zurück, und zwar als ein Geschenk Gottes, das die Geschwisterlichkeit und die Solidarität zwischen den Rassen möglich macht.

1. Mein Ursprung

Mein Name ist *Uriah Ashley.* Ich bin Panamaer von afro-antillischer Herkunft, gebürtig aus der Provinz Bocas de Toro, die an der Atlantikküste der Republik Panama liegt. Als ich meine schulische Oberstufenausbildung

---

[3] Botschaft von *Papst Johannes Paul II.* an die Afroamerikaner, in: Santo Domingo. Schlußdokument. 4. Generalversammlung der lateinamerikanischen Bischöfe. Santo Domingo, Dominikanische Republik, 12.-28. Oktober 1992. Neue Evangelisierung - Förderung des Menschen - Christliche Kultur (Stimmen der Weltkirche 34, hrsg. vom Sekretariat der Deutschen Bischofskonferenz), Bonn 1992, 194f.

durchlief, fühlte ich mich vom Herrn berufen. Ich ging in das Priesterseminar in San José und wurde am 15. August 1979 zum Diözesanpriester geweiht. In meiner Zeit im Priesterseminar wurde mit der Ausbildung in afroamerikanischer Pastoral begonnen. Diese gibt es bis heute. Heute bin ich Bischof einer kürzlich neu gegründeten Diözese, Penonomé, zu der eine große Zahl afroamerikanischer Gläubiger zählt.

Die Tatsache, daß sich das Bewußtsein meiner schwarzen Identität entwickelte und diese immer mehr an Stärke gewann, verdanke ich meinem Weg in der afroamerikanischen Pastoral. Dieser Weg ist durch die afroamerikanischen Pastoraltreffen gekennzeichnet. In Panama bin ich durch die dortige Bischofskonferenz zum verantwortlichen Bischof für die afroamerikanische Pastoral bestimmt worden.

2. Die afroamerikanischen Pastoraltreffen als ungeahnter Reichtum

Ich habe an vier der sechs afroamerikanischen Pastoraltreffen aktiv teilgenommen, nämlich folgenden: Ecuador (Esmeralda) 1983, Panama (Portobelo) 1986, Costa Rica (Limón) 1989, Ecuador (Esmeralda) 1994.

An dieser Stelle ist es sinnvoll, kurz den Ursprung der afroamerikanischen Pastoraltreffen zu beschreiben. Am Anfang standen die Überlegungen von Medellín und Puebla. Die Bischöfe der Ortskirchen trafen daraufhin die glückliche Entscheidung, für den 18. bis 20. März 1980 ein Treffen der Schwarzen-Pastoral nach Buenaventura an die Pazifikküste Kolumbiens einzuberufen. Ich konnte aufgrund einer Einladung nach Ecuador nicht teilnehmen.

Die Initiative dafür ging aus von den Bischöfen *Heriberto Correa Yepes* von Buenaventura in Kolumbien und *Enrique Bartolucci* von Esmeralda in Ecuador - Gott hab' ihn selig -, der maßgeblich die Anfänge einer Pastoral für die Afroamerikaner gefördert hat. Das grundlegende Ziel dieses ersten Treffens war der Austausch über Erfahrungen, Probleme, Sorgen und Hoffnungen. Man ging von den eigenen Erfahrungen und den Dokumenten der Kirche aus, um das Projekt einer Pastoral für die Afroamerikaner zu realisieren. Man beschloß, solche Treffen alle drei Jahre durchzuführen. Bewußt wurde nicht von Kongressen, sondern von Treffen oder Begegnungen gesprochen, weil es darum gehen soll, Erfahrungen der Ortskirchen jeden Landes auszutauschen.

Meine persönliche Bindung an diese neue Pastoral beginnt mit dem zweiten afroamerikanischen Pastoraltreffen in Esmeralda, Ecuador, im Jahr 1983. Dieses zweite Treffen gewann sehr große Bedeutung, denn das Thema war „Die Vertiefung schwarzer Identität". Man suchte die Kenntnis über unsere Realität als Afroamerikaner zu vertiefen, sowohl derjenigen in der Stadt als auch auf dem Land, um so neue Wege der Pastoral zu entdecken und diese entsprechend zu verbessern und zu stärken.

Wir stellten fest, daß die schwarzen Gemeinschaften durch das Wissen um ihre Geschichte ihre Identität zurückgewinnen. Dies ermöglicht uns, den Weg der Befreiung im Licht des Wortes Gottes zu gehen. Es ist ein Licht der Befreiung inmitten einer Situation gesellschaftlicher, politischer, wirtschaftlicher und religiöser Marginalisierung, in der man uns durch all die Jahre gehalten hat. Wir entdeckten, daß wir die schwarze Bevölkerung auf dem Weg ihres sozialen und pastoralen Projekts begleiten müssen.

Aus diesem Treffen ergaben sich Verpflichtungen, und es wurden konkrete Handlungslinien für verschiedene Bereiche benannt: Politik, Gesellschaft, Kultur, Wirtschaft, Religion. Außerdem wurde definiert, was unter afroamerikanischer Pastoral zu verstehen ist, nämlich eine Pastoral, die „durch pastorale Mitarbeiter und Mitarbeiterinnen aufgrund eines authentischen Bewußtseins als Schwarze praktiziert wird und zur Kenntnis, zur Wertschätzung und zum Verständnis der Werte der eigenen Kultur führt; die von der Option für die Armen aus entwickelt wird und deshalb soziale Implikationen besitzt."

Als pastorale Handlungslinie wurde vorgeschlagen, die Geschichte und Tradition der afroamerikanischen Bevölkerung zu erforschen. Dies kann uns die Rückgewinnung unserer geschichtlichen Erinnerung, der Traditionen und der kulturellen Werte ermöglichen. Man sagt, daß Unkenntnis der eigenen Geschichte zum Verlust der Identität führt. Deshalb war es eine logische Konsequenz, daß das dritte afroamerikanische Pastoraltreffen in Portobelo in Panama im Jahr 1986 unter dem Thema stand: „Identität und Geschichte der Afroamerikaner im Licht der Heilsgeschichte".

In Portobelo, wo in der Kolonialzeit ein florierender Sklavenmarkt existierte, bemühten wir uns erneut um die Stärkung der afroamerikanischen Identität und entdeckten, daß wir zur Erlösung in *Christus* berufen sind, und zwar ohne Rücksicht auf die Hautfarbe, denn die Heilsgeschichte ist für alle. Ich erinnere mich aufgrund der gelungenen Thematik sehr gut an dieses dritte Treffen in Portobelo. Es vertiefte unser Wissen, unser Zusammengehörigkeitsgefühl als Volk, unsere afroamerikanische und christliche Identität. Als ethnische Gruppe haben wir wichtige Werte zur gegenwärtigen Realität der Kirche und der lateinamerikanischen und panamaischen Gesellschaft beigetragen. Ebenso erkannten wir in Portobelo die Notwendigkeit, daß in jeder Diözese engagierte pastorale Mitarbeiter tätig werden, die die Geschichte und die Werte unserer Gruppe kennen, und daß angemessene pastorale Ausdrucksformen entwickelt werden, wie man sie heute mit dem Begriff der inkulturierten Pastoral verbindet. Auf diese Weise sollten das Glaubensleben, die Ausdrucksformen unserer Spiritualität mit den liturgischen Feiern in der Kirche in Einklang gebracht werden, dann nämlich würden die Gottesdienste inkulturiert sein. In diesem Sinne waren die Gottesdienste in Portobelo eine Bereicherung: Wir feierten *Jesus Christus* in unserem gemeinschaftlichen Leben und als Schwarze.

Aufgrund von Portobelo 1986 entstanden Pastorale Empfehlungen in Ecuador, Quibdó, Esmeralda, Buenaventura und in Panama. Bei uns wurde dies vor allen Dingen in Colón deutlich. Hier begann man auch mit der Erstellung von Materialien für den katechetischen und liturgischen Bereich.

Das vierte afroamerikanische Pastoraltreffen in Puerto Limón, Costa Rica, im Jahr 1989 war eine außerordentliche Erfahrung unter dem Thema „Die afroamerikanische Familie". Es wurde deutlich, wie weit wir uns von den Werten unserer Vorfahren entfernt haben, was das Zugehörigkeitsgefühl, die Solidarität, die Bedeutung des Heiligen, das Andenken an die Verstorbenen und den Respekt vor dem Leben angeht. Die Afroamerikaner sind heute aufgerufen, diese Werte wiederzuentdecken. Sie alle werden bewahrt und überliefert durch die Familie, die Grundeinheit der Gesellschaft.

Beim fünften afroamerikanischen Pastoraltreffen in Quibdó, Kolumbien, sprach man über „Die afroamerikanische Erziehung" und wie diese das kulturelle Wissen bewahrt und vermittelt. Da ich einige Tage zuvor erst in eine andere Pfarrei versetzt worden war, konnte ich an diesem Treffen leider nicht teilnehmen. Wie auch bei allen anderen Treffen bestätigte sich, wie notwendig es ist, die Kenntnis der eigenen Werte der schwarzen Bevölkerung zu vertiefen, und zwar im Rahmen eines Bildungs- und Erziehungsprojekts.

An diesem Treffen nahmen erstmals auch Brasilianer teil. Es sollte ein wirklich kontinentales Treffen afroamerikanischer Pastoral sein. Damit verbunden war der Wunsch, nach und nach eine immer stärkere Bewegung zu werden. Von Quibdó haben wir gelernt, daß jedes erzieherische Wirken hilfreich ist, wenn es von Prinzipien und gültigen Kriterien ausgeht, die die kulturellen Werte der Beteiligten bedenkt und respektiert.

Die von unseren Vorfahren genutzten Methoden waren effektiv, denn sie trennten nicht die Schule vom Leben der Menschen. Die Tradition eines Volkes hält die Erinnerung in der Geschichte lebendig. Unsere Ahnen vermitteln sie durch die „Plaudereien im Familienkreis, die Spiele der Kinder, die Inszenierungen und die gemeinsam erlebten tragischen oder festlichen Ereignisse".

Lateinamerika gilt als Kontinent, in dem verschiedene Rassen und kulturelle Gruppen zusammenleben, d.h. Lateinamerika ist plurikulturell. Unser Kontinent besitzt ein kulturelles Erbe, das sowohl durch historische Traditionen als auch durch den christlichen Glauben geprägt ist. Deshalb ist es wichtig, ein neues Erziehungsziel auszuarbeiten, welches die Identifizierung des einzelnen mit seiner Kultur und seiner Gemeinschaft ermöglicht. Konkret schlug das Treffen von Quibdó vor, Kulturzentren zu schaffen.

Das sechste afroamerikanische Treffen fand im September 1994 erneut in Esmeralda statt. Es trug den Titel „Spiritualität und liturgische Ausdrucksformen der Afroamerikaner/-innen". Fast elf Jahre nach dem ersten Treffen in Esmeralda kehrten wir an diesen Ort und zu seinem Bischof, *Mons. Enrique Bartolucci*, zurück, für den es das letzte Treffen sein sollte, denn nur kurze Zeit später verstarb der „Hirte der Schwarzen". Er hinterließ uns Teilnehmern des Treffens jedoch das sichere Wissen, daß er seinen Auftrag erfüllt hat.

Wenn man sich daran macht, die Themen und Inhalte dieser Treffen zu prüfen, ergibt sich nur eine Schlußfolgerung: *Die afroamerikanischen Pastoraltreffen sind ein Werk des Heiligen Geistes und unsere Antwort auf sein Wirken in der Kirche Lateinamerikas.* Wir als afroamerikanische Männer und Frauen bewahren unsere Spiritualität, die einen unverzichtbaren Wert darstellt, als Erbe und Auftrag unserer Väter und Mütter. In bezug auf die afroamerikanische Spiritualität haben wird betont, daß sie eine der Mittel ist, die es uns im wesentlichen ermöglicht haben, unsere Kultur zu bewahren und unseren Geist zu ordnen. Für den Afroamerikaner ist ein menschlicher und spiritueller Raum, in dem er Kontakt zu seinem Gott pflegen kann, von vitaler Bedeutung.

Wir sind dabei, das zurückzugewinnen, was uns eigen ist, nämlich von Herzen die religiösen Ausdrucksformen zu feiern und zu spüren, daß sie nicht von unserem alltäglichen Leben abgeschnitten sind. Als afroamerikanischer Bischof fühle ich mich verpflichtet, allen Gemeinden ein inkulturiertes Evangelium zu bringen, damit wir als Geschwister in *Christus* leben. Die verschiedenen afroamerikanischen Pastoraltreffen waren für mich eine lebendige Schule, die dazu geführt hat, daß wir unsere Identität schätzen und mit großer Freude unser Leben, unseren Glauben und unsere Kultur mit anderen teilen.

Das siebte afroamerikanische Pastoraltreffen ist für April 1997 in Trujillo, Honduras, geplant, weil dort dann des 200. Jahrestages der Ankunft der afrikanischen Garifuna gedacht wird. Das Thema wird sein: „*Jesus Christus, der Befreier des afroamerikanischen Volkes*".

IV. Die afroamerikanischen Pastoraltreffen und ihre Wirkung in Panama

Auf Panama hatten die afroamerikanischen Pastoraltreffen tiefgreifende Auswirkungen, und zwar ausgehend vom dritten Treffen (1986). Damals begann die Arbeit mit und unter den Schwarzen zunächst in der Diözese Colón, dann in Darién und in der Erzdiözese Panama im Jahr 1991 im Rahmen der Vorbereitungen zu den Feiern der 500 Jahre Evangelisierung. Heute ist es aufgrund fehlender ökonomischer Mittel sehr schwierig geworden, überhaupt irgendein Projekt durchzuführen; dies ist für uns allerdings kein Hindernis für unsere pastorale Arbeit. Aufgrund der Einstellung und der Energie der pastoralen Mitarbeiter und Mitarbeiterinnen wird eine Evangelisierung verwirklicht, wie sie den Vorstellungen der afroamerikanischen Pastoraltreffen entspricht. Dadurch haben wir eine inkulturierte Liturgie bekommen, die Elemente unserer Kultur enthält; wir haben eine Schule für Gesang, Tanz und Geschichte, die sich an Kinder, Jugendliche und Erwachsene richtet und vom Heiligen Geist getragen wird. Es wurden

Treffen und Seminare mit allen Mitarbeitern und Mitarbeiterinnen der Afro-Pastoral auf nationaler Ebene durchgeführt, in denen die Ergebnisse der afroamerikanischen Pastoraltreffen für unser pastorales Handeln aufgearbeitet wurden. Ein Ergebnis eines solchen Treffens ist unsere Jugendpastoral für junge Schwarze.

Wir möchten gern in jeder Pfarrei eine kleine Reflexionsgruppe aufbauen, die dann zu Multiplikatoren für unsere Arbeit werden soll. Und wir hoffen, ein afroamerikanisches Informationszentrum einzurichten, in welchem Informationen über unsere Geschichte, unser kulturelles, politisches, gesellschaftliches, sportliches und wirtschaftliches Handeln zugänglich gehalten werden sowie eine Videothek mit Aufnahmen von unseren Tänzen, Konferenzen, Seminaren, Treffen und anderen Ereignissen im Rahmen unserer pastoralen Arbeit.

Unsere größte Schwierigkeit ist, daß wir keinen Ort haben, wo wir unsere Dokumente sammeln, unsere Treffen abhalten und öffentlich präsent sein können. Aber wir setzen unsere Arbeit fort, weil wir von christlicher Hoffnung erfüllt sind und weil wir glauben, daß das, was wir tun, dem Aufbau des Gottesreiches hier auf Erden dient.

Dort, wo es eine afroamerikanische Pastoral in unserem Land gibt, nämlich im Erzbistum Panama, in den Diözesen Colón, Penonomé und im Vikariat Darién, arbeiten wir zusammen. Dies hat uns geholfen, Räume zu gewinnen und von einigen katholischen Kreisen akzeptiert zu werden, die nicht an diesen Weg glaubten. Immer mehr Hindernisse werden überwunden und viele Menschen werden für Gott gewonnen. Deshalb hat sich die Afro-Pastoral in Panama zum Zeichen der Hoffnung für unsere Ortskirche und für die lateinamerikanische Kirche entwickelt. Wenn Sie eines Tages vielleicht einmal in unser Land kommen, können Sie selbst den spirituellen Reichtum und die der afroamerikanischen Kultur eigene und für sie typische Freude erleben, die jeden Menschen beeindrucken, der sich auf sie einläßt.

V. Die afroamerikanische Pastoral und das DEMIS-CELAM[4]

Eine andere wichtige Erfahrung auf meinem Weg war die Teilnahme an einem afroamerikanischen Pastoraltreffen des DEMIS-CELAM, das vom 23. bis 27. Januar 1996 in Santafé de Bogotá stattfand. Es nahmen Priester und Laien aus Honduras, Kolumbien und Ecuador teil. Für Panama war neben mir auch *Pater Efraín de León* anwesend, ein sehr engagierter Initiator der Afro-Pastoral im Erzbistum Panama. Einer der behandelten Punkte war die Gründung eines Exekutivsekretariats für afroamerikanische Pastoral als ei-

---

4 DEMIS-CELAM: Departamiento de Misiones del Consejo Episcopal Latinoamericano = Abteilung Mission des lateinamerikanischen Bischofsrates (A.d.Ü.).

ner Unterabteilung des DEMIS-CELAM, das mit einem Präsidenten und einem Exekutivsekretär ausgestattet werden sollte. Die Versammlung hat mich als Präsidenten und *Pater Efraín de León* als Exekutivsekretär dieses Exekutivsekretariats DEMIS-AFRO bestimmt.

Dieser neu geschaffene Raum ist wichtig, weil er uns erlaubt, in die Ebene der Annäherung und des gegenseitigen Kennenlernens einzutreten, die uns zu einer Ebene der Begegnung und damit der Gemeinschaft (*communio*) hinführen wird. In den Protokollen heißt es über dieses Treffen: „Es war ein langsamer Prozeß, der aber immer vorwärts ging. So entwickelte sich ein familiäres Klima, aufgrund dessen wir - im Rahmen unserer lateinamerikanischen Erfahrung - die Erfahrungen einer spezifischen Pastoral teilen durften, die allein schon das Leben der Kirche bereichert."

Ich denke, daß wir auf diesem Weg schon ein Stück weitergekommen sind. Als Präsident dieses Sekretariats im Rahmen der Abteilung Mission des CELAM ist es meine Aufgabe, meine lateinamerikanischen Brüder und Schwestern auch in Zukunft zu ermutigen, vor allem diejenigen in den Ländern mit schwarzen Gemeinschaften. Dies alles werden wir vorantreiben, wenn es Gott gefällt und uns die *Heilige Jungfrau Maria* begleitet.

VI. Konkretes Handeln angesichts der neuen Herausforderungen

Viele Hindernisse sind schon überwunden, aber es gibt noch sehr viele weitere auf diesem Weg, der uns vor neue Herausforderungen stellt und damit konkretes Handeln erfordert. Ein Zeichen, daß wir mit festen Schritten vorangegangen sind, ist die Tatsache, daß wir uns einige wichtige Instrumente geschaffen haben: das Exekutivsekretariat afroamerikanischer Pastoral (SEPAC)[5], die afroamerikanischen Pastoraltreffen (EPA)[6] und schließlich neuerdings auf der Ebene des CELAM das Afroamerikanische Missionssekretariat DEMIS-AFRO[7], von dem ich gerade gesprochen habe. Dieses Sekretariat erleichtert uns den Erfahrungsaustausch, die Ausbildung der Mitarbeiter und Mitarbeiterinnen - dieser Punkt hat uns in vielen Treffen beschäftigt - und die Formulierung von Leitlinien für ein koordiniertes pastorales Vorgehen, also die Abstimmung von Strategien. Außerdem vereinfacht es die Erstellung von Informationsmaterialien und Dokumentationen über die Situation der Afroamerikaner in allen Ländern und in verschiedensten Belangen (Religion, Politik, Gesellschaft, Ökonomie, Kultur etc.).

Mit Hilfe des Heiligen Geistes und unserer Jungfrau und Mutter *Maria* sind wir dorthin gekommen, wo wir nun stehen, und wir werden unsere Arbeit mit den afroamerikanischen Gemeinschaften fortsetzen, weil das,

---

5 SEPAC: Secretariado Ejecutivo de la Pastoral Afroamericana (A.d.Ü.).
6 EPA: Encuentro de Pastoral Afroamericana (A.d.Ü.).
7 DEMIS-AFRO: Departamiento de Misiones Afroamericanas (A.d.Ü.).

was von Gott kommt, trotz aller Hindernisse weitergeht. Erinnern wir uns an den biblischen Text, der in diesem Kontext besagt: „Darum rate ich euch jetzt: Laßt von diesen Männern ab, und gebt sie frei; denn wenn dieses Vorhaben oder dieses Werk von Menschen stammt, wird es zerstört werden; stammt es aber von Gott, so könnt ihr sie nicht vernichten; sonst werdet ihr noch als Kämpfer gegen Gott dastehen" (Apg 5,38-39).

Geleitet durch unseren Herrn, *Jesus Christus*, der sich in die Kultur eines Volkes inkarnierte, um von dort aus die Frohe Botschaft zu verkünden, werden wir weiter unserem Auftrag folgen, das Evangelium in die Kultur hineinzutragen, in diesem speziellen Fall, in die Kultur der schwarzen Völker.

Übersetzung: *Ludger Weckel*

MAXIMILIANO SALINAS

Evangelisierung und Praxis des Glaubens unter den Bedingungen der Großstadt

Inkulturationsprozesse und Volksreligion in Chile

I. Urbanisierung, Christianisierung: abendländische Politik vom 16. bis 20. Jahrhundert

Vor dem 16. Jahrhundert gab es in Chile keine Großstädte. Die Indianer Chiles kannten keine städtischen Ballungsgebiete, ja, sie mieden sie geradezu: „Sie bauen die Häuser (nicht) nebeneinander, auch nicht wie in einem Dorf, dies vermeiden sie in höchstem Maße ..., und deshalb richtet ein jeder seine Wohnstatt auf den Bergen ein, um dort seinen Zufluchtsort und seinen Schutz zu haben ..." (*Diego Rosales*, 17. Jahrhundert). „In ganz Chile ist kein Dorf und keine Stadt von Einheimischen zu sehen" (*Amadeo Frézier*, 18. Jahrhundert)[1].

Die Stadt ist also vom 16. bis zum 20. Jahrhundert das Symbol abendländischer Kultur und Religion. Ursprung, Expansion und die gegenwärtige Krise der Großstadt sind zugleich Ursprung, Expansion und Krise der Präsenz und der Etablierung der Kultur und der Religion des Abendlandes seit Mitte des 16. bis Ende des 20. Jahrhunderts. Die (nichtabendländischen oder halbabendländischen) Volkskulturen und -religionen entstehen nicht in der Stadt, sondern stehen in einem komplizierten, konfliktreichen Verhältnis zu ihr; von *Lautaro* (1534-1557) bis *Violeta Parra* (1917-1967) wird die Stadt schließlich als ein Ausgangspunkt des politischen und kulturellen Kolonialismus angesehen.

Seit der Zeit des mittelalterlichen Abendlandes festigt das Christentum seine städtische Identität. Gegen Ende des 13. Jahrhunderts ist die Landkarte der franziskanischen und dominikanischen Niederlassungen auch die Landkarte der Städte der Christenheit[2]. Mit dem modernen Europa und der

---

[1] *Gabriel Guarda*, Historia urbana del reino de Chile, Santiago 1978, 12f.
[2] Vgl. *Jacques Le Goff*, La civilización del Occidente medieval, Barcelona 1970, 114, 131.

Okkupation der Neuen Welt stärkt das Christentum seine urbane Identität. Um Christen sein zu können, müssen die Indianer urbanisiert werden. Die Christianisierung setzt die Urbanisierung voraus. Seit dem 16. Jahrhundert wird eine kulturelle Entländlichung in Angriff genommen, die den Interessen des politischen und religiösen Zentralismus Kastiliens entspricht. Auf dem II. Konzil von Lima (1567-1568) ordnet man an: „Die große Zahl der Indianer, die in vielen einzelnen Hütten verstreut leben, sollen in dichtbevölkerten, großen Dörfern zusammengefaßt werden, wie es die Katholische Majestät befohlen hat."[3] Welche Kultur haben die Theologen Kastiliens und Perus im 16. Jahrhundert? Es ist die städtische Kultur, die vor allem von dem aus der griechisch-lateinischen Antike und der Renaissance stammenden Ideal der Jesuiten her gepriesen wird. Noch auf die spanische Situation bezogen erklärt P. José de Acosta, die Menschen, die in Dörfern wohnten, blieben „plebejisch und ungebildet", während jene, die in die „großen Städte" zögen, die Gebildeten und Vornehmen seien[4].

In Chile war der Prozeß der Urbanisierung/Christianisierung im Verlauf des 16., 17. und 18. Jahrhundert sehr einschneidend und mühselig angesichts des ländlichen und damit heidnischen Charakters der Indianer. Bei der allgemeinen Erhebung von 1598 bis 1602 zerstörten die Ureinwohner sieben spanische Städte im Süden des Landes. Noch 1793 legte man König Karl IV. lokale Pläne zur Neugründung der zerstörten Städte vor. Diese waren geradezu ein Symbol für das Scheitern der Christenheit.

Die am erfolgreichsten etablierten christlich-urbanen Zentren, Symbole der europäischen Kolonialherrschaft, waren die Städte Concepción und Santiago. Sie waren die prahlerischen Vorposten der kulturellen Ordnung des Abendlandes in einem ganz und gar ländlichen und heidnischen Land. Dort konzentrierte sich der Klerus. Im Jahre 1609 wohnten von den 191 Ordensleuten des gesamten Landes 156 in Santiago[5]. Deshalb nannte man Santiago auch das „Rom Westindiens"; Klostergebäude machten ein Drittel aller Gebäude aus[6]. Die Gestaltung der städtischen Landschaft von Santiago führte zwischen 1542 und 1580 zur schnellen Zerstörung der subandinen Wälder am Fuß der Berge und in den Schluchten nahe La Dehesa, Peñalolén und Quebrada de Macul. Eine Angabe aus dem Jahr 1580 besagt: „... die Wälder am Rande der Stadt sind abgeholzt und verwüstet"[7].

In der kolonialen Großstadt wurden die von Madrid bestimmten Lebensgewohnheiten und -rhythmen reproduziert. Ein Bischof von Santiago wie

---

3 Rubén Vargas Ugarte, Concilios limenses, Lima 1951-1954, I, 250.
4 José de Acosta, De procuranda indorum salute, Madrid 1952, 92. Das der Renaissance entsprechende Städtemodell der Jesuiten findet einen hervorragenden Ausdruck in dem Werk J. Boteros (1546-1617): De las causas de la grandeza y de la magnificencia de las ciudades.
5 Vgl. Maximiliano Salinas, Historia del pueblo de Dios en Chile, Santiago 1987, 43.
6 Vgl. Guarda, 131 (Anm. 1)
7 Pedro Cunill, La temprana sementera urbana chilena y los comienzos del deterioro ambiental, in: 7 Estudios. Homenaje a Eugenio Pereira Salas, Santiago 1975, 79.

Manuel Alday mußte im 18. Jahrhundert die Exequien von *Papst Clemens XIV.* oder *Königin Amalie von Sachsen* oder die Feiern anläßlich der Geburt der *Infantin Maria Luisa von Asturien* organisieren. Seine Aufgaben erstreckten sich auf das ganze Spektrum der mit der Urbanisierung/Christianisierung verbundenen Interessen, angefangen mit dem Verbot des Baus einer Stierkampfarena über die Veranstaltung eines allwöchentlich in der Kathedrale stattfindenden Vortrags über Moraltheologie für den Klerus bis zur Verhinderung öffentlicher oder privater Äußerungen gegen die Monarchie, gegenüber denen er 1769 einschreiten mußte. Dieser Bischof prägte dem höfischen Leben Santiagos den abendländisch-westlichen Lebensstil auf[8].

Die Versuche, über die Umgebung von Santiago oder Concepción hinauszugelangen, waren oftmals krampfhafte und fruchtlose Bemühungen. Ein Siedlungskern, den man am Rio Maule, der traditionellen Grenze der alten Inkapräsenz in Chile, begründete, war geradezu ein Symbol für diesen Willen zur Zivilisation, von dem die europäischen Eliten beseelt waren. Im Jahre 1760 besagte das lateinische Wappenschild der Kleinstadt Talca: „Wo der Inka seinen Götzendienst nicht ausbreitete, dort verbreitete der König von Spanien den Glauben an das Evangelium." Was das Inkareich nicht geschafft hatte, mußte das Reich von Kastilien vollbringen[9]. 1797 schlug ein christlicher Magnat, der *Conde de Maule, Don Nicolás de la Cruz,* vor, *Lautaro* und andere indianische Rebellen, auf spanische Waffen aufgespießt, auf das Wappenschild von Talca zu malen. 1805 war *Lautaro* in den Augen der christlich-städtischen Autoritäten der Inbegriff der *paganitas*, der Apostat, der im 16. Jahrhundert in seiner Vermessenheit alles daran gesetzt hatte, um die Stadt Concepción zu zerstören[10].

Das Alltagsleben der Indianer und später der ländlichen Mestizen im 16., 17. und 18. Jahrhundert mit seinen kulturellen und religiösen Ausdrucksformen spielte sich außerhalb des christlich-städtischen Paradigmas ab. Auf dem Lande, im bäuerlichen Lebensbereich, wuchs die Volksreligion auf eine kosmische, natürliche und durch die Tätigkeit von Missionaren, Gouverneuren und Bischöfen, die das imperiale Christentum und seine Urbanität ausbreiten wollten, kaum zu beeinflussende Weise. 1616 wurden die Indianer von Puangue und Melipilla unweit der Stadt Santiago, im Mapochotal, von den Jesuiten folgendermaßen beschrieben: „So groß (ist) ihre Unwissenheit, daß diejenigen gezählt sind, die sich zu bekreuzigen verstehen, und wenn man es ihnen zeigen will, dann lachen sie, weil es ihnen wie unverständliches Geschwätz vorkommt."[11] Diese Ansicht verallgemeinerte der Bischof

---

8 Zu *Bischof Manuel Alday* siehe Colección de Documentos del Archivo Arcobispal de Santiago, I, 554-668.
9 Vgl. *Guarda*, 148 (Anm. 1).
10 Zum *Conde de Maule* vgl. *Nicolas de la Cruz*, Epistolario, Santiago 1954, 141-143. Zu *Lautaro* vgl. *Francisco Javier Ramírez*, Coronicón Sacro-Imperial de Chile (1805), Santiago 1994, 103.
11 Documentos para la Historia Argentina, XX, 102.

von Santiago, *Fr. Gaspar de Villarroel*, im Jahre 1642 im Hinblick auf das ganze Land: „(Die) Indianer der Doctrinas dieses Bistums und des Bistums La Imperial (im Süden) und der Städte der genannten Bistümer im allgemeinen kennen die Gebete nicht, und nur wenige können sich bekreuzigen ..., sie haben weder Kreuze noch Bilder, noch hören sie die Messe, auch wenn sie von den Pfarrern dazu gedrängt werden, noch wollen sie die Beichte ablegen ..."[12].

Seit der Bourbonenherrschaft im 18. Jahrhundert wurde eine aggressivere Politik der Urbanisierung/Christianisierung betrieben, die den neuen Plänen zur Zentralisierung der Verwaltung im gesamten Kolonialbereich entsprach. In Mexiko verbot *Bischof Francisco Lorenzana* den Indianern, in den Wohnvierteln Wallfahrtskirchlein oder Kapellen zu errichten, weil damit die Arbeit der Pfarrei geschwächt werde[13]. In Chile waren die Pläne zur Entländlichung und kulturellen Umerziehung der ländlichen Bevölkerung die Sache von Bischöfen, Gouverneuren und Jesuiten. Das Land war geradezu gleichbedeutend mit kultureller und religiöser Unordnung oder Respektverweigerung. So sagt der Bischof von Santiago, *Francisco de la Puebla*, 1701: „Da alle Bewohner auf dem Lande leben, nach eigenem Belieben und ohne ihre Begierden im Zaum zu halten, herrscht in ihrem Leben die Unordnung ..."[14] Im Jahre 1717 konnte der Statthalter *José de Santiago Coacha* sein Erstaunen über die Kultur in Chile nicht verhehlen. In seinen Augen war es ein Lebensstil, der sich mit den Maßstäben Europas oder auch nur der Kultur der Vizekönigreiche der Neuen Welt nicht messen ließ: „Mir erschien die Art und Weise, wie die Leute in diesem Reich Chile leben, von großer Unordnung zu sein, ohne daß mir von einer ähnlichen Lebensart in Europa und in den Reichen Peru und Mexiko in Amerika etwas bekannt wäre."[15]

Mußte man diese Unordnung akzeptieren? Keineswegs. Man war nur darauf bedacht, den im 16. Jahrhundert eingeleiteten christlich-urbanen Prozeß zu intensivieren, um die herrschende ländliche Roheit und das Heidentum zurückzudrängen. Vom Standpunkt der indigenen Kultur betrachtet, war dies unerträglich. Der Versuch des Statthalters *Antonio de Guill y Gonzaga*, eines aus dem spanischen Valencia stammenden Adligen, die Mapuche mit Hilfe der Armee und der Jesuiten in städtischen Zentren zusammenzufassen, führte den Aufstand von 1766 herbei, der Häuser und Kirchen in Brand setzte und zerstörte. Schließlich bewirkte die Unterhandlung von Negrete 1771 den Verzicht der christlichen Städter auf weitere Bemühun-

---

[12] Informe de Fr. Gaspar de Villarroel, 10.2.1642, in: CDHAAS, I, 196.
[13] Vgl. *Francisco Antonio Lorenzana*, Avisos para la acertada conducta de un párroco en la América, Mexiko 1769.
[14] Carta de Francisco de la Puebla, 17.4.1701, in: CDHAAS, I, 429f.
[15] *Santiago Lorenzo*, Origen de las ciudades chilenas. Las fundaciones del siglo XVIII, Santiago 1983, 395.

gen, in den Süden des Landes vorzudringen und die kulturelle Autonomie der Mapuche einzuschränken[16]. Im 19. und 20. Jahrhundert erreichte der im 16. Jahrhundert eingeleitete christlich-urbane Prozeß schließlich seinen Höhepunkt und geriet in die Krise. Der Expansionsprozeß läßt sich ungefähr zwischen 1820 und 1970 ansetzen, zu einer Zeit, als ein optimistisches Klima herrschte, das im modernen linearen Fortschritt den Schlüssel zur Lösung der Probleme sah. Das 19. Jahrhundert war die Zeit des bürgerlichen Optimismus schlechthin. Die Führungselite wollte aus der Hauptstadt des Landes, aus Santiago de Chile, ein definitives Abbild der europäischen Städte machen, das nicht durch ländliche „Spuren" beeinträchtigt werden sollte. Die Stadt Santiago wuchs in den Jahren 1830 bis 1895 von 65.000 auf 260.000 Einwohner, und in ihr wurden die großen christlich-urbanen Prestigesymbole grundgelegt: die Schaffung einer in den Händen des Klerus liegenden Presse, z.B. „El Observador Eclesiástico" (1823) oder „La Revista Católica" (1844), die Anlage des Palacio de la Moneda als Sitz der nationalen Regierung (1846), die Gründung der Konservativen Partei (1851), die Errichtung eines modernen Gebäudes für das Seminario Conciliar (1854), die Einweihung eines Club de la Unión (1869), die Stärkung der konservativen Presse mit „El Porvenir" (1874) oder „El Diario Ilustrado" (1903) usw.

Von diesen Zentren politischer und religiöser Ausstrahlung her betrachtet, war das Ländliche eine mit heidnischen Ausdrucksformen assoziierte Spur einer „wilden Kultur", die aus dem Land verbannt werden mußte, wie der energische Ausspruch von Papst Leo XIII. aus dem Jahre 1892, bezogen auf Lateinamerika, lautete[17]. Die Zentren der ländlichen Volksfrömmigkeit galten, wie überall in Lateinamerika, als Orte, in denen gegen die guten Sitten verstoßen wurde, wie das lateinamerikanische Plenarkonzil in Rom 1899 erklärte. Was Santiago de Chile betraf, so verboten die zivilen und die kirchlichen Autoritäten gemeinsam die religiösen Feste der Volkskultur des Landes, wie z.B. 1853 ein Fest der „Angelitos" (rituelle Totenwache für Kinder) in der Cañadilla von Santiago[18].

Der Stadtbewohner aus dem einfachen Volk mit tiefverwurzelten ländlichen Sitten mußte zur Assimilation an die zivilisatorische Ordnung durch seine Eigenschaft als Eigentümer gezwungen werden, durch die er, wie die in Santiago erscheinende Zeitung „El Ferrocaril" 1872 schrieb, zu einem „konservativen Mitglied der Gesellschaft, einem guten Bürger" werden konnte[19].

---

[16] Vgl. Holdenis Casanova, Las rebeliones araucanas del siglo XVIII, Temuco 1987.

[17] Vgl. Hervé Carrier, Diccionario de la cultura, Estella 1994, 229, 237.

[18] Zu den Heiligtümern auf dem Land vgl. Revista Católica, Santiago, I, 1901, 311. Zu den „Angelitos" vgl. El Progreso, Santiago, 5.2.1853.

[19] El Ferrocarril, Santiago, 28.4.1872, zitiert nach Luis Alberto Romero, Condiciones de vida de los sectores populares en Santiago de Chile 1840-1895, in: Nueva Historia (London), 3.9.1984, 77.

Im 20. Jahrhundert verlief die christlich-urbane Expansion in einer langen, aufsteigenden Linie bis zum Jahr 1970. Die Bevölkerung von Santiago
de Chile stieg zwischen 1930 und 1978 von einer Million auf vier Millionen
an. Während dieser Wachstumsphase war das kulturelle Programm das
gleiche wie in früheren Jahrhunderten in Europa: eine herrschende Elite im
Kampf mit den kulturellen Resten der *paganitas* (im triumphalistischen Bild
des Abendlands handelt es sich immer um „Reste"). Diese Überbleibsel waren nichts anderes als die kulturellen Identitäten des Volkes in Chile, das es
in Einwanderungswellen aus den Provinzen in die Hauptstadt des Landes
verschlagen hatte und das seit den 40er Jahren in ganz kümmerlichen, be-
helfsmäßigen Unterkünften wohnte, die als *„poblaciones callampas"* (wörtlich:
„Pilzsiedlungen", nach ihrem rasanten Wachstum, A.d.Ü.) an den Rändern
der Stadt bekannt sind.

Von 1930 bis 1970 versuchte die in mehrerer Hinsicht durch die Vereinigten Staaten instrumentalisierte und unter dem doktrinären Einfluß der Katholischen Aktion stehende christlich-urbane Elite, die erneuerte zivilisatorische Ordnung bei den Provinzbewohnern einzuführen, die vor allem eine
mögliche Beute des damaligen Feindes des Westlichen Imperiums, der
UdSSR, darstellten. In den 40er Jahren kamen einige US-amerikanische Ordenskongregationen - auf Ersuchen eines besorgten einheimischen Klerus -
ins Land, um dieses kulturelle Projekt zuverlässig und gekonnt in die Tat
umzusetzen[20]. Der Charakter verschiedener Veröffentlichungen der katholischen Kirche in den 50er und 60er Jahren, wie zum Beispiel *„Mensaje"*, *„Pastoral Popular"* oder das *„Boletín de Asesores de JOC-MOAC"* (Mitteilungsblatt
für Sekretäre der Katholischen Arbeiterjugend/Arbeiterbewegung der Katholischen Aktion, A.d.Ü.), spiegelte den ernsthaften Versuch wider, die Bevölkerung der Vorstädte nach dem abendländischen Paradigma der Urbani-
sierung/Christianisierung mit einer ziemlich klassisch-kolonialen Kritik an
der Volksreligion zu verändern[21].

Seit 1970 geriet die christlich-urbane Ordnung, die seit ihrer Anfang des
19. Jahrhunderts unternommenen Expansion unter Mühen aufrechterhalten
wurde, in eine Krise. Die politisch-religiösen Projekte, die sie stützten, begannen auf fatale Weise zu verfallen. Die *„Anti-poesía"* von *Nicanor Parra*,
dem älteren Bruder von *Violeta Parra*, in seiner *„Obra gruesa"* (1969) und seinen *„Artefactos"* (1972) spiegelte diese offensichtliche Krise der christlich-urbanen Ordnung und Sprache endgültig wider:

---

[20] Vgl. *Robert Conway*, Historia del vicariato chileno de los Padres de la Preciosa Sangre 1947-1972,
Santiago 1984.
[21] Aufmerksame Beobachter der Volkskultur und -religion Chiles beschrieben den Zivilisationskon-
flikt zwischen der christlich-urbanen Einstellung und der lokalen Realität während der 60er
Jahre: „Unser Volk ... ist nicht bereit, die Kirche von heute mit ihrer Vielzahl von Ansprüchen
und Organisationen, eine derart logische und intelligente Kirche anzunehmen", *José Donoso*, Las
animitas: un culto del pueblo, in: Ercilla, Santiago, 6.11.1963.

Unabhängig
Von den Absichten der katholischen Kirche
Erkläre ich mich zu einem unabhängigen Land.

Das Abendland ist eine große Pyramide,
die bei einem Psychiater endet und beginnt:
Die Pyramide ist kurz davor, zusammenzubrechen.

Es ist zum Lachen, wie die Campesinos von Santiago de Chile
mit zusammengezogenen Augenbrauen
auf den Straßen des Zentrums
oder den Straßen der Umgebung auf und abgehen,
sorgenvoll - leichenblaß - zu Tode erschrocken.

Wir meinen, Land zu sein,
und in Wirklichkeit sind wir höchstens Landschaft.

Ein Mensch aus dem Süden wird nie damit fertig,
in Santiago anzukommen.

Der Ewige Vater ist am Ende mit einem Schulmädchen durchgebrannt.

Mit dem Papst - nicht einmal zur Messe![22]

Die Bombardierung des Palacio de *La Moneda* 1973 war ein Symbol für das Ende einer Elite, die an ihre eigene Unendlichkeit glaubte. Seither hat sich im städtischen Raum die Auflösung, die geographische und alltagsbedingte Trennung zwischen den privilegierten Gruppen und den Sektoren des einfachen Volkes verschärft, die nur noch durch die Kommunikationsmittel und die Massenmedien miteinander in Berührung kommen. Im Jahre 1995 erreichte die Stadt Santiago de Chile die ungeheure Ausdehnung von 50.000 Hektar, mit einer jährlichen Zuwachsrate von 1.000 Hektar. Die emotionalen Probleme seiner Bewohner sind, im weltweiten Vergleich, beträchtlich und spiegeln eine unbestreitbare Erniedrigung des Menschen wider[23].

Die Krise der modernen Utopie der christlich-urbanen Ordnung, die jahrhundertelang mit dem Rücken zu der einheimischen Volkskultur und der lokalen Geographie aufgebaut wurde, wirft heute grundlegende Fragen im Hinblick auf die Zukunft der Gesellschaft und der Evangelisierung in Chile auf.

---

22 *Nicanor Parra*, Obra gruesa, Santiago 1971, 130f, 163, 196, und *ders.*, Artefactos, 1972.
23 Zur Ausdehnung von Santiago vgl. La Nación, Santiago, 30.11.1993, oder auch Qué Pasa, Santiago, 1.7.1955. Zu den emotionalen Problemen seiner Bewohner vgl. La Segunda, Santiago, 23.3.1995. Das kaiserliche Rom des 3. Jahrhunderts umfaßte 1.999 Hektar, vgl. *Lewis Mumford*, La ciudad en la historia, Buenos Aires 1966, 289.

II. Die Infragestellung der Großstadt: Volksreligion und Inkulturation des
Evangeliums im 19. und 20. Jahrhundert

Die lokale Volkskultur Chiles und ihre ureigenen Ausdrucksformen von
Frömmigkeit sind nicht aus der Großstadt, dem Sitz der abendländisch-
christlichen Welt, hervorgegangen, sondern vor den Toren der Stadt ent-
standen. Die chilenische Kultur in ihren echtesten und hervorragendsten
Zeugnissen kommt nicht aus der Stadt, dem Ort, wo die abendländischen
Vorbilder implantiert und imitiert werden, sondern sie stammt von ihren
Kritikern. Dies ist ein historischer Rahmen, von dem wir nicht absehen kön-
nen, wenn wir über die Inkulturation des Evangeliums nachdenken.

Während des christlich-urbanen Expansionsprozesses zwischen 1820 und
1970 waren die großen, charakteristischen Beispiele der chilenischen Kultur
ein Protest gegen diese Expansion. In vielerlei Hinsicht äußerte sie sich als
geistiger Widerstand gegen die von den privilegierten städtischen Kreisen,
vor allem denen von Santiago, initiierten Projekte, die die Umwelt zerstörten und die Menschen ihrer Kultur beraubten.

Für das Volk war die Expansion der Stadt die Ausweitung der Diskriminierung ihrer Kultur. Der berühmte Volksdichter *Bernardino Guajardo*, der
um das Jahr 1812 in Pelequén geboren wurde, brachte dies schon 1886 zum
Ausdruck:

Sie untersagen mir, auf dem Bahnhof
meine kleinen Bücher zu verkaufen,
welches Vergehen mag wohl der Grund sein
für ein solches Verbot?
Ich sagte mir: nur weg von hier,
auf der Stelle verließ ich den Ort,
zitternd vor Verwirrung,
durchdrungen von Traurigkeit.[24]

Das reiche poetische und politische Schaffen der Landbewohner, die zwischen 1890 und 1920 in die Stadt Santiago zuwanderten, war eine gesellschaftliche und religiöse Manifestation der Abscheu vor den Machtzentren,
den zivilen wie den kirchlichen, die hier ihren Sitz hatten:

Am Ende hat also die Religion
an Stärke sehr zugenommen,
sie hat nicht den Anschein von heiligem Gesetz,
viel eher ist sie Inquisition.
Melancholie erfüllt nun
das Volk und das Christentum,

---

[24] *Bernardino Guajardo*, Poesías populares, Santiago 1886, IX, 18.

versunken im Abgrund,
der Ursache ist für die Not.
Die Verkehrtheit der Welt
stiftet Unheil Tag für Tag,
und das Elend in Santiago
wächst hinaus über jedes Maß.
Endlich, souveränes Volk,
greif die Judasse an,
damit sie nicht regieren,
die Pfaffen des Löwen vom Vatikan.
Sterben, ihr Chilenen, sterben,
vor Hunger und Not:
Der Konservatismus ist dabei,
uns das Leben zu nehmen.[25]

Diese Sprache, die aufgrund ihres poetischen Charakters bereits auf die Regeln der ländlichen Volkskultur verweist, spiegelte die Empfindungen der Vorstadtgesellschaft zwischen 1890 und 1920 wider, deren Religiosität immer antiklerikaler wurde, je mehr der Klerus sich mit den Werten der privilegierten christlich-urbanen Welt identifizierte. Derartige im Volk verbreitete Überzeugungen blieben bis 1970 in typischen Äußerungen unverändert erhalten („Ich habe meinen Glauben", „Ich glaube an Gott und bin katholisch, aber ich glaube nicht an die Pfarrer", „Ich brauche nicht in die Messe zu gehen, ich bete für mich allein zu Gott")[26].

Während der Phase des städtischen Expansionismus von 1920 bis 1970 erreichten die sozialkritischen Äußerungen des Volkes über die abendländisch-westliche Stadt in den kulturellen Überlegungen, die *Gabriela Mistral* und *Pablo Neruda* über die Kultur anstellten, einen Grad von kategorischer Entschiedenheit; beide waren unangefochtene Dichter, die sich zu Anwälten der Humanität und des Kosmos machten. *Gabriela Mistral* sagte 1925: „(Santiago) ist eine arrogante Stadt", „mich widert der Sumpf an, in dem Santiago sich bewegt". Sie identifizierte sich mit dem, was sie das „Chile der Berge" nannte, „weit weg von den verschwenderischen, spießigen Städten". Sie selbst besaß das „Aussehen einer Gebirgsbewohnerin, einer Frau vom Lande, ... mit einer sehr derben Sprache", wie sich *Germán Arciniegas* erinnern sollte. Bei einem Gespräch mit *Papst Pius XII.* wunderte sie sich darüber, daß dieser sich nicht für die lateinamerikanischen Indios interessierte und auf dem Kontinent lediglich den „europäischen Glanz von Buenos Aires"

---

[25] *Maximiliano Salinas,* Canto a lo divino y religión popular en Chile hacia 1900, Santiago 1991, 27, 36f, 76f. Mitte des 20. Jahrhunderts bezeichnete man die Priester immer noch als „jotes" („Pfaffen"), vgl. *Conway,* 77 (Anm. 20).

[26] Diese Äußerungen sind zusammengestellt in Boletín de Asesores de JOC-MOAC, 7, 1967, 23.

kannte. 1948 sagte sie, vom christlichen Weihnachtsgeschehen „verstehen Städter nicht viel, wohl aber die Landbewohner und die Landstreicher"[27].

Pablo Neruda seinerseits kritisierte ebenfalls hartnäckig den abendländischen christlich-urbanen Komplex von den Werten der Erde, des Meeres und ihren natürlichen Früchten her. 1933 schrieb er in „Aufenthalt auf Erden" (*„Residencia en la tierra"*):

Immerdar wird es zwischen meinen Füßen und der Erde
hergestellte Dinge geben, Strümpfe, Schuhe
oder einfach unendliche Luft,
so meines Wesens Abgesondertheit und Einsamkeit aufs äußerste verschärfend,
etwas gewaltsam zwischen mein Leben und die Erde Unterschobenes,
etwas offenbar Unüberwindliches, Feindliches.

In „Die Trauben und der Wind" (*„Las uvas y el viento"*) von 1954 kritisierte er den Charakter der „christlichen Kultur" der europäischen Politiker. In „Seefahrt und Rückkehr" (*„Navegaciones y regresos"*) von 1959 erklärte er:

Ich sprach: Ich bin nicht, mich gibt es nicht,
faßt mich an, und ihr werdet merken, ich bin nur Erde,
armes Geröll aus Chile, aus Chiles Flüssen,
rollender Gesang, blankgerolltes Herz.

In „Barkarole" (*„La barcarola"*) von 1967 geißelte er „die harte moderne Unendlichkeit mit ihrer quadratischen Feuerhölle, denn das Vaterland der Geometrie tritt an die Stelle des Vaterlands des Menschen"[28].

In seiner Kritik an der abendländischen christlich-urbanen Welt vertiefte *Neruda* eine Sicht, die die Sympathie für die UdSSR mit dem Tellurismus oder Kosmozentrismus seiner ländlichen kulturellen Vorfahren aus dem Süden Chiles verknüpfte. Bei *Gabriela Mistral* verband sich diese tellurische Komponente mit einem immer ausgeprägteren Franziskanismus, der sich den tiefen Einsichten der Volksreligion näherte. So meinte sie 1920: „Ich bin nicht antireligiös, nicht einmal areligiös. Ich glaube beinahe mit der Inbrunst der Mystiker, aber ich glaube an das ursprüngliche Christentum, das noch nicht durch die Theologie getrübt, durch die Liturgie zur Groteske

---

[27] Vgl. *Luis Vargas*, Prosa religiosa de Gabriela Mistral, Santiago 1978, sowie *Jaime Quezada*, Gabriela Mistral. Escritos políticos, Santiago 1994.

[28] *Pablo Neruda*, Obras completas, Buenos Aires 1967-1968, I, 201, 824, II, 203, 817. In Chile lebte der Dichter mit seiner Frau an der Pazifikküste: „Manchmal fahren wir vom wilden, einsamen Ozean hinauf in die nervöse Stadt Santiago, in der uns beiden die Menschen mit ihrer komplizierten Existenz leid tun." *Pablo Neruda*, Confieso que he vivido, Barcelona 1984, 347. Der Text aus „Aufenthalt auf Erden" ist zitiert nach *Pablo Neruda*, Dichtungen 1919-1965, herausgegeben u. übertragen v. *Erich Arendt*, Darmstadt-Neuwied 1977, 83; der Text aus „Seefahrt und Rückkehr" findet sich in: *ders.*, Das lyrische Werk, Bd. 3, hrsg. v. *Karsten Garscha*, Darmstadt-Neuwied 1986, 31.

gemacht und durch eine Frömmigkeit materialisiert und verniedlicht worden ist, die es zu einem Heidentum ohne Schönheit gemacht hat. Kurzum, ich bin Christin, aber nicht Katholikin."[29]

Diesen christlichen „Tellurismus" oder dies „kosmische Christentum" wie *Mircea Eliade* sagen würde, das in *Gabriela Mistral* in geschliffener, expliziter Form zum Ausdruck kam, hat die Landbevölkerung, die in Einwanderungswellen in die städtischen Zentren gelangte, auf spontane und kollektive Weise gelebt. Einen solchen oft befremdlichen, explosiven Inhalt hatte die Volksreligion, die die Präsenz der sogenannten „Pobladores" (ursprünglich: „Siedler; „Bewohner"; heute in Chile „Slumbewohner", A.d.Ü.) in den geographischen und geistigen Räumen *extra muros* der christlich-urbanen Ordnung zwischen 1940 und 1970 begleitete. Die Priester/Zivilisatoren konnten nur staunen über die Welt der Glaubensvorstellungen des Volkes. Zwei nordamerikanische Missionare von der Kongregation vom Kostbaren Blut erklärten 1948 und 1951: „Wenn sie jahrelang keine Sakramente empfangen haben und sagen, sie hätten alle Gebote Gottes und der Kirche übertreten, und mich bitten, ich solle ihnen helfen, dann ist das zuviel ... Manche von ebendiesen Leuten meinen, die *Heilige Jungfrau Maria* sei von gleicher Erhabenheit wie Gott oder gar noch größerer."[30]

Gewiß handelte es sich um eine spirituelle Welt, die der offiziellen Theologie und Liturgie fremd war und dem von *Gabriela Mistral* inspirierten Primitivismus nahestand. Damals hatten diese Missionare kein Interesse daran, diese Welt kennenzulernen. Sie waren vielmehr dafür da, „den Geist und Eifer Nordamerikas einzupflanzen", wie der Provinzial der erwähnten Kongregation in den Vereinigten Staaten, *Joseph Marling*, 1946 sagte[31].

Die Krise des christlich-urbanen Ideals als Utopie oder mögliche Realität nach 1970 veränderte die kulturelle und religiöse Situation. Der gesellschaftliche und politische Zerfall der Großstadt, vor allem seit der Militärregierung ab 1973, ließ zwischen den „Pobladores" oder armen Stadtbewohnern und bestimmten Kreisen der katholischen Kirche Verbindungen entstehen, die von einer relativen kulturellen Anerkennung bestimmt waren. Die unter dem Einfluß des II. Vatikanischen Konzils plötzlich eingetretenen ekklesiologischen Veränderungen und die besonderen Umstände des Kampfes des Volkes gegen die brutalen Ausschreitungen der Militärregierung führten dazu, daß die Kirche sich ziemlich intensiv um die Inkulturation des Evangeliums bemühte. Diese Bemühung verkörperte in Santiago de Chile eine außergewöhnliche Persönlichkeit: der Weihbischof von Santiago, *Don Enrique Alvear Urrutia* (1916-1982). Selbst außerhalb von Santiago, in der Mauleregion, geboren, hatte er als Bischof von Talca und San Felipe in den

---

[29] Zitiert nach *Volodia Teitelboim*, Gabriela Mistral pública y secreta, Santiago 1991, 48. Siehe auch *Martin Taylor*, Sensibilidad religiosa de Gabriela Mistral, Madrid 1975.
[30] *Conway*, 85, 114 (Anm. 20).
[31] Vgl. ebd., 15.

Jahren 1963 bis 1974 immer eine besondere Fähigkeit besessen, die ländliche Kultur zu verstehen und auf sie einzugehen. Nach 1974 wandte er sich ganz und gar dem Leben und der Kultur der „Pobladores" im Widerstand zu. Er versuchte, die förmliche und äußerliche Ordnung des christlich-städtischen Milieus, traditioneller Kreise oder der Mittelschicht zu überwinden, um die lebendige, in der Geschichte gegenwärtige Liebe Gottes in der solidarischen Kultur des einfachen Volkes von Chile Gestalt annehmen zu lassen. Er träumte davon, eine „Kirche der Armen" im wahrsten Sinne des Wortes auf-zubauen - eine in den Überlegungen des Zweiten Vatikanums aufgetauchte Utopie -, eine in den Schichten des einfachen Volkes der Stadt inkulturierte Kirche, die von dort aus den Verantwortlichen der Stadt das Evangelium verkünden sollte. Er wollte von der Volkskultur des Landes lernen, und seine Überzeugung, die Armen hätten ihn gelehrt, Seelsorger zu sein, ist be-kannt[32].

Der Prozeß, den *Enrique Alvear* beispielhaft vorlebte, hat bei den „Pobla-dores" der 90er Jahre Spuren hinterlassen. In diesem Jahrzehnt hat sich mit dem Ende der Militärregierung und aufgrund anderer pastoraler Schwer-punkte der katholischen Kirche diese unter besonderen Umständen stattfin-dende und aus vielen Gründen mitreißende kulturelle Begegnung zwischen den Missionaren und den „Pobladores", die für die 70er und 80er Jahre ty-pisch war, wieder aufgelöst.

Eher traditionelle katholische Kreise räumten 1990 ein, der Kirche sei es nicht gelungen, die Volksmassen zu „erobern". Man meinte also, sie „er-obern" zu müssen. Davon war etwas zu spüren bei den Massenpropaganda-aktionen anläßlich der Heiligsprechung der Karmeliterin *Teresa de Los Andes* (1900-1920) und des Jesuiten *Alberto Hurtado* (1901-1952). Man konnte den Eindruck bekommen, bei diesen Aktionen sei eine gewisse Nostalgie nach der Wiederherstellung der in die Krise geratenen christlich-urbanen Ord-nung im Spiel[33].

Die „Pobladores" jedoch, die - sowohl auf theologischer als auch auf ge-sellschaftlicher Ebene - die historische Krise dieser Ordnung am eigenen Leibe zu spüren bekamen, wissen heute zwischen diesen Restaurationsbe-mühungen und den eigenen kulturellen Prozessen, von denen ihre Volksre-ligion lebt, wohl zu unterschieden. Die Pobladora *Luisa Riveros*, die durch ihre Rede im Namen der Armen der Stadt vor *Papst Johannes Paul II.* 1987 berühmt geworden ist und in den Zeiten von *Bischof Enrique Alvear* christli-che Gemeinden leitete, distanziert sich heute von der katholischen Kirche und definiert sich lieber als Christin. Überschreitet sie so die christlich-ur-

---

[32] Vgl. *Maximiliano Salinas*, Don Enrique Alvear: el obispo de los pobres, Santiago 1991. Im Jahre 1978 entfaltete er den Traum von einer präkonstantinischen Kirche, die von den Rändern zu den Machthabern der Großstadt sprechen sollte, vgl. ebd., 251.

[33] Zur „Eroberung" der Volksmassen vgl. *Ricardo Krebs*, Rasgos y manifestaciones del catolicismo chileno, in: Communio 24, 1990, 75.

bane Ordnung, um eine eigene kulturelle und religiöse Identität neu zu de-
finieren? „Die neue Evangelisierung war wirklich etwas anderes. Das reine
Sakrament. Sie sagten, man müßte auf den Gottesdienst achten, man müßte
Gott ... und lauter solche Dinge ... Über *Teresa de Los Andes* weiß ich nicht
Bescheid. Sie war eine Tochter aus reichem Haus, von Gutsbesitzern, und
gab Katechismusunterricht. Von dem Reichtum ihres Vaters nahm sie einige
Dinge und brachte sie den Kindern ... Jetzt gehe ich nicht mehr in die Kirche, in gar keine. Weder in die evangelische noch in die katholische noch
sonst eine. Ich bin immer noch Christin. Ich folge *Christus* nach ... Ich halte
zu ihm. Zu keinem andern Gott"[34]. Ohne es zu wissen, spricht sie eine ähnliche Sprache wie *Gabriela Mistral* siebzig Jahre früher, im Jahre 1920.

Ein Poblador, der in den 80er Jahren in einer Gemeinde von Christen aus
dem einfachen Volk in Cerro Navia, im Westteil von Santiago - und zwar in
der von den Missionaren vom Kostbaren Blut geleiteten Gemeinde San Bernardo - in herausragender Weise tätig war, analysierte 1994 die Rolle der
katholischen Kirche und der genannten Missionare sogar während der Jahre
der Militärregierung ziemlich kritisch: „Die Kirche hat sich eingemischt,
nicht so sehr, weil es ihr um eine Glaubensentscheidung, um eine Sache der
Glaubensüberzeugung ging. Ich glaube, sie setzte sich auch aus politischen
Gründen ein. Politisch waren für die Kirche alle diese Leute interessant, die
sie gewinnen, anziehen und bekehren konnte, denn das ist ja die Daseinsbe-
rechtigung der Kirche: alle zu bekehren, die noch nicht bekehrt sind ... Ich
glaube, in diesem Punkt sind die Kirche und die pastoralen Mitarbeiter zu
eng, weil sie über einige Themen, die zentral sind, wie die Kultur vor Ort,
nicht nachdenken. Es geht ihnen um eine Art und Weise, Gott zu sehen, so
wie die katholische Kirche ihn sieht. Wenn sie dagegen anfingen, so zu sehen, wie die Leute das Magische betrachten ... Dann gibt es einen Kultur-
schock. Sie wollen uns eine Kultur aufdrängen, die uns nicht interessiert ...
Weil (der Pfarrer) durch all das Wissen, das er sich erworben hat, in seinem
Denken verbildet worden ist, wandeln sie seine Mission in eine mehr politische Mission um, aber das ist auch nicht das, was die Leute suchen ... Wenn
er nicht in die Kultur des betreffenden Ortes eintaucht, passiert rein gar
nichts. Sie machen den Fehler, sich für Anführer zu halten ... Anführer ihrer
eigenen Ideen, das sind sie ... *Bischof Enrique Alvear Urrutia*, der hat sich
wirklich in die Kultur der Leute hineinbegeben, und das war eine eher solidarische Kultur, und so hat er sie auch verstanden."[35]

Zum Schluß soll noch eine junge Pobladora zu Wort kommen, die ungefähr 1970 geboren ist und zur Zeit Mitglied einer christlichen Gemeinde in
Padahuel ist; sie vermag sehr genau zwischen der in eine Krise geratenen

---

[34] Vgl. *Maximiliano Salinas*, Pobladoras y misioneras en Chile 1962-1992: Voces y relatos, Documentos de Trabajo, Santiago 1994.
[35] *Maximiliano Salinas/Myriam Olguín*, Los frutos de la historia 1962-1992. Estudios de historias de
vida religiosa y social de pobladores jóvenes, Documento de Trabajo, Santiago 1995.

christlich-urbanen Ordnung (dem Horizont der „Hauptkirche", wie sie sagt)
und der typischen Welt der Volksreligion zu unterscheiden, die in ihrer lebendigen Erfahrung bereichert worden ist durch die Erinnerung an den Bischof, der die Volkskultur seiner Leute zu schätzen und zu ermutigen
wußte, *Don Enrique Alvear:* „Ich habe ihn (*Papst Johannes Paul II.*) als einen
angesehen, der hierher kam, um aufzubauen und um niederzureißen. So als
ob er mit einem einzigen Wort bewaffnen oder entwaffnen könnte. Wenn er
davon sprechen würde, daß in Chile die Menschenrechte verletzt würden,
dann wäre das eine unerhörte Sache, und der Riß in der Regierung könnte
größer werden. Er hat schon etwas gesagt, aber ... Das Eindrucksvollste und
Stärkste in diesem Moment war die Rede der Frau (*Luisa Riveros*) in der
Población La Bandera ... Ich fing an, mich in diese Kirche zu verlieben, ich
meine aber diese ganz kleine Kirche, und nicht so sehr die Hauptkirche ... In
der Kapelle haben wir die Jungfrau und *Christus*, und *Don Enrique Alvear* ist
auch da (sagt sie mit einem Lachen). Aber wir haben weder den *Pater Hurtado* noch die *heilige Teresa.* Wir haben ihn auf dem bekannten Foto, wo er
sagt, daß er von den Armen gelernt hat, Seelsorger zu sein. Bei mir zu
Hause gibt es auch ein Bild von *Bischof Enrique* ... In der Kapelle ist es fast
eine Heiligenverehrung. Aber die ist anders als bei allen anderen Heiligen."[36]

Außerhalb des etablierten zivilisatorischen Rahmens, dessen Krise immer
unüberwindbarer wird, ist das Volk nun endlich imstande, seine uralten
Frömmigkeitsformen, die die Zukunft der Evangelisierung in Chile heraus-
fordern, zu beleben und neuzuschaffen.

Übersetzung: *Victoria M. Drasen-Segbers*

---

[36] Ebd.

BISCHOF ANTÔNIO DO CARMO CHEUÍCHE OCD

Evangelisierung und Glaubenspraxis unter den Bedingungen städtischer Lebensweisen

I. Evangelisierung und Stadt

Nach den biblischen Erzählungen beginnt die Erlösungsgeschichte in einem Garten, in ländlicher Umgebung. Sie endet schließlich in der Stadt, in der Gottesstadt. Die Stadt Gottes braucht „weder Sonne noch Mond, die ihr leuchten. Denn die Herrlichkeit Gottes erleuchtet sie, und ihre Leuchte ist das Lamm" (Offb 21,23). Nach der apokalyptischen Sicht des himmlischen Jerusalem erscheint das geopferte und auferstandene Lamm im irdischen Jerusalem als Antwort auf die entscheidenden Fragen und als endgültige Lösung für alle Probleme, die die Menschheit in allen Zeiten und Kulturen bedrängen. Der Weg vom ländlichen Garten zur Gottesstadt führt aber heute über die Städte. Sie sind Raum und Motor der Kultur der Moderne.

Als in der Fülle der Zeit das Geheimnis des Gotteswortes in die Menschheitsgeschichte eindringt, wird es Fleisch; es wandelt sich in Kultur. Es kommt nicht, um den Prozeß menschlicher Kulturgeschichte abzubrechen, sondern um ihn zu erlösen. Dies vollzieht sich nach Jahrhunderten und Jahrtausenden, in denen sich der Mensch gemäß seiner Vernunftbegabung, seiner Freiheit und seiner sozialen Bedingtheit in das faszinierende Abenteuer seiner Selbstverwirklichung hineinbegeben hat, ständig auf der Suche nach der Fülle des Menschseins. Als kulturelles Wesen war der Mensch nicht damit zufrieden, sich an die ihn umgebende Natur anzupassen; erst recht begnügte er sich nicht damit, einfach inmitten der Natur zu sein; vielmehr begann er, darum zu kämpfen, die Natur an sich selbst anzupassen, sie zu verändern, um sich durch Lebensqualität, durch ein gutes Leben auf materieller, moralischer und religiöser Ebene wohlfühlen zu können. Kurz und gut, um dort seine irdische Wohnstadt zu errichten.

Der menschgewordene Gottessohn machte seine kulturelle Erfahrung in einem ländlich-städtisch geprägten Umfeld. In diesem Umfeld wurde er geboren, lebte er, verkündete er seine Botschaft, starb er und wurde auferweckt. Er sandte seine Jünger in Städte und Dörfer, um das Evangelium zu verkünden. In den Städten sollten sie später die ersten christlichen Kirchen gründen. Die schnelle Ausbreitung des Christentums läßt sich kaum erklären, wenn man nicht auch den urbanen Faktor berücksichtigt. Trotz der Perioden der Verfolgung kann man sagen: Die menschliche Mobilität durch Heeresdienst, durch Politik und Handel, die Landwege und Seerouten zwischen den verschiedenen Städten des Römischen Reiches bildeten einen offenen, grenzfreien Raum, in dem sich Ideen, Vorstellungen, interkultureller Dialog ausbreiten konnten. Dies waren auch die Wege für die Verbreitung der Guten Nachricht *Christi.* Die Stadt stellte immer den eigentlichen Raum zum Austausch von Ideen, zum Anhören des Anderen dar. Sie ist der Raum für den Dialog, für das Arbeiten mit Fragmenten; sie ist das Gegenteil von der geschlossenen, der monolithischen Gesellschaft, der ländlichen Lebenswelt, der Dörfer, wo sich schließlich die „Heiden" befinden, diejenigen, die die traditionellen Überzeugungen des Reiches vertreten.

Der Beginn des Christentums fällt zusammen mit jener Blütezeit der langen vorindustriellen Periode der Stadtgeschichte, in der die Kirche geboren wurde, expandierte, sich organisierte und ihr „Grundgesetz" erarbeitete. Aufgrund des Christenheitsmodells gelang es nach und nach, eine „Kultur der gegenseitigen Stützung" zu schaffen. Sie basierte auf den zwischen Kirche und politisch Mächtigen wechselseitig eingegangenen Verpflichtungen. Diese Kultur sicherte, wenn auch nicht immer auf christliche Weise, die öffentliche Geltung des Glaubens, der aufgrund des gesellschaftlichen Beharrungsvermögens jener traditionellen Form menschlichen Zusammenlebens von den Eltern an die Kinder weitergegeben wurde.

Mit der Moderne, mit der Anwendung der funktionalen Rationalität auf die Produktionstechniken, begann die postindustrielle Periode der Stadtgeschichte. Es begann eine „Kultur des Bruchs" zwischen Glaube und soziokulturellem Leben. *Papst Paul VI.* nannte diesen Bruch „dramatisch". In dieser Kultur leben wir bis heute. Das Ergebnis ist: Die Werte des Glaubens, die an der Basis des Denkens und in den Handlungsnormen der Bewohner der Stadt enthalten sind, entfalten sich nicht im urbanen „Ethos" dieser Gemeinschaft, in ihren Institutionen und Strukturen. Seither bleibt die Stadt eine ernsthafte Herausforderung für die Evangelisierung.

II. Der Prozeß der Verstädterung in Lateinamerika

Die Kolonisierung der entdeckten und eroberten Länder beginnt in Lateinamerika seit der Eroberung Mexikos mit der Gründung von neuen Städten. Der Aufbau der neuen Städte, meistens auf den Ruinen der großen vorkolumbianischen Städte, war quasi die offizielle Bestätigung der Eroberung des Landes. Die in ihrem Wesen städtische Kolonisierung zielte darauf, in der Neuen Welt das Modell der iberischen Gesellschaft zu reproduzieren und in dieses die indigene Bevölkerung mittels kirchlicher Evangelisierung zu integrieren. So wurden im spanischen Herrschaftsbereich allein in der Zeit zwischen 1492 und 1598 nicht weniger als 105 Städte gegründet. Überraschend ist, daß fast alle diese Städte bis heute zu den wichtigsten auf der Landkarte Lateinamerikas zählen.

Die Struktur der lateinamerikanischen Stadt der vorindustriellen Periode entsprach der römischen, katholischen und mediterranen Tradition, deren Wurzeln in der antiken Welt, im Werk des römischen Architekten *Vitruv* liegen. Sie ist geprägt durch gradlinige Straßen, konzipiert wie ein Schachbrett, um einen zentralen Platz angeordnet. Dieser zentrale Platz beherbergt die wichtigsten Funktionen der Gesellschaftsordnung: die königlichen und städtischen Verwaltungsgebäude und das katholische Gotteshaus. Diese Triade der Macht im Herzen der Stadt repräsentiert das Symbol der „Kultur der gegenseitigen Stützung". Aufgabe der Kirche ist darin, mit einer einzigen Methode zwei ganz unterschiedliche Kulturen zu evangelisieren: nämlich die europäische Kultur der Arbeit und die Kultur der Muße, die für die Indianer charakteristisch ist. Weder im Prozeß der Verstädterung noch in der Evangelisierung wurde - unglücklicherweise - die Kultur der Besiegten respektiert. Es wurde nicht die bestmögliche Methode gewählt, um die Transkulturation zu erreichen. Erst recht fehlte es an einer Inkulturation des Glaubens, die so notwendig gewesen wäre. Selbst später, als man mit Hilfe der Krone eine Form der Trennung der Siedlungsräume verfolgte, wurde dieses Urbanisierungs- und Evangelisierungsschema beibehalten.

Die Anfänge der nachindustriellen Phase der Stadtgeschichte in Lateinamerika fallen in die Zeit der Unabhängigkeitskriege und der nachfolgenden Revolutionen. Der Prozeß der Verstädterung des Kontinents kam erst mit dem Zweiten Weltkrieg richtig in Gang, als man der Aufgabe gegenüberstand, die industrielle Herstellung der Produkte zu entwickeln, die bisher importiert worden waren, während in anderen Breiten die Erkenntnisse der Stadtentwicklung schon seit Jahren mit Riesenschritten vorwärtsstrebten. Um die historischen Zentren der Kolonialstädte wurden nach dem Modell der Moderne große Metropolen errichtet. Der lateinamerikanische Verstädterungsprozeß beschleunigte sich explosionsartig. Durch den unaufhaltsamen Exodus vom Land in die Städte ist das Angebot an Arbeitskraft sehr groß, die Nachfrage demgegenüber sowohl im sekundären als auch im tertiären Sektor sehr viel geringer. Es entstanden riesige Städte, umgeben von Elendsvierteln, die mehr und mehr anwuchsen.

Die drei größten Städte der Welt - in bezug auf die Einwohnerzahl - befinden sich heute in Lateinamerika: Mexiko-Stadt, Buenos Aires und São Paulo. Ein Kontinent, der noch vor kurzer Zeit hauptsächlich ländlich strukturiert war, verwandelt sich in weniger als 50 Jahren zu einem Kontinent mit mehrheitlich städtischer Bevölkerung. Die statistischen Daten von 1990 über den Anteil der Stadtbevölkerung an der Gesamtbevölkerung belegen dies: Venezuela 90,5%; Argentinien 86,2%; Chile 85,6%; Uruguay 85,5%; Brasilien 76,9%; Kuba 74,9%; Mexiko 72,2%; Peru 72,2%; Kolumbien 70,2%. In den übrigen Ländern Lateinamerikas beträgt der Anteil der Stadtbevölkerung mehr als 50%, in vier Ländern liegt er zwischen 40 und 50%. Nur in Haiti mit 30,3% wird dieser Wert nicht erreicht[1].

Die Bischofsversammlung von Puebla bezeichnete den Verstädterungsprozeß in Lateinamerika als eine „unleugbare Herausforderung, da sie das religiöse Bewußtsein und das christliche Leben von neuen Formen und Le-

---

1 CEPAL, Anuario Estatístico de América Latina y Caribe, 1991 (UN-Wirtschaftskommission für Lateinamerika, Statistisches Jahrbuch für Lateinamerika und die Karibik 1991).

bensstrukturen abhängig macht" *(Puebla* 432), beschränkte sich jedoch auf die Forderung: „Es ist notwendig, auf der Grundlage unserer Erfahrungen und Vorstellungskraft, Maßstäbe und Wege für eine Pastoral der Stadt aufzuzeigen, wo die neuen Formen der Kultur entstehen." *(Puebla* 441) Die Bischofsversammlung in Santo Domingo entsprach später dieser Forderung und zeigte einige Schritte in Richtung auf eine inkulturierte Evangelisierung in der modernen Stadt auf.

Um das Thema „Evangelisierung und Glaubenspraxis unter den Bedingungen städtischer Lebensweise" anzugehen, bedarf es vor allen Dingen der Analyse der genannten Bedingungen. Erst dann kann man über eine inkulturierte Evangelisierung inmitten der Stadt sprechen, d.h. eine Evangelisierung, die imstande ist, das Evangelium mit der städtischen Kultur in einen Dialog zu bringen, entweder, um sie kritisch zu befragen, oder um sich von ihr kritisch befragen zu lassen.

III. Die moderne Stadt

Durch die Geschichte der Stadt hindurch gab es immer ein - mehr oder weniger reflektiertes - politisch organisiertes Projekt menschlichen Zusammenlebens. Im Normalfall wird dieses Projekt erkennbar in der Anordnung von Straßen, Plätzen, Orten der Begegnung, öffentlichen Gebäuden, der Art des Wohnens und - allgemeiner - in der Architektur, besonders von religiösen Gebäuden und Denkmälern.

Der Grundriß einer modernen Stadt heute ist nicht Produkt von Überlagerungen oder Aneinanderreihungen der Teile eines Ganzen, die sich im Laufe verschiedener historischer Perioden angesammelt haben. Er ist vielmehr das Ergebnis eines erforschten, entwickelten und umgesetzten Planes. Eine Stadt ist das Ergebnis funktionaler Rationalität in bezug auf das Zusammenleben der Menschen. In diesem Sinne zeigt sich die Stadt als Organisation im Dienste einer ganzen Reihe von Funktionen: Wohnen, Arbeiten, Lernen, Vergnügen etc. Im Einklang mit diesem Modell wird die „Neue Wohnform der Menschen", die Stadt, dichtgedrängt, ausgedehnt, uneinheitlich und hoch hinaus, mittels eines komplexen Zusammenspiels von Dienstfunktionen organisiert: Transportwesen, Erziehungswesen, Arbeitsorganisation, Gesundheitswesen, Freizeitangebote. In der Weise, wie die Stadt sich in ein Zentrum zur Bereitstellung von Diensten wandelt, unterteilt das neue Modell der Stadt den städtischen Raum entsprechend den verschiedenen Funktionen, denen sie dient.

Indem der städtische Raum aufgeteilt, in autonome Unterabteilungen aufgespalten wird, wird die menschliche Existenz atomisiert. Sie wird reduziert auf eine Reihe von Funktionen, ziellos, ohne tieferen Sinn und Lebensinhalt. Das Stadtleben stellt den Menschen in den Dienst von Produktion und Fertigung, von Werbung, Kauf und Verkauf eines Produktes, um dann wiederum produzieren zu können.

Das Modell der modernen Stadt wird einerseits von Städteplanern und Soziologen gerühmt und für unübertroffen gehalten, andererseits von Denkern, Schriftstellern, Theologen und von einigen Architekten heftig kritisiert. Dies geht im Bereich postmoderner Bewegung sogar soweit, daß dieses Modell grundsätzlich abgelehnt wird. Durch Erziehung zur Absurdität führt die moderne Stadt zu jenem „Ödland", von dem *T.S. Eliot* spricht. Dort verkehrt „der Fremde" des *A. Camus, Ortega y Gasset* nennt sie die „seelenlose Gesellschaft". Die Stadt ist eine Wohnmaschine, die man wechselt wie das Auto, sagt *Le Corbusier*. Als *Mies van der Rohe* 1969 danach gefragt wurde, welchen Auftrag er von denen, die er in all der Zeit nicht zugesprochen bekommen hatte, am liebsten ausgeführt hätte, antwortete der geniale Architekt aus Aachen: eine Kathedrale. In seiner Studie „Die Sprache der Architektur" schreibt *Charles Jenks*, daß die Postmoderne genau am 15. Juli 1972 um 15.32 Uhr entstanden ist. Dies ist die Stunde, in der in Saint Louis, Missouri, mehrere Wohnblöcke gesprengt wurden, die in den 50er Jahren nach den Vorgaben der modernen Architektur gebaut worden waren. Der Grund für die Sprengung lautete: ungeeignet als Wohnungen für Menschen.

Trotz aller begründeter und berechtigter Kritik hat die Faszination für die große Stadt nicht nachgelassen. Der Verstädterungsprozeß schreitet weltweit fort. Auch die Kritiker sind anscheinend kaum bereit, die Stadt zu verlassen und zum Landleben zu wechseln. Aus diesem Grund ist diese Faszination und der universale Verstädterungsprozeß nur aus gleichermaßen universalen Werten zu erklären, die der menschlichen Person zu eigen sind. Für die Entwicklung des Menschen ist die moderne Stadt zweifellos ein fruchtbarer Boden.

IV. Die moderne Stadt, Raum der Selbstverwirklichung des Menschen

Wenn die menschliche Entwicklung notwendigerweise „Entwicklung und Befreiung" umfaßt, wie die Generalversammlung von Santo Domingo formuliert, kann man die große Chance nicht leugnen, die die Stadt ihren Bewohnern bieten kann: eine Möglichkeit zur grundsätzlichen Entwicklung der menschlichen Person. Die moderne Stadt bietet einen offenen Raum der Freiheit und der personalen Verwirklichung, auch für den Christen, der in dieser Stadt lebt und arbeitet, auf dem Weg zur Stadt Gottes. Schließlich ist die Erlösung, wie das II. Vatikanische Konzil formuliert, eine neue Schöpfung. Weiter heißt es dort, daß der Mensch nur durch die Kultur zu einer wahren und vollen Verwirklichung des menschlichen Wesens gelangt (*Gaudium et spes* 53).

Auf dem Land herrscht die traditionelle Kultur vor, die der Landarbeit entspricht, in der jedes Jahr dieselben Phasen wiederkehren. Entsprechend verläuft das Leben hier eher in zyklischen Bahnen. In der Stadt dagegen bleibt nichts anderes, als auf dem Weg voranzuschreiten, den die menschliche Kreativität immer weiter eröffnet. Das Neue und das Interessante bestimmen den Alltag. In der Stadt funktionieren die sozio-kulturellen Kontrollmechanismen nicht mehr, mit denen in der patriarchalen Familie über die Gruppenmitglieder gewacht wird. Und die Kleinfamilie, die im städtischen Umfeld die Großfamilie abgelöst hat, ist nicht in der Lage, die ethisch-religiösen Werte an die nachwachsenden Generationen weiterzugeben. Sie umgibt ein Raum, der für alle Ideen und Meinungen offen ist, in dem es für eine Familie schwierig ist, zusammenzukommen. In der Stadt allen Unbilden ausgesetzt, schutz- und ratlos, sieht sich das Individuum gezwungen, seinem Lebensziel nachzugehen, seinen eigenen Lebensvorstellungen zu folgen, umgeben von einer Vielfalt von Möglichkeiten und Modellen. Während es auf dem Land nur eine einzige Aufgabe zu geben scheint, nämlich die Bestellung des Bodens, bietet die Stadt eine Fülle von Möglichkeiten der Lebensverwirklichung für jeden ihrer Bewohner. Diese Bewohner wiederum sind in ihren Neigungen und Erwartungen sehr unterschiedlich, gehören zu den verschiedensten menschlichen Typen und Subtypen. Unglücklicherweise gibt es nicht wenige Menschen, die ihrer je eigenen Bestimmung nicht nachkommen wollen oder können und damit den Raum nicht nutzen, den die Stadt für die menschliche Verwirklichung eröffnet, und zwar eine Verwirklichung im Sinne der Entwicklung und Befreiung, die sich an einer Personwerdung orientiert, in der das Ebenbild Gottes erkannt werden kann.

V. Die moderne Stadt, ein neuer geistiger Horizont

In seiner Studie „Konsequenzen der Verstädterung für den Menschen" beschreibt *Briand Berry* eine beschleunigte „Verstädterung des Geistes", und *Jean Labasse* denkt in seiner Erzählung „Der Mensch und die städtische Revolution" die moderne Stadt als „Horizont des Denkens", von dem aus die Realität in anderer Weise gesehen werden kann. Diese neue Sichtweise der Realität bringt etwas Neues hervor: Der den Bedingungen städtischen Lebens unterworfene Mensch entwickelt eine neue Art der Relation zur Natur, zu seinen Mitmenschen und zu Gott. Man kann entsprechend von einer wirklichen Stadtkultur sprechen. Für die Kultur ist der Mensch der Anfang, die Mitte und das Ziel. Die Kultur ist vom Menschen geschaffen, Gegenstand seines Denkens und Werk seiner Hände. Schließlich konditioniert diese Kultur ihren eigenen Schöpfer, indem sie sich in Strukturen des Zusammenlebens verankert und von einer Generation zur nächsten weitergegeben wird.

In der Stadt verändern sich die Beziehungen des Menschen zur Natur. Die Natur, deren Früchte der Landmensch in Dankbarkeit genießt und deren Schönheit er anschaut und preist, wird in der Stadt zum Rohstoff, der verändert wird und verändert werden kann. Es wandeln sich auch die Beziehungen der Menschen untereinander: Die primären Beziehungen werden sekundär und umgekehrt. Sie umfassen Menschen unterschiedlicher Rassen,

Verhaltensweisen und Glaubensrichtungen. Von diesen Veränderungen im Handeln und Verhalten im Rahmen städtischen Lebens ist auch die Beziehung zu Gott betroffen, und zwar bis dahin, daß sie in eine tiefe Krise gerät. In der Stadt bleibt das religiöse Problem dem Bereich personalen Bewußtseins verhaftet. Wie das Mysterium die Zollkontrolle der physisch-mathematischen Rationalität nicht passiert, so ist es Gott nicht erlaubt, offiziell in die Stadt der Menschen einzuziehen und seine Form sozialen Daseins zu entfalten. Mehr noch, die Erfahrung der Stadt als Werk des Menschen, als autonome Wirklichkeit, die sich selbst genügt, birgt die Gefahr in sich, sich der Transzendenz zu verschließen, in sich selbst geborgen zu sein. Damit aber würde die moderne Stadt schließlich zu einem Tempel werden, in dem sich der Mensch, ihr Schöpfer, selbst verehrt. Dies scheint die berühmte Wandmalerei von *Siqueiros* in Mexiko-Stadt ausdrücken zu wollen.

VI. Die Herausforderung des Zusammentreffens von Evangelium und moderner Stadt

Die Bedingungen städtischen Lebens heute stellen für eine Evangelisierung und eine Praxis christlichen Lebens eine große Herausforderung dar. Die Kirche kann angesichts dieser Herausforderungen nicht weiter ländliche Lösungen für städtische Probleme anbieten. Angesichts der neuen Bedingungen städtischen Lebens reicht es nicht aus, das in anderer Zeit in traditionellen Gesellschaften, im ländlichen Raum inkarnierte Evangelium zu nehmen, anzupassen und in den städtischen Raum zu verpflanzen. Man muß es in die neue Kultur inkarnieren. Der göttliche Heilswille für alle Menschen, für alle Zeiten und Kulturen, nimmt heute den Weg über die moderne Stadt, ihre Straßen und Plätze, all ihre Bereiche und Umfelder, denn ein großer Teil der Adressaten des Wortes Gottes lebt heute in Städten.

Zweitausend Jahre nach Beginn der Evangelisierung steht die Kirche von heute auf morgen vor einem neuen Missionsland: der Stadt des 20. Jahrhunderts. Die moderne Stadt ist geprägt von funktionaler Organisation und dynamischer Wirklichkeit. Sie bietet sich an als Raum der Freiheit, als Raum für Ideen, Meinungen, Haltungen und Symbole, die sich an Verschiedenartigkeit gegenseitig zu übertreffen suchen und vom Stadtbewohner erfordern, daß er sein Leben selbst gestaltet und in diesem Sinn die ererbten Überzeugungen überprüft. In diesem Kontext ist der Christ nicht mehr Produkt der Tradition, sondern Ergebnis einer personalen Entscheidung, des lebendigen Zusammentreffens mit *Christus.* Hier ergibt sich die dringliche Notwendigkeit einer inkulturierten Evangelisierung, die sich der Bedingungen der Stadt und des neuen Typs von Beziehungen bewußt ist und sich so gestaltet, wie es dem Rhythmus des städtischen Lebens entspricht.

Der Prozeß der städtischen Inkulturation des Evangeliums, was gleichzeitig auch die Inkulturation der Kirche mit ihrem Denken und ihrer Praxis und die Inkulturation der Mitarbeiter in der Stadtpastoral meint (*Redempto-*

ris missio 52 und 53), läßt sich zusammenfassen als „Gesamtheit der Mittel,
Werke und Haltungen mit dem Ziel, das Evangelium in einen aktiven Dialog ... treten zu lassen" (*Santo Domingo* 24) mit der Stadtkultur, sei es um sie
kritisch zu befragen oder sei es, um sich von ihr kritisch befragen zu lassen.

VII. *Inkulturierte Evangelisierung im Dienste der Erstverkündigung*

Das kulturelle Klima der modernen Stadt, die Offenheit für verschiedene
Ideen und unterschiedliche Meinungen, die dann entsprechend aufeinanderprallen, bringt auch die überkommenen und aufgrund sozialer Erstarrung konservierten religiösen Wahrheiten in Bewegung. Zu dieser ersten
Irritation kommt hinzu, daß sich in den letzten Jahren die Zahl der Sekten
und unabhängigen religiösen Bewegungen vervielfacht hat, die allesamt
städtischen Ursprungs sind. Dieser religiöse Aufschwung verwandelt Gebäude, Straßen und Plätze der Großstadt in einen wahren Supermarkt der
Mystik, in dem spirituelle Produkte für jeden Geschmack und jede gerade
aktuelle Richtung zu finden sind und in dem jeder nach seinen persönlichen
Vorlieben auswählen kann.

Entgegen der Prognose verschiedener Theologen, der von Kulturwissen-
schaftlern widersprochen worden ist, gibt es in der Großstadt gegen Ende
dieses Jahrhunderts eine unaufhaltsame Invasion religiöser Phänomene. Alles deutet darauf hin, daß dieser Aufschwung mehrere Gründe hat: die Ent-
täuschung aufgrund des Zusammenbruchs der großen Ideologien, Überdruß an der Diktatur der Technologie, das Gefühl der Hilflosigkeit und Einsamkeit aufgrund der in der Großstadt herrschenden Anonymität, die historische Konstante millenaristischer Erwartungen. Wie auch immer, sicher ist,
daß der Stadtbewohner auf der Suche nach innerer Sicherheit und Zufrie-
denheit ist und gleichsam seiner eigenen Identität hinterherjagt, um ihr auf
der Spur zu bleiben.

Die Einladung *Papst Johannes Pauls II.* zur Feier des Beginns des dritten
christlichen Jahrtausends klingt wie eine Aufforderung, die „Erstevangelisierung" wieder aufzunehmen und fortzusetzen: *Jesus Christus* jeder Generation und in dieser jeder Person zu verkündigen. Mehr als ein Jahrhundert
hat man nun schon hartnäckig daran festgehalten, einen Glauben und eine
religiöse Erziehung vorauszusetzen, die bei vielen nur noch rudimentär vorhanden sind. Anläßlich des ersten Treffens des Volkes Gottes in Kuba sprachen die dortigen Bischöfe davon, daß es nötig sei, von einer Evangelisierung des „Konservierens" zu einer Evangelisierung der „Eroberung" überzugehen. *Paul VI.* war der erste Papst, der das Problem des Verstädterungs-
prozesses angesprochen hat. Schon er hatte erkannt, daß die „erste Verkündigung", die bis dahin nur für Kinder und Heiden bestimmt war, auch den
bereits Getauften angeboten werden müsse: Sie sei notwendig für sehr viele,
die zwar getauft sind, aber gänzlich außerhalb eines christlichen Lebensrau-
mes stehen; dann für einfache Menschen, die zwar einen gewissen Glauben

haben, seine Grundlagen aber kaum kennen; ferner für Intellektuelle, die das Bedürfnis spüren, *Jesus Christus* in einem anderen Licht kennenzulernen als bei der Unterweisung in ihrer Kindheit (*Evangelii nuntiandi* 52).

Die Bedingungen, unter denen Menschen in den Städten heute leben, weisen auf Erwachsene, auf Männer und Frauen als die vorrangigen Adressaten der Evangelisierung in der Stadt.

VIII. Eine menschlich vermittelte, inkulturierte Evangelisierung

Der größte Reichtum menschlichen Zusammenlebens besteht vielleicht in der Überfülle und in der Verschiedenheit der Kontakte und Begegnungen, die die Großstadt bietet. Die Zahl der Kontakte und Begegnungen zwischen Personen ist im städtischen Bereich sowohl quantitativ als auch qualitativ wesentlich größer als im reduzierten Begegnungsraum auf dem Land. Wie immer, birgt aber auch dieser Vorteil eine Gefahr in sich. Die ständige Erfahrung des „anderen" kann sich zu einer ausschließlichen Beziehung zu den anderen verengen, ohne Offenheit für die Transzendenz, also für „den Anderen" zu lassen. Dies kann geschehen, obwohl zu den Voraussetzungen der Stadtkultur, zur Stadt als funktionaler Organisation und mentalem Horizont gehört, daß der Mensch die religiöse Vermittlung Gottes darstellt. In dieser Perspektive enthält das Evangelium eine unverzichtbare, moderne Aussage in seinen immerwährenden Gehalten.

In der Geschichte der Erfahrung des Heiligen erscheint die Natur als Königsweg zu Gott, als religiöse Vermittlung, die für die traditionelle Kultur charakteristisch ist, in der die Anschauung der sichtbaren, der natürlichen Dinge das Denken zum Unsichtbaren führt. Bei der Beschreibung dieses Weges lassen die Mystiker immer wieder Bilder aus der Natur einfließen. Die Natur selbst wird zur Metapher im eigentlichen Wortsinn: Sie bezeichnet zunächst etwas Reales, verweist aber gleichzeitig auf etwas anderes jenseits dieses Realen, zu dem es hinführt und hinzieht: Gott. Im ländlichen Bereich wird das religiöse Empfinden dessen, der dort lebt, durch den ständigen Kontakt mit der Natur und durch das Wissen um die Abhängigkeit von ihr und damit von ihrem Schöpfer gespeist. *Goethe* schrieb beim Anblick der österreichischen Alpen während seiner ersten Reise in den Süden in sein Tagebuch, daß er, würde er hier leben, sicherlich ein religiöserer Mensch wäre. Der große Dichter lebte aber in Weimar, in der Stadt.

Ich denke, daß die Verkündigung der Erlösung in *Christus* innerhalb einer inkulturierten Evangelisierung der Stadtbewohner - gemäß des spirituellen Erkenntnisweges des *Hl. Augustinus* - weniger am „foris" als vielmehr am „intus" in Richtung auf das „desuper" orientiert sein sollte. Das Evangelium wird dem Stadtbewohner kaum über die gesellschaftliche Vermittlung der Makroprobleme begegnen, sondern vor allem, insofern es sich ihm als Antwort auf die persönlichen Mikroprobleme darstellt, die das menschliche Leben bedrängen. Die großen Probleme in der Stadt sind die persönlichen

Schwierigkeiten der Menschen: Angst und Schmerz, Verlassenheit und Einsamkeit, Hoffnungen und Verzweiflung, existentielle Orientierungslosig-
keit, fehlender Lebenssinn, Wissen um das Böse, Angst vor dem Tod, den
auch die Stadt nicht verbergen kann. Der Mensch selbst fühlt sich aufgrund
inneren Erlebens in städtischen Strukturen als Mittler Gottes, denn in der
Stadt ist fast alles Produkt menschlichen Tuns. Hier übertrifft die Kultur
also die Natur.

In dieser Perspektive offenbart das Kerygma, die Verkündigung *Jesu
Christi*, den Menschen als Menschen, seine Würde, seinen Ursprung und
sein Ziel, den Sinn des Leidens, die Bedeutung des Todes, die Größe der
Liebe, die in der Zeit beginnt, um in der Ewigkeit zu enden.

Eine Evangelisierung, die den Menschen unter städtischen Bedingungen
zu einer tieferen Begegnung mit *Christus* führen will, hat sich durch eine Pastoral zu artikulieren, die sich an den verschiedenen Milieus orientiert und
als Gesprächspartner diejenigen in Betracht zieht, die dieselben Aufgaben
wahrnehmen, die gleiche Tätigkeit ausüben und mit denselben Problemen
zu kämpfen haben. Dabei ist zu berücksichtigen, daß die Art des Zusammenlebens in der modernen Stadt sehr unterschiedlich ist und sich immer
weiter differenziert: das neue Phänomen der Multikulturalität; man denke
nur an die Jugendkultur, die Kultur der Frauen, des universitären Lebens
etc.

IX. Eine inkulturierte Evangelisierung für die Glaubenspraxis

Städtische Dynamik entwickelt sich durch Tatsachen und Ereignisse, die
täglich durch Kommunikationsmittel verbreitet werden. Die Interpretation
dieser Fakten und Vorkommnisse wird bereits von denen vorgegeben, die
die öffentliche Meinung dominieren. Ob richtig oder falsch, die Interpretation geht niemals über die natürlichen Ursachen, die intellektuellen Gründe
und die psychischen Motive der Handlungen und Ereignisse hinaus. Auch
hier kann der Christ wiederum auf die reinen Geschehen in der Stadt beschränkt bleiben, in ihren säkularisierten Strukturen gefangen sein. Deshalb
ist eine inkulturierte Evangelisierung aus der Perspektive der Glaubenspraxis wichtig.

Unter den Bedingungen der urbanen Strukturen ist es nicht leicht, die
Gegenwart *Christi* im Heute der Stadt zu entdecken. Der Christ bringt oft
kein Interesse für das Glaubensengagement gegenüber der Welt auf und
wird innerhalb der Stadt, in der er wohnt, zu einer Art innerem Emigranten.
Notwendig ist eine Evangelisierung, die ihn einerseits in das Leben der
Stadt integriert, ihm andererseits aber die Möglichkeit eröffnet, dieses zu
transzendieren und jenseits der natürlichen Ursachen und menschlichen
Gründe und Motive den Plan des Vaters mit ihm und mit der Welt, die ihn
umgibt, zu entdecken. Die „Zeichen der Zeit", der Ruf des Geistes, der in
den Ereignissen laut wird, sind Signale für die Gegenwart *Christi*, der wei-

terhin spricht und lebendig im Heute der Stadt angetroffen werden kann. *Jesus Christus* gestern, heute und in Ewigkeit".

In dieser Lektüre der Wirklichkeit im Licht des Evangeliums entdeckt der Christ, welche Möglichkeit, das Evangelium zu leben, ihm die urbane Realität im Alltag der Stadt bietet; er erkennt, was der Herr tun würde, wenn er in der Stadt lebte, so wie er in Nazareth gelebt hat.

X. Inkulturierte Evangelisierung und Spiritualität der Stadt

Als man in Puebla erklärte, daß es für die Evangelisierung der modernen Stadt notwendig sei, auf Erfahrung und Phantasie zurückzugreifen, scheint man nicht nur das Neue und Unbekannte im Blickfeld gehabt zu haben, das die Großstadt für die Sendung der Kirche darstellt und diese zwingt, neue Ausdrucksformen zu erarbeiten und neue Wege zu gehen. Man scheint nicht nur die Methoden, Aktionen und Einstellungen im Sinn zu haben, die für die Evangelisierung der traditionellen Kultur charakteristisch sind und die heute für den Dialog des Evangeliums mit der städtischen Kultur nicht mehr als geeignet angesehen werden können. Der Weg entsteht erst beim Gehen, hat der Dichter *Antonio Machado* gesagt. Über diese Wahrheit geht die IV. Generalversammlung der lateinamerikanischen Bischöfe noch hinaus. Allem Anschein nach spielt sie auf etwas Tieferes an; sie bezieht sich auf das Wesen der modernen Stadt, ihren kulturellen Charakter und damit auf die dynamische Wirklichkeit, die sie verkörpert.

In der Großstadt werden die Probleme als solche erfahren, die nur durch Erfahrung und Phantasie in geplantes Handeln umgesetzt, gelöst werden können. Im Gegensatz zum Landleben kann man in der Stadt nicht von den Kräften der Natur oder von der Landarbeit die Lösung der Probleme erwarten. In der religiösen Praxis unter städtischen Bedingungen entwickelt sich die lebendige Beziehung zu Gott nicht anhand des Konkreten, sondern durch die Spiritualität fundierten Handelns aufgrund von Erfahrung, für die sich das moderne Bewußtsein in besonderer Weise sensibel zeigt.

Die wahre Spiritualität des Stadtlebens wurzelt in zwei Grunderfahrungen: die Umkehr und das Gebet. Das erste ist die Erfahrung der Herausforderung durch *Christus*, die Lebensrichtung so zu ändern, daß Gott zum Ausgangspunkt und zum Zielpunkt des Lebens wird. Es ist die Erfahrung von der Kraft des Gotteswortes, das sich an der Wurzel des Denkens festsetzt, an der Spitze der Werteskala und im Zentrum der Handlungsnormen, um sich schließlich im „Ethos" der Großstadt, in seinen Strukturen und Institutionen zu manifestieren. Das zweite ist das Gebet, das Gebet in der Stadt. Dieser personale Dialog mit *Christus*, dessen Inhalt der Mensch und seine Umgebung sind, mit allem, was seine Seele beschäftigt: seine Freude und Traurigkeiten, seine Hoffnungen oder Hoffnungslosigkeiten, sein Scheitern und seine Triumphe. Zum Beispiel das Gebet, das *von Braun* beim Start von Apollo 11 sprach, als er Gott darum bat, ihn zu erleuchten, um alle technischen Probleme lösen zu können, die während der Raumfahrt zum Mond auftreten könnten.

Besondere Beachtung verdient die Inkulturation der Liturgie in der Stadt angesichts der Tatsache, daß die Großstadt eine Vorliebe für „Inszenierungen" hat und die Feier des Ostergeheimnisses einen szenischen Charakter besitzt. Man darf dabei nicht vergessen, daß die Kunst Kultur ist, kultureller und deshalb dynamischer Ausdruck, der den Rhythmus der Geschichte variiert, aber nach wie vor die angemessenste Art und Weise ist, die Erfahrung des Unaussprechlichen auszudrücken und zu vermitteln.

XI. Eine inkulturierte Evangelisierung, die neue Ausdrucksweisen hervorbringt

Die vielfachen, unterschiedlichsten Begegnungen von Personen, die für das großstädtische Leben so charakteristisch sind, schließen notwendigerweise das Aufeinandertreffen verschiedener Ideen und Meinungen ein. Die individuellen Denkweisen in einer Stadt treffen aufeinander, werden verglichen und kombiniert, um schließlich ein bestimmtes kollektives Denken zu konstituieren. Dies wiederum ist Ausdruck des Strebens und der Wünsche derjenigen, die einen gemeinsamen großstädtischen Lebensstil teilen.

Die ureigene Struktur der Großstadt erleichtert es den Bewohnern, sich in kollektiver Weise auszudrücken. Die verschiedenen Situationen, die die Stadt erlebt, tragen zur dynamischen Vorwärtsentwicklung der Ausdrucksformen bei. Die Großstadt wird zu einer Art lebendiger Schmiede für neue Ausdrucksweisen. Die Stadt schafft eine neue Sprache, in der das Bild zum wichtigsten Transportmittel für die Kommunikation wird. Die Marketingstrategen bestätigen, daß das, was nicht in einem kommunikablen Bild zusammengefaßt werden kann, im gesellschaftlichen Leben der Großstadt auch nicht existiert. Die Konsequenz daraus ist erstens, daß die Kommunikationsmittel von immanent wichtiger Bedeutung für eine Evangelisierung in der Stadt sind. Zweitens heißt dies aber auch, daß es notwendig ist, die Verkündigung der Frohbotschaft in die Ausdrucksweise der großstädtischen Sprache zu inkulturieren.

Trotzdem kann eine inkulturierte Evangelisierung nur gelingen, wenn die Botschaft *Christi*, so sie denn verkündet und angenommen ist, sich immer wieder neu artikuliert, denn der Christ muß seinen Glauben mit den Mitteln seiner Kultur leben und artikulieren (vgl. *Redemptoris missio* 52). In Anlehnung an *Paul VI.* in seiner Rede in Kampala betonen wir die Dringlichkeit, das christliche Geheimnis in die Seele der Großstadt zu tragen, damit die Stimme der Stadt laut und klar im universalen Konzert der Kirche durchklingt.

XII. Evangelisierung im Dienste der Entfaltung der Persönlichkeit

Seit einiger Zeit finden sich in der Großstadtsprache, vor allen Dingen in den Kommunikationsmedien und im Bereich der Öffentlichkeit, die Begriffe „Person" und „Entfaltung der Person". Man hört relativ häufig die Rede von der personorientierten Erziehung, dem personorientierten Umfeld und Wohnen, der personorientierten Versorgung und medizinischen Betreuung, der personorientierten Werbung etc. Dies könnte in einem ersten Moment als ein reiner Reklamegag erscheinen. Aber es ist mehr, es meint etwas sehr Wichtiges und Bedeutsames für den Großstadtmenschen. Im Gegensatz zum Leben auf dem Land, wo das Gleiche und Ähnliche vorherrscht, dominiert in der Großstadt der Unterschied und die Abweichung. Hier ist ein Raum der Freiheit, in dem jedes Individuum sein Lebensprojekt unter der Perspektive der Entfaltung seiner Persönlichkeit selbst gestalten muß, sich also zu entwickeln und von alten wie neuen Versklavungen zu befreien hat. Die Evangelisierung muß dieses legitime Streben berücksichtigen, oder sie wird nicht zum Herzen des Menschen der Großstadt vordringen.

Sicherlich kann die personale Entfaltung nicht alles sein, was die fundamentale Sendung der Kirche beabsichtigt. Aber das II. Vatikanische Konzil hat ebenso recht, wenn es feststellt, daß die Person des Menschen „nur durch Kultur, das heißt durch die entfaltende Pflege der Güter und Werte der Natur, zur wahren und vollen Verwirklichung des menschlichen Wesens gelangt" (*Gaudium et spes* 53).

Die Großstadt verlangt entsprechend eine stärker personorientierte Evangelisierung, und zwar sowohl in der Form der Verkündigung, als auch in den Methoden der Zuwendung und Unterweisung. Genau dies muß aber auch beachtet werden, wenn es um die Beteiligung der Laien geht. Dazu wird die programmatische Neukonzeption der Pfarrei sicherlich dienlich sein, so wie sie Santo Domingo empfohlen hat. Hier ist die Pfarrei die „Gemeinschaft der Gemeinschaften", und zwar in der Weise, daß die Zahl der Gruppen und die Zahl der Gottesdienstorte vervielfacht werden; sie steht im Dienste Gottes und der Menschen; sie ist Dienerin der Menschenrechte, der Bürgerrechte und der sozialen Rechte, die den Stadtbewohnern helfen. Sie ist Gemeinde, die sich dem modernen Wohnort der Menschen „eingepflanzt" hat (vgl. *Santo Domingo* 58-60).

Übersetzung: *Ludger Weckel*

REGINA MARIA MANOEL

Die „Identität" des Glaubens in den Kulturen

Ich bezeuge hier die Erfahrung, die ich in den vergangenen neunzehn Jahren des Zusammenlebens und des Teilens mit Menschen gemacht habe, die in der Situation des Ausgeschlossenseins in den großen städtischen Zentren leben, besonders denen, die auf den Straßen der Stadt São Paulo in Brasilien leben.

Dieser Bericht ist ein Ergebnis des Austauschs mit der Schwesterngemeinschaft der Oblatinnen des heiligen Benedikt und der Gemeinschaft der Leidenden der Straße, der ich angehöre, sowie von Diskussionen und Reflexionen mit verschiedenen Kreisen der zivilen und kirchlichen Gesellschaft.

Die Kirche in Brasilien hat uns zum Leben nach dem Evangelium angespornt sowohl durch die Inhalte und Überlegungen, auf die sie aufmerksam macht, als auch durch ihr bis zum Martyrium gehendes Wirken bei den Verarmten (zum Beispiel erinnern wir an die neunzehn Toten unter den Landlosen im Staat Pará).

Ich glaube, daß die Überlegungen, die wir anstellen, dadurch bereichert werden können, daß ich meine Freunde zu Wort kommen lasse, die Straßenbewohner, die ich um Erlaubnis bitte, in ihrem Namen sprechen zu dürfen.

Maria Elizabeth: Ich bin eine Migrantin[1]

Ich lebe unterwegs, ich lebe auf der Suche nach
noch einem Almosen von Leben: Ich habe die Hoffnung
verloren. Bergauf und bergab schleppe ich mein Leid,
singe mein Lied.
Ich habe Hunger nach Leben - und ich, nein, ich lebe nicht.
Mein Hab und Gut trage ich auf dem Rücken;
aus meinem Leben habe ich das Wort Hoffnung verbannt.
Mein Traum: Selbständigkeit.
Brasilien, mein Vaterland - hat mich verstoßen.
Deshalb vegetiere ich dahin, bin nirgendwo zu Hause.
Ich möchte mit meinem Schweiß mein Leben verdienen,
Mitleid verabscheue ich, Zärtlichkeit brauche ich,
ich fühle mich wie ein Spatz ohne Nest.

Die Leidenschaftlichkeit, Zärtlichkeit, Sensibilität und Bewußtheit dieses Gedichts bringt das zum Ausdruck, was ich in diesen Jahren gesehen, ge-

---

1 *Maria Elizabeth Lima Motta*, Declaro que estou em tormento, 1987, 22.

hört und erlebt habe. Das Gedicht, voll von symbolischen Ausdrücken, spricht von dem, was der Straßenbewohner tief innen im Herzen empfindet. Im folgenden zweiten Zeugnis hören wir den kollektiven Schrei, der sich aus der Ungerechtigkeit und Unterdrückung erhebt, unter der Leute von der Straße tagtäglich leiden.

„Wir wollen der Stadt und den Behörden sagen, daß wir jemand sind und leben wollen: daß wir zur Gesellschaft dazugehören, aber nicht anerkannt werden. Wir wollen sagen, daß wir vor Gott alle gleich sind: daß wir die Stadt aufgebaut haben, aber heute nicht das Recht haben, in ihr zu leben. Wir wollen sagen, daß die Gesellschaft all diejenigen unterdrückt, die auf der Straße leben. Unser Gesellschaftssystem sorgt nicht dafür, daß die Armen ein würdiges Leben führen können. Wir sind ein Volk von Leidgeprüften, das sich zusammenschließt, um sein Recht zu bekommen und die Tendenzen zur Ungleichheit aufzuhalten. Wir sind jemand, und wir brauchen ein Minimum, das es uns möglich macht, von der Straße wegzukommen, zu überleben."[2]

Ich möchte noch darauf hinweisen, daß es solche Straßenbewohner auf der ganzen Welt gibt, von Tokio bis London, von Harare bis Rio de Janeiro, und daß diese Aussagen nicht auf unsere brasilianische, lateinamerikanische Realität beschränkt sind, sondern überall anzutreffen sind. Wir müssen, wie der Exeget *Frei Carlos Mesters* sagen würde, „eine andere Brille aufsetzen", um hinter dem Äußeren jedes Menschen die Tiefe des Lebens zu entdecken, die in ihm verborgen ist, und ihn nicht danach beurteilen, ob sein Gesicht uns gefällt oder nicht.

Nach dieser Einführung schlage ich Ihnen vor, sich mit mir auf die Reise zu machen, damit wir dieser Bevölkerung näherkommen, wobei wir drei Punkte besonders im Auge behalten wollen:

1. Wie sieht die Realität der Leute von der Straße aus? Welche Kultur prägt ihr Leben, wenn sie die Zusammenhänge erkennen, in denen sie sich befinden?

2. Worin bestehen die Ziele der Gemeinschaft, die in diese Realität eingebunden ist?

3. Welches ist der Evangelisierungsauftrag, der uns bewegt und uns verändert und bewirkt, daß wir uns mit diesen Brüdern und Schwestern als kirchliche Gemeinde fühlen?

I. Die Realität

Auf Weltebene gibt es 800 Millionen Arbeitslose. In Brasilien hat die Einführung der neuen Währung, des Real, ans Licht gebracht, wie sehr die Bevöl-

---

2 Carta Aberta a População, 7.9.1989, Arquios OAF.

kerung verarmt ist. Trotz der Eindämmung der Inflation hat sich die Kauf-
kraft verringert.

24 Millionen Brasilianer leben unterhalb der Armutsgrenze. Der Großraum der Metropole São Paulo zählte 1991 eine Bevölkerung von 13.198.860
Personen; allein in der Stadt São Paulo sind 9,7 Millionen Menschen konzentriert. Man rechnet damit, daß bis zum Ende des Jahres 1996 die Megalopo-
lis São Paulo die Zahl von 16 Millionen Einwohnern erreichen wird.

Innerhalb von fünfzig Jahren wechselte der Brasilianer vom Land zur
Stadt über. 1940 lebten 70% der Bevölkerung auf dem Land, heute leben
75% der Bevölkerung in der Stadt.

Brasilien ist ein Land mit schreienden Ungerechtigkeiten: Von dem Boden, der für den Anbau geeignet ist, werden nur 14% bewirtschaftet. Der
Landbesitz konzentriert sich auf wenige, die viel haben, während viele fast
nichts haben; was die Produktion angeht, gilt das umgekehrte Verhältnis,
d.h. daß diejenigen, die viel haben, wenig produzieren, während diejenigen
die wenig Land besitzen, viel produzieren.

Unter der derzeitigen Regierung wurde nur 7.000 Familien Landbesitz
zugewiesen, entgegen dem Versprechen, das der jetzige Präsident während
des Wahlkampfs gegeben hatte, dies würde 43.000 Familien betreffen.

Die Arbeitslosenquote stieg in den letzten fünf Jahren von 38% auf 50%.
Die Arbeitslosigkeit ist bewußt herbeigeführt worden. *Wohin mit den Leuten
von der Straße?* „In São Paulo haben 38% der Bettler nach der Einführung des
Real mit dem Betteln begonnen." (*Folha de São Paulo* vom 3.9.95)

Pesquisa Datafolha weist darauf hin, daß der größte Teil von ihnen weiß
ist, im Südosten geboren ist und höchstens seit einem Jahr auf der Straße
lebt.

Die Ursachen für diese städtische Realität lassen sich nicht auf eine einfache Gleichung bringen wie Landflucht - städtische Agglomeration. Es gibt
heute eine Bevölkerung, die auf der Straße geboren wird, unter den Konsequenzen des Systems leidet und um die sich die Politik nicht kümmert
(Bildung, Gesundheit, Wohnung). Wir erleben hier eine große Schwäche des
Staates und die Folgen der Globalisierung der Wirtschaft.

Das Fehlen sozialpolitischer Maßnahmen verweigert dieser Bevölkerung
das Recht auf eine Grundversorgung, was den Alkoholismus und die Zerstörung der Persönlichkeit zur Folge hat und die Straße zu einer *Lebensweise*
macht.

„Aufgrund bestimmter Umstände auf der Straße zu sein ist eine vorüber-
gehende Sache; wenn jedoch die Arbeitslosigkeit länger andauert, wenn das
Übernachten auf der Straße zum Dauerzustand wird, bilden sich neue Beziehungen, werden neue Gewohnheiten angenommen und neue Verhaltens-
regeln geschaffen.

Straßenbewohner zu sein bedeutet nicht nur, aller Dinge beraubt zu sein
und mit dem Mangel der verschiedensten Art fertigwerden zu müssen,
sondern heißt auch, andere Bezugssysteme des sozialen Lebens zu bekom-

men, die sich von den früheren Bezugssystemen, die auf den mit der Arbeit verbundenen Werten beruhten, wie das Zuhause, die familiären Beziehungen, unterscheiden.

Im Gegensatz zu denjenigen, die aufgrund bestimmter Umstände vorübergehend auf die Straße geraten, besitzen diejenigen, die bereits dort wohnen, eine eigene Lebensweise, das heißt, sie entwickeln eine ganz bestimmte Art und Weise, ihr Überleben zu sichern, mit anderen zusammenzuleben und die Welt zu sehen. Sie haben einen anderen Blick auf die Stadt, geben den öffentlichen Räumen, den Institutionen neue Funktionen.

Die Straße im Sinne eines Lebens- und Überlebensraums bietet verschiedene Möglichkeiten, die von ihren Bewohnern auf kreative Weise erkundet werden.

Die Auffassung von der Straße als Lebensweise erfordert Verständnis für die soziale Entwicklung ihrer Bewohner und die Formen, mit denen sie die Stadt benutzen, um ihr Überleben zu sichern."[3]

Das Bild des Ausschlusses einer großen städtischen Bevölkerungsgruppe ist eine der gewaltigsten Herausforderungen der Kirche. Eine der verwundbarsten und schwächsten Gruppen, die täglich die Auswirkungen des sozialen Ausschlusses zu spüren bekommen, sind die Straßenbewohner. Von der Gesellschaft als „Herumtreiber", „gefährlich", „schmutzig" angesehen, lastet auf dieser Bevölkerung eine doppelte negative Klassifizierung: ein Niemand zu sein (keine Person) und unproduktiv für die Gesellschaft zu sein, das heißt, eine ökonomische Null. In einer Kultur, die die Menschen immer mehr nach ihrem Besitz beurteilt, werden der Mann und die Frau von der Straße wie Müll behandelt, als solche, die man loswerden will, die überflüssig sind.

In diese Welt versuchen wir Eingang zu finden, um den leidenden *Jesus Christus* von Lateinamerika verstehen und annehmen zu können. Bei diesem ausgeplünderten Volk haben wir die prophetischen Fähigkeiten der Leute von der Straße entdeckt angesichts der schweren sozialen Sünde der Globalisierung, die die Bedeutung der menschlichen Person auf das reduziert, was sie besitzt.

II. „Einpflanzung"

Ich erwähnte zu Beginn, daß ich zur Schwesterngemeinschaft der Oblatinnen des Hl. Benedikt gehöre. Ich muß sagen, daß ich mit ihr und durch sie die Leute von der Straße kennengelernt habe. Ja, es war die lebendige, partizipatorische Erfahrung in der Kommunität, die mich dazu brachte, in die „Schule der Armen" zu gehen und zu versuchen, das Binom Nachfolge *Jesu* versus institutionelle Struktur des Ordenslebens im Sinne eines neuen Vor-

---

3 *Maria Antonieta C. Vieira*, População de Rua - quem é, como vive, como é vista, 1992, 96.

bilds zu leben. Ich erinnere an einen Ausspruch von *Dom Pedro Casaldáliga*, dem Bischof von São Felix do Araguaia: „Heute Christ sein heißt, sich leidenschaftlich darum bemühen, auf echte, freie Art zu leben".

Ich sehe heute, daß die Kommunität die Schranken der Institution durchbrochen und diese *„neue"* Erfahrung gesucht hat, für die Bevölkerung, die auf den Straßen von São Paulo lebt, ein „neuer sozialer und kirchlicher Raum" zu sein.

Vom benediktinischen Geist angeregt, hat die Kommunität einen Weg eingeschlagen, der die Verpflichtung *„Ora et labora"*, *„Bete und arbeite"* aktualisiert. Es geht darum, die Realität von Unterdrückung, Unrecht, Leid zu beten und nach einer befreienden Pädagogik zu arbeiten. Vier Punkte dienten als Wegweiser:

1. Wechsel des sozialen Standorts

Von 1955 bis 1980 beteiligte sich die Gemeinschaft der Oblatinnen an der Arbeit mit den Marginalisierten, indem sie Einrichtungen schuf, an die sich auf der Straße lebende Männer und Frauen, verwaiste und sich selbst überlassene Kinder, Prostituierte und aus dem Gefängnis entlassene Männer und Frauen wenden konnten.

1979 richtete der Kardinalerzbischof von São Paulo, *Dom Evaristo Arns*, an unsere Schwesterngemeinschaft den Appell: „Bringen sie Puebla mitten in die Stadt hinein!"

Wir schlossen die Einrichtungen, und die Kommunität zusammen mit einigen Laien, wir verstanden, daß wir denselben Weg gehen mußten wie die Armen: auf der Straße schlafen, Altpappe sammeln und verkaufen, in öffentlichen Notunterkünften übernachten, mit Pässen reisen, die Bedürftige von der Regierung erhalten. Es war von fundamentaler Bedeutung, aus der Institution „herauszugehen" und zu lernen, daß Geschwisterlichkeit nicht mit Worten gelehrt werden kann, daß sie im Zusammenleben verwirklicht wird, daß Geschwisterlichkeit gelebt werden will.

Diese Erfahrung brachte unsere Kommunität dazu, uns einen einfacheren, geschwisterlichen Lebensstil zu eigen zu machen. Die Türen unserer Häuser zu öffnen, bedeutete nicht nur eine neue Art zu leben, sondern viel mehr: in unsere Häuser, in unser Leben eine neue Art zu sein, zu denken, zu handeln, einzulassen; mit anderen Werten und Moralvorstellungen leben zu können.

2. An die Kraft des Lebens glauben

Die Begegnung mit diesen Menschen führte uns zur Begegnung mit dem Volk Gottes, mit dem der Herr einen Bund geschlossen hat, und ließ uns die

Lebenskraft entdecken, die in ihm steckt. Sie ist stark, weil sie von Gott kommt.

Die dunkle Nacht der Schutzlosigkeit, der Unsicherheit zu durchleben, die die Leute von der Straße erfahren, vergegenwärtigt in uns, im Volk der Straße und in der Gemeinde (der „Sofredores da Rua", der „Leidenden der Straße", A.d.Ü.), das Pascha des auferstandenen *Jesus* und läßt uns unseren Weg gehen in der Gewißheit, daß *das Leben stärker ist als der Tod* und daß das Evangelium der junge Wein ist, der uns auf der Wanderschaft stärkt.

Die Erfahrung des Evangeliums ließ uns die institutionelle Organisation überwinden, indem wir die Gemeinde organisierten, und zwar in der Weise, daß das Recht, als *Person* anerkannt zu werden, und die Erfahrung solidarischer und geschwisterlicher Prinzipien gefördert wurden.

Dieser *Versuch* erkennt an, daß das Subjekt der Inkulturation die *Gemeinde* ist, die sich dem Evangelium öffnet, es aufnimmt und sich von ihm verändern läßt (Art. 188 der Allgemeinen Richtlinien für die Evangelisierungsarbeit der Kirche in Brasilien).

3. Einen interkulturellen Dialog in Gang setzen

Um einen solchen Dialog in einer Kultur mit ihren Normen und Riten einzuleiten, wurde, besser: wird heute, von einem Tag zum andern, ein Prozeß in Gang gesetzt, der ein Ergebnis der freien, offenen Bekanntschaft ist, die wir geschlossen haben: offen für Veränderungen, bereit, Vorurteile zu vermeiden, mit dem, was anders ist, umzugehen. Diese neu angeknüpften Beziehungen sind dynamisch, wirken als Multiplikatoren, sind kreativ und transparent. Und sie sind nicht einseitig, sie sind ein Ergebnis der Erfahrungen und der Werte, die wir gemeinsam haben: die Leute von der Straße und wir.

Was wir im Laufe der Jahre festgestellt haben:
- Die Abnahme von Gewalttätigkeit: Aggressionen, nicht nur verbaler Art, in den Gemeinschaftsräumen waren üblich. Oft mußten wir bei Schlägereien einschreiten, manchmal kamen sogar Messer zum Einsatz (eine Kollegin hat etwa fünfzig Messer als „Souvenir" aufbewahrt).
- Der Aufbau von Gemeinschaft: Individuell gehen die Leute, die auf der Straße leben, im allgemeinen sehr solidarisch miteinander um, wenn es um Hilfe in einer Notsituation geht (Nahrung, jemanden ins Krankenhaus bringen). Derzeit gibt es kollektiv organisierte gemeinschaftliche Dienste, die nicht nur die Überwindung von Konflikten, sondern auch die echte Bereitschaft zu freiwilligem Einsatz beweisen.
- Die Schwesterngemeinschaft lebt in einem ständigen Prozeß der Umkehr. Die Widerstandskraft der Leute von der Straße, ihre Fähigkeit, sich zu freuen, zu tanzen und das Leben zu besingen trotz ihrer menschlichen Grenzerfahrung, spornen uns an und zwingen uns sogar, über unsere Bequemlichkeiten und Sicherheiten neu nachzudenken.

- Wir lernen, „aus Altem Neues zu machen"; auf der Straße haben alle Dinge irgendeinen Wert. Es gibt eine beeindruckende Fähigkeit, Dinge wieder nutzbar zu machen. Bald gehen auch wir daran, unsere Häuser mit dem einzurichten, was wir auf der Straße finden, nachdem andere es weggeworfen haben. *„Alle Dinge neu machen".*

4. Gesellschaftliche Veränderung

Wenn einerseits diese Dialoge im täglichen tieferen Eindringen in das Leben, in der Vertraulichkeit kleiner Gesten und Dienste aufgebaut wurden, so gab es andererseits auch die Planung kleiner pädagogischer Projekte, die, in diese Mystik eingebettet, neue Elemente für ein persönliches und gemeinschaftliches (individuelles und kollektives) Wachstum mit sich brachten.

Wir hielten es für unbedingt erforderlich, an einer gesellschaftlichen Veränderung zu arbeiten, dem Volk das Recht zu verschaffen, sich selbst zu äußern, nicht mehr in individuellen Leidensgeschichten, sondern in einem kollektiven Bewußtsein, in seinem Erwachen als Gruppe, die immer ausgeschlossen und als Empfängerin von Sozialhilfe oder christlicher Nächstenliebe betrachtet worden ist.

Die Erfahrung, die wir in diesen Jahren im Stadtzentrum gemacht haben, erscheint wie ein kleines Signal. Die Gemeinde verwandelte sich gewissermaßen in den symbolischen, als Katalysator wirkenden Raum, wobei man sich ihrer Zerbrechlichkeit bewußt blieb. Allmählich vollzogen sich grundlegende Veränderungen, die wir als das Ergebnis der jahrelangen Kämpfe der Leute von der Straße und der Tatsache verstanden, daß sie als menschliche Personen und nicht mehr als *„Abschaum der Menschheit"* behandelt wurden.

Die Zeitungen und die anderen Massenmedien sprechen, wenn von den Straßenbewohnern die Rede ist, nicht mehr von *„Bettlern"*, sondern sehen sie durchaus als ein *„Volk"* mit seiner Identität, nicht mehr als isolierte Individuen, sondern als Leute, die sich zusammengeschlossen haben, um ihren Bürgerrechten Geltung zu verschaffen.

Die folgenden Worte einer Mitstreiterin, die sie aussprach, als wir im Rathaus von São Paulo empfangen wurden und die Behörden aufforderten, für den Winter Unterkünfte bereitzustellen, macht den Prozeß der Bewußtwerdung und des Kampfes deutlich, der in diesem Volk ausgelöst wurde, das nun wach wird und sich seinen Platz erkämpfen will:

„Es ist eine Freude für uns, heute hier sein zu dürfen. Dieser Tag wird unvergeßlich sein: der 4. Mai 1993. Tag des Kampfes für das Volk der Straße. Wir haben in der Stadt auf uns aufmerksam gemacht: siebenhundert Bewohner der Straße, Altpappensammler, Obdachlose. Wir haben dieses Rathaus aufgesucht, das unser Haus ist, wir nehmen unser Bürgerrecht wahr. Wir haben auf uns aufmerksam gemacht, indem wir diesen Weg gegangen sind, den Verkehr aufgehalten und unsere Beschwerden und unsere Wünsche hierhergebracht haben."[4]

Wichtig im Sinne des pädagogischen Prozesses ist die allmähliche Veränderung von der individuellen Beurteilung zur kollektiven Beurteilung. In theologischer Hinsicht haben wir etwas Ähnliches in Lateinamerika erlebt, ausgehend von der Glaubenserfahrung des Volkes. Die Inter-Aktion im gelebten Glauben, das Sich-einbinden-Lassen (die „Einpflanzung") und der gesellschaftliche Ortswechsel, der eine neue Sicht der Realität notwendig machte, mündeten in der Einsicht, „daß es sich lohnt, sein Leben für dieses Ideal hinzugeben".

Im Glauben begegnet uns das Antlitz *Jesu Christi* in den Gesichtern der schmutzigen, malträtierten, betrunkenen, übelriechenden Leute von der Straße, die aber die Werte des Evangeliums leben, das Teilen, den Kampf des Lebens gegen den Tod, im Glauben an den *Jesus*, der an unserer Seite mitgeht.

III. Evangelisierung

„Die von den Kirchlichen Basisgemeinden praktizierte Methode, Evangelium und Leben systematisch einander gegenüberzustellen, bringt immer historische Konsequenzen mit sich." (*Clodovis Boff*)

Die Gemeinde der Leidenden der Straße in São Paulo hat sich in dieser Ausrichtung gebildet und organisiert. Wir betonen eine Anfangsvoraussetzung, die Achse der Organisation: Das Volk der Straße muß Subjekt des Handelns sein, ganz gleich, welche Planung, Organisation, welches Programm dabei entwickelt werden sollte. Die vorgefaßten Meinungen über Marginalisierung, die Vorurteile von den „Sozialhilfe- oder Almosenempfängern müssen ein für allemal über Bord geworfen werden".

„Dem Volk zuhören, die Signale wahrnehmen, die gegeben werden, die Widersprüche einen nach dem andern beiseite tun und das Leben sprießen lassen."

Nach kurzer Zeit kam Leben hervor, auf tausenderlei Art. Die Bibel, die Beweise von Solidarität greifen immer mehr ineinander, erneuern sich gegenseitig, bringen Anregungen und immer wieder neue Anregungen hervor; und all das ist eine Schule: die „Schule, in der man lernt, dem Herrn zu dienen".

1. Geschwisterlicher sein: die Organisation der Gemeinde

- Raum, um seine Identität zurückzugewinnen;

---

[4] Cadernos Tribuna Popular, 8.5.1993.

- Ort, um Geschwisterlichkeit einzuüben;
- Verhaltensmuster ändern;
- partizipatorische und demokratische Einstellungen wecken;
- zur Gruppe dazugehören: Basis für Selbstwertgefühl und Vertrauen auf andere.

2. Geschwisterlichkeit ist möglich: die gemeinschaftliche Suppe

An jedem Mittwoch gegen Mittag beginnt sich eine Gruppe zu versammeln. Um ein Feuer herum, das unter dem Viadukt am Rand eines Obst- und Gemüsemarkts bereitet wird, nimmt das Ritual der gemeinschaftlichen Suppe seinen Anfang.

Die einen besorgen Brennholz, die andern putzen das Gemüse, Wasser muß herangeschafft werden. Viele Menschen kommen zusammen. Jeder bringt etwas mit. Die Suppe ist für alle. Die offene Atmosphäre verwehrt niemandem den Zutritt, schließt niemanden aus. Alle sind eingeladen, mitzumachen, mitzuleben und gemeinsam *das Brotteilen zu feiern*. Cinira, eine Missionarin der Straße, hat uns ein Testament hinterlassen: „Es geht nicht darum, etwas zu geben oder wegzuwerfen. *Es geht darum, miteinander zu teilen!* Ich habe zwei kleine Brote, eins gebe ich dir. Ich habe ein Reiskorn, ich teile es mittendurch ..., so sehe ich das Leben. Und so lebe ich!"

3. Leben neu schöpfen: Theater / Coopamare

Im alltäglichen Wahrnehmen der Bürgerrechte wird die Utopie wiederhergestellt.

In der Kultur und mit Hilfe des Theaters, der Musik wird versucht, den Lebensalltag zum Ausdruck zu bringen und Kraft dafür zu geben:

„He, nimm mich mit, Volk der Straße,
Auch ich will gehen, Volk der Straße.
Der Auftrag ist da, schließen wir uns alle zusammen!
He, nimm mich mit, Volk der Straße."

Wir arbeiten alle zusammen, eine echte Gemeinschaftsarbeit. Bei der Arbeit, in der Kreativität beim Überlebenskampf tritt das zutage, was die Altpappensammler zum Ausdruck bringen wollen. Im Kampf um das Recht und die Würde, selbst für ihren Lebensunterhalt zu sorgen, gründen sie die Arbeitskooperative *Coopamare*, die Zeichen für das Reich Gottes unter uns aufrichtet.

4. Das Leben feiern - die Osternacht

„Gott erlöse euch, Gott, Gott erlöse euch,
Gott erlöse diese Straße, in der Gott wohnt,
Gott erlöse euch ..."

In den traditionellen Gotteshäusern wird dem Volk der Straße keine Möglichkeit eingeräumt, seine Religiosität zum Ausdruck zu bringen; aus den Gewölben der Viadukte und dem ungeheuren Dunkel der Namenlosigkeit steigt die Stimme des Boten herauf: „Der Herr ist auferstanden und ist mitten unter uns."

Auch wir sind Zeugen: Das so verrufene Volk der Straße verkündet und klagt an: Wir sind ein Teil von *Jesu* Plan, aus *„Ausgeschlossenen"* sind wir zu *„Auserwählten"* geworden. Unsere Gottesdienste sind von Schmerz und Leid geprägt, aber auch in ganz besonderer Weise vom Tanz, von Musik, von Freude, vom *Fest* bestimmt.

IV. Schlußbemerkung

Zum Abschluß möchte ich noch gerne auf unser Erstaunen zu sprechen kommen, als wir feststellten, welche Fähigkeit die Frauen besitzen, Leben zu schaffen und zu erfinden, Lebensspenderinnen zu sein. Neues Leben entstand zwischen uns und den Leuten von der Straße, neues Leben entsteht aus dem Engagement von Frauen an der Peripherie Brasiliens und Lateinamerikas.

„Die Frau, die Mutter wird, hat die unerhörte Gelegenheit, durch das andere Leben, das in ihrem Innern wohnt, die Gegenwart Gottes kennenzulernen. Nur die Frauen, die einmal ein Kind in sich getragen haben, kennen die unsagbare Süße und Trunkenheit, die einen Menschen erfüllen, wenn er sich als Raum erfährt, in dem sich dieses Pochen von Leben einnistet, das die Gegenwart des Anderen in uns anzeigt.

Was manche Menschen an ihrem Leib erfahren, das kann jedoch im Abenteuer des Glaubens zu einem Ereignis für alle Glaubenden werden. Spricht der Apostel *Paulus* denn nicht vom Körper als von etwas, das den Pulsschlag des Geistes beherbergt?" (Vgl. 1 Kor 6,19.) (*F. Carrilo*)

„Die Frau hat die angeborene Fähigkeit, die Kirche auf offenkundige Weise zu einem Raum des Lebens, der Aufnahmebereitschaft, der Zuflucht, der offenen Türen zu machen. Ich meine, daß wir Frauen, die wir die Entdeckung machen können, daß uns die höchste Würde des Lebens 'innewohnt', dieses Leben in der Geschichte der Völker verbreiten und vervielfältigen können, die die Erfahrung des Ausgeschlossenseins machen

und darum kämpfen, die Unterdrückungssysteme zu überleben, mit Hoffnung, mehr Gerechtigkeit und Leben."[5]

> *„Der Tod ist Hoffnung, und das Ziel heißt Neubeginn.*
> *Der Sohn kehrt zum Vater zurück, und das Samenkorn wird bleiben.*
> *Im Boden des guten Bodens keimt es üppig hervor,*
> *Leute, Gott sei mit ihm.*
> *Laßt mich jetzt bitte aufbrechen!*
> *Laßt mich jetzt bitte aufbrechen!"*

Übersetzung: *Victoria M. Drasen-Segbers*

---

[5] *Tereza Porcile Santiso*, A Mulher Espaço de Salvação, São Paulo 1993.

DRITTER TEIL

KONTEXTUALITÄT - IDENTITÄT -
UNIVERSALITÄT
WELTKIRCHE ALS LERNGEMEINSCHAFT

ACHTES KAPITEL
DER CHRISTLICHE GLAUBE VOR DER HERAUS-FORDERUNG DER KULTUREN STRUKTURELLE VERGLEICHBARKEITEN UND MÖGLICHE LERNERFAHRUNGEN

MARIANO DELGADO

Die Rede von Gott im lateinamerikanischen Kontext

Wer im lateinamerikanischen Kontext von (dem christlichen) Gott reden möchte, der muß der Eigenart dieses Kontextes Rechnung tragen und - differenziert - nach dem Adressaten der Gottesrede fragen. Mit dem Schlußdokument der IV. Generalversammlung der lateinamerikanischen Bischöfe in Santo Domingo kann grundsätzlich folgende Unterscheidung getroffen werden: Der lateinamerikanische Kontext ist einerseits geprägt durch die indigenen, afroamerikanischen und Mestizen-Kulturen und andererseits durch die sich weltweit ausbreitende moderne Globalkultur, in der die westlichen Standards vorherrschend sind[1].

I. Gottesrede im „postkolonialen nachchristlichen" Kontext

Eine Gottesrede, die die fünfhundertjährigen Evangelisationsbemühungen in den indigenen, afroamerikanischen und Mestizen-Kulturen Lateinamerikas erfolgreich fortsetzen will, muß sich zuerst eine schonungslose Rechenschaft über den bisherigen Weg des Christentums in diesen Kulturen geben. Ohne eine solche Durchleuchtung des wesenhaft Christlichen wie von dessen Entartungen bliebe die christliche Gottesrede abstrakt und kontextlos[2]. Die Literatur im Zusammenhang mit dem Jahr 1992 enthält diesbezüglich manche Ansätze, die der Mission und Ausbreitung des Christentums in Lateinamerika nicht gerecht werden und eher eine emphatische Be-

---

[1] Santo Domingo. Schlußdokument. 4. Generalversammlung der lateinamerikanischen Bischöfe. Santo Domingo, Dominikanische Republik, 12.-28. Oktober 1992. Neue Evangelisierung - Förderung des Menschen - Christliche Kultur (Stimmen der Weltkirche 34, hrsg. vom Sekretariat der Deutschen Bischofskonferenz), Bonn 1992, Nr. 243-262.

[2] Eine solche Durchleuchtung habe ich in meiner Habilitationsschrift zu leisten versucht: *Mariano Delgado*, Abschied vom erobernden Gott. Studien zur Geschichte und Gegenwart des Christentums in Lateinamerika, Supplementa NZM 43, Immensee 1996.

trachtung der Vergangenheit im Lichte der Gegenwart darstellen. Dazu zähle ich vor allem den weit verbreiteten *victimismo*, also den Opferkult oder die maßlose Selbstbezichtigung, wonach mit den Christen quasi alles Übel in die - naturverbundenen und paradiesischen - Kulturen der Neuen Welt gekommen sei, die Evangelisierung im Zeichen der Kreuzzugstheologie Gott eher verdeckt als verkündigt habe und ein besonders trauriges Kapitel der Christentumsgeschichte darstelle. Der *victimismo* führt in seiner letzten theologischen Konsequenz zu einer verklärenden Sicht der indigenen und afroamerikanischen Kulturen und Religionen, ja zum Postulat, an die Zeit vor 1492 wieder anzuknüpfen und die alten Religionen um jeden Preis „wieder zurückzugewinnen und aufzubauen", sie in ihrer „Gültigkeit" und „Legitimität" anzuerkennen: als wesentliches Element eines Prozesses zur „Rückgewinnung der früheren Identität", aber auch als Wiedergutmachung, weil sie einst von den Missionaren „bekämpft und regelrecht verboten wurden"[3]. Dabei wird verkannt, daß sich uns die indigenen bzw. afroamerikanischen Kulturen und Religionen nicht mehr so darstellen, wie sie einst vor dem Kontakt mit der christlichen Missionspredigt waren, sondern einen „nachchristlichen" Charakter aufweisen, d.h. was sich uns heute als echt indigen oder afroamerikanisch darbietet, ist das synkretistische Ergebnis der Begegnung der „vorchristlichen" Kulturen und Religionen mit der „nachchristlichen" Missionspredigt, die zu nachhaltigen Veränderungen eben dieser Kulturen und Religionen geführt hat. Als „nachchristliche" Gebilde enthalten sie nun - und zwar unabhängig davon, wie sich christliche und heidnische Elemente darin zueinander verhalten (Überbau, Unterbau, religión yuxtapuesta usw.), was im einzelnen dann zu prüfen wäre - sowohl eine Prophetie, die in ihrem Ursprung zutiefst biblisch ist und erst von der christlichen Missionspredigt freigesetzt wurde, als auch eine Fremdprophetie aus den eigenen Kulturtraditionen heraus, die auf die Defizite der christlichen Missionspredigt reagieren will und die uns heute viel zu denken geben sollte. Die *victimistas* neigen dazu, das zweite zu verklären und das erste zu übersehen.

Das Gegenteil davon wäre der *triunfalismo* mancher patriotischer wie kirchlicher Gruppierungen, die immer noch der Ansicht der Hoftheologen des 16. Jahrhunderts zu sein scheinen, wonach Entdeckung, Eroberung und Missionierung Lateinamerikas das Größte sei, was die Welt seit der Schöpfung gesehen habe, wenn man von der Menschwerdung und dem Erlösungswerk *Jesu Christi* absehe. Diese Haltung verkennt genauso den wahren „nachchristlichen" Charakter der indigenen und afroamerikanischen Kulturen und Religionen, sofern sie im Synkretismus nur eine auszumerzende falsche Aneignung des Christlichen sieht, das darin enthaltene wahrhaft

---

[3] So etwa *Leonardo Boff*, Christentum mit dunklem Antlitz. Wege in die Zukunft aus der Erfahrung Lateinamerikas, Freiburg 1993, 53f, 60.

Prophetische allein auf die christliche Missionspredigt zurückführt und die Fremdprophetie nicht wahrnimmt. Zwischen der Skylla des *victimismo* und der Charybdis des *triunfalismo* haben wir heute „in der Demut der Wahrheit"[4] den goldenen Weg einer postkolonialen Gottesrede zu suchen, einer Neuevangelisierung oder Wiederaufnahme des pädagogischen Dialogs mit den vielfältigen kulturellen Symbolen des Volkes, „damit es gelingt, in einem kraftvollen Dialog die Frohe Botschaft durch einen Vorgang katechetischer Neuunterrichtung mitzuteilen"[5]. Abgesehen von der Bitte um Vergebung, die das Lehramt in den letzten einschlägigen Dokumenten ernst zu nehmen scheint, da darin von einer für die hier anvisierte Durchleuchtung der Geschichte vielversprechenden „Reinigung der historischen Erinnerung" die Rede ist[6], sollte eine postkoloniale Gottesrede in Lateinamerika m.E. folgende theologische Merkmale aufweisen:

1. Abschied vom erobernden Gott und Hinwendung zum messianischen Gott

Die Durchleuchtung der lateinamerikanischen Christentumsgeschichte läßt die Schlußfolgerung zu, daß in ihr zwar der „erobernde Gott" zuweilen deutlicher zutage tritt als in anderen Epochen der Christentumsgeschichte, daß dies aber auch für den „messianischen Gott" gilt: In kaum einer anderen Epoche der Christentumsgeschichte, sieht man von der apostolischen Urkirche und der Kirchenväterzeit ab, begegnet uns der messianische Kern des Christentums, die Parteinahme für die „Elenden", die „Armen", die „Unterdrückten" oder die „Bedrängten" so deutlich wie in den Worten und

---

4 *Johannes Paul II.*, Predigten und Ansprachen von Papst Johannes Paul II. bei seiner Pastoralreise nach Saragossa und in die Karibik (10.-13.10.1984) (Verlautbarungen des Apostolischen Stuhls 59, hrsg. vom Sekretariat der Deutschen Bischofskonferenz), Bonn 1984, 219.

5 Puebla, Die Evangelisierung Lateinamerikas in Gegenwart und Zukunft. Schlußdokument der III. Vollversammlung des lateinamerikanischen Episkopats in Puebla (Stimmen der Weltkirche 8, hrsg. vom Sekretariat der Deutschen Bischofskonferenz), Bonn 1979, 457.

6 Vgl. *Johannes Paul II.*, Enzyklika *Ut unum sint* vom 25. Mai 1995 (Verlautbarungen des Apostolischen Stuhls 121, hrsg. vom Sekretariat der Deutschen Bischofskonferenz), Bonn 1995, 2, 52. Diese „Reinigung der historischen Erinnerung", bisher besonders angesichts der binnenchristlichen Spaltungen ins Gespräch gebracht, könnte aber genausogut zur Reinigung der Beziehungen der (christlichen) Kirchen zu den anderen Religionen und Kulturen bemüht werden. Vgl. dazu auch *Tertio millennio adveniente* von *Papst Johannes Paul II.* an die Bischöfe, Priester und Gläubigen zur Vorbereitung auf das Jubeljahr 2000 (Verlautbarungen des Apostolischen Stuhls 119, hrsg. vom Sekretariat der Deutschen Bischofskonferenz), Bonn 1994, 33. Der Papst und die lateinamerikanischen Bischöfe haben zudem die Brüder im Glauben und in der Menschengemeinschaft ausdrücklich um Vergebung dafür zu bitten, daß das Christentum, dessen Merkmal die Liebe ist, durch die Christen nicht immer in seiner ganzen Fülle praktiziert wird *(Santo Domingo* 16-22 und Botschaften *Johannes Pauls II.* an die Eingeborenenbevölkerung und an die Afroamerikaner, in: ebd., 188-197 [Anm. 1]). Viele hätten sich aber gewünscht, daß die kirchlichen Amtsträger die Verstrickung der Kirche mit der kolonialen Maschinerie mutiger und eindeutiger eingestanden hätte.

Taten vieler „lascasianischer" Bischöfe, die sich als *pater pauperum* verstanden. In diesem Sinne könnte eine geläuterte postkoloniale Neuevangelisierung bei ihrem Abschied vom erobernden und ihrer Hinwendung zum messianischen Gott an diese Lichtgestalten einer Evangelisierung im Schatten des Kolonialismus durchaus (schöpferisch) anknüpfen.

Die „Option für die Armen" hat in der lateinamerikanischen Christentumsgeschichte eine lange Tradition[7]! Darüber hinaus ist dies ein Gebot jeder Theologie, die auf dem Boden des Zweiten Vatikanischen Konzils bleiben will. Denn das Konzil hat - etwa in der „Erklärung über die Religionsfreiheit" - einen eindeutigen Abschied vom erobernden Gott bekundet und das Recht der menschlichen Person auf religiöse Freiheit betont, eine Freiheit, die darin besteht, „daß alle Menschen frei sein müssen von jedem Zwang sowohl von seiten Einzelner wie gesellschaftlicher Gruppen, wie jeglicher menschlichen Macht, so daß in religiösen Dingen niemand gezwungen wird, gegen sein Gewissen zu handeln, noch daran gehindert wird, privat und öffentlich, als einzelner oder in Verbindung mit anderen - innerhalb der gebührenden Grenzen - nach seinem Gewissen zu handeln" (*Dignitatis humanae* 2). Zugleich hat das Konzil - etwa in der „Pastoralkonstitution über die Kirche in der Welt von heute" - eine nicht weniger eindeutige Hinwendung zum messianischen Gott vollzogen, denn die Jünger *Christi* werden aufgefordert, „Freude und Hoffnung, Trauer und Angst der Menschen von heute, besonders der Armen und Bedrängten aller Art", als eigene „Freude und Hoffnung, Trauer und Angst" zu empfinden sowie „eine bessere Welt in Wahrheit und Gerechtigkeit aufzubauen" (*Gaudium et spes* 1 und 55). Weder in Lateinamerika noch anderswo auf dieser Welt darf christliche Gottesrede hinter diese vom Konzil gesetzten Maßstäbe zurückfallen!

2. Dialog mit den nachchristlichen Synkretismen,
ohne in den Nativismus zu verfallen

In ihrem Dialog mit den nachchristlichen Synkretismen angesichts des Traumas der *Konquista* hat christliche Theologie bis dorthin vorzudringen, „wo das Gespräch der Kulturen nicht nur verweigert wurde ..., sondern wo andere gar nicht erst als Gesprächspartner akzeptiert wurden"[8], bis ins 16. Jahrhundert hinein also. Es gibt eine legitime „Indianisierung" oder „Afro-

---

7 Man sehe etwa die Briefe und Denkschriften von *Bartolomé de Las Casas* und *Antonio Valdivieso* aus dem Jahre 1545, in denen sie sich nachdrücklich als Beschützer der Elenden und *pater pauperum* verstehen. Vgl. *Bartolomé de Las Casas*, Werkauswahl, Bd. 3/1: Sozialethische und staatsrechtliche Schriften, hrsg. v. *Mariano Delgado*, mit Studien von *Norbert Brieskorn SJ, Daniel Deckers* und *Michael Sievernich SJ*. Übersetzungen von *Michael Lauble, Bruno Pockrandt* und *Henrik Wels*, Paderborn u.a. 1996, 436-466.
8 *Michael Sievernich*, „Theologie der Befreiung" im interkulturellen Gespräch. Ein historischer und systematischer Vergleich auf das Grundanliegen, in: *ders.* (Hrsg.), Impulse der Befreiungstheologie für Europa. Ein Lesebuch (Forum Politische Theologie 6), Mainz 1988, 15-43.

amerikanisierung" des Christentums, die Theologie und Kirche behutsam zu fördern haben, sofern darin die Merkmale echter Inkulturation gewahrt bleiben. Aber es gibt auch in diesem Zusammenhang eine Versuchung, die darin besteht, von einer „Selbstevangelisierung" der Kulturen unter der geheimen Führung Gottes auszugehen und den christlichen Beitrag von außen darauf zu beschränken, ein prophetisches Verhalten und prophetische Worte an den Tag zu legen, damit der Dialog zwischen dem Christentum und den nativistischen Synkretismen „im Dienste der Gerechtigkeit, der Freiheit und der Befreiung steht"[9], also dem Aufbau des „Reiches" dient. Nun kommt zwar dem Lebenszeugnis in jedem Evangelisierungsprozeß eine vorrangige Bedeutung zu (*Evangelii nuntiandi* 21 und 41), und in manchen Kontexten - so etwa in der islamischen Welt - ist diese Form christlicher Mission oft die einzig mögliche und kluge; man darf allerdings nicht den nachchristlichen Charakter des Islam und der von ihm geprägten geschlossenen Gesellschaften, wo der christlichen Missionspredigt enge Grenzen gesetzt sind, mit den nachchristlichen Synkretismen Lateinamerikas verwechseln, die, wie nicht zuletzt *Enrique Dussel* geschrieben hat, Zeichen „eines begonnenen, aber noch nicht vollendeten Katechumenats"[10] sind: Hier behält das Wortzeugnis - wohlgemerkt: jenseits des erobernden Gottes! - seine ganze Dringlichkeit, denn der Glaube kommt bekanntlich aus dem Hören (Röm 10,17: *Evangelii nuntiandi* 22 und 42).

Will christliche Theologie nicht einer falschen „Anerkennung der Anderen in ihrem Anderssein" und einem Wahrheitsrelativismus huldigen, vor denen nicht zuletzt *Johann Baptist Metz* hierzulande eindringlich warnt[11], so wird sie nicht verzichten können auf die ausdrückliche Verkündigung der befreienden Botschaft, die sie zu tradieren hat, eine Verkündigung, die stets auch eine Kritik der nicht christuskonformen Elemente der Kulturen beinhaltet. Nicht nur Gott, auch der „Vater der Lüge" kommt in den Kulturen immer schon früher als der Missionar und bleibt darin in „seinem" Sinne wirksam.

Metz hat *Boff* im europäischen Kontext vorexerziert, worum es geht. Er deutet das im I. Vatikanum verkündete Dogma der natürlichen Erkennbarkeit Gottes[12] als eine Art „Menschenrechtserklärung" der Kirche in Sachen Gottes, und zwar als „das Recht aller vernunftbegabten und gutwilligen

---

9   *Boff*, 55 (Anm. 3).
10 *Enrique Dussel*, Die Geschichte der Kirche in Lateinamerika, Mainz 1988, 117.
11 So u.a. in *Johann Baptist Metz*, So viele Antlitze, so viele Fragen. Lateinamerika mit den Augen eines europäischen Theologen, in: *ders./Hans-Eckehard Bahr*, Augen für die anderen. Lateinamerika - Eine theologische Erfahrung, München 1991, 11-61, hier 61.
12 „Die heilige Mutter, die Kirche, hält fest und lehrt: Gott, aller Dinge Grund und Ziel, kann mit dem natürlichen Licht der menschlichen Vernunft aus den geschaffenen Dingen mit Sicherheit erkannt werden." D 3026.

Menschen, bei der Gottesfrage gehört (und nicht nur belehrt) zu werden"[13]. Zugleich aber reagiert *Metz* auf das postmoderne „Lob des Polytheismus" mit einer dezidierten „Apologie des biblischen Monotheismus"[14] und nicht nur mit dem Pathos prophetischer Worte und Taten, mit dem *Boff* auf die nativistischen Synkretismen reagieren will.

3. Kluge pastoraltheologische Begleitung der Volksreligiosität der Mestizen-Kulturen, ohne diese zu verklären oder zu instrumentalisieren

Was die Volksreligiosität betrifft, so steht das Lehramt unter Verdacht, sie nur deswegen zu dulden, um die Wallfahrtsorte und Riten des Volkes im Sinne einer „Herrschaftsreligion" weiterhin „kontrollieren" und „manipulieren" zu können[15]. Dies wäre aber theologisch so absurd wie die Gegenposition, die in der Volksreligiosität etwa eine gelungene Kreuzung der Religionen sieht, das Paradigma einer inkulturierten „Volksevangelisierung", eine Religion des Widerstandes, ein befreiendes Christentum, dessen Subjekte die Menschen aus dem Volk selbst sind und das nicht nur abseits des durch Kumpanei mit den Mächtigen geprägten hierarchischen Christentums stattfand, sondern sich heute auch noch weithin dessen Kontrolle entzieht[16].

Die Volksreligiosität ist zwar ein „Schatz" katholischen Christseins, den wir nicht - wie nach dem Konzil vielfach geschehen - mit ikonoklastischem Eifer unüberlegt über Bord werfen sollten, der aber fortwährend der klugen pastoralen Reinigung, d.h. der Durchleuchtung durch die Glaubenspredigt bedarf, um abergläubische Malformationen auszuscheiden. Die kirchlichen Amtsträger täten in Lateinamerika aber gut daran, den geäußerten Verdacht ernst zu nehmen und sich um eine dialogale Amtsführung zu bemühen, die jeden klerikalen Machtmißbrauch zu vermeiden versucht.

Wird dies alles beachtet, so stünden die Chancen für eine postkoloniale Gottesrede im Kontext der indigenen, afroamerikanischen und Mestizen-Kulturen Lateinamerikas nicht so schlecht. Grund zur Hoffnung haben wir allemal, denn sowohl seitens des Lehramtes wie der Theologie der Befreiung ist die tiefe Überzeugung vorhanden, die einst ein *Las Casas* im Schatten

---

13 *Johann Baptist Metz*, Karl Rahners Ringen um die theologische Ehre des Menschen, in: StZ 212 Bd. 119 (1994) 383-392, hier 387. „Also nimmt dieses Dogma nicht nur und nicht primär die Ungläubigen in die Pflicht, sondern die Kirche und die Theologie und die Glaubenden selbst. Kirche und Theologie müssen bereit sein, in Sachen ihres Gottes mit allen zu sprechen, auf alle zu hören, mit allen zu streiten, denen sie nicht von vornherein Vernunft und guten Willen absprechen können, die also nicht von vornherein als dumm oder böse gelten können." (Ebd., 386.)

14 Vgl. *Johann Baptist Metz*, Theologie versus Polymythie oder Kleine Apologie des biblischen Monotheismus, in: *Odo Marquard* (Hrsg.), Einheit und Vielheit. XIV. Deutscher Kongreß für Philosophie (1987), Hamburg 1990, 170-186.

15 So *Enrique Dussel*, Volksreligiosität als Unterdrückung und als Befreiung. Hypothesen zu ihrer Geschichte und Gegenwart in Lateinamerika, in: Conc(D) 22 (1986) 292-300.

16 Vgl. *Boff*, 40f, 52, 138 (Anm. 3).

des Kolonialismus unermüdlich hochhielt: daß der Gute Hirt nämlich nicht gekommen ist, „um zu stehlen, zu schlachten und zu vernichten", sondern damit *alle* „das Leben haben, und es in Fülle haben" (Joh 10,7-10). Überall ist vom Aufbau einer „Kultur des Lebens" im Kampf gegen konkrete Zeichen einer „Kultur des Todes"[17] die Rede. Nun kommt es darauf an, den Gott des Lebens in Wort und Tat zu bezeugen sowie in Verbundenheit „mit allen Menschen guten Willens" über die konkreten Schritte und Maßnahmen in Gesellschaft, Wirtschaft und Politik Lateinamerikas nachzudenken, die zum Aufbau einer solchen Kultur des Lebens, „worin Gerechtigkeit wohnt" (2 Petr 3,13), „sich als wirklich geboten erweisen und zudem oft unaufschiebbar sind" (*Octogesima adveniens* 4).

II. Gottesrede im Kontext einer „nachchristlichen Gesellschaft"

Die zweite Herausforderung liegt in dem, was man seit einigen Jahren unter dem religionssoziologischen Begriff „nachchristliche Gesellschaft" subsumiert. „Nachchristlich" hier wohl in einem anderen Sinne als die indigenen und afroamerikanischen Synkretismen, nämlich so, daß die säkularisierte westliche Gesellschaft - trotz der inzwischen zu beobachtenden Wiederkehr der Religion - eine eindeutige Entwicklungsrichtung von einem „Mehr" zu einem „Weniger" an öffentlich gelebter Christlichkeit erkennen läßt und die christliche Gottesrede große Schwierigkeiten hat, die Menschen von heute zu erreichen[18]. Hier stehen die urbanen Zentren Lateinamerikas nach und

---

17 Als Zeichen einer Kultur des Todes benennt *Johannes Paul II.* - Eröffnungsansprache des Heiligen Vaters, in: Santo Domingo 24 (Anm. 1) - „Abtreibung, Euthanasie, Krieg, Guerrillakämpfe, Entführung, Terrorismus und andere Formen der Gewalt oder Ausbeutung". Die lateinamerikanischen Bischöfe - vgl. *Santo Domingo 9*, vgl. auch 26 und 219 (Anm. 1) - sprechen ein wenig ausführlicher: „Drogen, Elend, Unterdrückung und Ungerechtigkeiten, die institutionalisierte Lüge, die Randstellung ethnischer Gruppen, Korruption, Angriffe auf die Familie, Verlassen von Kindern und Alten, Kampagnen gegen das Leben, Abtreibung, Instrumentalisierung der Frau, Plünderung der Natur" also alles, „was eine Kultur des Todes kennzeichnet". Die Befreiungstheologen reden lieber von einem „Gott des Lebens" im Kampf gegen die „Götzen des Todes" bzw. der „Unterdrückung" und haben primär die „strukturelle soziale Sünde" im Sinn. Zur Gottesrede in der Theologie der Befreiung vgl. *Juan Luis Segundo*, Nuestra idea de Dios, Buenos Aires 1970; *Hugo Assmann* u.a., Die Götzen der Unterdrückung und der befreiende Gott. Mit einem Nachwort von *Georges Casalis*, Münster 1984; *Jon Sobrino*, La experiencia de Dios en la Iglesia de los pobres, in: *ders.*, La resurrección de la verdadera iglesia: los pobres lugar teológico de la eclesiología, El Salvador 1986, 143-176; *Gustavo Gutiérrez*, Von Gott sprechen in Unrecht und Leid - Ijob, München-Mainz 1988; *ders.*, El Dios de la vida, Lima 1989; *Ricardo Muñoz*, Der Gott der Christen, Düsseldorf 1987; *Victor Araya*, El Dios de los pobres. El misterio de Dios en la teología de la Liberación, San José 1985; *Manuel M. Marzal* u.a., El rostro indio de Dios, Quito 1989, dt.: *Thomas Schreijäck* (Hrsg.), Die indianischen Gesichter Gottes, Frankfurt/M. 1992; vgl. dazu auch *Giancarlo Collet*, Der Gott des Lebens und die Götzen des Todes. Zum lateinamerikanischen Beitrag christlicher Gottesrede, in: *Matthias Lutz-Bachmann* (Hrsg.), Und dennoch ist von Gott zu reden (FS Herbert Vorgrimler), Freiburg 1994, 311-325.

18 Vgl. dazu *Karl Gabriel*, Nachchristliche Gesellschaft heute! Christentum und Kirche vor der entfalteten Moderne, in: Diakonia 19 (1988) 27-34; *ders.*, Christentum zwischen Tradition und Postmoderne (Quaestiones disputatae 141), Freiburg 1992.

nach vor derselben Herausforderung wie die Westeuropas und Nordamerikas. Diese Herausforderung muß - bei allem Respekt für die indigenen und afroamerikanischen Synkretismen bzw. die Volksreligiosität - als die weitaus wichtigste betrachtet werden. Denn die Inkulturation des Christentums in die moderne Kultur ist die Bedingung der Möglichkeit für weitere Inkulturationen in die kontextuellen (Sub-) Kulturen[19].

Mag die spezifisch lateinamerikanische Situation mit dem Einbruch des fundamentalistischen Protestantismus vieler Freikirchen und Gruppierungen, die ganz und gar unökumenisch die katholisch gewachsene Volksreligiosität als „Aberglaube" und den Katholizismus überhaupt im Zuge einer zweiten Reformation obsolet machen wollen[20], auch Merkmale aufweisen die „so" in Westeuropa, der Heimat der großen historischen Reformationskirchen, nicht gegeben sind - die Herausforderung ist dennoch hüben wie drüben dieselbe: dem Christentum in der modernen Kultur der Kommunikationsgesellschaft Zukunft zu eröffnen, ohne den Schatz christlicher Tradition zu verraten.

Diesbezüglich scheinen sich auch in Lateinamerika dieselben drei alternativen Kirchenszenarien abzuzeichnen, wie in Westeuropa und Nordamerika. Der Religionssoziologe *Karl Gabriel* hat sie gekennzeichnet als (a) fundamentalistischen Rückzug, (b) basiskirchliches Christentum und (c) pluriformen Katholizismus[21].

Der fundamentalistische Rückzug ist verlockend, weil er im 19. und im vorkonziliaren 20. Jahrhundert mehr oder weniger erfolgreich vorexerziert wurde; unter den heutigen Bedingungen würde er aber auf die Dauer die Kirche in eine gesellschaftlich marginale Sektenexistenz führen, was das Zweite Vatikanische Konzil mit seinem *aggiornamento* oder Modernisierungsprogramm gerade vermeiden wollte. Dialog mit der Welt von heute, und nicht Rückzug in das Ghetto ist seitdem die Devise eines Katholizismus auf dem Boden des Konzils.

Aus dem basiskirchlichen Christentum - und zwar eingedenk der Unterscheidung, die *Evangelii nuntiandi* 58 vornimmt - dürften gerade in Lateinamerika wesentliche Impulse zu erwarten sein, sofern die Basisgemeinden keinen Monopolanspruch auf den nachkonziliaren Katholizismus erheben

---

[19] „Subkultur" ist hier nicht im abwertenden Sinne gemeint, sondern im Sinne der tatsächlichen Inkulturationsrelevanz für die Zukunft des Christentums. Subkulturen in diesem Sinne gibt es nicht nur in Lateinamerika, sondern auch in Europa: Ich selber komme aus der altkastilischen Subkultur eines barocken Agrarkatholizismus, wo die Kirche bildhaft gesprochen noch „im Dorf war" (man konnte sehr „geborgen" aufwachsen inmitten einer solchen Frömmigkeit!), der jetzt aber durch den Kontakt mit der modernen Kultur - in den Städten, aber auch in den Dörfern, da sie sich der Kommunikationsgesellschaft nicht entziehen können - in die Krise geraten und einem inneren Transformationsprozeß ausgesetzt ist, der Gefahr läuft, bei den jüngeren Generationen zum Traditionsbruch zu führen.

[20] Vgl. dazu *Florencio Galindo*, El protestantismo fundamentalista. Una experiencia ambigua para América Latina, Estella (Spanien) 1992.

[21] Vgl. *Gabriel*, Christentum, 196-202 (Anm. 18).

und in einen schöpferischen Dialog mit anderen Formen des Christseins treten. Der pluriforme Katholizismus, an dem angesichts der Mannigfaltigkeit der Lebenserfahrungen in der modernen Gesellschaft kein Weg vorbei führt, setzt schließlich voraus, daß die verschiedenen Sektoren und Flügel des Katholizismus in eine „innovative" Konzeptionskonkurrenz um den richtigen Weg in die Zukunft treten, aber unter Wahrung der unentbehrlichen Merkmale katholischen Christseins nach dem Modell der Einheit in Vielfalt. Solange die ekklesiale *communio* mit dem Ganzen gewahrt bleibt, sollten der Eigeninitiative der verschiedenen kirchlichen Gruppen keine Grenzen gesetzt werden.

Was die Gottesrede in diesen Kirchenszenarien betrifft, so wäre es wünschenswert, daß die lateinamerikanische Theologie stärker als bisher in einen Austausch mit der oft so verpönten „westlichen Theologie" tritt, die ja vor derselben Herausforderung steht. Was im hiesigen theologischen Diskurs seit Anfang der achtziger Jahre um Stichworte wie moderne Kultur und christlicher Glaube, Weitergabe des Glaubens, Glauben und Leben lernen, Glaubensgeschichte und Lebensgeschichte, Erfahrungskatechese, der Christ von morgen als Mystiker, City-Religion und Passantenpastoral thematisiert worden ist, könnte auch die lateinamerikanische Suche nach einer überzeugenden Gottesrede in der dortigen nachchristlichen Gesellschaft befruchten - genauso wie wir etwa von der messianischen Option für die Armen und den Basisgemeinden bereichert wurden.

JOSEF SAYER

Inkulturation und Ekklesiologie/ Pastoral/Basisgemeinden

I. Zum Rahmen: Kirche und Welt in kultureller Vielfalt

Eine Kirche, die sich als Kirche *in* der Welt versteht und - so das II. Vatikanum in *Gaudium et spes* 1 - deren Freude und Hoffnung, Trauer und Angst die Freuden und Hoffnungen, Trauer und Ängste der Menschen sind, kommt nicht umhin, stets die Zeichen der Zeit zu erforschen und im Licht des Evangeliums zu deuten. Sie muß die Welt, in der sie lebt, mit deren Erwartungen, Bestrebungen und ihrem dramatischen Charakter erfassen (vgl. *GS* 4). Nur so kann sie ihren Auftrag erfüllen, „Sakrament, d.h. Zeichen und Werkzeug für die innigste Vereinigung mit Gott wie für die Einheit der ganzen Menschheit" (*LG* 1) zu sein.

In *Gaudium et spes* wird in der Maßeinheit von „Generationen" gedacht (vgl. *GS* 4). Wenn wir heute solche Gedanken und das von *Gaudium et spes* Angestrebte formulieren, gebrauchen wir das Konzept der „Inkulturation". Zugleich hat sich die Sichtweise insofern verfeinert, als wir nicht so sehr von prägenden „jeweiligen Generationen" ausgehen; wir sind dabei, multikulturelles Nebeneinander und Miteinander ernst zu nehmen und für unser Glaubensleben und die Evangelisierung fruchtbar zu machen. Indem sich Kirche heute gerade dieser Herausforderung stellt, folgt sie aber letztlich der Intention des Konzils, das ja eine stets lebendige, am Puls der Zeit Zeugnis gebende Kirche erstrebte.

Das Forum „Inkulturation und Ekklesiologie/Pastoral/Basisgemeinden" stand vor der Aufgabe, die Reihung der Begriffe Ekklesiologie/Pastoral/Basisgemeinden im Zusammenhang mit dem Inkulturationsparadigma zu bedenken. Freilich ist eine solche Reihung problematisch. Die Begriffe liegen ja nicht auf der gleichen Ebene. Während „christliche Basisgemeinden" ein Strukturelement von Kirche darstellen, wird mit „Pastoral" im weitesten Sinne das evangelisatorische Sein und Wirken der Kirche bezeichnet. Beide Glieder der Reihung können also der Kirche zugeordnet werden. Um aber die Kürze der Zeit, die für das Forum zur Verfügung stand, nicht nur für Begriffszuordnungen zu verbrauchen, wurde die pastorale Praxis aus den einzelnen Ländern der Teilnehmer/-innen und das Strukturelement „Basisgemeinde" und die Pastoral, die sich *in und durch* sie vollzieht, im Hinblick auf die Ekklesiologie aus der Perspektive der Inkulturation bedacht. Das heißt also, die Inkulturationsproblematik sollte ausgeleuchtet werden mit Hilfe der Existenz und Praxis von Basisgemeinden bzw. von „christlichen Comunidades" als Realisierung von Kirche und Erfüllung kirchlicher Funktionen. Die Statements der Teilnehmer/-innen orientierten sich aber auch allgemein an Erfahrungen aus der Pfarreipastoral bzw. aus einzelnen Diözesen.

In den Diskussionsbeiträgen wurde der Begriff „Inkulturation" von den Teilnehmer/-inne/-n nicht eigens definiert. Sie gebrauchten ihn *praxisnah* in einem *weiten* Verständnis - vergleichbar jenem von Santo Domingo. Daraus können wir wichtige Schlüsse für das Erfassen der Inkulturationspraxis in Lateinamerika ziehen. Die Problematik um die Inkulturation hingegen, die aus dem *normativen* Anspruch des Evangeliums erwächst und die beispielsweise in der Debatte *Metz, Ratzinger* versus *Suess* eine Rolle spielt[1], wurde nicht berührt. Eine solche Themenstellung schien für die Forumsteilnehmer/-innen eher eine „akademische" zu sein. Der gemeinsame Bezug christlicher Lebensprojekte auf den Ursprung unserer Hoffnung, auf *Jesus Christus*, war für sie unbestritten. Die Diskussion befaßte sich mit der Vermittlung des Evangeliums, das sich bereits in einem kulturellen Gewand präsentiert und in den verschiedenen Kulturen Frohbotschaft werden will. Welcher Spielraum und welche (neuen) ekklesialen Formen sind für diese Vermittlungsprozesse nötig, damit Evangelium wirklich Frohbotschaft werden kann?

Ähnlich wie das Inkulturationsverständnis wurde weder das Verständnis von Basisgemeinden explizit problematisiert noch der Begriff definiert. Je nach Herkunftsland und Region variiert das Verständnis; „Basisgemeinde" kann eine kleine Personengruppe meinen, aber auch eine „comunidad cristiana", eine Dorfgemeinschaft, die ihren Glauben lebt, bezeichnen[2].

II. Die Teilnehmer/-innen

Die Diskussion während des Forums wurde inhaltlich sehr stark durch die Herkunft der Teilnehmer/-innen bzw. von deren Erfahrungshintergrund geprägt: Mexiko, Guatemala, Brasilien, Peru und Deutschland. Bestimmend waren die Redebeiträge der Personen aus Lateinamerika; die Teilnehmer/-innen aus Deutschland beschränkten sich darauf, die Vielfalt der Bemühungen um Inkulturation in Lateinamerika und die dabei wahrgenommenen Problematiken, aber auch die Lebendigkeit der Kirche in den dort ablaufenden Prozessen (zumeist etwas neidisch) zur Kenntnis zu nehmen.

---

1 Vgl. *Johann Baptist Metz*, Einheit und Vielheit: Probleme und Perspektiven der Inkulturation, in: Conc(D) 25 (1989) 337-342; *Joseph Ratzinger*, Der christliche Glaube vor der Herausforderung der Kulturen, in: *Paulus Gordan* (Hrsg.), Evangelium und Inkulturation (1492-1992), Graz 1993, 9-23; *Paulo Suess*, Ein gewisser Exodus. Zum historischen Projekt der armen Anderen, in: *Jürgen Manemann* (Hrsg.), Demokratiefähigkeit, Jahrbuch Politische Theologie 1 (1996) 206-222.

2 Hierzu siehe z.B.: *Marcello de C. Azevedo*, Kirchliche Basisgemeinden, in: *Ignacio Ellacuría/Jon Sobrino* (Hrsg.), Mysterium Liberationis. Grundbegriffe der Theologie der Befreiung, Bd. 2, 1996, 879-899; *A. Salvatierra* u.a., Las Comunidades Eclesiales en el Ecuador. Experiencias de nueva Evangelización, Quito 1990; *V. Woodruff/G. Torres*, Las Comunidades Eclesiales de Base. Un camino de renovación parroquial, Lima 1992.

III. Zu den Inhalten der Diskussion

Hauptkennzeichen der Beiträge war m.E., daß sie „Inkulturation" in konkreten *Situationen* verorteten und nicht - wie gesagt - abstrakt erörterten. Konkrete Situationen von Christ/-inn/-en im Lichte des Evangeliums in konkreten Pfarreien bzw. Diözesen angemessen zu bewältigen - dies bewegte die Forumsteilnehmer/-innen. Damit wird zum einen der Gebrauch des Begriffs „Inkulturation" in der pastoralen Realität offenkundig und andererseits auch dessen Reichweite. Welcher Art waren die angesprochenen Situationen und welche Erfordernisse, welches Handeln und Verhalten wurden im Hinblick auf Inkulturation vorgestellt?

1. Bis in die 60er Jahre hinein kam Kirche als ein *fremdes Element* - hierin der Kolonialkirche vergleichbar - *von außen* zu den Menschen. Charakteristisch hierfür ist z.B. die Katechetenausbildung. Die Katecheten wurden aus ihrem Ambiente herausgerissen und in Zentren für einzelne Gebetsvollzüge, das Liedersingen und Begleiten des Priesters geschult. Die Ausbildung war keinesfalls in der Kultur der Bevölkerung verwurzelt. Ritualistisch privatistische Merkmale herrschten vor. Es fehlte die Sensibilität für eine inkulturierte Evangelisierung.

2. Die Veränderungen des II. Vatikanum und im Umfeld von Medellín, das vertiefte Verständnis von Kirche als Volk Gottes und Communio führten mit dazu, daß auch die *Lebensumstände* dieses Volkes, dieser Communio ins Blickfeld traten. Die Situation der *strukturellen Armut*, Unterdrückung und Ausbeutung, die Nichtrespektierung fundamentaler Menschenrechte und der Würde der Armen bewegte die kirchlichen Gemeinden. Welches ist der Plan Gottes in *dieser* Geschichte des Volkes, wie ist aus *seiner* Sicht all das Leiden derer, die die Communio der Kirche bilden, zu verstehen? Diese Situation vom Wort Gottes her zu erhellen („iluminar"), wurde nun zum entscheidenden Schritt einer Inkulturation. Die vorrangige Option Gottes für die Armen als „evangelische" Option und nicht als paternalistische Für-Sorge bestimmte Einstellung und Handeln der kirchlichen Communio. Welches ist ihr Projekt als Gemeinde in dieser Situation, um aus der Armut und der Geringschätzung menschlicher Würde herauszugelangen und zu befreien?

Wiederum nehmen wir das Beispiel der Katecheten zur Erläuterung. Die unter anderen Prämissen Ausgebildeten begannen sich nun dem Volk zu nähern. Seine wirtschaftliche, soziale, politische und religiöse Situation galt es analysieren zu lernen und gemeinsam nach Schritten der Veränderung zu suchen. Mehr noch: Diese Aufgabe der Situationsanalyse bestimmten die Bischöfe in Puebla als eine Aufgabe auf allen Ebenen der Gemeinden. Auf diese Weise soll eine „geplante Pastoral" ermöglicht werden, und zwar als spezifische und bewußte Antwort auf die Erfordernisse der Evangelisierung. Die methodische Schulung zur Analyse der Situation der Menschen wird nun eine gemeindliche Aufgabe im Hinblick auf die Evangelisierung (vgl. *Puebla* 1307).

3. Die Vertreter/-innen aus Mexiko, Guatemala und Peru haben zusätzlich zu dieser Geschichte der strukturellen Armut, die das Volk und die christlichen Gemeinden als strukturelle Gewalt zu erleiden haben, noch die Situation der *politischen Gewalt* hervorgehoben. Das Evangelium galt und gilt es in einer solchen spezifischen Situation zu inkulturieren: In Situationen, in denen der Besitz einer „katholischen" Bibel, einer Heiligenstatue, eines Rosenkranzes lebensgefährlich wird, in Situationen, in denen das Sich-Versammeln als christliche Comunidad von Terrororganisationen als unerwünschte Konkurrenz erachtet wird, in Situationen, in denen Projekte der christlichen Comunidades (um von menschenunwürdigen zu menschenwürdigeren - vgl. *Paul VI., Populorum progressio* 76 - Verhältnissen zu gelangen) als lediglich systemstabilisierend bekämpft werden, gilt es auch zu einer diesen Gewaltsituationen angemessenen Inkulturation zu gelangen.

In solchen Zeiten der Gewalt - so berichtete ein Bischof aus Guatemala - wurden die Priester von den Menschen immer wieder gebeten, nicht in die Dörfer zu gehen. Wenn sich nämlich die Bevölkerung mit dem Priester versammelte, kam sofort die Armee und tötete. In dieser Situation wurde die Rolle der Katecheten immer wichtiger. Sie mußten die Aufgaben des Priesters übernehmen, leiteten die christlichen Comunidades in den kleinen Dörfern, teilten Leben und Leiden der Menschen, feierten den Glauben mit ihnen, betreuten einen „pequeño sagrario" (Tabernakel) mit dem eucharistischen Brot. „So entstehen neue Ämter", so der Bischof.

4. Die Situation *überdimensionierter Pfarreien* birgt unter ekklesiologischer Perspektive für die Inkulturation nicht nur besondere Anforderungen. Sie setzt auch dynamisierende Stimuli. Mehrere Diskussionsbeiträge berichteten von Pfarreien in Städten mit bis zu 70.000 Katholik/-inn/-en und einem einzigen Priester sowie weiträumigen Landpfarreien mit 30 und mehr, ja bis zu 80 Dörfern. In einem Fall wird eine solche Landpfarrei von zwei Frauen mit einer Pastoralequipe aus Campesinos geleitet; ein Priester kommt nur ganz gelegentlich zu bestimmten Festmessen.

Die traditionellen Pfarreistrukturen mit solchen riesigen Pfarreien wurden als „untauglich" und geradezu als „absurd" qualifiziert, weil Menschen in ihnen schwerlich Erfahrungen als Gemeinde und Kirche machen können.

Den bedrückenden Priestermangel, der zu solchen „untauglichen" Pfarreigrößen führte, nannte ein Bischof aus Guatemala ein „glückliches Unglück" („fortunada desgracia"). Dadurch werden wir nämlich gezwungen, die Rolle der Laien und ihre Mitverantwortung in der Kirche anzuerkennen. Die Kirche in Guatemala ist eine von Laien geprägte Kirche („una iglesia muy laica"). Laien leisten den größten Teil der pastoralen Arbeit. Die Priester konzentrieren sich immer stärker auf die theologische und pastorale Aus- und Fortbildung der Katecheten. „La vida va creando una nueva iglesia" (im Lebensprozeß bildet sich eine neue Kirche heraus), so der Bischof, die Entwicklung kommentierend.

Ausgehend von der Wirklichkeit, der multikulturellen Bevölkerungszusammensetzung beispielsweise in den Stadtpfarreien der Ballungsräume aufgrund des Migrationsphänomens oder den vielen Dörfern der Landpfarreien, zusätzlich erschwert durch variierende Kulturprägungen - ausgehend von solchen Realitäten schaffen Menschen notgedrungenermaßen neue Strukturen, um zu einer eigenen ekklesialen Erfahrung gelangen zu können. Hierbei knüpfen sie an sozialen Gegebenheiten an, wie beispielsweise an das Verständnis der Campesinogemeinde (Comunidad campesina) als Lebensgemeinschaft, und inkulturieren so Kirche als Comunidad cristiana. In Stadtpfarreien sind es beispielsweise die Basisgemeinden. Als kleine Gruppenzusammenschlüsse bilden sie lebendige Zellen der Kirchengemeinde: Nach dem Dreischritt „Sehen - Urteilen - Handeln" reflektieren sie in ihren Zusammenkünften im Lichte des Evangeliums ihre Lebensrealität, beten sie, feiern den Glauben und schöpfen Kraft daraus für die Transformierung der Gesellschaft und die Mitarbeit am Reich Gottes. Kirche wird hier strukturiert als Gemeinde der Gemeinschaften („comunidad de comunidades"). Je nach Sichtweise nennen manche einen solchen Prozeß „Ekklesiogenese", andere hingegen sprechen von einer gelungenen Inkulturation, geleitet durch das Evangelium, das Menschen in ihrer Situation als kirchliche Gemeinde zu leben sich mühen.

IV. Inkulturation versus vorrangige Option für die Armen?

Der Ansatz, Inkulturation an konkreten Situationen festzumachen, die Christinnen und Christen, Basisgemeinden und christliche Comunidades und - in diesen - die Kirche zu durchleben haben, läßt uns die Inhalte und Reichweite der Inkulturation aus dieser pastoralen Perspektive bestimmen. Wenn wir die einzelnen in den Forumsbeiträgen genannten Elemente betrachten, können wir eine Parallele zu Santo Domingo feststellen. Dort verwendeten die Bischöfe in dem Abschnitt über die pastoralen Grundlinien „Inkulturation" ebenfalls in einem weiten Verständnis und hatten ebenfalls konkrete pastorale Situationen vor Augen. Pastorale Grundlinien einer inkulturierten Evangelisierung und einer entsprechenden authentischen Entwicklung sehen sie beispielsweise in folgendem (vgl. *Santo Domingo* 248-251):
- respektvoller geschwisterlicher Dialog;
- das Evangelium in demütiger, verständnisvoller, prophetischer Haltung bezeugen;
- die Kulturen im Licht des Evangeliums wertschätzen;
- Förderung einer inkulturierten Liturgie;
- die den Kulturen eigenen religiösen Ausdrucksformen fördern;

- Begleitung der theologischen Reflexion und Respektierung der kulturellen Formulierungen, die ihnen helfen, über ihren Glauben und ihre Hoffnung Rechenschaft abzulegen;
- an ihren Leiden teilhaben und sie in ihrem Streben nach einem gerechten und würdigen Leben begleiten
- ihre Identität verteidigen
- die Völker unterstützen, damit sie „durch nationale und internationale Gesetze anerkannt ... werden, mit vollem Recht auf Land und ihre eigenen Organisationen und kulturellen Lebensgewohnheiten, um sicherzustellen, daß sie ihr Recht wahrnehmen können, ihrer Identität gemäß zu leben, mit ihrer eigenen Sprache und ihren eigenen überlieferten Sitten, und mit allen Völkern der Erde absolut gleichberechtigt Beziehungen einzugehen" (*Santo Domingo* 251);
- eigenständige Entwicklung und keine erzwungene Integration;
- Einsatz für die Menschenrechte „einschließlich der rechtmäßigen Verteidigung ihres Landes" (ebd.);
- Überprüfung der Erziehungssysteme.

Die Liste läßt erkennen, daß die Bischöfe „Inkulturation" nicht nur im Hinblick auf Werte verstehen. Sie lassen sich vielmehr von einer *ganzheitlichen* Sicht leiten, gewonnen aus konkreten Lebenssituationen der Menschen. Zur Verwirklichung ihres Menschseins, ihres Christseins, ihres Kircheseins gehört die „ganzheitliche Antwort auf die Herausforderungen des Lebens" - wie ein Teilnehmer „Kultur" umschrieb -, angefangen beim Essen, Wohnen, der Kleidung bis hin zur Entfaltung ihrer Identität und Würde als Einzelpersonen und Volksgemeinschaften, mit Rechten z.B. auf Erde („ein Campesino ohne Erde ist weder Campesino noch Indigena"), auf eigene Organisationen, eigenständige Entwicklung - kurz gesagt auf „Subjekt-Sein" in ihrer Lebensgestaltung, dem Überleben und Zusammenleben, dem „relacionarse" (kommunizieren) mit Menschen und mit Gott.

Was die Bischöfe im Abschnitt über die „Pastoralen Grundlinien" einer Inkulturation ausführen und was die Forumsteilnehmer/-innen diesbezüglich sagten - je ausgehend von pastoralen Situationen - beinhaltet die vorrangige, nicht ausschließende Option für die Armen. „Das Evangelium verkünden bedeutet, tun, was *Jesus Christus* tat, als er in der Synagoge erklärte, daß er gekommen war, den Armen 'das Evangelium zu verkünden'" (Lk 4,18f) (*Santo Domingo* 178). Ein solches Tun in der Nachfolge *Jesu* entdeckt „im leidenden Antlitz der Armen das Antlitz des Herrn ... (vgl. Mt 25,31-46)" (ebd.). Die sich daran anschließende Liste der Leidensgesichter im Text von Santo Domingo (vgl. *Santo Domingo* 178f) liest sich wie eine dramatische Verdichtung der „pastoralen Grundlinien" in den Nummern 248-251. Die genannten Situationen struktureller und politischer Gewalt schließen ausdrücklich die Nichtrespektierung und Verachtung der Kultur der Armen, ihre Degradierung zu bloßen Objekten ökonomischer Interessen ein.

Eine kirchliche Lebensgestaltung nach der vorrangigen Option für die Armen kann - den Ausführungen der Bischöfe in Santo Domingo und jenen der Forumsteilnehmer/-innen gemäß - als Inkulturationsleistung in der spezifischen lateinamerikanischen Situation betrachtet werden. Beide Momente - die vorrangige Option für die Armen und die Inkulturation - lassen sich nicht auseinanderdividieren: *Indem Kirche in Lateinamerika in einer Situation struktureller Armut die vorrangige Option als evangelische Option in der Nachfolge Jesu Christi traf, vollzog sie die Inkulturation des Evangeliums!* Mit der vorrangigen Option für die Armen und der Inkulturation schaffte es die Kirche Lateinamerikas, auch die entscheidende erkenntnis- und handlungsorientierende Gegenposition zu der gegenwärtig herrschenden „neoliberalen Politik" (*Santo Domingo* 179) zu setzen. Jene Personen- und Bevölkerungsgruppen, nämlich die Armen, die wirtschaftlich und kulturell für den Markt uninteressant sind und aufgrund der sich angeblich selbstregulierenden Marktkräfte in die Verelendung abgedrängt und „ausgeschlossen" werden, rückt die Kirche ins Zentrum[3]. Die Armen sind als „Arme *Jesu Christi*"[4], in deren Gesichtern sich heute sein Antlitz zeigt, Träger und Subjekte von Evangelisierung. Aufgrund ihres „evangelisatorischen Potentials" (*Puebla* 1147, *Santo Domingo* 178) inkulturieren sie seine Botschaft in konkreten pastoralen Situationen. Die anthropologische Wende, die in *Gaudium et spes* rezipiert wurde, zeigte sich auch in den Forumsbeiträgen. Inkulturationsprozesse wurden aus der Perspektive der pastoralen Situationen konkreter Menschen angegangen.

V. Inkulturierte Ekklesiologie

Wie in der vorrangigen Option für die Armen eine inkulturierende Leistung der Kirche Lateinamerikas erblickt werden kann[5], so gilt das gleiche auch von der Entwicklung des Modells der Basisgemeinden bzw. der christlichen Comunidades. Beide ekklesialen Strukturelemente sind Zeugnis dafür, daß die Kirche es verstand, auf pastorale Herausforderungen in inkulturierender Weise zu reagieren. Freilich erwarten die Forumsteilnehmer/-innen auch in Zukunft auf diesem Gebiet weitere und beherzte Schritte. Ein solcher entscheidender Schritt wird in der Bildung *autochthoner Kirchen* gesehen - mit mehr Gestaltungsraum auch für *neue Ministerien*. Was für die mit Rom unierte Melchitenkirche in Mexiko für ca. 50.000 Araber libanesischer Abstammung möglich war - so ein Beitrag während des Forums -, sollte

---

3   Vgl. *Josef Sayer*, Die programmatische Eröffnungsrede Johannes Pauls II. und ihre Bedeutung für Santo Domingo, in: MTZ 45 (1994) 189-201, hier 192f.

4   *F. Guamán Poma de Ayala*, El Primer Nueva Crónica y Buen Gobierno (1584-1615), México 1980, 846 („los pobres de *Jesucristo*").

5   Im Licht dieser Option wollen die Bischöfe jegliche kommunitäre und persönliche Evangelisierungstätigkeit inspiriert sehen. Vgl. *Santo Domingo* 178.

auch für Indigena-Völker, die zudem z.T. viel mehr Katholiken aufzuweisen haben, möglich sein. Auf diese Weise ließe sich eine Entwicklung einleiten, die während der Konquista und der Kolonialzeit verpaßt wurde, nämlich die Schaffung von autochthonen Kirchen, die auch einer inkulturierten Ekklesiologie stärker Rechnung tragen könnte. „La vida va creando una nueva iglesia" - ob sich die oben genannte Äußerung des Bischofs in Richtung einer solchen autochthonen Kirche für bestimmte Regionen Lateinamerikas interpretieren läßt? Jedenfalls steht als Aufgabe: „Mit dem 'Evangelisierungspotential der Armen' *(Puebla* 1147), will die arme Kirche die Evangelisierung unserer Gemeinden vorantreiben (impulsar)." *(Santo Domingo* 178)

HANS-JOACHIM HÖHN / GERHARD KRUIP

Inkulturation, Prozesse der Dekulturation und die Option für die Armen

I. Vorbemerkung: Themenstellung und Ziel des Forums

Aufgabe und Ziel des Forums war es, die im Zuge von Modernisierungsprozessen ablaufenden kulturellen Entwicklungen aus der sozialethischen Perspektive der Option für die Armen zu betrachten und dabei die je spezifischen Herausforderungen des Anliegens einer Inkulturation des christlichen Glaubens sowohl in lateinamerikanischen wie in europäisch-nordamerikanischen Kontexten herauszuarbeiten. Dabei wurde in der Arbeitsgruppe davon ausgegangen, daß es neben relevanten Unterschieden zwischen gesellschaftlichen Prozessen in Europa bzw. Nordamerika und Lateinamerika hinsichtlich der wesentlichen Züge einer immer dynamischeren ökonomischen und technologischen Modernisierung auch viele Parallelen gibt. Vor dem Hintergrund dieser Fragestellung sollte das Anliegen der gesamten Tagung aufgegriffen werden, nämlich das Inkulturationsparadigma überhaupt „auf den Prüfstand" zu stellen. Im folgenden werden unter der Überschrift „Problemskizze" die kurzen, thesenartigen Gesprächsimpulse der Moderatoren wiedergeben. Daran anschließend wird eine systematisierende Zusammenfassung der wichtigsten Aspekte der Diskussion versucht, ohne damit den Anspruch eines Gesprächsprotokolls zu erheben. Dem Charakter der damals geführten offenen Diskussion entsprechend werden dabei eher Thesen zur Diskussion gestellt bzw. offene Fragen dokumentiert als fertige Lösungen und Antworten geboten.

II. Problemskizze und Diskussionsgrundlage: die Option für die Armen
und die Inkulturation des Glaubens

Die Option für die Armen wurde in Lateinamerika Anfang der siebziger Jahre erstmals formuliert. Ihre Entdeckung ist das Ergebnis einer kreativen Konfrontation des theologischen Neuansatzes des Zweiten Vatikanischen Konzils (Berufung des Menschen, Dialog mit der Welt, Zeichen der Zeit, Bedeutung der Ortskirchen) mit einer bestimmten Situation Lateinamerikas (zunehmende Armut, Scheitern der „Entwicklung", Militärdiktaturen), in der die Botschaft des befreienden Gottes gar nicht anders verkündet werden konnte (und kann) denn als Frohe Botschaft für die materiell Armen und politisch Unterdrückten, weil Neutralität verdeckte Parteilichkeit für die Reichen und die Unterdrücker bedeutet hätte. Zeitlich geht die Formulierung dieser Option für die Armen der späteren Thematisierung der kulturellen Entwicklung und der Problematik der Inkulturation voraus. Trotzdem ist die *Option für die Armen* selbst als ein Ergebnis eines Inkulturationsprozesses zu verstehen. Sie bedeutet eine eigenständige Rezeption theologischer Entwicklungen, die einen ihrer wichtigsten Impulse von den nordamerikanischen und europäischen Ortskirchen genommen hatten. Sie hat dabei jedoch die lateinamerikanischen Kirchen nicht aus ihrem Kontext herausgelöst, sondern überhaupt erst zur Entdeckung ihres spezifischen Kontextes geführt. Man muß sogar formulieren: Im Kontext sozialer Ungerechtigkeit und politischer Unterdrückung kann es gar keine andere Inkulturation des Evangeliums geben als eine Zuspitzung dieser Botschaft in Form einer Option für die Armen. Andernfalls könnte das Ergebnis dieses Inkulturationsprozesses nicht mehr mit dem Glauben an die befreiende Macht Gottes identisch sein.

Umgekehrt wird von der Option für die Armen her ein Prozeß der Inkulturation des Glaubens gefordert. Denn diese Option meint nicht oder nicht nur, den Armen zu helfen, sie zu unterstützen, ihnen eine Stimme zu leihen, sondern und vor allem, dafür zu arbeiten, daß sie selbst ihre Stimme erheben und das Wort ergreifen, um von ihrer eigenen Lebenswirklichkeit her den Glauben als das Projekt der Befreiung ihres Lebens zum Ausdruck zu bringen. Die Option für die Armen wäre mißverstanden, implizierte sie nicht die Forderung, daß die Armen selbst Subjekte ihrer Geschichte, ihrer historischen Projekte sein und selbst die „kulturelle Kontrolle" (*Guillermo Bonfil*) über ihre Entwicklung als wichtigstes Kriterium gelingender Inkulturation ausüben sollten.

Damit wird deutlich, daß es zwischen der Forderung nach Inkulturation des christlichen Glaubens und der Option für die Armen keinen Widerspruch zu geben braucht, auch wenn die Thematisierung der kulturellen Dimensionen des Verhältnisses von Glaube und gesellschaftlichen Veränderungen von einigen Akteuren als eine Strategie gegen die von der Theologie der Befreiung vermeintlich zu stark akzentuierten ökonomischen und politischen Dimensionen eingesetzt worden ist.

Die Option für die Armen steht im Dienst der Identitätsfindung (bzw. -bewahrung) und Subjektwerdung derer, die im Prozeß der Evangelisierung sich wieder als Menschen mit eigener Identität und Würde, mit eigener Geschichte und Zukunft verstehen und erfahren sollen[1]. Dies impliziert die Anerkennung ihrer traditionalen Kultur. Allerdings stellt sich zunehmend die Frage, in welchem Maße es autochthone, indigene Kulturen, die sich ihre eigene Identität und Authentie bewahrt haben, noch gibt. Oder sind nicht auch diese längst schon von Modernisierungsprozessen erfaßt, wie sich dies etwa am Prozeß einer zunehmenden Urbanisierung vieler Regionen Lateinamerikas studieren läßt? Um aus der Frage eine These zu ma-

---

[1] Vgl. hierzu ausführlicher *Gerhard Kruip*, Kirche und Gesellschaft im Prozeß ethisch-historischer Selbstverständigung, Münster 1996.

chen: Gerade wenn man den derzeitigen Kontext kultureller Entwicklungen im Zuge von ökonomischen und technologischen Modernisierungsprozessen betrachtet, kann „Inkulturation" nicht mehr bedeuten, einen vorgestellten „Kern" der christlichen Botschaft in einen relativ abgegrenzten, von anderen unabhängigen, stabilen, „intakten" kulturellen Raum hineinzuübersetzen. Denn auch die als autochthon apostrophierten Kulturen sind von *Dekulturationsprozessen und Tradierungskrisen* erfaßt, die ihre Eigenständigkeit bedrohen oder längst überrollt haben. Das Evangelium in Kontexte zu inkulturieren, die bereits in Auflösung begriffen sind, bedeutet dann, das Inkulturationsparadigma zur Revitalisierung und künstlichen „Tradition" bereits erodierter kultureller Identitäten zu mißbrauchen, so daß es ihren Trägern gerade nicht möglich wird, als autonome Subjekte ein produktives, zukunftsfähiges und selbstbestimmtes Verhältnis zur Moderne zu entwickeln.

Wenn es darum geht, die Prämissen des Inkulturationsprozesses auf den Prüfstand zu bringen und dabei vor allem das Verhältnis von Christentum und Moderne zu reflektieren, so ist nicht nur im Blick auf Lateinamerika, sondern auch im Blick auf Europa die Frage zu stellen, ob und wo es innerhalb des Christentums überhaupt schon hinreichend gelungen ist, die Moderne in das christliche Sinn- und kirchliche Organisationssystem zu inkulturieren. Wie steht es um die *Inkulturation der Moderne in das Christentum* sowohl europäischer wie auch lateinamerikanischer Prägung? Diese Frage ist einerseits hinsichtlich des ethisch-politischen Projektes der Moderne (Zentralkategorien: Mündigkeit und Gleichheit) zu diskutieren. Zum anderen ist zu erörtern, ob das technisch-industrielle Projekt der Moderne schon eine spezifisch theologische Hermeneutik und Kritik gefunden hat. Gerade diesem Komplex kommt für den Prozeß der Evangelisierung besondere Bedeutung zu. Er definiert weitgehend jene Akzeptanz- und Plausibilitätsbedingungen, unter denen heute mit und über das Evangelium kommuniziert wird. Erst dann lassen sich auch Antworten auf die Frage finden: Worin bestehen Kompatibilität, Widerständigkeit, kulturelle Produktivität und Innovationskraft des Evangeliums im Eingehen in die Moderne[2]?

Die Beantwortung dieser Frage gibt schließlich auch Auskunft über das künftige Profil einer *Identität des Christentums*, die über seine Inkulturation in moderne Lebenswelten entsteht. Die im bisherigen Verlauf dieses Bandes enthaltenen Statements über die Praxis und Verkündigung des Glaubens in den indigenen und afroamerikanischen Kulturen lassen erahnen, daß sich zumindest phasenweise eine „multiple" Identität herausbilden wird, d.h. es besteht ein Neben- und Ineinander traditionaler und christlicher Religiosität. Es wäre fatal, dies aus dogmatischen Gründen unterbinden zu wollen. Vielmehr ist hier der Testfall für die *Pluralitätsfähigkeit und Resonanzfähigkeit*

---

2 Vgl. hierzu ausführlicher *Hans-Joachim Höhn*, GegenMythen. Religionsproduktive Tendenzen der Moderne, Freiburg-Basel-Wien, 3. Aufl. 1996.

des Christentums gegeben. Der Aufbau einer zukunftsfähigen und zugleich herkunfts- bzw. geschichtsbewußten christlichen Identität hängt in Lateinamerika davon ab, ob das Christentum resonant dafür ist, was an Religiosität schon da, ehe das Christentum kommt. Damit ist keine Schmälerung eines genuin christlichen Profils zugunsten synkretistischer „Mischkulturen" verknüpft. Für die Wahrung des genuin Christlichen ist bereits zu einem guten Teil gesorgt, wenn sich Christen und Christinnen einig sind, die Option für die Armen bei der Wahrnehmung und Beeinflussung von Modernisierungsprozessen einzuklagen, d.h. wenn sie die Moderne aus der Perspektive der Modernisierungsverlierer analysieren, kritisieren und korrigieren.

III. Diskussion: Modernisierung - Identität - Zukunftsfähigkeit

Ein Teil der Diskussion kreiste um eine möglichst differenzierte Situationsanalyse der kulturellen Entwicklungen in Lateinamerika. Dabei war man sich weitgehend einig, daß auch dort den unseren in vielen Zügen vergleichbare, in ihren Auswirkungen häufig noch wesentlich problematischere Modernisierungsprozesse ablaufen. Besonders durch die massive Verstädterung und die durch materielle Notlagen erzwungene massenhafte Migration werden Menschen ihrer Herkünfte entwurzelt und sehr schnell und abrupt den Risiken moderner Gesellschaft ausgesetzt. Dies führt freilich nicht immer zu einem vollkommenen Bruch mit ihren traditionellen Milieus. Vielfach werden die Betroffenen sich ihrer kulturellen Identität sogar erst unter dem Druck der dominanten städtischen Kultur bewußt. Aber natürlich gelingt es unter diesem Druck nicht, die eigene Identität einfach zu bewahren. Es müssen Assimilationsprozesse stattfinden, deren Ergebnisse heute noch nicht eindeutig vorauszusagen sind. Dem Anschein nach handelt es sich eher um Dekulturationsprozesse als um konstruktive und lebensdienliche kulturelle Innovationen (positiv verstandene Synkretismen). Lateinamerika befindet sich offenbar in einer Phase des Übergangs zu einer „Massenkultur", an der mindestens achtzig Prozent der Bevölkerung partizipieren, ohne daß man wüßte, wie stark diese tatsächlich ihren Alltag und ihr Selbstverständnis prägt. Die Einflüsse des staatlichen Schulsystems, der Massenkonsum, das Fernsehen usw. scheinen keinen Platz mehr zu lassen für das Überleben autochthoner Kulturen, die allenfalls noch als Folklore oder Ausschmückungen von Werbespots auf den Bildschirmen einen Platz behaupten können.

Betrachtet man diese Prozesse aus der Perspektive der Armen, der Opfer der Modernisierung, so scheinen die Versuche, die eigenen partikularen Identitäten zu „schützen" und eigene traditionelle Kulturen zu revitalisieren, ein „Recht auf Originalität" einzuklagen. Sie erscheinen als Strategien einer nur zu verständlichen Selbstbehauptung, dem sich auch das Christentum von der Option für die Armen her solidarisch verpflichtet fühlen muß.

Aber genau dazu trägt ja auch eine an ihren eigenen ethisch-politischen Ansprüchen gemessene Moderne bei: das Recht auf ein eigenes Leben, eine eigene Biographie zu fordern und Möglichkeiten realer gesellschaftlicher Freiheiten dafür bereitzustellen. Das Inkulturationsparadigma darf nicht dazu führen, daß Minderheitengruppen auf bestimmte kulturelle Identitäten festgelegt, daß sie nochmals von außen hinsichtlich ihrer eigenen Kultur einer fremden Definitionsmacht unterworfen werden. Der vermeintliche Schutz durch die Wiederbelebung traditioneller Identitäten kann dann leicht zu einer Falle gerade für die Armen werden, die ja wie alle anderen auch die Chance bekommen müssen, nicht abseits der modernen Gesellschaft zu überleben, sondern die Moderne auch für sich selbst zu nutzen, von ihr zu profitieren. Auch autochthone Kulturen müssen lernen, ein „Bürgerschaftsrecht" in der modernen Gesellschaft für sich zu beanspruchen. Die Gruppen der Armen können gerade auch im Zuge der Modernisierungsprozesse Widerstandspotentiale entwickeln. Als ein Beispiel dafür wurden die Zapatisten genannt, die sich nicht einfach gegen die Moderne stellen, sondern eine ökonomisch „halbierte Moderne" anklagen und für sich und alle Entrechteten auch die andere Hälfte der Moderne (Menschenrechte, Rechtsstaatlichkeit, Demokratie) einklagen, letzteres sogar mit den eigenen indianischen Traditionen des Gemeinschaftslebens in Beziehung setzen können. Die Gefahr der Revitalisierungsversuche besteht darin, die von ihnen geprägten Menschen gerade nicht modernitätsfähig und pluralitätskompetent zu machen, so daß sie schließlich von einer übermächtigen Moderne doch überrollt, ihre Kulturen eingefroren und archiviert werden und ihre kreative Entwicklungsfähigkeit verlieren. Die Option für die Armen bedeutet in diesem Kontext offenbar die Aufgabe, sowohl Widerstand gegen wie in gewisser Weise gleichzeitig Motor der Modernisierung zu sein.

Ein historischer Blick auf die Länder der sogenannten „Dritten Welt" vermag zu zeigen, daß das Christentum wohl immer innerhalb solcher Modernisierungsprozesse eine ausgesprochen ambivalente Rolle gespielt hat. Vor allem in Afrika und Asien erscheint das Christentum als einer der wichtigsten Modernisierungsagenten und wird von den Vertretern dortiger Kulturen aus heutiger Sicht als Dekulturationsagent angeprangert. Die gesamte Entwicklungshilfe ist ein entscheidender Modernisierungsagent mit ambivalenten Folgen, so daß man sich durchaus fragen kann und soll, ob sie einen Fortschritt für die betroffenen Menschengruppen gebracht hat. Zugleich machen aber verschiedene Entwicklungen in den jungen Kirchen Lateinamerikas, Afrikas und Asiens darauf aufmerksam, daß das Christentum auch eine identitätsstiftende und befreiende Funktion einnehmen kann, die Mut macht und Selbstbewußtsein gibt für eine kreative, das Eigene aber eben nicht entwertende Auseinandersetzung mit der übermächtigen Moderne.

Im Vergleich zwischen den Situationen in Lateinamerika und Nordamerika bzw. Europa kann festgestellt werden, daß Modernisierung auch hier vielfach „Dekulturation" bedeutet. An nachchristlichen Gesellschaften, die stark christlich geprägt waren, kann beobachtet werden, daß eine Dekulturierung früherer Formen der spezifischen Inkulturation des Christentums stattfindet, heute etwa in der Erosion traditioneller katholischer Milieus, die sich im 19. Jahrhundert herausgebildet haben. Inkulturation und Dekulturation sind also immer zusammen zu betrachten. Dekulturation bedeutet dabei nicht nur Verlust, sondern signalisiert den Bedarf und die Chance neuer Formen von Inkulturation, die der Gegenwart adäquater sind, etwa durch Inkulturation in den Sektor neuer sozialer Bewegungen über bestimmte, christlich motivierte gesellschaftspolitische Optionen. Dabei scheint der damalige Erfolg dieser spezifischen Inkulturationsformen für die heute notwendige Entwicklung von Alternativen eher hinderlich als förderlich zu sein.

Weltweit betrachtet wäre es jedoch ein Fehler, von einer je spezifischen Aufgabe der Inkulturation in verschiedenen Kontinenten zu sprechen. Vielmehr ist davon auszugehen, daß mit der Modernisierung ein äußerst wirkmächtiger und umfassender Prozeß der Globalisierung einhergeht, der durch eine starke Dominanz wirtschaftlicher Prozesse gekennzeichnet ist, welche durch das Ende des Ost-West-Gegensatzes noch verstärkt wurde. Auf der Seite der Opfer dieses Prozesses scheinen zunächst Erfahrungen von Ohnmacht und das Fehlen gangbarer Alternativen vorzuherrschen. Dies führt zu der Frage, wo die nötigen Ressourcen für eine andere Logik als die der Macht und der Expansion herkommen sollen. In der Diskussion bestand weitgehend Einigkeit darüber, daß diese Globalisierung irreversibel voranschreitet, daß man nicht mehr prinzipiell hinter sie zurückgehen kann und daß Handlungsmöglichkeiten nicht jenseits dieses Prozesses, sondern allenfalls innerhalb dieses Prozesses gegeben sind. Die weltweite Verbreitung von Konsumwaren, der weltweite Kommunikationsaustausch, die zunehmende Verflechtung auf dem Weltmarkt, all dies läßt sich nicht zurückdrehen. Auf der anderen Seite darf nicht der Eindruck erweckt werden, als sei diese Globalisierung ein übermächtiger, in sich geschlossener Prozeß, der überhaupt nicht gestaltbar wäre. Die Moderne erscheint andernfalls sinnlos zirkulär, als ein subjektloser Kreisverkehr, ein Strudel mit ständig wachsender Umlaufgeschwindigkeit, der selbstdestruktive Tendenzen hervorbringt, die immer wieder zu lokalen und globalen Krisenerscheinungen führen müssen. Indessen besteht aber durchaus auch die Chance einer Orientierung und des Gegensteuerns, wenn relevante Gruppen von Menschen die entsprechenden Widerstands- und Gestaltungspotentiale aufbringen, welch letztere sich freilich nicht in lokalen Initiativen erschöpfen dürfen, sondern auch die Reform und Ordnung globaler Strukturen in den Blick nehmen müssen.

Eine der entscheidenden weltweiten Konfliktlinien wird zukünftig in der Spannung zwischen der Globalisierung mit entsprechender Uniformisierungstendenz und dem Streben nach Bewahrung bzw. Revitalisierung partikularer Identitäten liegen. Welche Rolle sollte dabei dem Christentum zukommen? Dies ist sicherlich eine schwierige Frage, zumal das Christentum von eben dieser Spannung auch selbst betroffen ist. Sicherlich darf vom christlichen Glauben her der Eindruck der Übermacht wirtschaftlicher Mechanismen nicht noch einmal verstärkt und legitimiert werden. Eine Inkulturation der Botschaft des Evangeliums in die sich globalisierende Moderne muß um der Menschen, ihrer Freiheit und ihrer Würde willen zur Verteidigung der Vielfalt von Kulturen und Identitäten führen und die jeweiligen Subjekte in ihrem Selbstbewußtsein so stärken, daß sie sich weder einfach der dominanten Massenkonsumkultur unterwerfen noch fundamentalistisch auf gegenmoderne Identitäten ideologisch bestehen. Die christliche Botschaft impliziert ein starkes Moment der Selbstachtung, die entscheidend ist für die Fähigkeit der Menschen, im Kontext moderner Gesellschaft eine sinnvolle und vernünftige, „postkonventionelle" Identität aufzubauen. Fehlende Selbstachtung ist nur zu oft Auslöser von Gewalt. Der Beitrag des Evangeliums zur modernen Kultur könnte unter anderem darin liegen, daß die Opfer der Modernisierung überhaupt wahrgenommen werden - oder besser noch: daß sie sich selbst zur Wahrnehmung bringen, indem der Glaube an einen befreienden Gott dazu beiträgt, ihre Ohnmacht zu überwinden und das Bestehende symbolisch und in effektivem politischen Handeln zu transzendieren. Die Aussage von Röm 13, die auch auf die „Herrschaft" der Modernisierungsprozesse anzuwenden wäre, daß nämlich alle Herrschaft von Gott kommt, würde sie nicht legitimieren, sie aber auch nicht dämonisieren, sondern ihr gegenüber die nötige Freiheit und Distanz erringen, die zur Unterscheidung zwischen dem Gott des Lebens und götzenähnlichen Allmachtsansprüchen befähigt.

Ansonsten versteckt sich hinter dem (neo-) liberalen Modell globaler Toleranz und der Achtung partikularer Kulturen lediglich ein neuer Zynismus. In der Vorherrschaft des ökonomischen Systems erinnert diese „Weltgesellschaft" an das römische Imperium, in dem die verschiedenen Religionen gleichwertig und gleich gültig nebeneinander her bestehen konnten, wenn nur der Primat des Kaisers anerkannt wurde. Die vielen verschiedenen Religionen konnten dann dem Imperium nicht mehr gefährlich werden. Vielleicht ist der heutige Boom des Redens von Multikulturalität ein Reflex einer ähnlichen Situation: angesichts fortschreitender funktionaler Differenzierung sind es nicht mehr Weltanschauungen und Religionen, die das Ganze zusammenhalten. Sie scheinen in gewisser Weise überflüssig und für das Funktionieren des Systems irrelevant geworden zu sein, solange der Primat der Ökonomie nicht angezweifelt wird. Wo aber kann in diesem Kontext - ähnlich wie im spätrömischen Reich - das Christentum seine Widerstandspotentiale entfalten? Sicherlich nicht durch den bloß behaupteten Anspruch der Exklusivität. Notwendig scheint vielmehr eine eigene theologische Hermeneutik der Moderne, die es ermöglicht, in den selbstdestruktiven Tendenzen der Logik der Macht und der Logik der Expansion Chancen der

Korrektur zu entdecken und eine multiple Öffentlichkeit, die globale Zivil-gesellschaft, die weltweit vernetzten neuen sozialen Bewegungen, nicht zu-letzt natürlich auch die noch vorhandenen Reste autochthoner Kulturen als Felder und Potentiale neuer und innovativ zu bewältigender Inkultura-tionsaufgaben zu erkennen. Diese neuen Inkulturationsprojekte des Evange-liums müssen dann freilich über bisher gekannte klassische Formen christ-lichen Lebens hinausgehen. Dies würde auch eine Veränderung der Tages-ordnung des praktischen Christentums hierzulande implizieren. Lokale so-ziale Probleme der Menschen vor Ort und globale Vernetzungen müßten das Leben unserer Gemeinden bestimmen. Dann könnte davon gesprochen worden, daß die Herausforderung einer Inkulturation des Evangeliums in die Moderne auch im Blick auf die Opfer von Modernisierung wahrgenom-men würde.

MARGIT ECKHOLT

Inkulturation und Frauen

I. Inkulturation des christlichen Glaubens und Lebenswelt der
Frauen in Lateinamerika

Seit Mitte der 70er Jahre ist der Begriff der Inkulturation des Evangeliums in kirchliche Verlautbarungen und in der theologischen Arbeit, zunächst als neuer Akzent in der Missionswissenschaft eingeführt: Verkündigung des Evangeliums in anderen Kulturen ist nicht nur „Adaptation" oder „Akkulturation" der christlichen Botschaft in der fremden Kultur, sondern mehr: ein Hineinwachsen in die und eine tiefe Begegnung mit der Kultur, wobei deren religiösen Traditionen und vielfältigen Lebensvollzügen mit großem Respekt begegnet wird. Hintergrund dieser Einsicht sind vor allem mit dem Zweiten Vatikanum sich durchsetzende neue Erkenntnisse in der Verhältnisbestimmung von Evangelium, Glaube und Kultur. Christlicher Glaube drückt sich immer in spezifisch geschichtlich-kulturellen Lebensformen aus, er knüpft an bestehende Lebensformen an, prägt diese aus bzw. um; von daher gesehen stellt sich die Frage nach der „Identität des christlichen Glaubens in den lateinamerikanischen Kulturen" heute in aller Schärfe und Radikalität. Die Inkulturation des Glaubens in den lateinamerikanischen Kulturen ist ein Teil des Prozesses der Evangelisierung, der Begegnung des Evangeliums von *Jesus*, dem *Christus*, mit diesen Kulturen und dies in ihrer jeweiligen Vielfalt. Evangelisierung und damit auch die Inkulturation ist ein in der Geschichte nicht abschließbarer Prozeß. Das Evangelium ist „lebendige Gabe" des Geistes, und der Geist führt in die Wahrheit, die in ihrer Fülle je aussteht. Daß es zu einem Gelingen des Prozesses der Inkulturation kommen kann, ist wesentlich „Werk der Kultur, die die Botschaft des Evangeliums empfängt, genauer noch Werk der Christenheit 'vor Ort' und der Mitglieder der Ortskirche."

Kultur ist ebenfalls etwas Lebendiges, sie ist Werk der Männer und Frauen, die in und aus der Kultur leben und diese genau darin gestalten. So ist das Gelingen der Inkulturation des christlichen Glaubens davon abhängig, wie jeder und jede einzelne, Mann und Frau, in der Begegnung mit dem Evangelium zur eigenen Freiheit befreit werden und aus der Kraft dieses neuen Geistes und der neuen Liebe in *Jesus Christus* das kulturelle Umfeld, in dem sie und er leben, „neu schaffen" können. Inkulturation ist „eine neue Schöpfung im Innern der Kultur". Im Blick auf den lateinamerikanischen Kontext der Geschichte von „Konquista" und Evangelisierung muß diese theologische Aussage dabei in den gesellschaftlichen und politischen Rahmen der Errichtung des spanischen Kolonialreiches eingebunden werden und in die Ausgestaltung des spanischen Barockkatholizismus, die die

kulturellen Lebensformen in der „entdeckten" und „eroberten" Welt prägen. Dazu gehören dann auch, wie ich im folgenden zeigen möchte, Implikationen, die Bild und Rollenverständnis von Frau und Mann in diesem
kulturellen Kontext betreffen. Auf der anderen Seite wirkt aber auch hier
der Geist des Evangeliums in einer befreienden und jede kulturelle Erstarrung und Fixierung brechenden Kraft - dafür steht das Symbol der „morenita", der „Virgen de Guadalupe". Die Begegnung mit dem Evangelium ist
Begegnung mit einem anderen, die „herausfordert", die „verwundet", die
in einen „Konflikt" führt und jede ideologische Engführung und institutionelle Erstarrung bricht. In Gottes liebendem, aus dem Tod zum Leben erlösenden Handeln in *Jesus Christus* sind die Wege der Versöhnung vorge-
zeichnet, die für die Kulturwerdung des christlichen Glaubens wesentlich
sind. Das Evangelium ist immer „mehr", es treibt jede kulturelle Gestalt aus
sich heraus. Differenz und Konflikt auf der einen und Dialog und Versöhnung auf der anderen Seite sind Bestandteile des Weges in den Spuren des
Mannes aus Nazareth.

Den aufgrund der Weite und Vielfalt des Themas sicher sehr beschränkten Anmerkungen liegt folgende These zugrunde: Den Frauen kommt im
Prozeß der Ausbildung der lateinamerikanischen Identität, der Kulturstif-
tung, eine entscheidende Rolle zu; im Rahmen der Kulturanthropologie
wird das die lateinamerikanische Identität auszeichnende Moment oft als
„mestizaje" bezeichnet. In der „mestizaje" ein positives Moment zu sehen
und dadurch die lateinamerikanische Geschichte begleitende Vorurteile
dem Mestizen gegenüber aufzuarbeiten, ist nur möglich über die Anerkennung und Sichtbarmachung der Frau in der lateinamerikanischen Geschichte und Gegenwart. In den letzten Jahren sind lateinamerikanische So-
ziologinnen und Anthropologinnen in ihren Rekonstruktionen der Geschichte aus der Perspektive der Frauen darum bemüht. Ihre Arbeiten erwachsen aus Frauenbewegungen, die ihre ganz spezifischen Züge im
Kampf gegen die Militärdiktaturen, gegen Gewalt und Armut ausgebildet
haben. In diesem Kontext ist auch eine lateinamerikanische Theologie der
Frau, eine Befreiungstheologie aus der Perspektive der Frauen entstanden.
Der theologischen Arbeit kommt im Dialog mit den kulturanthropologi-
schen und soziologischen Arbeiten die Bedeutung zu, den wesentlichen Beitrag des christlichen Glaubens zu einer positiven Aneignung der „mestizaje" aufzuzeigen. Hier müssen die Überlegungen zum Themenfeld „Inkulturation und Frauen" ansetzen. Wichtiges Symbol für den Inkulturationsprozeß in Lateinamerika ist die „morenita" - die Virgen de Guadalupe und
mit ihr viele andere Symbole der Marienfrömmigkeit. In ihnen sind euro-
päisches und altamerikanisches Erbe eine positive Verbindung eingegangen. Anhand der Marienfrömmigkeit kann, wie die Studie von *Richard Nebel*
zur „Santa María Tonantzin - Virgen de Guadalupe" aufgezeigt hat, dem
Prozeß der Inkulturation des christlichen Glaubens in Lateinamerika nach-

gegangen werden, vor allem sein jede kulturelle Gestalt sprengender und darin aber auch versöhnender Charakter aufgezeigt werden.

Im Blick auf die Rolle der Frau in den lateinamerikanischen Kulturen und im Prozeß der Inkulturation des Glaubens können so folgende Fragen leitend werden: Welches Bild der Frau hat sich im Zuge von „Konquista" und Evangelisierung in den lateinamerikanischen Kulturen ausgebildet? Wie hat der christliche Glaube im Prozeß der Evangelisierung Lateinamerikas zur Identitätsbildung der Frauen beigetragen? Inwieweit haben die Frauen zur „neuen Schöpfung" im Innern der lateinamerikanischen Kulturen und das heißt zu deren Identitätsbildung beigetragen? Hier muß sich die kritische Frage anschließen: Inwieweit wurde diese „neue Schöpfung" durch die Frauen überhaupt erkannt und anerkannt?

II. Inkulturation des Glaubens und die Ausbildung geschichtlicher Identität: Marianismus und Machismus auf dem Prüfstand

Die Erfahrungen der lateinamerikanischen Frauen sind bis heute durch die Geschichte der „Konquista" geprägt. Wege der Hoffnung in der Gegenwart aufzuzeigen, Weggemeinschaften zu gründen, in denen die Liebe neu wachsen kann, ist nur möglich, wenn es Begegnungen gibt, in denen Versöhnung Wirklichkeit wird; Gewalt und Angst, die die lateinamerikanische Kultur immer noch prägen, leiten sich aus der Unversöhntheit mit der Geschichte ab. „Lateinamerika tritt mit dem brutalen Ereignis der 'Konquista' ins Licht der offiziellen, westlichen und eurozentrischen Geschichte. Gewalt und Angst charakterisieren von da an die Beziehungen zwischen seinen Einwohnern und sie spalten sie in unversöhnbare Gruppen ... Der Kolonialismus hat dem Neokolonialismus den Platz abgetreten ...; aber es bleiben die wirtschaftliche Ausbeutung und die extremen Ungleichgewichte, die sozialen Ungerechtigkeiten sowie die ethnische und kulturelle Unterdrückung. Die Gewalt, die Mißachtung, das Mißtrauen durchdringen alle Bereiche des gesellschaftlichen Lebens und der Beziehungen zwischen Klassen und Personen, sogar innerhalb der Familien." Die Frauen sind eines der besonderen Opfer dieser Geschichte - gleichzeitig aber auch diejenigen, die in der Gegenwart „Versöhnungsarbeit" leisten, in dem sie im Aufweis von Wegen der Hoffnung aus der Geschichte von Angst und Gewalt herausführen wollen.

In der Perspektive der Frau stellt sich die „Begegnung" der lateinamerikanischen Kulturen mit Europa als Geschichte einer Eroberung dar, als Akt der Gewalt und Vergewaltigung; die Frau ist die „chingada" (*Octavio Paz*), die „aufgerissene", eroberte und vergewaltigte Frau, aber auch die Frau, die, wie *Malinche*, die Geliebte *Hernán Cortés*, ihr Volk an die weißen Eroberer verrät. Es beginnt der Prozeß der „Mestizisierung", von *Octavio Paz* als Verlust der Identität beschrieben, als unstete, im Grunde sinnlose Suche nach dem verlorenen Paradies. Der Mestize ist der „roto", der vaterlose,

ziellos umherirrende Vagabund. Die Frau erfährt sich in diesem Prozeß der
Kulturmischung vor allem als Mutter, als alleinstehende Mutter, der Mann
als „huacho" - als Waisenkind, Sohn einer Indianerin, in einer fast inzestuö-
sen Beziehung auf die Mutter bezogen, ein vaterloser Mestize; der Sohn
kann kein reales Bild des Vaters ausbilden, identifiziert sich nicht als Mann,
sondern als Sohn einer Mutter. Beide, die Mutter und der Mestize, sind vom
Bild des „Otro ausente" („des fehlenden Anderen", des Vaters) gefangen
genommen. Die Stelle des fehlenden Vaters wird durch die mächtige und
gewalttätige Gegenwart des „caudillo", „guerillero" und „macho" ersetzt.
Der Vater übt so - abwesend - weiterhin in Form der politischen, militäri-
schen ... Macht Gewalt aus, vor allem als Gewalt über den Körper der
Frauen, indem er ihr Leben als Leben im Raum des „Hauses", des Privaten
strengstens reglementiert - ein Leben des Verzichts, in der „Unsichtbarkeit".
   Ein Blick in die lateinamerikanische Religionsgeschichte und die durch
die Religion vermittelte Rolle der Frau wird hier von Wichtigkeit: Nach der
„Konquista" kam dem Element des Weiblichen in der religiösen Symbolik -
der Jungfrau und Mutter - besondere Bedeutung zu. Die „Konquista" bedeutete das Ende der männlichen Gottheiten der präkolumbianischen Göt-
terpaare; die weibliche Figur des Heilenden, Bewahrenden und Bergenden,
des Mutterschoßes neuen Lebens, gewinnt an Bedeutung. Symbol dafür ist
Maria, deren Verehrung sich mit Elementen der Maya-, Quechua-, Ma-
puche- usw. Religionen mischt und zu einem religiösen Synkretismus führt.
Maria wird mit Pachamama, der Erde, der Fruchtbarkeit, identifiziert, mit
der Göttin Tonantzin auf dem Tepeyac in Mexiko-Stadt. Das Weibliche wird
zum bedeutendsten religiösen Symbol, das - und dies ist das überraschende
und für den Prozeß der Identitätsfindung auf dem lateinamerikanischen
Kontinent entscheidende Moment - das neue Ethos der Mestizenkultur
prägt. Es wird vor allem zu einem Symbol, das den lateinamerikanischen
Ursprung und damit die Identität klärt, „Kinder einer indianischen Mutter
und eines spanischen Vaters zu sein" (*O. Paz, S. Montecino*). Der Indio *Juan
Diego*, der die Botschaft *Marias* auf dem Tepeyac, dem heiligen Berg Mexikos, erhält, erfährt sich als Kind der Virgen de Guadalupe; sie begegnet ihm
in indianischer Gestalt. Zwei Jahrhunderte später affirmiert das mexikanische Volk seine eigene Mestizenidentität gerade über die Verehrung *Marias*.
Maria begleitet den Befreiungskampf von den Spaniern. Im Wallfahrtszen-
trum La Tirana im Norden Chiles wird die „China", die „ñusta", die Inka-
prinzessin, als Jungfrau La Tirana verehrt, sie wird zum Symbol der neuen -
weder indianischen noch spanischen - Gesellschaft: Gerade ihre Liebe zum
Spanier erlaubt es ihr, ihre eigene Kultur zu überschreiten, sie wird zur
„ícono de la sociedad mestiza de esta tierra" (*Lautaro Nuñoz*).
   Die vielen Wallfahrtsstätten - in Guadalupe/Mexiko, Andacollo/Chile,
Caacupé/Paraguay, Titicaca/Bolivien usw. - sind bis heute Zeichen der Bedeutung, die *Maria* in der Volksfrömmigkeit zukam und zukommt. Doch ist
das Mariensymbol - als identitätsstiftendes Symbol für die Frau - in sich

ambivalent; die Gefahr der Vermittlung eines repressiven Frauenbildes, d.h. eines Bildes der Hingabe, der Demut, der Stille, der Unsichtbarkeit besteht; *Marianismus* und Machismus werden in vielen Untersuchungen parallelisiert. Der Selbstwerdungsprozeß der lateinamerikanischen Kirche, der mit der Konferenz von Medellín (1968) eingesetzt hat, die Durchsetzung einer „vorrangigen Option für die Armen" auf der Ebene der Pastoral, läßt aber auch Züge einer „neuen" *Maria* entdecken. Es sind Züge, die die Volksreligiosität seit Beginn der „Evangelisierung" prägen. *Ivone Gebara* und *Maria Clara Bingemer* arbeiten dies in ihrer Studie zur Mariologie in Lateinamerika heraus:

Maria steht auf Seite der Unterdrückten, sie selbst ist die marginalisierte Frau, die starke Frau, Beispiel für viele Frauen, die das Kreuz des armen Volkes auf sich nehmen und Schritte in die Zukunft, dem Leben zuliebe, wagen. *Maria*, vor allem die *Maria* des Magnificat, ist das „authentische Gesicht Gottes, ein wahres Zeichen des Lebens und der Auferstehung der Welt", *Maria* wird als die Mutter Gottes verehrt, die vor den „Richtern, Kolonialherren, Dieben und Plünderern beschützen soll" (*Guamán Poma de Ayala*), sie ist die „Mutter des Lachens", das sich in den das Leben feiernden Tänzen vor den Marienheiligtümern seinen Ausdruck verschafft. Die ganze Komplexität und Ambivalenz, die in den Prozessen der Inkulturation des christlichen Glaubens liegen, werden hier deutlich - einerseits „Unterdrückung", andererseits aber im gleichen Maß „Emanzipation und Befreiung".

Theologische und kulturanthropologische Arbeiten der letzten Jahre sind um den befreienden Beitrag der Frauen in der Geschichte Lateinamerikas bemüht - befreiend gerade im Blick auf ein Zurechtrücken des Bildes der Frau und ihres positiven Beitrages zur Identitätsfindung der lateinamerikanischen Gesellschaften. Kulturanthropologische Arbeiten von Frauen setzen beim Moment der „mestizaje" an. In der Ikonographie des 17. und 18. Jahrhunderts wird die „Neue Welt", Lateinamerika, als Kontinent in Gestalt einer Frau dargestellt, einer Mutter, die ein weißes und schwarzes Kind nährt, ihre eigenen Kinder, den Indio und Mestizen, jedoch zurückstößt. Dies entspricht der gesellschaftlichen Geringschätzung des Mestizen und damit verbunden seiner negativen Eigenwahrnehmung. Dagegen wird nun herausgearbeitet: nicht Negierung der Mestizisierung, sondern allein deren Affirmation - in aller Gebrochenheit und „Ungeschminktheit" - kann identitätsstiftend und versöhnend sein und die lateinamerikanische Gesellschaft in die Zukunft weisen. Auf diesem Weg werden auch die Frauen „sichtbar"; der ideologische Umgang vor allem mit dem Bild und Symbol der Mutter wird aufgewiesen - ideologisch, insofern der Frau als Mutter Bedeutung zugesprochen wird, jedoch um gerade die Frau in ihrem Frausein, als wirkliche und gleichberechtigte Partnerin des Mannes, in der „Unsichtbarkeit" gefangen zu halten. Bis heute sind die lateinamerikanischen Gesellschaften davon geprägt. Ein Großteil der Frauen war und ist alleinerziehend - d.h. sie erhalten Anerkennung nur als Mütter, sie sind nicht Partnerinnen des Mannes,

der Partner fehlte und fehlt. Gerade diese Situation und damit Schein und
Maske der Mestizenkultur werden in den letzten Jahren aufgedeckt. Im
Durchbrechen der Tabus kann die „maskierte Gesellschaft" aus ihrer Lüge
befreit werden, ist ein Weg zu einer wirklich „neuen Welt", einer erwachsenen - modernen - Gesellschaft möglich. Der Mestize, der „huacho", das
ewige Kind, wird zum Mann. Erste Schritte der Affirmation und Sichtbarmachung dieser Mestizenidentität zeigen sich in den vielfältigen Frauenbewegungen. Von Bedeutung sind hier auch die christlichen Gemeinschaften,
die Frauenarbeit in den unterschiedlichen Gestalten der Pastoral. Die
„Mutter" überschreitet den Raum des Privaten, wagt den Schritt in die Öffentlichkeit hinein; ihr Wort, ihre Gegenwart stellen die Kultur des Scheins
in Frage. Die fast inzestuöse Beziehung von Mutter und Sohn wird durchbrochen, Mann und Frau erkennen und anerkennen sich in ihrer Differenz.
Erst dann kann es zu wirklicher Partnerschaft zwischen Mann und Frau
kommen; der Weg der Frauen ist so ein Weg hin zu einer neuen Gemeinschaft von Mann und Frau. In ihren alltäglichen Kämpfen erwächst der
Raum für Beziehungen gegenseitiger Achtung zwischen Männern, Frauen
und der Erde, mit einer erneuernden Kraft, die nur vom Geist herrühren
kann (vgl. Weish 7,27). Einer Moderne wird hier der Weg bereitet, in der im
partnerschaftlichen und liebenden Austausch von Mann und Frau im
„Mehr" der Liebe neue Formen von Gemeinschaft entstehen können.

Der angezeigte Blick in die Geschichte kann sicher nur Ausschnitte einer
sehr komplexen Ortsbestimmung der Frau in den lateinamerikanischen Kulturen und ihres Beitrags zu deren Identitätsfindung anzeigen. Der Blick in
die Geschichte ist jedoch notwendig, um der Diskussion über das Inkulturationsparadigma heute gerecht werden zu können. Glaubenserfahrungen
und Ausbildung von konkreten Lebensformen des Glaubens der Frauen
hängen von der Einbindung der Frauen in Kultur und Gesellschaft ab. Gerade der Blick auf die Frau und das durch gesellschaftliche und religiöse
Vorgaben vermittelte Frauenbild kann die Komplexität und Ambivalenz des
Inkulturationsprozesses vor Augen führen. Glaube und Kultur sind sich in
Lateinamerika begegnet: Der Glaube, der an bestimmte kulturelle Muster
gebunden war („spanischer Barockkatholizismus") und sich in je unter-
schiedlichem Ausmaß daran geklammert hat bzw. davon befreien ließ - hier
spielten die Interessen einer Kolonialkirche oder von Ordensgemeinschaften
sowie der staatliche Einfluß je unterschiedliche Rollen -, transportiert auch
ein bestimmtes Frauenbild. Dieser an ein kulturelles Kleid „gebundene"
Glaube stößt auf das kulturelle und religiöse Gefüge der präkolumbianischen Völker; für sie bedeutet die Begegnung Kulturzerstörung, einen Iden-
titätsbruch. Vielfältiger Formen von Gewalt zum Trotz werden jedoch auch
kulturelle und religiöse Muster der altamerikanischen Völker in den christlichen Glauben aufgenommen, bzw. der Glaube öffnet sich für sie - dafür
steht das Symbol der Virgen de Guadalupe. Ein Prozeß der Mestizisierung

beginnt, der nur langsam in seiner die neue - „lateinamerikanische" - Identität ausmachenden Bedeutung anerkannt wird.

Dem Blick der Frauen auf diese geschichtliche Entwicklung kommt hier große Bedeutung zu: Sichtbar und anerkannt wird die Rolle der Frau in der Ausbildung der „Identität" der lateinamerikanischen Kultur erst in den letzten Jahren. Zugespitzt könnte behauptet werden: Erst mit der Anerkennung und Sichtbarmachung der Frau kann Lateinamerika zu einer „Identität" finden, und das heißt dann auch: Erst jetzt ist es überhaupt möglich, von einer Kirche mit „lateinamerikanischem" Gesicht zu sprechen, erst jetzt kann der christliche Glaube in seine Identität in den lateinamerikanischen Kulturen hineinwachsen. Einer „Inkulturation des christlichen Glaubens" über den Beitrag der Frau kann nachgegangen werden, das Wirken von *Sor Rosa von Lima*, von *Sor Ursula Suárez* in Chile oder von *Sor Juana Inés de la Cruz* in Mexiko kann hier erwähnt werden. Dieses Aufspüren ist aber auch mit einer „Exkulturation" verbunden; das Bild der Frau - und in gleicher Weise das Bild des Mannes - muß sich aus dem „machismo" lösen und dadurch beide, Mann und Frau, zu wahrem Menschsein befreien. Dann ist es erst möglich, von kultureller und Glaubensidentität zu sprechen.

III. Inkulturation und Frauen - abschließende Thesen

1. Inkulturation und aktive Präsenz der Frauen im Prozeß der Evangelisierung

Eine Analyse des Inkulturationsprozesses in Lateinamerika in Vergangenheit und Gegenwart sowie die Suche nach Formen einer gelingenden Evangelisierung für das dritte Jahrtausend muß die Perspektive der Frauen miteinschließen. Viele Frauen haben die mit der Generalversammlung des Lateinamerikanischen Episkopats in Medellín (1968) einsetzende neue Gestaltwerdung der lateinamerikanischen Kirche aktiv vorangetragen; ohne ihre Arbeit als Katechetinnen, in den Basisgemeinden, den vielen Gemeinschaften wäre es nicht zu einer Erneuerung der Perspektiven in Pastoral, Ekklesiologie und Theologie gekommen. Die vorrangige „Option für die Armen" wird von den Frauen, die in Basisorganisationen tätig waren und sind (in den Armenküchen, in Frauengruppen usw.) entscheidend mitgetragen.

Wenn von „Sichtbarmachung" der Frau im Blick auf ihre Rolle im Prozeß der Identitätsfindung der lateinamerikanischen Kulturen die Rede war, so trifft dies in gleicher Weise für die Kirche zu. Die in Santo Domingo (1992) versammelten Bischöfe unterstützen diesen Prozeß: „Die neue Evangelisierung muß entschieden und aktiv für die Würde der Frau eintreten; dies bedeutet die Stärkung der Rolle der Frau in der Kirche und in der Gesellschaft" (*Santo Domingo* 105). Eine Inkulturation des christlichen Glaubens aus der Perspektive der Frauen steht damit im Kontext einer Stärkung lebendiger und geistgetragener Vielfalt innerhalb der katholischen Kirche, der Ausgestaltung neuer Lebensformen in der Kirche als Ausdruck des Wirkens des Heiligen Geistes.

Im Blick auf die Evangelisierung im dritten Jahrtausend ist ein wichtiges und für die Zukunft der Weltkirche bedeutendes Moment die „Ökumene" der Frauen. In der Basisarbeit der letzten Jahre, im gemeinsamen Kampf gegen Armut und um Menschenwürde ist ökumenische Zusammenarbeit zur Selbstverständlichkeit geworden. Katholische Frauen sitzen mit Frauen aus verschiedenen evangelischen Gemeinschaften in einem Boot. Eine Inkulturation des christlichen Glaubens in der auch immer stärker säkularisierten und entchristlichten Moderne Lateinamerikas muß an diese neue ökumenische Sensibilität anknüpfen und die Gemeinschaft der christlichen Kirchen stärken, die im gemeinsamen Kampf gegen Armut und Gewalt wachsen kann.

2. Inkulturation und Theologie aus der Perspektive der Frauen

Nur wenige Frauen - und hier zumeist Ordensfrauen - konnten sich in den letzten Jahren über ein Theologiestudium an katholischen Universitäten oder diözesanen Seminaren qualifizieren, noch weniger konnten ihr Interesse an theologischen Sachfragen gar durch eine Lizenziatur oder ein Doktorat vertiefen. „Präsenz des Weiblichen" auf der Ebene der Basisgemeinden und Basisbewegungen ist eine Tatsache, pastorale Arbeit von Ordensfrauen und Laien eine Selbstverständlichkeit; in der akademischen Theologie fehlt eine solche „Präsenz" zum großen Teil. Das bedeutet nun nicht, daß es keine theologische Reflexion von Frauen gibt; in den letzten Jahren ist eine lateinamerikanische Theologie der Frauen entstanden, die jedoch bislang keine akademische Anerkennung erfährt. Sie erwächst - und hier steht sie der Theologie der Befreiung nahe - aus der Praxis, aus der Arbeit der Katechetinnen, aus der Arbeit in Basisorganisationen. Die theologische Reflexion der Frauen ist zum einen durch eine tiefe Spiritualität, eine Nähe zum Evangelium gekennzeichnet, andererseits durch einen tiefen Lebensrealismus. Die inkarnatorische Dimension des Glaubens ist ernstgenommen, die Theologie der Frauen ist im konkreten Leben verwurzelt. So kommen z.B. der Leiblichkeit und dem Körper der Frau besondere Bedeutung zu, Kontingenz und Fragilität der Lebenserfahrungen, durch Armut und Gewalt bedingte Biographiebrüche usw. stellen wichtige Ansatzpunkte theologischer Anthropologie aus der Perspektive der Frauen dar. Die Option für die Armen, in der Unrecht und Gewalt den Frauen gegenüber angeklagt werden, ist dabei in eine „Option für das Leben" eingebunden, die bei der Erfahrung der lebenspendenden Liebe Gottes, seiner unermeßbaren „Gratuität" ansetzt. Die theologische Arbeit der Frauen zu fördern, kann ein wichtiges Moment im Prozeß der Inkulturation des Glaubens in den lateinamerikanischen Kulturen darstellen. Sie trägt, wie die indianischen Theologien, zu einer Konkretisierung und Inkulturation der in der Theologie der Befreiung entfalteten vorrangigen „Option für die Armen" bei.

3. Inkulturation und Entwicklungsprozeß

Ohne die ehrliche Erinnerung an die Geschichte der Gewalt, die mit der Entdeckung und Eroberung Lateinamerikas übereinging, können Wege der Versöhnung nicht gegangen werden. Ohne die Erinnerung an die Gewalt, die auch heute noch den Alltag von Frauen in Nord und Süd, Ost und West bestimmt, ist auch der positive Beitrag der Frauen zum Entwicklungsprozeß nicht aufzuzeigen. Entwicklungsanstrengungen sind immer von einem Kampf gegen offene oder verdeckte Formen der Diskriminierung begleitet. Das trifft in Lateinamerika insbesondere für schwarze Frauen und Indianerinnen zu; sie erfahren eine zweifache Diskriminierung: durch ihr Frausein und ihr Schwarz- bzw. Indígenasein. Eine der Entwicklungsaufgaben muß so in der Förderung der Bewußtseinsbildung, der Ausbildung der Frauen liegen; dadurch kann ihr Selbstwertgefühl gestärkt werden und das von Kindheit an internalisierte Selbstbild, daß Männer besser und mehr wert seien, durchbrochen werden. Frauen, die durch Kurse oder ein Studium an ihrem Selbstwertgefühl arbeiten könnten, lassen Lethargie und Anpassung hinter sich und agieren mutiger, insbesondere auch durch Einmischung auf der politischen Ebene.

Ein die Entwicklungsarbeit bereicherndes Moment stellen Überlegungen von Frauen dar, die beim Reich des „Privaten", der „Alltäglichkeit" ansetzen. Die kulturellen Werte, die im Raum des „Hauses" verborgen und geborgen sind, können, werden sie sichtbar gemacht, deutlich machen, daß Entwicklungsprozesse nicht einlinig verlaufen, nicht homogen sind, vielmehr vielfältig, aus vielen unterschiedlichen kleinen Schritten zusammengesetzt sind. Die über die Perspektive der Frauen eingebrachten Momente von Differenz und Pluralität können die Entwicklungsdiskussion im positiven Sinn verändern. Die Bedeutung von interpersonalen Beziehungen und der Gemeinschaft, von Subjektivität, eine Offenheit für Pluralität, für die Perspektivität, Fragmentarität und Zerbrechlichkeit des Lebens werden in den an die Lebenswelten der Frauen geknüpften Werten ausgedrückt. In den Basisorganisationen der Frauen entfaltet sich eine „economía de la solidaridad", die die gesellschafts- und wirtschaftspolitischen Diskussionen bereichern kann. Immer mehr wird hier auch den Lebensformen der indianischen und afroamerikanischen Kulturen Bedeutung zukommen. Der Zugang zu den diesen Kulturen eigenen weiblichen Bilderwelten muß erschlossen werden.

Er kann die Identität der Frauen stärken und sie ermutigen, gegen ihre Unterdrückung und für ihre Befreiung und Rechte zu kämpfen. Ein Inkulturationsprozeß in der Perspektive der vorrangigen „Option für die Armen" -

und hier insbesondere der „Option für die armen Frauen" - muß auch dies berücksichtigen.

4. Inkulturation und interkultureller Dialog - Lerngemeinschaft Weltkirche

In der lateinamerikanischen Theologie aus der Perspektive der Frauen stehen Fragen konkreter Lebensgestaltung, die Alltagserfahrungen von Armut, politischer und wirtschaftlicher Unterdrückung in einer immer noch prägenden Kultur des Machismus im Mittelpunkt. Dieser Blick auf die konkrete Situation der Frauen in Lateinamerika kann die europäische und nordamerikanische Debatte um die Geschlechterdifferenz bereichern, ihre wirtschaftliche, soziale und kulturelle Dimension aufzeigen. Die Frauen Lateinamerikas sind sich ihrer unterschiedlichen Lebenschancen aufgrund der Zugehörigkeit zu einer sozialen Klasse, Rasse, zu einem bestimmten kulturellen Kontext und aufgrund ihrer eigenen Ausbildung, ihres Familienstandes usw. bewußt. Der konkrete kulturelle Lebenskontext der Frauen, die einzelnen Lebensbiographien in all ihrer Fragmentarität und Perspektivität stellen einen Ausgangspunkt der theologischen Arbeiten dar; ein Blick auf diese Perspektive kann auch einen Anstoß für die europäischen Diskussionen geben. Die Bereicherung, die im Beitrag der lateinamerikanischen feministischen Theologie für den Norden liegt, besteht genau in ihrer Lebensnähe, der Einbindung in den Bewußtseinsbildungs- und Befreiungsprozeß der Frauen, in der Einsicht in die kulturelle Ausprägung von Frauenbildern, die Aufarbeitung des weiblichen Elementes in der lateinamerikanischen Kultur und des konkreten Beitrages der Frau zur Ausgestaltung des Ethos, der verschiedenen kulturellen Lebensformen. Werden diese Momente in der theologischen Reflexion aufgegriffen, kann theologische Sprache eine größere Lebensdichte erhalten, eine neue Nähe zum Menschen und zu Gott; Gott ist der verzeihende Vater und die zärtliche Mutter, ein Gott des Lebens, dessen Gnade in der Schönheit des Lebens und der Schöpfung erkannt wird.

Die lateinamerikanischen Frauen haben sich auf den Weg gemacht. Unsere Aufgabe ist, zu Formen eines gemeinsamen Weges, einer geteilten Hoffnung zu finden. Hier ist vor allem Solidarität mit den armen Frauen Lateinamerikas gefragt. Es gibt sicher verschiedene Möglichkeiten der Solidarität, die Förderung von Entwicklungsprojekten, die Mitarbeit an der Frauenbildung, die Unterstützung der theologischen Ausbildung der Frauen. Die Frauen Lateinamerikas, ihre Arbeit, ihre Hoffnungen, ihre Freude und ihr Leid müssen auch bei uns „sichtbar" werden, zur Sprache oder ins Bild gebracht werden. Wichtig sind aber auch symbolische Vermittlungen, Zeichen für gemeinsame Wege in die Zukunft, für Wege der Versöhnung, die die Nord-Süd-Differenz, das durch ungleiche Bildungschancen und wirtschaftliche Stärke bedingte Machtgefälle zwischen den Frauen in Deutschland und Lateinamerika nicht kaschieren, vielmehr, getragen von der christlichen Hoffnung, zur Sprache prophetischen Protestes werden lassen. Der „Weltgebetstag der Frauen" ist eine wichtige institutionalisierte Form der Gebetsgemeinschaft der Christinnen in der ganzen Welt. Vielleicht lassen sich Formen der Wallfahrt und des Festes finden, Orte, an denen sich Frauen aus Nord und Süd, West und Ost treffen, um hier ihre kulturelle Differenz in die Gemeinschaft des Gebets und vielfältiger Formen gelebter Solidarität münden zu lassen. Die Vielfalt von Babel kann Segen sein, gleichzeitig ist sie aber auch der Weg zu einem Pfingsten: Der Geist führt die vielen in die Wahrheit und führt zur Einheit. Darin sind wir Kirche, in der die missionarische Dimension unseres Christseins lebt.

NIKOLAUS WERZ

Inkulturation und Medien[1]

1. In Lateinamerika besteht schon wesentlich länger eine privatisierte Medi-engesellschaft als in der Bundesrepublik Deutschland. Deshalb sind auch ausgeprägtere Erfahrungen mit den privaten Medien vorhanden; die aktuel-len Veränderungen im Kommunikationsbereich betreffen diese Gesellschaf-ten zwar auch, die Diskussion verläuft jedoch anders als in Deutschland, zumal das Fernsehen - mit Ausnahme einzelner „Kulturkanäle" - keinen dezidierten Bildungsauftrag hat und der nordamerikanische Einfluß von Anfang an enorm war.

Radio und Fernsehen wurden in Mexiko, Brasilien, Kuba und Argenti-nien frühzeitig wichtig. Es folgten Venezuela, Kolumbien, Uruguay u.a., und in den 60er Jahren etablierte sich das Fernsehen auch in Costa Rica, Guatemala und Panama[2]. Lateinamerikanische Fernsehstationen haben pro-zentual die höchsten Werbeeinnahmen auf der Welt. Ein weiteres Merkmal der lateinamerikanischen Medienlandschaft ist das Vorhandensein starker Einflußgruppen und regelrechter Familienunternehmen in Kuba, Mexiko, Brasilien und Venezuela.

2. Mitte der 90er Jahre stellt der spanischsprachige Raum den zweitgröß-ten audiovisuellen Markt auf der Welt dar. Dazu gehören: 330 Mio. potenti-elle Fernsehzuschauer, davon 270 Mio. in Lateinamerika, 24 Mio. in den USA und 39 Mio. in Spanien. Der portugiesischsprachige Bereich konzen-triert sich weitgehend auf Brasilien (150 Mio.).

Die städtische Population Lateinamerikas, die fast achtzig Prozent der Einwohner ausmacht, sieht sich zu einem großen Teil vom Fernsehen erfaßt. In Ballungszentren wie Mexiko-Stadt, São Paulo, Rio de Janeiro, Buenos Ai-res, Lima, Bogotá und Caracas wird von einer Quote von neunzig Prozent ausgegangen. Eine untergeordnete Rolle spielt das Kabelfernsehen mit 5 Mio. Abonnenten, wobei Mexiko und Argentinien an der Spitze liegen[3]. Mittlerweile erfolgt in den urbanisierten Gebieten Lateinamerikas ein Groß-teil des Kulturkonsums über private Medien. Eine Untersuchung zu Me-xiko-Stadt hat ergeben, daß zehn Prozent der am kulturellen Leben Beteilig-ten Theater, Kinos und Konzertsäle aufsuchen, weitere zehn Prozent neh-men an Kulturveranstaltungen des eigenen Viertels teil, darunter auch an den *fiestas patronales*, die in Mexiko eine große Bedeutung haben. Achtzig

---

1 *Martin Hagenmaier* hatte dankenswerterweise das Protokoll erstellt. Einzelne Ergebnisse wurden übernommen.
2 *Elisabeth Fox*, Latin American broadcasting, in: *Leslie Bethell* (Hrsg.), The Cambridge History of Latin America, Bd. 10, Cambridge 1995, 519-568.
3 *Graciela Schneier Madanes* (Hrsg.), L'Amérique latine et ses télévisions: du local au mondial, Paris 1995, 2.

Prozent aber widmen sich im privaten Bereich dem Kulturkonsum, der sich auf Radio, Fernsehen und Videos beschränkt[4]. Neben den kommerziellen Sendern sind in den letzten Jahren eine Vielzahl von alternativen Stationen und Stadtteilradios entstanden.

3. Die moderne Massen- und Medienkultur Lateinamerikas besitzt durchaus „autochthone" und synkretistische Züge. Mit anderen Worten: Die Fernsehprogramme sind nicht bloß ein Import aus den USA, sondern enthalten lateinamerikanische bzw. nationalspezifische Zusätze. Untersuchungen zu den Hauptsendezeiten im brasilianischen Fernsehen haben ergeben, daß die telenovelas aus der einheimischen Produktion die nordamerikanischen Serien auf spätere bzw. frühere Termine im Abend- bzw. Nachmittagsprogramm verdrängt haben. Verschiedene telenovelas entwickelten sich zu Exportschlagern in europäische Länder. Viele telenovelas enthalten auch Momente religiösen Lebens und christliche Rituale, da sie sich an der Volkskultur orientieren. Insofern ist das Fernsehen auch ein Spiegelbild der in der Gesellschaft vorhandenen Traditionen und nicht bloß ein Motor der Säkularisierung.

4. Trotz der hohen Bedeutung der privaten Massenmedien in Lateinamerika handelt es sich um ein von deutschsprachigen Lateinamerikaforschern wenig untersuchtes Thema[5]. In Lateinamerika selbst sieht es anders aus: Vor allem zur Medienlandschaft Brasiliens liegen Studien vor. In einzelnen Staaten - wie Venezuela - sind Gruppen mit einem kirchlichen Hintergrund aktiv und geben regelmäßig Veröffentlichungen heraus (Beispiel: die Zeitschrift Communicación). Die Rolle und die Macht der Medien sowie der Bewußtseinsindustrie im politischen Prozeß der lateinamerikanischen Länder ist für den Re-Demokratisierungsprozeß der 80er Jahre bearbeitet worden[6]. Ihr wachsender Einfluß zeigt sich sowohl beim Aufstieg einzelner Politiker - wie *Collor de Mello* in Brasilien - aber auch bei ihrem Niedergang - wie der Amtsenthebung *Carlos Andrés Pérez* in Venezuela.

Dies gilt auch für den Bereich der Medien- und Fernsehgesetzgebung. Ein demokratisches Presse- und Rundfunkwesen kann und sollte eine wichtige Rolle beim Prozeß der Konsolidierung der Demokratie und bei der Förderung christlicher Werte spielen; zur Zeit wird in Brasilien darüber diskutiert, ob öffentlich-rechtliche Kanäle eingeführt werden können. Interessant wären Vergleiche mit der Mediengesetzgebung in Europa.

5. Die Unterstützung von Rundfunksendern und Bildungsprogrammen in Lateinamerika durch die deutsche Entwicklungspolitik hat eher abge-

---

4   *Nikolaus Werz*, Lateinamerika: Kultureller Modernismus ohne gesellschaftliche Entwicklung?, in: Zeitschrift für Kulturaustausch 41/4 (1991) 543-552.
5   Überblick bei *Jürgen Wilke* (Hrsg.), Massenmedien in Lateinamerika, 2 Bde., Frankfurt/M. 1994.
6   *Thomas E. Skidmore* (Hrsg.), Television, politics and the transition to democracy in Latin America, Washington D.C. 1993; *Carlos H. Filgueira/Dieter Nohlen* (Hrsg.), Prensa y transición democrática, Frankfurt/M.-Madrid 1994.

nommen. Während der 60er Jahre wurden Rundfunksender im Rahmen des Konzeptes der ländlichen Entwicklung gefördert, das damalige Idealbild kann man als den campesino mit Pflug, Ochsen und Transistorradio beschreiben. In den 70er und 80er Jahren gewannen die Rundfunkprogramme eine stärker politische Ausrichtung. Nach wie vor gibt es in den ländlichen Regionen und mit Blick auf die indigene Bevölkerung solche am praktischen Leben der Menschen ausgerichteten Rundfunksendungen. Einige Radiostationen strahlen in der Sprache einer bestimmten Indigenagruppe aus. Zum Beispiel sendet in Bolivien das Radio San Gabriel nur in Aymara und wurde so zum Sender der Aymara-Indigena. Über Bolivien hinaus ist er ein Kommunikations- und Identifikationsinstrument dieser Bevölkerungsgruppe. Neuere Untersuchungen haben einen Einfluß von Radiostationen mit einem partizipatorischen Programmansatz auf indigene Gemeinden der Tojalabal Mayas im Hochland von Chiapas, Mexiko, festgestellt[7].

Auch kirchliche Hilfswerke und deutsche Parteistiftungen sind in diesem Bereich tätig. Während sich die Medienprojekte der Friedrich-Ebert-Stiftung auf Ecuador konzentrieren, unterhielt die Konrad-Adenauer-Stiftung zunächst in Lima und jetzt in Buenos Aires entsprechende Projekte. Traditionell gehört die Förderung der Journalistenausbildung und von Rundfunkstationen zu den Aktivitäten der liberalen Friedrich-Naumann-Stiftung[8]. Die Initiativen der katholischen Kirche sind im „catholic media council" (Medienplanung für Entwicklungsländer und Ost-/Mitteleuropa) zusammengefaßt worden.

6. Die Bedeutung der Medien für die Inkulturation zeigt sich auch darin, daß die Sekten sehr viel in den Aufbau von Radio- und Fernsehstationen investiert haben. Einer der größten Fernsehkanäle Brasiliens steht unter ihrem Einfluß. Deshalb wird dort über einen eigenen kirchlichen Fernsehkanal nachgedacht. Stärker präsent ist die Kirche im Bereich des Radios durch deutlich preisgünstigere kleine Sender. Während die Programme der Sekten US-amerikanische Einflüsse aufweisen, sind die katholischen Programme nationaler geprägt. Von der Aufmachung her sind sie eher konservativ aufgebaut, stark text- und kopforientiert, ohne die Möglichkeiten der Medien voll ausnützen zu können. Eine mediengerechte Sprache muß noch entwickelt werden. Viele dieser kleinen Radiosender kämpfen mit finanziellen Schwierigkeiten und sind von Hilfsgeldern abhängig. In Zukunft soll ein Satellitennetzwerk der katholischen Radios dabei helfen, gegenseitig Radioprogramme auszutauschen und ein Nachrichtenprogramm anzubieten.

7. Der Medienbereich wird in Zukunft noch an Bedeutung gewinnen. Die katholische Kirche befindet sich in einer Konkurrenzsituation mit den Sek-

---

7 *Lucila Vargas*, Social Uses and Radio Practices. The Use of Participatory Radio by Ethnic Minorities in Mexico, Boulder 1995.
8 Als Beispiel *Oswaldo Yepes*, Cuentos y recuentos de la radio en Venezuela (Fundación Naumann), Caracas 1993.

ten. Diese orientieren sich an den nordamerikanischen Vorbildern und verfügen über umfangreiche Geldmittel. Ein erfolgreiches Beispiel für einen kirchlichen Fernsehsender gibt es an der katholischen Universität in Chile. Er gilt als zweitwichtigster Sender im Land, der marktorientiert ist und dabei christliche Elemente aufweist. Ansonsten scheitert der Wunsch, eigene kirchliche Fernsehsender zu betreiben, zumeist an der ökonomischen Lage. Da bei vielen die Verkündigung im Vordergrund steht und nicht ein journalistisches Anliegen, sind die Aussichten mancher Sender gering. Eine Alternative besteht darin, Journalisten zu fördern, die dann in anderen Fernsehsendern im Sinne der Kirche arbeiten. Es gilt zu berücksichtigen, daß die Radiosender nach wie vor sehr viel billiger sind als das Fernsehen.

8. Im Bereich der cultura popular sind kirchliche und religiöse Einflüsse fast die einzigen Gegenkräfte in einer zunehmend globalisierten und von privaten Medien beherrschten Situation. Als Folge der zur Zeit in Lateinamerika stattfindenden Entstaatlichungsprozesse und der allgemeinen Privatisierung gewinnen christliche Gruppen, aber auch die Sekten eine neue Bedeutung. Die Akteure eines populistischen Staates, d.h. die Parteien und die Gewerkschaften verlieren an Relevanz, sie sind in den Armutsvierteln nur noch schwach vertreten. Gleiches gilt für die Kulturvorhaben, die dem populistischen Entwicklungsmodell zugrunde lagen. Insofern ist die Ausgangslage für christliche Nichtregierungsorganisationen nicht so schlecht, sofern sie über eine Finanzierung verfügen[9].

---

[9] Zur weiteren Beschäftigung mit diesem Thema vgl. *Karin Bohmann*, Medien und Journalismus, in: *Dietrich Briesemeister/Klaus Zimmermann* (Hrsg.), Mexiko heute, Frankfurt/M., 2. Aufl. 1996, 580-590; *Jaime Durán Barba* u.a., El rol de los medios de comunicación en el proceso de transición y consolidación democrática en América Latina (IIDH, CAPEL), San José 1993; *Canclini Garciá* u.a., El consumo cultural en México, México D.F. 1993; *Octavio Getino*, Las industrias culturales en la Argentina. Dimensión económica y políticas públicas, Buenos Aires 1995; IPAL (Hrsg.), Publicidad: la otra cultura. Cristianismo y comunicación en América Latina, Lima 1987; *Jaci Maraschin* (Hrsg.), Comunicação e teologia na América Latina, São Bernardo do Campo 1986; *Kristina Michohelles/Marcelo Leite*, Presse, Funk, Fernsehen in Brasilien, in: *Dietrich Briesemeister* u.a. (Hrsg.), Brasilien heute, Frankfurt/M. 1994, 564-575; *Renato Ortíz* u.a., Telenovela - história e produção, São Paulo 1989; *Alfredo Silletta*, Multinacionales de la Fe. Religión, sectas e iglesia electrónica, Buenos Aires 1987; *Joseph D. Straubhaar*, The reflection of the Brazilian political opening in the „telenovela" (soap opera), 1974-1985, in: Studies in Latin American popular culture (Tucson) 7 (1988) 59-76.

Neuntes Kapitel
Kontextualität - Identität - Universalität

PAULO SUESS

Kontextualität, Identität, Universalität

Der Streit um das Inkulturationsparadigma

I. Einführung

Die Identität einer sozialen Gruppe oder eines Individuums und die Identität des Evangeliums selbst können sowohl am Ufer der Kontextualität den Tod erleiden als auch weit draußen im Meer der Universalität ertrinken. Die Identität wird ständig von mehreren Seiten bedroht: von der Fixierung auf sich selbst, von der Identifikation mit dem Anderen als sozialer Gruppe und mikrostrukturellem Kontext, aber auch von der Entwurzelung und von der makrostrukturellen Kolonisierung. Die Identität ist also nicht ein Wert, der zwischen den Extremen - Kontextualität *versus* Universalität - hin- und herpendelt, sondern ein Wert, der so zentral ist wie bei manchen Volkstänzen der Mast und so „radikal" wie die Wurzel aus Brasilholz. Diese Wurzel pflegen und kräftigen wir bei der inkulturierten Evangelisierung, damit der Baum des Lebens die Stürme der Akkulturation, die Ameisenplage der Verarmung und die Motorsäge der Globalisierung überstehen kann und damit er uns mit seinem Schatten vor der Mittagshitze Schutz bietet und uns im Herbst mit seinen Früchten erfreut. Der Baum des Lebens ist vom Paradies auf die Erde verpflanzt worden, eine „neue Erde", die es mit Hilfe der historischen Projekte eines jeden Volkes in Kampf und Kontemplation zu bebauen gilt.

Diese historischen Projekte der einzelnen Völker und gesellschaftlichen Gruppen sind in ihren Kulturen kodifiziert. Die Annahme dieser Projekte in ihrer plurikulturellen Gestalt erfordert in den Einstellungen und Verhaltensweisen der Kirche tiefgreifende Veränderungen, die wir im Paradigma der Inkulturation erörtern. Der kulturelle Pluralismus hat eine Dimension *ad extra*, nämlich die Beziehung zur Welt, und eine Dimension, die die inneren Beziehungen und das Leben der Kirche selbst verwandelt. Bestimmte Sektoren sehen in der innerkirchlichen Plurikulturalität, die jede normative Hegemonie einer Kultur gegenüber einer anderen ablehnt, eine Gefahr für die Einheit und Identität der Institution. Läßt sich dieser Herausforderung besser begegnen als durch ein „modernisierendes *rename*-Verfahren", bei dem man dem auf der *hard-disk* der kirchlichen Tradition verborgenen, alten Archiv der „Anpassung" oder „Akkulturation" den schickeren Namen „Inkulturation" gibt? Andere Kreise argwöhnen, das Inkulturationsparadigma verwische die gesellschaftlichen Widersprüche und breche mit der postkonziliaren lateinamerikanischen Tradition der befreienden Pastoral. Konfrontiert mit dem Verdacht, es handele sich lediglich um eine „modernisierende Umbenennung" oder um ein „kulturalistisches Manöver", müssen die Verfechter des Inkulturationsparadigmas dessen Ort innerhalb der Tradition der Kirche aufzeigen und nicht nur deutlich machen, daß dieses Paradigma mit den historischen Projekten der Anderen vereinbar ist, sondern auch, daß es für die großen Herausforderungen des sozialen Ausschlusses und der kulturellen Kolonialisierung relevant ist.

Der vorliegende Text ist von dem Interesse geleitet, einige Argumente zu liefern, die zeigen, daß die „inkulturierte Evangelisierung" weder einen Bruch mit der kulturellen Identität von Völkern oder sozialen Gruppen noch einen Bruch - oder eine *creatio ex nihilo* - gegenüber der Tradition der Kirche oder gar der Identität des Evangeliums bedeutet. Historisch können wir uns aber dem Evangelium nicht in einer prä- oder akulturalen Weise nähern. Das Evangelium existiert in seinen geschichtlichen, kulturellen und institutionellen Vermittlungen. Beim Nachweis der Vereinbarkeit von Evangelium und Kulturen taucht also das „komplizierende Element" der Vermittlungen mit ihrer Forderung nach einer eigenen Identität auf. So tritt neben der Identität der sozialen Gruppen und der Identität des Evangeliums eine dritte Identität, nämlich die der institutionellen Vermittlungen, auf den Plan. Meine Hauptthese besagt, daß die kulturelle Identität eines Volkes oder einer sozialen Gruppe und die Identität des Evangeliums keine konkurrierenden oder einander ausschließenden Identitäten sind. Es handelt sich um auf verschiedenen Ebenen angesiedelte, vereinbare, auf einander beziehbare und teilweise komplementäre Identitäten. Die inkulturierte Identität ist der einzige Ausweg, den die Kirche heute besitzt, um nicht zu einer Sekte im globalen Dorf zu werden.

II. Die Identität der Anderen

Die inkulturierte Evangelisierung hat nach dem *Schlußdokument von Santo Domingo* die Aufgabe, „das verunstaltete Antlitz der Welt wiederherzustellen (vgl. *LG* 8). Dies ist eine Arbeit, die innerhalb jeden Volkes durchgeführt werden muß, die seine Identität stärkt ..." (*Santo Domingo* 13). Die Identität eines Volkes zu stärken heißt, seine Kultur wertzuschätzen, seine Geschichte zu erinnern, seinen geographischen Raum und seinen Ort in der Welt zu schützen und sein Projekt zu artikulieren.

1. Moderne

Heute übt die Moderne großen Druck auf die Kulturen und die Identität der Völker und sozialen Gruppen aus. Mit ihrer Dimension einer universalen Homogenisierung hat sie eindrucksvolle Errungenschaften hervorgebracht, gleichzeitig aber stellt sie eine schwere Bedrohung für die Identität vieler Völker und deren Lebensprojekte dar. Die Moderne hat zwar einen großen Teil der Menschheit erobert, aber ein Volk mit einem eigenen Lebensraum und einer eigenen Geschichte hat sie nicht. Da sie eine universale Zivilisation ist, ohne identifizierbares Subjekt, unterscheidet sie sich von den Kulturen.

Die Perspektive der Entstehung eines „Weltdorfes" kündigt nicht die Zerstörung der Kulturen im Plural durch eine einzige Zivilisation mit regionalen oder folkloristischen Varianten an. „Die Menschheit hat es ständig mit zwei einander widersprechenden Prozessen zu tun", erklärt *Claude Lévi-Strauss*, von denen der eine „zur Vereinheitlichung strebt und der andere zur Erhaltung oder Wiederherstellung der Differenzierung"[1].

Die Moderne erzeugt kulturelle Elemente, Strukturen, Werte, Verhaltensweisen, die die lokalen Kulturen beeinflussen und sie zu historischen Veränderungen zwingen, ohne diese Moderne zu *deren* Kultur oder zur Grundlage ihrer Identität zu machen. Die moderne Welt mit ihrer linearen Zeit stellt nicht die Zukunft der traditionellen Welt mit ihrer zirkularen Zeit dar. Die ökologische Bewegung macht uns darauf aufmerksam, daß es ohne die Beachtung der zyklischen Zeit der Natur für die Menschheit keine Zukunft gibt. Umfassende Prozesse des *Recycling* sind eine richtige Antwort auf die Entropie, auf die Erschöpfung der Energiequellen und die globale Umweltzerstörung. Nach uns wird, so hoffen wir, nicht die Sintflut, sondern werden neue Generationen kommen. Und neben uns steht bereits das „Dritte Subjekt". Für beide sind wir verantwortlich.

Das „Dritte Subjekt" - die Ausgeschlossenen, Marginalisierten, die indigenen Völker - ist nicht anti-, extra- oder prämodern, sondern es ist die ständige Mahnung an die Adresse der Moderne, ihre Versprechungen gegenüber allen einzulösen: Autonomie, Selbstbestimmung, Subjektivität, die Rationalität der Lebenserfahrung, die Verknüpfung von kultureller Vielfalt und gesellschaftlicher Solidarität, das Recht auf unterschiedliche Weltanschauungen und die universalen Menschenrechte. Das „Dritte Subjekt" bedeutet nicht eine überlebte Alternative zur Moderne, sondern deren Einlösung und Vervollständigung. Das „indigene Neolithikum" von heute besitzt ein eigenes historisches Statut. Mythos und Geschichte, Magie und Wissenschaft sind komplementäre Weltanschauungen. Sie stellen spezifische und begrenzte Lösungen der jeweiligen Welt dar. „Bei uns", so schreibt *Lévi-*

---

1   *Claude Lévi-Strauss*, Rasse und Geschichte, in: Strukturale Anthropologie, Bd. 2, Frankfurt/M. 1975, 406.

Strauss, „übersteigen die positiven Erkenntnisse unsere Vorstellungskraft derart, daß dieser, da sie die Welt, deren Existenz ihr enthüllt wird, nicht zu verstehen vermag, kein anderer Ausweg bleibt, als sich dem Mythos zuzuwenden"[2]. Die Phänomene der Quantenphysik erscheinen uns so fremd wie die phantastischsten Schöpfungen der Mythologie. Dank *Sigmund Freud* ist der Mythos von Ödipus zu einer Erklärungsfigur für die *conditio humana* in der Moderne geworden.

2. Elitäre Identität: exklusiv oder synkretistisch

In Lateinamerika kann die Diskussion über die „Identität des Anderen" nicht die Diskussionen außer acht lassen, die über ein nationales Projekt geführt worden sind. Die Gesellschaftsklassen, die mit der Erklärung der Unabhängigkeit die Macht übernahmen, machten es sich im allgemeinen zur Aufgabe, eine nationale Identität auf der Grundlage des gemeinsamen Nenners des Mestizentums zu bilden. Mehrere Nationalstaaten begannen eine regelrechte Verfolgung der Indios, die sich nicht in das Schema der mestizischen Identität der betreffenden Nationalstaaten einpaßten.

Der „Beginn der Geschichte" Brasiliens fällt in den Augen des progressiven Senators *Eduardo Suplicy*[3] und der meisten Brasilianer mit den wichtigsten wirtschaftlichen Expansionszyklen zur Zeit der Eroberung des Landes und der Gründung des brasilianischen Staates zusammen. Hier ist „unsere Geschichte", die Geschichte Brasiliens, nicht die Geschichte der 350.000 Ureinwohner und auch nicht die der Nachkommen der afrikanischen Sklaven. Die Geschichte Lateinamerikas ist nicht eine einheitliche Geschichte. Während aus der Sicht der Nachkommen der Europäer die Unabhängigkeit Brasiliens auf das Jahr 1822 fällt, kann die afroamerikanische Perspektive das Jahr 1695, das Todesjahr von *Zumbi*, dafür beanspruchen oder gar jegliches Datum für ein Gedenken der Unabhängigkeit Brasiliens ablehnen, das seine Unabhängigkeit erklärte, ohne seine Sklaven zu befreien. Die lateinamerikanische Nationalität und Identität, die Indios und Schwarze einschließen, sind keineswegs Errungenschaften, sondern vielmehr Zukunftsaufgaben im Plural.

Brasilien verzeichnet in diesem Jahrhundert drei Optionen im Hinblick auf Identität. Sie alle haben eine besondere Relevanz für die inkulturierte Identität. Gegen Ende des 19. und zu Beginn des 20. Jahrhunderts stellten Sozialwissenschaftler wie *Raymundo Nina Rodrigues* (1862-1906)[4] fest, barbarische Gebräuche von Ureinwohnern oder Afrikanern bestünden noch immer fort und verhinderten, daß „Brasilien den Glanz der europäischen Zi-

---

2   *Claude Lévi-Strauss*, Historia de lince, São Paulo 1993, 10.
3   Vgl. *Folha de São Paulo* vom 17.7.1995, Heft 1, 3.
4   *Raymundo Nina Rodrigues*, As raças humanas e a responsabilidade penal no Brasil (1894), Salvador 1957; ders., Os africanos no Brasil (1905) (Brasiliana 9), o.O., 5. Aufl. 1977.

vilisation erreicht"[5]. Unter einer „katholischen" Maske verbarg sich eine Kontinuität von drei Jahrhunderten afrobrasilianischer Religionen, der *candomblés* von Bahia, synkretistischer, mündlich tradierter Religionen ohne Sündenbegriff. Die Vielfalt ethnischer Gruppen und ihrer Religionen und Synkretismen bedeutete Barbarei, das große Hindernis für den harmonischen Aufbau der brasilianischen Zivilisation als einer getreuen Nachbildung der abendländischen Zivilisation. Rassismus und Eurozentrismus prägten die Analysen dieser Zeit.

Die katholische Kirche antwortete damals auf die Heterogenität und vermeintliche religiöse „Unwissenheit" mit einer umfassenden Bewegung der Zivilisierung und Romanisierung. Die *Akten und Dekrete des lateinamerikanischen Plenarkonzils*, das 1899 in Rom stattfand, definieren die „Zivilisierung" der „Stämme, die noch im Unglauben verharren", als pastorales Ziel[6]. Dieses Ziel, das den Bruch mit der Identität der Anderen bedeutete, bestimmte die Pastoral der Kirche bis zum II. Vatikanischen Konzil.

Im Hinblick auf die vermeintliche disharmonische Verschiedenartigkeit, die lediglich die Eingliederung in die europäische Zivilisation würde überwinden können, markieren zwei Ereignisse der zwanziger Jahre eine Wende in der Vorstellung von der nationalen Identität: die „Woche der Modernen Kunst" in São Paulo 1922 und das Aufkommen einer neuen afroamerikanischen Religion, der Umbanda. „Wir sind tatsächlich die Primitiven einer neuen Ära", sagte *Mário de Andrade* (1893-1945). Sein Macunaíma, ein Held ohne jeden Charakter, ist die personifizierte, disparate Synthese indigener, afrikanischer und europäischer Eigenschaften, die Begegnung von Urwald und Asphalt, Mythos und Geschichte. *Oswaldo de Andrade* (1890-1954), der die Gruppe der Modernisten nach der „Woche" von 1922 entscheidend beeinflußte, erläutert in seinem *Manifesto Antropofágico* (1928), wie sich die „Brasilität" die übrigen Zivilisationen einverleibt und verschlingt. Das ehemalige Ideal der kulturellen Homogenität als Voraussetzung einer nationalen Identität weicht einer Identität, die die Heterogenität des „Archaischen" mit dem „Modernen" verknüpft. Aus dieser Synthese gehe die brasilianische Originalität hervor. Sie ist strenggenommen die „Originalität", mit der die aus Mestizen bestehende, bürgerliche Intelligenzija die Identitätskrise ihrer Klasse zu überwinden sucht, ohne auf europäische Muster zurückzugreifen.

Auf der Ebene der Volksreligiosität beobachten wir zur gleichen Zeit und im gleichen geographischen Raum der „Woche der Modernen Kunst" eine andere zur Synthese strebende Bewegung in der Entwicklung eines neuen

---

5 *Maria Isaura Pereira de Queiroz*, Identidade cultural, identidade nacional no Brasil, in: Tempo Social 1/1, Universidade de São Paulo (1. Semester 1989) 29-46, hier 30.
6 Actas y Decretos del Concilio Plenario de la América Latina, celebrado en Roma el año del Señor MDCCCXCIX, Rom 1906, zweisprachige Ausgabe Lateinisch/Spanisch. Vgl. die Abschnitte 547f, 619, 627, 770-774.

afrobrasilianischen Kultes, der Umbanda. Deren Himmel wird von indigenen, afrikanischen und europäischen Göttern bewohnt. Jede ihrer Quellen stellt bereits eine „disparate Synthese" dar. Der europäische Anteil besteht nicht nur im Katholizismus, sondern vor allem im Spiritismus kardecistischer Prägung. In der Umbanda ist Sünde nicht mehr bloß Unwissenheit oder Täuschung, wie in den alten Candomblés, sondern Verstoß gegen moralische Grundsätze, der in anderen Inkarnationen bestraft wird. Die ausschließlich mündliche Überlieferung der alten afrobrasilianischen Kulte weicht schriftlichen Texten und dem Buch. Die ursprüngliche Unabhängigkeit der *terreiros* (Kultorte) wird zugunsten von Umbandavereinigungen aufgehoben. Indem sie die kulturelle Heterogenität der einfachen Schichten zusammenband, wurde die Umbanda zu einem Instrument der „Verbrüderung" und Anpassung zwischen Schwarzen, „Exindigenen", Mulatten, armen Migranten und Mittelschichtskreisen. Gleichzeitig war sie ein Instrument zur Anpassung an das Stadtleben und zum Überleben unter den Bedingungen der Moderne.

Bei beiden ideologischen Bewegungen - „*Woche*" und *Umbanda* - war der Wille bestimmend, dem „eigenen Projekt" innerhalb der synkretistischen Pluralität seiner Subjekte Kontinuität zu verleihen. Es geht um einen neuen Blick auf die eigene Realität, nicht von außen und im Vergleich zu einem vermeintlich homogenen Europa, sondern von der eigenen soziokulturellen, karnevalesken Verschiedenartigkeit, die eine Hegemonie einer Gruppe gegenüber einer anderen nicht zuläßt. In gewisser Weise stellt die theologisch-kirchliche Bewegung nach dem II. Vatikanischen Konzil - mit Medellín, Puebla und Santo Domingo - die christliche, katholische Verbindung zu dem Unternehmen her, dem eigenen Projekt Kontinuität zu verleihen. Auch die „Option für die Armen", die die lateinamerikanische Kirche vollzieht, läßt sich unter dem Aspekt eines heterogenen Synkretismus verstehen, in dem Indios, Schwarze, Bauern, Arbeiter und andere Armgemachte gleichermaßen ihren Platz finden.

3. Die differenzierte Identität des Dritten Subjekts

Heute treten wir in eine neue Phase der „Kontinuität des eigenen Projekts" ein. Der Fragmentierung der Wissenschaften entspricht ein Moment der Differenzierung beim anthropologischen und sozialen Zugang zur Frage nach dem Menschen. Neue Protagonisten, die bisher für die gesellschaftlichen Veränderungen der Welt als unerheblich galten, tauchen am Horizont der Geschichte auf und zwingen uns, soziales Handeln und kirchliche Praxis zu überdenken.

In der Kathedrale von Trinidad in Bolivien begann am 15. August 1991 ein „Marsch für Land und Würde", der von der Bevölkerung Ostboliviens organisiert wurde. Siebenhundert Menschen legten an vieruddreißig Tagen etwa 700 km zu Fuß zurück, in ihrer Begleitung Ordensfrauen, Laien und Priester. In La Paz empfingen mehrere Bischöfe die erschöpften Pilger in der Kathedrale und solidarisierten sich in einer Eucharistiefeier mit den Zielen ihres Marsches. Die Indios erreichten, daß Dekrete erlassen wurden, die vier ihrer Territorien in der Region Beni gesetzlich anerkannten.

In Ecuador nahm am 8. Juni 1994 eine Protestbewegung gegen das „Gesetz zur Entwicklung von Landwirtschaft und Viehzucht" ihren Anfang, das sich für den gemeinsamen Landbesitz der Indios schädlich auswirken mußte. Durch Straßenblockaden und die Behinderung der landwirtschaftlichen Produktion und mit Hilfe der Solidarität anderer Sektoren gelang es den Indios, wesentliche Strukturen im Lande lahmzulegen. Als die Polizei damit drohte, das Nationalbüro der Organisation der indigenen Bevölkerung zu besetzen, bot die Ecuadorianische Bischofskonferenz als Ausweichmöglichkeit ihre eigene Infrastruktur an und verhinderte auf diese Weise den Abbruch der Bewegung. Am Ende wurde das entsprechende „Agrargesetz" aufgehoben.

In Chiapas, einer Region Mexikos, deren Erdölvorkommen denen von Kuweit entsprechen sollen, deren Bevölkerung jedoch eine der ärmsten im Lande ist, machte eine Gruppe, die sich selbst als *Ejército Zapatista de Liberación Nacional* (EZLN, Nationale Zapatistische Befreiungsarmee) bezeichnet, die Weltöffentlichkeit auf diese Situation aufmerksam. Am 1. Januar 1994, an dem der Gemeinsame Markt zwischen Mexiko, den Vereinigten Staaten und Kanada (NAFTA) in Kraft trat, begann EZLN einen bewaffneten Aufstand, um die Anerkennung der Autonomie von Chiapas innerhalb des mexikanischen Staates durchzusetzen. Die von indigenen Volksgruppen, nämlich den *Tzeltales, Tzotziles, Tojolabales, Choles, Zoques* und *Mames*, und nicht-indigenen Gruppen getragene Bewegung erhielt Solidaritätsbekundungen aus der ganzen Welt. Bei den Verhandlungen zwischen EZLN und der mexikanischen Regierung wurden der Kirche von Chiapas nahestehende Kreise und der Ortsbischof *Samuel Ruíz* zu wichtigen Gesprächspartnern und Vermittlern.

Innerhalb und außerhalb der Theologie und Pastoral der Befreiung entsteht eine neue Sensibilität für die verschiedenen kulturellen Kontexte. Wir beobachten, wie die Befreiungstheologie in der indianischen Theologie, in den theologisch-pastoralen Zugängen der schwarzen Bewegung, der feministischen Bewegung und in der Theologie der Erde und der ökologisch ausgerichteten Theologie aufgenommen und entfaltet wird. Durch die Überwindung von Mimetismus und durch die Behauptung spezifischer Eigenräume der Identität werden wir mehr und mehr zu solaren Subjekten, unverwechselbar, unterschiedlich und wahrhaftig.

III. Der Ort der Inkulturation

1. Im Hinblick auf die Welt

Der Ort der Inkulturation ist die makro- und mikrostrukturelle Welt, die Welt, die durch Märkte, Technologien und Kommunikationsmittel globalisiert worden ist, und die regionale, pluriethnische und multikulturelle Welt. Diese Welt ist global aufgespalten zwischen Reichen und Armen und regional zerrissen durch Bruderkriege, ethnisch-religiösen Fundamentalismus, Haß der Anderen und postmoderne Gleichgültigkeit. Wie kann man in dieser Welt von den soziohistorischen Ökosystemen her, als die Kulturen zu verstehen sind, Nähe und Präsenz leben? Nach *Gaudium et spes* (53) und den *Beschlüssen von Puebla* (386) umfassen die Kulturen alle Aktivitäten und Darstellungen der Menschen. Die Kultur ist eine zweite Umwelt, ein menschliches, historisch entwickeltes Ökosystem, das das Lebensprojekt einer bestimmten sozialen Gruppe kodifiziert[7]. Dieser weitgefaßte Kulturbegriff, der sowohl die Adaptions-, Assoziations- und Interpretationssysteme als auch die Register der Affektivität, der Vorstellungskraft, der Rationalität, der Symbolwelt und der Materialität umfaßt, wird notwendig, wenn wir nicht zulassen wollen, daß es gewisse Zonen gibt, die der „inkulturierten Evangelisierung" verschlossen bleiben, weil wir diese auf den Bereich der Ideologie oder des symbolischen Ausdrucks beschränken.

Für die Völker Lateinamerikas hat die gesellschaftliche Wirklichkeit zwei Gesichter: den plurikulturellen, multiethnischen Reichtum und die Monotonie des sozialen Elends, das diese kulturellen Welten strukturiert. Im Zusammenleben mit den *Armen* hat die Kirche erkannt, daß sich hinter dem Makrosubjekt des „Armen" eine große Vielfalt und ein gewaltiger kultureller Reichtum von grundverschiedenen Subjekten verbergen. Die *Armen* sind auch *Andere*, Kulturträger mit differenzierten Lebensprojekten. Diese Lebensentwürfe bleiben gültig, selbst wenn ihre Ursprungskulturen beschädigt oder zerstört worden sind. Wo ihre Vergangenheit unterbrochen wurde, erarbeiten sie sich auf den Ruinen dieser Vergangenheit neue Lebens- und Hoffnungsprojekte. Keine gesellschaftliche Gruppe lebt akulturelle Etappen oder Zeiten. Auch die Sammler von Altpapier und Essensresten auf den Müllhalden der Großstädte sind Kulturträger und damit Adressaten der inkulturierten Evangelisierung.

In ihrer Alltagskultur richten die Völker ihre Lebenssysteme und ihre Träume vom Glück immer wieder neu aus. In der so beschriebenen kulturellen Realität haben „Kulturen des Todes" keinen Platz. Der Wettstreit zwischen einer „Kultur des Lebens" und einer „Kultur des Todes" würde eine

---

7 Vgl. *Paulo Suess*, Evangelização e inculturação. Conçeitos, opções, perspectivas, in: *ders.*, Evangelizar e participar dos projetos históricos dos outros. Ensaios de missiologia, São Paulo 1995, 167-193.

dualistische Weltanschauung widerspiegeln. Nach christlichem Verständnis ist der Tod dem Leben unterlegen. Daher sind Kulturen immer Lebenssysteme, die Lebensentwürfe kodifizieren. Diese werden allerdings unter den Bedingungen der historischen Kontingenz von „Mächten des Todes" und „Strukturen der Sünde" durchkreuzt *(Santo Domingo* 15 und 243). Die inkulturierte Evangelisierung tritt angesichts der Strukturen der Sünde und des Todes, die sich durch alle Kulturen hindurchziehen, auf den Plan, denn sie versteht sich als Anwältin der Kohärenz der Lebensprojekte der armen Anderen.

Die Inkulturation im Hinblick auf die Welt ist ein Erfordernis des Lebens in Fülle, das das Evangelium verheißt. Konfrontiert mit der Frage des „reichen Mannes" und des „Gesetzeslehrers", was man tun müsse, um „das ewige Leben zu erben", verweist *Jesus* seine Gesprächspartner auf das irdische Leben, auf das Teilen mit den Armen und das Verhalten des Samariters gegenüber dem Überfallenen (Mk 10,17ff; Lk 10,29ff). Die Verheißung des ewigen Lebens im Evangelium zeigt sich im Teilen, in der Nähe und in der Diakonie gegenüber den *Anderen*. Dies bedeutet die Annahme des „verunstalteten Antlitzes der Welt" *(Santo Domingo* 13) und ihrer „allgemein verbreiteten extremen Armut" *(Puebla* 31, vgl. 30). Die Option für die *Armen* und die Option für die *Anderen* sind miteinander verknüpft, denn der sozioökonomische Bereich ist ein wesentlicher Bestandteil der Kultur der gesellschaftlichen Gruppen. Und außerhalb der Kulturen gibt es keine Befreiung.

2. In der Heilsgeschichte

Die Inkulturation im Sinne der Annahme der Kultur „als lebendiges Heilsorgan" *(LG* 8) ist zu verstehen als eine „nicht unbedeutende Analogie" zur Inkarnation des Wortes. Diese Analogie kann und muß erweitert werden. Die „Inkulturation Gottes" in der Welt, seine Offenbarung unter den Menschen, sein Dialog und seine Gegenwart gehen der Inkarnation des Wortes voraus. „Das Wort, durch das alles geschaffen wurde und das immer unter den Menschen gegenwärtig war, lebt bei Gott" schon immer *(Adv. Haer.* III, 18,1; *PG* 7, 932). Der Hebräerbrief spricht von einer gemeinschaftlich-trinitarischen, und von Anbeginn bestehenden Inkulturation. „Viele Male und auf vielerlei Weise hat Gott einst zu den Vätern gesprochen durch die Propheten" (Hebr 1,1).

Das Evangelium ist die gute Nachricht von der von jeher existierenden Nähe Gottes. Unsere Heilsgeschichte ist eine Geschichte von Annäherung, Mitteilung, Einladung, Sendung und Solidarität. Die Autoren der Bibel beschreiben Jahwe als einen Gott der Bundesschlüsse und des Wortes (des „Verbs", nicht des „Adjektivs"). Nie kam es zu einem völligen Bruch zwischen Gott und der Menschheit. Die monokulturelle Anmaßung Babels (vgl. Gen 11) und die Un-Gnade der Zerstreuung verwandelten sich durch *Abraham* in Gnade, Segen und Verheißung für die Menschheit (vgl. Gen 12).

In *Abraham* erwählte sich Gott einen neuen Gesprächspartner, und er begleitet die Geschichte der Menschheit aus der Nähe. Im menschgewordenen Wort kontextualisiert sich der Schöpfergott als der in der Geschichte immer wieder verheißene Emmanuel, als „Gott-mit-uns" (Jes 7,14; Mt 1,23; 28,20). Die Kontextualisierung Gottes bedeutet Solidarität (*GS* 32). Das Leben des *Jesus von Nazareth* - von der Krippe bis zum Kreuz (Phil 2,6ff) - offenbart die Nähe Gottes zur Menschheit. Die Annäherung von *Jesus* - Emmanuel (Gott rettet/Gott mit uns) gipfelt in der erlösenden Hingabe des Lebens, „damit die Lebenden nicht mehr für sich leben, sondern für den, der für sie starb und auferweckt wurde" (2 Kor 5,15). Die Inkulturation hat sakramentalen Charakter. Die Annäherung wird ständig bedroht durch das „Antisakrament" des Bruchs der Sünde: durch (akkulturierende oder koloniale) Identifikation, durch (postmoderne) Distanzierung und durch (legalistische oder fundamentalistische) Verschlossenheit.

An Pfingsten ereignet sich im Bewußtsein der Urkirche die endgültige Umkehrung von Babel. Pfingsten antwortet auf Zerstreuung und Unfähigkeit zur Vernetzung mit dem Auftrag zu universaler Artikulation und zu kontextuellem Dialog, der erreicht, daß alle von ihrem eigenen kulturellen Ort her die Wunder Gottes verstehen. Inkulturation ist Nachfolge *Jesu* als Annäherung und Sendungsauftrag. Aus der Sendung gehen österliche Gemeinden hervor, die versuchen, die Utopie des ersten Tages der neuen Schöpfung wiederum zu kontextualisieren. Aus den Gemeinden geht die Segnung hervor.

Gott offenbarte sich und sprach zu Israel in dessen Kultur. Aber er sprach und offenbarte sich auch in den historischen Projekten der anderen Völker. „Vielleicht", so überlegte *Clemens von Alexandrien*, „wurde den Griechen die Philosophie im Grunde solange gewährt, bis es dem Herrn möglich war, die Griechen mit seinem Ruf zu erreichen. Denn sie erzog die griechische Kultur (to hellenikón) auf *Christus* hin, so wie das Gesetz es bei den Hebräern tat" (*Strometeis*, I.V. 28; *PG* 719 A). Indem er die Kultur der Griechen mit dem Gesetz der Hebräer vergleicht, bestätigt *Clemens* eine der Prämissen der inkulturierten Evangelisierung, nämlich den Heilscharakter der Kulturen und damit die Tatsache, daß das Alte Testament keine kulturelle Normativität besitzt.

3. In der Tradition der Kirche

Beim Inkulturationsparadigma handelt es sich nicht um eine Modeströmung, sondern um die Bestätigung einer mit dem Inhalt der Evangelisierung zusammenhängenden Methodologie. Im Verhältnis zwischen Evangelium und Kulturen werden immer wieder die Kategorien des Konzils von Chalkedon (451) zur Sprache gebracht, das das Verhältnis von göttlicher und menschlicher Natur im *inkarnierten Logos* als „unvermischt, unverwan-

delt, ungetrennt und ungesondert" definierte[8]. Die Analogie zwischen Inkarnation und christlicher Präsenz im soziokulturellen und historischen
Kontext der Völker führt in der theologisch-pastoralen Reflexion zum Paradigma der Inkulturation (*Santo Domingo* 30, 243). Inkulturation artikuliert
universale Erlösung mit partikularer Gegenwart. Dabei gilt, daß Universalität „die Einheit der Menschheit um so mehr fördert und zum Ausdruck
bringt, je besser sie die Besonderheiten der verschiedenen Kulturen achtet"
(*GS* 54). Bei der Inkulturation gilt das Prinzip des ökumenischen Dialogs:
Einheit im Notwendigen (in den wesentlichen *Inhalten*), Freiheit in den Dingen, die nicht die Substanz des Glaubens betreffen (wie die *Zeichen*) und
Liebe in allem (vgl. *UR* 4 und 11).

Die kulturelle Annahme hat die integrale und universale Erlösung zum
Ziel (vgl. *Puebla* 400): *incarnatus est propter nostram salutem*. Die Befreiung erzeugt strukturell symmetrische soziale Beziehungen. Diese sind die Grundlagen für die Verkündigung der Guten Nachricht und für die Feier der
Heilsgeheimnisse. Die Inkulturation antizipiert diese symmetrischen Beziehungen in der hautnahen Berührung des Evangeliums mit dem Armen und
dem Andern. Bei der inkulturierten Evangelisierung zeigt die Kirche, daß
das „Ungleiche" ihr nicht gleichgültig ist, sondern er ist geheiligt durch die
Inkarnation des Wortes und durch die Einhauchung des Geistes.

Was wir heute unter Inkulturation verstehen, hat seine Vorgeschichte in
den Anfängen der Kirche. Mit der konstantinischen Wende paßte sich die
pastorale, missionarische und theologische Praxis der Kirche an die An-
nehmlichkeiten der neuen Situation an. Es ist eine geschichtliche Konstante:
Immer dann, wenn die Kirche sich in der Nähe zur politischen Macht befindet, läßt der inkulturative Elan nach und reduziert sich auf das Minimum
des „Seelsorgebetriebs". Als das II. Vatikanische Konzil die neue Beziehung
zwischen Kirche, Evangelium und Welt begründete, mußte es auf die Topoi
der Anfänge des Christentums zurückgreifen. Ihre Autoren gehören mit
Ausnahme von *Eusebius* alle der vorkonstantinischen Zeit an: *Justinus von
Rom* (gest. um 165), *Irenäus von Lyon* (gest. um 202), *Clemens von Alexandrien*
(gest. vor 215) und *Eusebius von Cäsaräa* (gest. 339).

a) Vorbereitung auf das Evangelium

Die Geschichte und die Kulturen der Völker stellen nach *Eusebius von Cäsaräa* eine *Vorbereitung auf das Evangelium* dar. *Lumen gentium* (16) greift das
Paradigma des *Eusebius* auf: „Was sich nämlich an Gutem und Wahrem bei
ihnen findet, wird von der Kirche als Vorbereitung für die Frohbotschaft
und als Gabe dessen geschätzt, der jeden Menschen erleuchtet, damit er
schließlich das Leben habe". Das Apostolische Schreiben *Evangelii nuntiandi*

---

[8] DS 302, NR 178.

(53) aus dem Jahre 1975 bezieht sich auf den Text von *Lumen gentium* (16), wenn es von der „unübersehbar großen Zahl der Menschen" spricht, „die nichtchristlichen Religionen angehören", die eine echte „Vorbereitung auf das Evangelium" sein können.

b) Saatkorn des Wortes

In der gleichen Perspektive wie die „Vorbereitung auf das Evangelium" liegt der Topos „Saatkorn des Wortes". Das universal handelnde Wort ist vor seiner Inkarnation in der Welt und vor dem interreligiösen Dialog mit dem Christentum in den Kulturen und religiösen Traditionen gegenwärtig. „Mit Freude und Ehrfurcht", sagt *Ad gentes* (11), ohne seine patristische Quelle zu nennen, sollen die Christen „die Saatkörner des Wortes aufspüren, die in ihnen verborgen sind". *Evangelii nuntiandi* (53) erkennt an, daß sich in den nichtchristlichen Religionen „unzählbar viele 'Samenkörner des Wortes Gottes'" finden und bezieht sich dabei auf die Schriften von *Justinus* und *Clemens von Alexandrien*. Mit einem *Irenäus*-Zitat spricht *Gaudium et spes* (57) vom Wort Gottes, „das schon, bevor es Fleisch wurde, um alle zu retten und in sich als dem Haupt zusammenzufassen, 'in der Welt war' als 'das wahre Licht, das jeden Menschen erleuchtet' (Jo 1,9)".

c) Einpflanzung

In der Realität der nichtchristlichen Welt, in der die „Samenkörner des Wortes" eine „Vorbereitung auf das Evangelium" bewirken, will die Kirche sich integrieren, ohne Vorbedingungen zu stellen. Schon vor der Ankunft des „fleischgewordenen Sohnes" hat Gott „entsprechend der den verschiedenen Zeiten eigenen Kultur gesprochen" (*GS* 55). Das Dekret *Ad gentes* (10, vgl. 22) formuliert sehr genau: „Um allen Menschen das Geheimnis des Heils und das von Gott kommende Leben anbieten zu können, muß sich die Kirche all diesen Gruppen einpflanzen, und zwar mit dem gleichen Antrieb, wie sich *Christus* selbst in der Menschwerdung von der konkreten sozialen und kulturellen Welt der Menschen einschließen ließ, unter denen er lebte". Das Losung der „Einpflanzung" hat in den Ordensgemeinschaften zu vielen Veränderungen angeregt, sowohl im Hinblick auf ihren Lebensstil, als auch hinsichtlich ihrer Präsenz bei den sozial unterdrückten und kulturell marginalisierten Völkern.

d) Annahme

Nach *Gaudium et spes* (22) ist die Präsenz der Christen in der Welt nach dem Beispiel *Jesu* eine respektvolle, universale und heilbringende Gegenwart: „Denn er, der Sohn Gottes, hat sich in seiner Menschwerdung gewissermaßen mit jedem Menschen vereinigt. Mit Menschenhänden hat er gearbeitet, mit menschlichem Geist gedacht, mit einem menschlichen Willen hat er gehandelt, mit einem menschlichen Herzen geliebt". *Jesus*, der die menschliche Natur angenommen hat, ohne sie zu zerstören, ist „in Wahrheit einer aus uns geworden, in allem uns gleich außer der Sünde". Die *„Annahme"* ist eine Vorbedingung der *Erlösung*. „Die heiligen Väter verkünden beständig", erinnert *Ad gentes* (3), „daß nicht geheilt ist, was nicht von *Christus* angenommen ist". *Puebla* (400) entfaltet diese Beziehung zwischen Inkarnation und Annahme für den lateinamerikanischen Kontext[9].

IV. Die Identität des Evangeliums

Die Vorgeschichte des Inkulturationsparadigmas ermöglicht es uns, die Inkulturation nicht als einen theologisch-pastoralen Bruch, sondern als ein Wiederanknüpfen an eine alte kirchliche Praxis zu verstehen, die später durch politische Optionen oder Entwicklungen und monokulturelle Identifikationen zunichte gemacht wurde.

1. Unterscheidungen

Die Diskussionen um die Identität der Evangelisierungsprozesse ist ein postkoloniales und nach-christenheitliches Problem in einer zersplitterten Welt, in der das Christentum zu einem religiösen Subsystem geworden ist. Es verfügt nicht mehr über das Sinnmonopol in der Welt und auch nicht mehr über eine allen verständliche „Universalsprache". Die säkulare und autonome, plurale und demokratische Welt hat die religiöse Frage in die Privatsphäre verwiesen. Wenn die Kirchen sich wieder in den Dialog mit der Welt einschalten wollen, müssen ihre Hauptgesprächspartner künftig nicht die Vertreter des politischen Bereichs - der im übrigen durch die Globalisierung der Wirtschaften ein sehr geschwächter Bereich ist -, sondern die Gruppen des Volkes sein, die in der neuen chaotischen Weltordnung zu Opfern geworden sind. Und die Kirchen müssen beweisen, daß ihre neue kontextuelle Sensibilität kein der Logik des Marktes gehorchender Opportunismus ist, sondern daß es sich um ein dem Wesen des Evangeliums entsprechendes Ernstnehmen der großen Anliegen und Nöte der Menschheit handelt.

---

9   Vgl. die folgenden Stellen von *Puebla*: „Der Sohn Gottes *nimmt* das Menschliche und das Geschaffene *in sich auf* und stellt so die Gemeinschaft zwischen seinem Vater und den Menschen wieder her." (188) „Der Geist, der den Erdkreis erfüllte, schloß all das ein, was an Gutem in den präkolumbianischen Kulturen vorhanden war." (201) „Was nicht angenommen wird, wird nicht erlöst." (400) „... der Volkskatholizismus (soll) aufgegriffen werden" (457). „Was sie (die Kirche) nicht in *Christus* annimmt, wird nicht erlöst, es wird zu einem neuen Götzen mit der alten Verderbtheit." (469)

Die Identität der Mittel und Werkzeuge ist der Identität der Ziele unter-geordnet[10]. Daher ist die Identität der Kirchen und des Christentums der Identität des Evangeliums und dem Aufbau eines Lebens in Fülle für Völ-ker, soziale Gruppen und Individuen untergeordnet. Manchmal erscheint es schwierig, diese beiden Identitäten, die Identität der Mittel (Tradition, Insti-tution) und die Identität der Ziele (Leben in Fülle, Evangelium) auseinan-derzuhalten. Die absolute Priorität der Kirche ist Gott in der Authentizität (Identität) seines Evangeliums als Kodierung seines Angebots eines Lebens in Fülle. Wenn dieses Leben in Fülle, das Reich Gottes, „sich in geschichtli-chen Taten verwirklicht, so erschöpft es sich doch nicht in ihnen, noch iden-tifiziert es sich mit ihnen" *(Puebla* 193).

Gegenüber den pluriethnischen Gesellschaften und der multikulturellen Welt gibt es kein kulturell normatives Gepäck des Evangeliums und auch nicht so etwas wie einen „interkulturellen kleinsten gemeinsamen Nenner", der sich kulturübergreifend entrollen ließe wie ein Teppich, damit das Evangelium seinen Fuß auf den Boden eines bestimmten Volkes oder einer bestimmten gesellschaftlichen Gruppe setzen könnte. Das Evangelium for-dert keine eigene Kultur in einer *societas perfecta*; es kann alle kulturellen Sprachen annehmen, auch wenn sie historisch von „Mächten des Todes" und „Strukturen der Sünde" durchzogen sein mögen.

Die Identität des Evangeliums ist anders beschaffen als die Identität von Gesellschaftsgruppen. Die Kulturen sind von dieser Welt, das Evangelium ist in dieser Welt, ohne von dieser Welt zu sein. Das am Evangelium orien-tierte, evangelisierende Leben vollzieht sich in der Identität des „Seins", des „Sich-Befindens" und des „Sich-Ausdrückens" in der Welt, insofern es ein sich um befreiende Veränderungen in der Geschichte bemühendes Leben, ein Leben im Gebet und ein Leben in österlicher Wachsamkeit und in escha-tologischer Hoffnung ist. Die Identität des Evangeliums darf nicht in seinem kulturellen Ausdruck gesucht werden. Ebensowenig geht es um eine geneti-sche oder biologische Identität. Die Tatsache, daß die Identität des Evange-liums und die Identität von Völkern und sozialen Gruppen auf unter-schiedlichen Ebenen liegen, bildet die Voraussetzung für eine nicht-koloni-satorische Evangelisierung. Die Identität des Evangeliums konkurriert nicht mit der Identität sozialer Gruppen. Ganz im Gegenteil: Das Evangelium un-terstützt ihr Projekt und stärkt ihre Identität (vgl. *Santo Domingo* 13).

---

[10] Mit der Frage der christlichen Identität beschäftigen sich viele monographische Hefte theologi-scher Zeitschriften. Vgl. Lumière et Vie 116 (Jan./März 1974): L'identité chrétienne; Conc(D) 30 (1994/5): Katholische Identität.

2. Prioritäten

Das II. Vatikanum weist darauf hin, daß es eine „Hierarchie der Wahrheiten" (*UR* 11) und „Werte" (*GS* 37) und eine berechtigte Verschiedenheit von Bräuchen (vgl. *GS* 92) gibt. Wie aber sollten wir uns, abgesehen von dieser Unterschiedlichkeit, das „Ursprüngliche", das „Wesentliche", die interkulturelle Verwirklichung des Evangeliums vorstellen? Was kann oder muß interkulturell zu allen Zeiten und an allen Orten vermittelt, gelebt und verkündigt werden?

Die Wahrheit des Evangeliums finden wir nicht in einem philosophisch-theologischen System, sondern in der Person *Jesu Christi*, dem menschgewordenen Wort Gottes. Er ist das Abbild des Vaters (Joh 14,8ff); er ist die volle Wahrheit und das ganze Leben. In ihm stimmt die Wahrheit mit dem Leben überein. Die Wahrheit des Evangeliums vom Leben ist deshalb in erster Linie eine relationale und keine doktrinäre Frage.

Jesus hat sein Leben in völliger Gratuität für die Rettung der Welt hingegeben. Der Vater hat ihn in einem Akt endgültiger Gerechtigkeit auferweckt und damit das Todesurteil zunichte gemacht. Das Geheimnis der Erlösung vom Tod zum Leben, das zentrale Geheimnis unseres Glaubens, wird gelebt in der Ostererfahrung, im Wachen und in der Umkehr, im Teilen des Lebens und des Glaubens der christlichen Gemeinde und jedes Christen, die das Gottesvolk des Neuen Bundes sind. Jede gesellschaftliche Gruppe erkennt die Wahrheit von ihrem eigenen Ort in der Welt aus, innerhalb ihrer Weltanschauung und Sprache. Beim Teilen des Glaubens werden alle um die vielfältigen Zugänge zu dem einen Geheimnis Gottes bereichert. Die Einheit des Volkes Gottes ist eine im heiligen Geist zusammengehaltene Vielfalt.

Die Jünger begegneten auf ihrem Weg dem auferstandenen *Jesus*. Er ist der Weg. Die ersten Christen nannte man „die vom Weg" (Apg 22,4). Sie erkannten *Jesus* am Brotbrechen. Die Zeichen und Riten, mit denen das pilgernde Volk Gottes das neue, von Gott verwandelte Leben feiert, sind Riten des Übergangs, Wegesriten, Osterriten (Tod/Leben). Das Geschenk der Erlösung wird in der liturgischen Feier, im Gebet, in der Mystik, im Schweigen und in der Solidarität aktualisiert.

Das Kennzeichen der Jünger des *Jesus von Nazareth* liegt auf der Ebene der Beziehung. Das Evangelium verwandelt die vertikalen, asymmetrischen, indifferenten oder rein pragmatischen Beziehungen zwischen den Personen. Die Beziehungen des Volkes des Neuen Bundes sind symmetrische Beziehungen der Geschwisterlichkeit. Die Liebe ist das Neue Gebot und das Kennzeichen der Christen. „Seht, wie sie einander lieben!", sagen die anderen. Die Wahrheit des Evangeliums ist „personal", „relational" und „beweglich". Das Evangelium läßt sich nicht in Strukturen, Häuser („Immobilien") oder Systeme einsperren.

Die neue, symmetrische Beziehung zwischen Gleichen und Verschiedenartigen hat kommunitäre und individuelle Dimensionen. Sie geht von denen aus, die Gott besonders liebt, von den Armen. Von der Peripherie aus strebt das Volk Gottes danach, den Aufbau einer Welt ohne Peripherie und ohne Zentrum fortzuführen. Die symmetrischen Beziehungen der Geschwisterlichkeit weisen auf die Geschenkhaftigkeit der Option für die Armen, auf das Teilen und die Diakonie hin.

Das Evangelium beantwortet nicht alle Fragen. Das menschgewordene Wort scheint noch immer in den gekreuzigten Armen und im Leid der unschuldigen kleinen Leute von Gott verlassen. „Der Mörder erhebt sich (noch) vor Morgengrauen, tötet den Armen und Notleidenden", klagt *Ijob* (Ijob 24,14). Bis wir Gott von Angesicht zu Angesicht schauen, solange bleibt Gott Geheimnis.

3. Ein neues Gleichgewicht finden

Das Konzil von Chalkedon definierte das Verhältnis zwischen der göttlichen und der menschlichen Natur des *inkarnierten Logos* im Sinne von Nicht-Identischsein und Nähe als „unvermischt", aber „untrennbar". Der Logos bildete sich auch keine eigene menschliche Natur, die einer Kultur des Evangeliums (einer „christlichen Kultur") entspräche. Er nahm die menschliche Natur an, aber identifizierte sich nicht mit ihr. Aufgrund der Nicht-Identifikation des Evangeliums mit den jeweiligen Kulturen ist das Christentum in jeder historisch-kulturellen Ausprägung nur Gast und Pilger. Zwischen göttlicher und menschlicher Natur, zwischen Evangelium und Kultur, zwischen der Ordnung der Gnade und der der Natur besteht eine polare Spannung, kein Widerspruch. Das Gleichgewicht zwischen diesen Polen zu finden, ist eine immer wieder neue historische Aufgabe.

Bei den historisch-kulturellen Vermittlungen des Prozesses der inkulturierten Evangelisierung geht ein Teil der „Energie des Evangeliums" verloren. Eine vollkommene Inkulturation können wir uns nur im eschatologischen Horizont vorstellen. Die „irdenen Gefäße sind zu klein für den 'Glanz Gottes'" (2 Kor 4,6ff). Die Geheimnisse Gottes kommen in keiner Kultur ganz zum Ausdruck. Was nach den Aussagen des Vierten Laterankonzils für die dogmatischen Begriffe gilt, das gilt auch für die kulturellen Ausprägungen. Beide zeichnen sich im Vergleich zu der göttlichen Wirklichkeit eher durch ihre *dissimulitudo* als durch ihre *similitudo* aus[11]. Selbst der Sohn Gottes, der sich in der Kultur seines Volkes inkarniert hat, konnte sein Volk nicht „von Angesicht zu Angesicht" mit den göttlichen Dingen konfrontie-

---

[11] DS 806: „quia inter creatorem et creaturam non potest similitudo notari, quin inter eos maior sit dissimilitudo notanda"; NR 280: „Denn von Schöpfer und Geschöpf kann keine Ähnlichkeit ausgesagt werden, ohne daß sie eine größere Unähnlichkeit zwischen beiden einschlösse."

ren. Er mußte auf Gleichnisse, Bilder, Zeichen und Symbole zurückgreifen, um die Gute Nachricht in der Kultur Israels annäherungsweise zum Ausdruck zu bringen. Wenn es - unter der Prämisse dieser *dissimulitudo* - möglich war, das Mysterium *Jesu von Nazareth* in griechischer Chiffre zu kodieren, warum sollte es dann nicht auch möglich sein, dieses Geheimnis in einer Nahua-, Mapuche-, Ketschua- oder Yanomami-Chiffre zu kodieren? Die umfassendste Verifizierung der Geheimnisse Gottes, die möglich ist, ist die komplementäre, plurikulturelle Erfahrung. *Johannes Paul II.* hat diesen Aspekt *ad extra* in seiner Rede anläßlich des fünfzigjährigen Bestehens der UNO besonders hervorgehoben: „Leider muß die Welt erst noch lernen, mit der Verschiedenartigkeit zu leben ... Jede Kultur hat etwas zu sagen über die eine oder andere Dimension jener komplexen Wahrheit [über den Menschen]. Infolgedessen kann der 'Unterschied', den manche für so bedrohlich halten, durch einen respektvollen Dialog zur Quelle einer tiefen Einsicht in das Geheimnis der menschlichen Existenz werden."[12] Dieses Verständnis muß auch *ad intra* vertieft werden. Der von den Kirchen akzeptierte Plural der Kulturen und Geschichten der Völker ist ein Zeichen der Treue zum Urgeist, zum Geist, der über den Wassern schwebte als schöpferisches Prinzip, zum Geist, den wir anrufen als *Quelle des Lebens* und *Vater der Armen*[13].

Die Frage der Identität des Evangeliums hat eine synchrone und eine diachrone Dimension, eine systematische Dimension der Interkulturalität und eine historische Dimension der Intertemporalität. Die Interkulturalität der „personalen", „relationalen" und „beweglichen" Wahrheit an sich ist ziemlich offen für die unterschiedlichen kulturellen Kontexte und bedeutet keinen Bruch mit den Kulturen als Lebenssystemen und -entwürfen; wohl aber bedeutet sie einen Bruch mit den Strukturen des Todes und der Sünde.

Die diachrone Dimension der Intertemporalität dagegen verbindet das Evangelium mit den Vermittlungen der Kirche als Institution, mit kulturellen Traditionen und geschichtlichen Praxisformen. Die Vermittlung des Evangeliums durch die Tradition und die Schrift, die durch die Normativität der Kirche überwacht werden, stellt in der Tat eine große Herausforderung für eine in kultureller Hinsicht nicht-normative Evangelisierung dar. Keine dogmatische Definition, keine liturgische Praxis läßt sich außerhalb ihres historischen und kulturellen Kontextes verstehen. Deshalb sind sie auch nicht gegen kulturelle Einseitigkeiten, Unschärfen oder Eintrübungen gefeit. Oft verstehen wir die Fragen gar nicht mehr, auf die eine bestimmte Glaubensformel antwortete. Wir sprechen dann mit einer Scheinwelt. Wenn

---

12 *Johannes Paul II.*, Discurso por ocasião do 50° aniversario da ONU, in: SEDOC 28/255 (März/April 1996) 512-523, hier 518f.
13 In *Veni Creator Spíritus* wird der Heilige Geist „*fons vivus, ignis, cáritas*" genannt, und in der Sequenz des Pfingstsonntages betet die christliche Gemeinde: „*Veni, pater páuperum, veni dator múnerum; veni, lumen córdium.*"

man die Frage nicht versteht, verliert auch die Antwort ihre anthropologische Relevanz. In der Welt der Armen und der Anderen stellt die „Gelehrtheit" der ersten Inkulturationen ein gewisses Hindernis dar. Nur wenige haben die Möglichkeit, *Plato, Aristoteles*, den Stoizismus und andere philosophische Schulen der Antike zu studieren, um bestimmte Traktate der Christologie verstehen zu können. Die Geheimnisse Gottes bestehen ewig, die Sprachen der Menschen sind historisch und kontextuell bedingt.

Auch in diesem Punkt müssen und können wir unseren Horizont erweitern. Hier nenne ich einige Elemente. Die Identität des Christentums ist weder eine Identität der Ursprünge (*archä*) noch eine Identität innerhalb einer genealogischen oder phänomenologischen Kontinuität. Der Stammbaum *Jesu* dient doch zu nichts anderem, als die Diskontinuität gegenüber den „Ursprüngen" aufzuzeigen. „*Abraham* zeugte den *Isaak*, ... *Mattan* zeugte den *Jakob. Jakob* zeugte den *Josef*, den Mann *Marias*, von welcher *Jesus* geboren wurde, der *Christus* genannt wird" (Mt 1,2-16). Aber wenn *Josef* nicht der Vater *Jesu* war und *Maria* „durch das Wirken des Heiligen Geistes" empfangen hatte, wie das Evangelium erzählt, dann hat der Stammbaum eine rein metaphorische oder theologische Bedeutung. In diesem Sinne ist *Jesus* „anarchisch", ohne *archä*. Selbst aus Steinen vermag Gott dem *Abraham* Kinder zu erwecken.

Jesus verkündigte die Gute Nachricht vom Reich Gottes innerhalb einer Kultur und mit Hilfe von kulturellen Ausdrucksformen, Begriffen, Gleichnissen und Hoffnungen. Die Inkarnation verlieh den kulturellen Ausdrucksformen eines Volkes nicht das Monopol, sondern machte deutlich, wie das Evangelium in allen Kulturen kontextuell werden muß, um Leben zu bedeuten und hervorzubringen. Wir müssen in den Kirchen eine neue Unterscheidung zwischen den verschiedenen Ordnungen, der Ordnung des Glaubens und der der Kultur, treffen. *Jesus* war kein „Kulturheroe", der bedeutsame kulturelle Veränderungen herbeigeführt hat und dessen man sich aus diesem Grund erinnert.

Jesus von Nazareth bediente sich dessen, was ihm kulturell zur Verfügung stand, um das Reich Gottes zu verkündigen. Dieses Prinzip des „kulturell Verfügbaren" weist der gesamten inkulturierten Evangelisierung die Richtung. Außerdem müssen wir zwischen *paradigmatischer, normativer* und *disziplinärer* Ebene und Kompetenz unterscheiden. Dies gilt sowohl für das menschgewordene Wort als auch für das Evangelium und die Kirche. Nicht alles, was sich im Evangelium findet, ist normativ, und nicht alles, was die römischen Instanzen verfechten, hat rein disziplinären Charakter. Die Berufung der *zwölf Männer* durch *Jesus* hat das kirchliche Lehramt, was die *Zwölferzahl* anbelangt, nie als normativ betrachtet. Anders hat sie es jedoch mit der Berufung der *Männer* gehalten, so daß die Berufung der Frauen im Bewußtsein der Gläubigen als *quaestio disputata* betrachtet werden kann.

Weder die genealogische noch die phänomenologische Kontinuität - die genaue Übertragung von Worten und Taten *Jesu* und von Traditionen der

Kirche - garantieren die Identität oder die Treue des Christentums. Die Identität des Christentums ist keine logische Identität im Sinne von Identifikation und Ausschluß. Wir können diese Identität nur in bezug auf ein entsprechendes Gegenüber beschreiben. Eine kirchliche Identität „an sich" gibt es nicht. Das Gegenüber der Kirche sind Gott und die Welt. Die Identität des Prozesses der Evangelisierung besteht in der Kontinuität der Christen, die in der Praxis des Reiches Gottes, auf dem Weg und auf der Überfahrt, im Teilen und im Dienen Gott und den auferstandenen *Jesus* erfahren.

V. Perspektiven

Die Identität des Volkes Gottes entsteht im Aufbruch, im Exodus, in der Gotteserfahrung unterwegs, im Heilsdialog mit anderen Völkern und Gesellschaftsgruppen. Dieser Exodus hat verschiedene Dimensionen. Das Inkulturationsparadigma verweist auf den Auszug aus der kulturellen Anpassung. In der Zweidrittelwelt und in den traditionellen Gesellschaften ist die Religion ein bestimmender Faktor. Die inkulturierte Evangelisierung bewirkt zwischen Völkern und Kirchen wechselseitige kulturelle Veränderungen. Mit dem Paradigma der inkulturierten Evangelisierung setzen wir auf eine *globale, integrale* und *spezifische* Pastoral: eine Pastoral, deren historischen Horizont die Grenzen der Welt bilden und die im gesamten Ökosystem, das die Menschheit im Verlauf der Geschichte aufgebaut hat (Ökonomie, Politik, Ideologie), und in der Vielfalt der historischen Projekte in Erscheinung tritt. Mit Hilfe des Paradigmas der inkulturierten Evangelisierung kontextualisieren wir wesentliche Fragen des Evangeliums:
- „Wer ist mein Nächster?" (Lk 10,20),
- „Wann haben wir dich hungrig gesehen?" (Mt 25,44),
- „Wo wohnst du?" (Joh 1,38).

Dem Auszug (*Exodus*) der Inkulturation entspricht immer auch ein Einzug (*Eisodus*), eine Bitte um Gastfreundschaft im Haus und Land des Andern. In diesem Land sind wir keine „Herren" oder „Besitzer", sondern Diener und Geschwister. Im Land des Andern haben wir nicht mehr die „Kontrolle" über den Weg. Ein „anderer wird dich gürten und dich führen, wohin du nicht willst" (Joh 21,18). Die Inkulturation als kontextualisierte Nachfolge *Jesu* macht uns zu „Gefangenen" der armen Anderen. Der Inkulturierungsprozeß kann uns in eine *„glückliche Gefangenschaft"* führen, wie jene Gefangenschaft im Mapuche-Volk, die *Francisco Núñez de Pineda y Bascuñán* beschrieben hat[14]. Der Schiffbrüchige *Cabeza de Vaca*, der an der Küste Floridas in Gefangenschaft geriet, berichtet, wie die Indios seine Anwesenheit und

---

14 Vgl. *Francisco Núñez de Pineda y Bascuñán*, Cautiverio feliz y razón de las guerras dilatadas de Chile, Colección de Historiadores de Chile y Documentos relativos a la História nacional, Bd. 3, Santiago de Chile 1863. - Von weniger „Glück" zeugt die Beschreibung der Gefangenschaft von *Hans Staden*. Vgl. *Hans Staden*, Duas viagens ao Brasil, Belo Horizonte-São Paulo 1974.

die seiner Gefährten von der kolonisatorischen Präsenz der Spanier zu unterscheiden wußten: „Wir kamen, von wo die Sonne aufgeht, und sie, von wo sie untergeht; wir heilten die Kranken, und sie töteten, die gesund waren; wir kamen nackt und ohne Schuhe, und sie bekleidet, zu Pferd und mit Lanzen; wir hatten keine Begierde auf irgend etwas, vielmehr verteilten wir alles, was sie uns gegeben hatten und behielten nichts für uns, und die anderen hatten kein anderes Ziel, als alles zu rauben, was sie fanden, und niemals gaben sie irgend jemandem irgend etwas."[15] Hier haben wir die inkulturierte Evangelisierung, wehrlos und barfuß: Wie die aufgehende Sonne heilt sie die Wunden und läßt ihr Licht allen zuteil werden.

Das Evangelium macht uns zu Gefangenen der Anderen, aber es drängt uns auch, mit der Zärtlichkeit der größeren Liebe die armen Anderen in unserer Mitte und an den Grenzen der Erde „einzunehmen". Kontextualität und Globalisierung finden im Evangelium eine befreiende Artikulation, die uns auf ewig füreinander verantwortlich macht.

Übersetzung[16]: *Victoria M. Drasen-Segbers*

---

[15] *Alvar Núñez Cabeza de Vaca*, Naufrágios, Madrid 1985, 161 (Kap. 34). Vgl. *Haniel Long*, Die Schiffbrüche des Cabeza de Vaca. Bericht über die Wanderung und das Leben des spanischen Edelmannes Cabeza de Vaca unter den Indios der Neuen Welt in den Jahren 1528-1536. Mit einem Vorwort von *Henry Miller*, Zürich 1980.
[16] Vom Verfasser überarbeitet und autorisiert.

Autor/-inn/-en und Herausgeber

Albó SJ, Xavier, geb. 1934 in Bolivien; Doktor der Philosophie und der Linguistischen Anthropologie; arbeitet in der Forschung am „Centro de Investigación y Promoción Campesinada" in La Paz zu Problemen der Bevölkerung der Quechua, Aymara und Guaraní Boliviens; *Veröffentlichungen u.a.:* Desafiós de la solidaridad aymara, La Paz 1985; (Hrsg.), Raíces de América: El mundo Aymara, Madrid 1988; Andine Kosmologie. Wenn der Riese erwacht, in: *ders./D. Irarrázaval,* Indianische Kosmologie (Entwicklungsperspektiven 26), Kassel 1987; La cara india y campesina de nuestra historia, La Paz 1990 (zusammen mit *Josep M. Barnadas);* Die religiöse Erfahrung der Aymara, in: *Thomas Schreijäck* (Hrsg.), Die indianischen Gesichter Gottes, Frankfurt/M. 1992, 145-211;.

Aquino, María Pilar, geb. 1956 in Mexiko; Promotion zur Dr. theol. in Salamanca; Assistenzprofessorin für Theologie und Religionswissenschaft an der Universität San Diego/Kalifornien, USA; Präsidentin der Vereinigung der „Catholic Hispanic Theologians (1993-1994); Mitglied der Ökumenischen Vereinigung der Dritte Welt-Theologinnen und -Theologen (EATWOT); *Veröffentlichungen u.a.:* (Hrsg.), Aportes para una teología desde la mujer, Madrid 1988; Nuestro clamor por la vida. Teología latinoamericana desde la perspectiva de la mujer, San José/Costa Rica 1992; Santo Domingo: La visión sobre las mujeres Latinoamericanas, in: Reflexión y Liberación Nr. 19 (Sept./Nov. 1993) 39-50; La teología, La Iglesia y la mujer en América Latina, Bogotá 1994; Teología Feminista Latinoamericana. Evaluación y Desafíos, in: Tópicos 90, Nr. 7 (Jan. 1995) 117-119; Evil and Hope: A Response to Jon Sobrino, in: *P. Crowley* (Hrsg.), The Catholic Theological Society of America. Proceedings of the Fiftieth Annual Convention, New York 1995, 85-92.

Ashley, Uriah, geb. 1944 in Almirante; Bocas del Toro/Panama; Priesterweihe 1979; Bischofsweihe am 6. Januar 1994; Bischof von Penonomé/Panama; in der panamaischen Bischofskonferenz verantwortlich für die afroamerikanische Pastoral; Präsident des Exekutivsekretariats für afroamerikanische Pastoral DEMIS-AFRO, einer Unterabteilung der Abteilung Mission des lateinamerikanischen Bischofsrates CELAM.

Azevedo SJ, Marcello de Carvalho, geb. 1927 in Belo Horizonte/Brasilien. Priesterweihe 1957; Doktor in Missionswissenschaften (Päpstliche Universität Gregoriana, Rom); Magister in Kulturanthropologie (The New School for Social Research, New York); Lizentiat in Theologie (Sankt Georgen, Frankfurt/M.); Lizentiat in Philosophie (Pontifícia Universidade Católica do Rio de Janeiro); Professor für Post-Graduiertenstudien an der theologischen Fakultät der „Pontifícia Universidade do Rio de Janeiro" (PUC-Rio); Forschungstätigkeit im „Centro João XXIII. de Investigação e Ação Social" (CIAS-Rio). Gastprofessor an der Fakultät für Missionswissenschaften der Päpstlichen Universität Gregoriana, Rom (1981-1989), am Centre Sévres/Institut Supérieur de Philosophie et Théologie, Paris (1988, 1991), an der Georgetown University, Woodstock Theological Center, Washington D.C. (1983-1985).

Cheuiche OCD, Antônio do Carmo, geb. 1927 in Caçapava do Sul, Diözese Santa Maria/Brasilien; Priesterweihe 1951; Bischofsweihe 1969; Weihbischof von Porto Alegre/Brasilien; *Veröffentlichungen u.a.:* verschiedene CELAM Publikationen, u.a. Evangelización de la cultura e Inculturación del Evangelio, 1991; Cultura urbana. Reto a la Evangelización, Bogotá 1989.

Delgado, Mariano, geb. 1955 in Berrueces (Valladolid/Spanien); Dr. theol. habil. Dr. phil. am Institut für Katholische Theologie in Berlin; Studium der Philosophie, Theologie und Religionsgeschichte in Spanien, Österreich, Frankreich und Deutschland; 1979-1987 Gymnasiallehrer in Österreich; ab 1988 Wissenschaftlicher Assistent am Seminar für Katholische Theologie der Freien Universität Berlin; im Wintersemester 1994/1995 Habilitation an der Theologischen Fakultät der Leopold Fransens-Universität Innsbruck für das Fach Fundamentaltheologie mit der Arbeit „Abschied vom erobernden Gott" (Immensee 1996); seit 1997 Professor für Kirchengeschichte in Fribourg/Schweiz; *Veröffentlichungen u.a.:* zahlreiche Publikationen zur Geschichte und Gegenwart des Christentums in Lateinamerika sowie zur Interkulturellen Theologie und Religionsgeschichte.

Drehsen, Volker, geb. 1949; Pfarrer; Dr. theol. habil.; zunächst Professor für religiöse Sozialisationsforschung in Bayreuth; jetzt Professor für Praktische Theologie an der Universität Tübingen; *Veröffentlichungen u.a.:* zahlreiche theologische und religionssoziologische Publikationen; Vom Beat zur Bricolage. Synkretismus als jugendliches Protestverhalten, in: *Wolfgang Greive/Raul Niemann* (Hrsg.), Neu glauben? Religionsvielfalt und neue religiöse Strömungen als Herausforderungen an das Christentum, Gütersloh 1990, 114-134; Wie religionsfähig ist die Volkskirche? Sozialisationstheoretische Erkundungen neuzeitlicher Christentumspraxis, Gütersloh 1994; „Von dem Länderreichtum des Ich". Multikulturalität und die Voraussetzungen des Fremdverstehens, in: Pastoraltheologie 85 (1996) 17-32.

Eckholt, Margit, geb. 1960 in Mülheim/Ruhr; Dr. theol. (Universität Tübingen); Wissenschaftliche Mitarbeiterin des Dialogprogrammes der Kommission X der Deutschen Bischofskonferenz: „Katholische Soziallehre in Lateinamerika"; *Veröffentlichungen u.a.:* Vernunft und Leiblichkeit bei Nicolas Malebranche. Die christologische Vermittlung seines rationalen Systems; Katholische Soziallehre - Wirtschaft - Demokratie. Ein lateinamerikanisch - deutsches Dialogprogramm I, Mainz-München 1989 (zusammen mit *Peter Hünermann*); Inculturación y teología: reflexiones metodológicas y eclesiológicas, in: Revista Teológica Limense 29 (1995) N° 1, 76-107; Auf dem Prüfstand. Kirchlich-theologische Inkulturation in Lateinamerika, in: HerKorr 50 (1996) 418-423.

Gabriel, Karl, geb. 1943; Dr. sozwiss. Dr. theol. habil.; Professor für Soziologie und Pastoralsoziologie an der Katholischen Fachhochschule Norddeutschland Osnabrück/Vechta; *Veröffentlichungen u.a.:* Nachchristliche Gesellschaft heute! Christentum und Kirche vor der entfalteten Moderne, in: Diakonia 19 (1988) 27-34; Christentum zwischen Tradition und Postmoderne (Quaestiones disputatae 141), Freiburg-Basel-Wien 1992; Ritualisierung in säkularer Gesellschaft. Anknüpfungspunkte für Prozesse der Inkulturation, in: StZ 212 Bd. 119 (1994) 3-13; Differenzierung oder Säkularisierung? Zu Stellenwert und Funktion des Christlichen in der Gegenwartsgesellschaft, in: *Joachim G. Piepke* (Hrsg.), Evangelium und Kultur, Nettetal 1995, 69-80; (Hrsg.), Religiöse Individualisierung oder Säkularisierung? Biographie und Gruppe als Bezugspunkte moderner Religiosität, Gütersloh 1996.

Höhn, Hans-Joachim, geb. 1957; Studium der Philosophie und Theologie in Frankfurt/M., Rom und Freiburg; 1984 Promotion an der Universität Freiburg zum Dr. theol.; ab 1984 Wissenschaftlicher Mitarbeiter an der Philosophisch-Theologischen Hochschule Sankt Georgen in Frankfurt/M.; jetzt Professor für Systematische Theologie und Religionsphilosophie an der Universität zu Köln; *Veröffentlichungen u.a.:* Krise der Immanenz, 1996; Kirche und kommunikatives Handeln, 1985; Vernunft - Glaube - Politik. Reflexionsstufen einer Christlichen Sozialethik, Paderborn-München-Wien 1990; GegenMythen. Religionsproduktive Tendenzen der Gegenwart, Freiburg 1994; (Hrsg.) Krise der Immanenz. Religion an den Grenzen der Moderne, Frankfurt/M. 1996.

Hünermann, Peter, geb. 1929 in Berlin; em. Professor für Dogmatik in Tübingen; Vorsitzender des „Stipendienwerkes Lateinamerika"; Präsident des „Katholischen Akademischen Ausländerdienstes" sowie bis 1995 der „Europäischen Gesellschaft für Katholische Theologie"; Arbeit in interdisziplinären und interkulturellen Dialogprogrammen; *Veröffentlichungen u.a.:* zahlreiche Publikationen zu Fragen der Ekklesiologie, Sakramentenlehre, Christologie und zur Theologie als Wissenschaft; Die übersehene Dimension. Anthropologisch-theologische Bedingungen der Entwicklung, in: *Thomas Fliethmann/Claudia Lücking-Michel* (Hrsg.), Im Dienst der Armen. Entwicklungsarbeit als Selbstvollzug der Kirche, Münster 1992; (Hrsg., zusammen mit *Juan Carlos Scannone*), Lateinamerika und die katholische Soziallehre. Ein lateinamerikanisch-deutsches Dialogprogramm, Teil 1-3, Mainz 1993; Ekklesiologie im Präsens. Perspektiven, Münster 1995; (Hrsg.), Gott - ein Fremder in unserem Haus? Die Zukunft des Glaubens in Europa (Quaestiones disputatae 165), Freiburg-Basel-Wien 1996.

Hurbon, Laënnec, geb. 1940 in Haiti; 1970 Promotion am Institut Catholique in Paris zum Doktor der Theologie, 1976 an der Sorbonne in Paris zum Doktor der Soziologie; Forschungsdirektor am Centre National de la Recherche Scientifique en France (CNRS) und Herausgeber der haitianisch-karibischen Zeitschrift „Chemins critiques" (Haiti); *Veröffentlichungen u.a.:* Culture et Dictature en Haiti. L'imaginaire sous contrôle, Paris 1979; Comprendre Haiti. Essai sur l'Etat, la nation, la culture, Paris 1987; Le Barbare imaginaire, Paris 1988; (Hrsg.), Le Phénomène religieux dans la Caraïbe, Montréal 1989/Paris 1990; Les Mystères du Vaudou, Paris 1993; Les Transitions démocratiques, Paris 1996.

Kruip, Gerhard, geb. 1957 in München; 1982/83 Studienaufenthalt in Mexiko; 1988 Promotion in Würzburg; 1990 Gastdozentur an der Päpstlichen Universität Salamanca; 1995 Habilitation im Fach „Christliche Sozialwissenschaft" in Würzburg: „Kirche und Gesellschaft im Prozeß ethisch-historischer Selbstverständigung: Die mexikanische Kontroverse um die „Entdeckung Amerikas" (Münster 1996); seit 1995 Direktor der „Katholischen Akademie für Jugendfragen" in Odenthal-Altenberg; ab dem Wintersemester 1995/96 Privatdozent an der Theologischen Fakultät der Universität Würzburg; *Veröffentlichungen u.a.:* Entwicklung oder Befreiung? Elemente einer Ethik sozialer Strukturen am Beispiel ausgewählter Stellungnahmen aus der katholischen Kirche Mexikos (1982-1987), Saarbrücken/Fort Lauderdale 1988; Gibt es eine befreiungstheologische Wirtschaftsethik? Beispiele aus der katholischen Kirche Mexikos, in: JCSW 31 (1990) 156-178; Memoria de las víctimas de luchas passadas - condición y consecuencia de una praxis liberadora del presente, in: Cristianismo y Sociedad (México) 110 (1991) Nr. 4, 55-64; Jubelfeier oder gefährliche Erinnerung? Der Stand der spanischen Vorbereitung und Diskussion zum „Quinto Centenario" - ein Konfliktpanorama, in: JCSW 33 (1992) 197-225; Religion, Kirche und Staat, in: *Dietrich Briesemeister/Klaus Zimmermann* (Hrsg.), Mexiko heute: Politik, Wirtschaft, Kultur, Frankfurt/M. 1992, 311-332 (2., überarb. Aufl. 1996, 292-310); Armutsbekämpfung und „nachhaltige Entwicklung" - der notwendige Beitrag der reichen Staaten des Nordens, in: *Marianne Heimbach-Steins/Andreas Lienkamp/Joachim Wiemeyer* (Hrsg.): Brennpunkt Sozialethik. Theorien, Aufgaben, Methoden (FS Franz Furger), Freiburg-Basel-Wien 1995, 367-384; Die Theologie der Befreiung und der Zusammenbruch des realen Sozialismus - eine unbewältigte Herausforderung, in: ZMR 80 (1996) 3-25.

332   Autor/-inn/-en und Herausgeber

Lachnitt, Jorge, geb. 1939; 1968 Priesterweihe; Salesianer; Mitarbeit in der Salesianer-mission São Marco im Staat Mato Grosso (Brasilien); beherrscht die Sprache der dort ansässigen Xavante-Indígenas; Promovend an der Theologischen Fakultät in São Paulo bei *Prof. Gregor Lutz* über die „Inkulturation bei den Xavante in der Li-turgie".

Lienkamp, Andreas, geb. 1962 in Oberhausen/Rhld.; Dipl.-Theol.; 1989-1993 Wissen-schaftlicher Mitarbeiter am Institut für Christliche Sozialwissenschaften der Univer-sität Münster; seitdem Dozent an der Katholischen Akademie des Bistums Essen, „Die Wolfsburg", Mülheim/Ruhr. *Veröffentlichungen u.a.:* Befreiungstheologie und Dependenztheorie - ein Beitrag zur Verhältnisbestimmung von Theologie und So-zialwissenschaften, in: JCSW 33 (1992) 85-116; Die Herausforderung des Denkens durch den Schrei der Armen. Enrique Dussels Entwurf einer Ethik der Befreiung, in: *Friedhelm Hengsbach/Bernhard Emunds/Matthias Möhring-Hesse* (Hrsg.), Jenseits Katholischer Soziallehre. Neue Entwürfe christlicher Gesellschaftsethik, Düsseldorf 1993, 191-212; Quellen der Ethik? Zur erkenntnistheoretischen Bedeutung der Sozi-alwissenschaften für die Soziallehre der Kirche, in: *Marianne Heimbach-Steins/An-dreas Lienkamp/Joachim Wiemeyer* (Hrsg.): Brennpunkt Sozialethik. Theorien, Aufga-ben, Methoden (FS Franz Furger), Freiburg-Basel-Wien 1995, 45-68; Systematische Einführung in die christliche Sozialethik, in: *Franz Furger/Andreas Lienkamp/Karl-Wilhelm Dahm* (Hrsg.), Einführung in die Sozialethik (Münsteraner Einführungen - Theologie 3), Münster-Hamburg 1996, 29-88; Für eine Zukunft in Solidarität und Gerechtigkeit. Wort des Rates der Evangelischen Kirche in Deutschland und der Deutschen Bischofskonferenz zur wirtschaftlichen und sozialen Lage in Deutsch-land. Eingeleitet und kommentiert von *Marianne Heimbach-Steins* und *Andreas Lien-kamp* (Hrsg.), München 1997; Eher ein Startpunkt als ein erreichtes Ziel. Impulse der lateinamerikanischen Gaudium et spes - Rezeption, in: *Gotthard Fuchs/Andreas Lien-kamp* (Hrsg.), Visionen des Konzils. 30 Jahre Pastoralkonstitution „Die Kirche in der Welt von heute" (Schriften des Instituts für Christliche Sozialwissenschaften 36), Münster 1997 (im Druck).

Lienkamp, Christoph, geb. 1960 in Oberhausen/Rhld.; Promotion zum Dr. theol. in Freiburg/Brsg. mit der Dissertation: „Messianische Ursprungsdialektik. Zur Bedeu-tung Walter Benjamins für Theologie und Religionsphilosophie" (Frankfurt/M. 1997 [im Druck]); 1990-1994 Assistent am Institut für Missions- und Religionswis-senschaft der Universität Fribourg/Schweiz; 1992-1993 Stipendiat am Franz Rosen-zweig-Zentrum der Hebräischen Universität Jerusalem; seit 1994 Theologischer Grundsatzreferent bei Adveniat; *Veröffentlichungen u.a.:* Denken nach Auschwitz bei Jean-François Lyotard. Eine Herausforderung für die politische Theologie, in: *Wal-ter Lesch/Georg Schwind* (Hrsg.), Das Ende der alten Gewißheiten. Theologische Auseinandersetzung mit der Postmoderne, Mainz 1993, 115-133; Der/die/das An-dere bzw. Fremde im sozialphilosophischen Diskurs der Gegenwart. Eine Heraus-forderung der theologischen Sozialethik, in: JCSW 35 (1995) 150-167; Griechisch-deutsche Sendung oder messianische Historie. Zur geschichtsphilosophischen Auseinandersetzung mit Nietzsche bei Walter Benjamin und Martin Heidegger, in: AZP 21 (1996) 63-78; Religions- und Kirchengeschichte Kolumbiens im 20. Jahr-hundert, in: *Werner Altmann/Thomas Fischer/Klaus Zimmermann* (Hrsg.), Kolumbien heute. Politik, Gesellschaft, Wirtschaft, Kultur, Frankfurt/M. 1997 (im Druck); New Religious Movements. A Theological evaluation, in: *Michael Fuß* (Hrsg.), New Reli-gious Movements. Forschungsprojekt der F.I.U.C., St. Ottilien 1997 (im Druck); Die humanwissenschaftliche Forschung zu Kulturwandel und Interkulturalität und ihre Bedeutung für Theologie und Religionswissenschaft. Ein Forschungsbericht, in: ThRv 93 (1997) (im Druck).

Manoel, Ir. *Regina Maria,* kommt aus dem Zentrum von São Paulo; Schwester von den „Oblatas de São Bento"; Arbeitsbereich: die Gemeinde der „Sofredores de Rua", der „Leidenden der Straße"; Schwerpunkt seit den 80er Jahren: Aufbau und Begleitung der „Kooperative der autonomen Sammler von Papier und recycelbarem Material"; Ziele der Arbeit: auf die Grundbedürfnisse der Menschen eingehen, die auf der Straße leben; Aktivitäten in den Bereichen Freizeit/Muße, Kultur und Arbeit entwickeln; Konkrete Arbeitsformen u.a.: Zentrum der Begegnung, offene Treffpunkte oder die Kooperative der Papiersammler.

Marzal, Manuel M., geb. 1931 in Peru; Doktor der Philosophie und Magister der Sozialanthropologie; Direktor der Abteilung für Sozialwissenschaften der Pontifícia Universidad Católica del Perú in Lima; *Veröffentlichungen u.a.:* El mundo religioso de Ucros, Cusco 1971; La transformación religiosa peruana, Lima 1983; El rostro indio de Dios, Quito 1989; La utopia posible: indios y jesuitas en la América colonial, 2 Bde., Lima 1992-1994; Christentum und indigene Kultur im Andenraum, in: *Michael Sievernich/Dieter Spelthahn* (Hrsg.), Fünfhundert Jahre Evangelisierung Lateinamerikas. Geschichte - Kontroversen - Perspektiven, Akten der Fachtagung der katholischen Akademie *Die Wolfsburg* und der Bischöflichen Aktion *Adveniat* in Mülheim (Ruhr) vom 19. bis 21. November 1992, Frankfurt/M. 1995.

Roest Crollius SJ, Arij Athanasius, geb. 1933 in den Niederlanden; Professor für westasiatische Religionen, besonders Judentum und Islam an der Päpstlichen Universität Gregoriana in Rom; dort Leiter des Zentrums „Kulturen und Religionen"; Herausgeber der Serie „Inkulturation"; Direktor des Forschungszentrums der internationalen Föderation der katholischen Universitäten (IFCU); Präsident der internationalen ökumenischen Gesellschaft „Unitas"; Präsident der ständigen Mittelmeer-Konferenz für internationale Zusammenarbeit; regelmäßiger Gastdozent an der Sophia Universität in Tokio; *Veröffentlichungen u.a.:* What is so new about inculturation?, Rom 1984 (zusammen mit *Théoneste Nkéramihigo);* Inkulturation: das Evangelium in der Begegnung der Kulturen, in: USIG Bulletin Nr. 78/1988, 30-38; Aspekte des Islam. Einführende Betrachtungen, in: IKaZ 20 (1991) 483-491; Harmony and conflict, in: Ecclesia Catholica / Pontificium consilium pro Dialogo Inter Religiones: Bulletin 27 (1992) 79-81; (Hrsg.) Poverty and development. The call of the Catholic Church in Asia, Rom 1995 (zusammen mit *Loreta N. Castro);* Sense an nonsense about inculturation, in: Sevartham 20 (1995) 3-12.

Salinas, Maximiliano, geb. 1952 in Chile; 1976 Lizentiat in Theologie an der Katholischen Universität von Chile; 1985 Promotion zum Doktor der Theologie an der Päpstlichen Universität Salamanca, Spanien; 1976-1982 Forschungsauftrag der Theologischen Fakultät Santiago de Chile; 1976 Mitarbeit am Aufbau des Solidariätsvikariats für Chile; derzeit Koordinator des Projektes einer Theologiegeschichte innerhalb der Studienkommission für die Geschichte der Kirche in Lateinamerika (CEHILA); seit 1986 Mitglied des „Equipo de Servicio Teológico Pastoral Popular de Chile" (ESTEPA); *Veröffentlichungen u.a.:* Hacia una teología de los pobres, Lima 1980; Historia del pueblo de Dios en Chile. La evolución del cristianismo desde la perspectiva de los pobres, Santiago de Chile 1987; Canto a lo divino y religión popular en Chile hacia 1900, Santiago 1991; Don Enrique Alvear: el obispo de los pobres, Santiago 1991; Pobladoras y misioneras en Chile 1962-1992: Voces y relatos, Documentos de Trabajo, Santiago 1994.

Santos, Sra. Jacinta Maria, Präsidentin der Bewegung „Quilombo Central - Agentes de Pastoral Negros" mit Sitz in São Paulo; die Aktivitäten dieser Bewegung, die von

Laien, Ordensleuten, Patres und Bischöfen unterstützt wird, zielen darauf ab, die brasilianischen Schwarzen in der brasilianischen Kirche im Rahmen verschiedener pastoraler Aktivitäten zu begleiten; „Quilombo Central" hat sich in den vergangenen zehn Jahren stark ausdehnen können und verfügt heute über Organisationen in vier verschiedenen Großregionen.

Sayer, Josef, geb. 1941, Dipl.-Theol.; Dr. rer. soz.; Studium der Theologie in Tübingen und Rom, der Soziologie in Konstanz; Wissenschaftlicher Assistent am Theologischen Seminar der Pädagogischen Hochschule Berlin; seit 1981 Pastoralarbeit in Peru (Cusco); *Veröffentlichungen u.a.:* Sozialer Wandel in der Kirche, Düsseldorf 1976; Von Medellín nach Puebla. Gespräche mit lateinamerikanischen Theologen, Düsseldorf 1980 (zusammen mit *Bruno Schlegelberger* und *Karl Weber*); Auf der Suche nach Gerechtigkeit. Christliche Gemeinden im Spannungsfeld der Gewalt, dargestellt am Beispiel von Slumvierteln Limas, in: *H. Erharter* (Hrsg.), Christliche Gemeinde für Gerechtigkeit, Frieden und Bewahrung der Schöpfung, Wien 1990, 27-53; „Ich hatte Durst und ihr gabt mir zu trinken". Zum Ansatz einer Theologie der menschlichen Grundbedürfnisse nach Mt 25,31ff im Rahmen der Pastoral der Befreiung, in: MThZ 42 (1991) 151-167; Sozialpastoral in Lateinamerika, in: *Bruno Schlegelberger/Mariano Delgado* (Hrsg.), Ihre Armut macht uns reich, Berlin-Hildesheim 1992, 183-208; Christologie in Puebla. Zum Entstehungsprozeß des Dokumentes - mit einem Ausblick auf die IV. Generalversammlung des lateinamerikanischen Episkopats in Santo Domingo, in: MThZ 44 (1993) 80-95; Die programmatische Eröffnungsrede Johannes Pauls II. und ihre Bedeutung für Santo Domingo, in: MThZ 45 (1994) 189-201; Vorrangige Option für die Armen und Inkulturation als Grundlage des kirchlichen Friedensdienstes, in: *Enrique Rosner* (Red.), Brückenbauer und Wegbereiter (FS Emil Lorenz Stehle), Quito 1996, 151-159.

Siller Acuña, Clodomiro, geb. 1938; 1967-1971 Studium der Philosophie und Theologie an der Päpstlichen Universität Urbaniana in Rom; 1971 Priesterweihe; 1971-1973 Promotion in Philosophie mit dem Schwerpunkt philosophische Anthropologie, Rom; 1973-1988 Exekutivsekretär der Bischöflichen Kommission für Indígenas in Mexiko; Mitherausgeber der Zeitschriften „Estudios Indígenas" und „Servir"; Gastprofessur an der Southern Illinois University; seit 1973 Mitglied des Koordinationsausschusses des Nationalen Zentrums zur Unterstützung der Indígena-Mission; Berater in Fragen der Inkulturation in verschiedenen mexikanischen Diözesen sowie für mehrere lateinamerikanische Bischofskonferenzen; *Veröffentlichungen u.a.:* Las Culturas en Magisterio y en la Pastoral, CENAMI, Serie Inculturación; La opción por el otro, punto de partida para la Inculturación, in: Alternativas. Revista de análisis y reflexión teológica 2/3 (1993); (Hrsg. u.a.), Hacia una evangelización inculturada, Guatemala 1995, 155-168.

Spires, Ir. Rebeca Lee, geb. 1942 in Ohio/USA; seit 1958 Mitglied der „Congregação Irmãs de Notre Dame de Namur"; lebt seit 1970 in Brasilien, wo sie vor allem anfangs auf Gemeindeebene mit Jugendlichen vom Lande arbeitete; Bachelor in Pädagogik (College Our Lady of Cincinnati, Ohio/USA); belegt zur Zeit Kurse in angewandter Anthropologie (Universidade Politécnica Salesiana de Quito, Ecuador); ab 1974 Kontakt mit Indianerstämmen und der CIMI (Conselho Indigenista Missionário, Indianermissionsrat); begleitet seit 1976 das Volk der Aikewar in seinem religiösen und spirituellen Leben und lebte zwischen 1980 und 1981 unter dem Volk der Karipuna; zwischen 1988 und 1995 arbeitete sie als Koordinatorin der CIMI in der Region Nord II der CNBB (Pará und Amapá); repräsentiert mittlerweile den CIMI in der COMNIA (Conselho Missionário Nacional) und arbeitet in der ANDRI (Articulação Nacional de Diálogo Inter-Religioso e Inculturação).

Suess, Paulo (eigentlich: *Günter Paul Süss*), geb. 1938 in Köln; Priester der Diözese Augsburg; Studium der Theologie in München, Brüssel, Löwen und Münster; acht Jahre pastorale Arbeit in Juruti (Staat Amazonas, Brasilien); 1977 Dr. theol. (Münster); Professor am theologischen Ausbildungszentrum in Manaus und Pfarrer in einem Armenviertel; seit 1979 Sekretär des Indianermissionsrates CIMI; seit 1988 Leiter des Studiengangs „Missionswissenschaft" für Postgraduierte an der Theologischen Hochschule „Nossa Senhora da Assunção", São Paulo; Vizepräsident der International Association of Missiological Studies; *Veröffentlichungen u.a.:* Volkskatholizismus in Brasilien. Zur Typologie und Strategie gelebter Religiosität, München-Mainz 1978; Pastoral Popular. Zur Ortsveränderung der Theologie in: *Fernando Castillo* (Hrsg.), Theologie aus der Praxis des Volkes, München-Mainz 1978, 171-218; Vom Schrei zum Gesang, Wuppertal 1985; Evangelizar e participar dos projetos históricos dos outros. Ensaios de missiologia, São Paulo 1995; Das Paradigma Inkulturation auf dem Prüfstand. Kirchliche Normen und ihre gesellschaftspolitische Verbindlichkeit, in: Annäherung an die Anderen. Befreiungstheologische Sommerschule, hrsg. von der Missionszentrale der Franziskaner, Bonn 1995, 62-77; Ein gewisser Exodus. Zum historischen Projekt der armen Anderen, in: *Jürgen Manemann* (Hrsg.), Demokratiefähigkeit, Jahrbuch Politische Theologie 1 (1996) 206-222.

Werz, Nikolaus, geb. 1952; Dr. phil. habil.; zunächst wissenschaftlicher Mitarbeiter am Arnold-Bergstraesser-Institut und Privatdozent für wissenschaftliche Politik an der Albert Ludwig-Universität in Freiburg; längere Aufenthalte in Argentinien und Kolumbien; 1980/1981 Mitarbeiter am „Centro de Estudios del Desarrollo" (CENDES) in Caracas; seit 1994 Professor für Politikwissenschaft an der Universität Rostock; *Veröffentlichungen u.a.:* (Hrsg.), Parteien, Staat und Entwicklung in Venezuela, München-Köln-London 1983; Das neuere politische und sozialwissenschaftliche Denken in Lateinamerika, Freiburg 1991; (Hrsg.) Handbuch der deutschsprachigen Lateinamerikakunde, Freiburg 1992; (Hrsg.) Argentinien. Politik, Wirtschaft, Kultur und Außenbeziehungen, Frankfurt/M. 1996 (zusammen mit *Detlef Nolte).*

Teilnehmer/-innen des Symposiums

Veranstalter:
Dr. *Michael Schlagheck*, Die Wolfsburg, Akademiedirektor.
Msgr. Dr. *Dieter Spelthahn*, Adveniat, Geschäftsführer.

Tagungsleiter:
Andreas Lienkamp, Die Wolfsburg, Dozent.
Christoph Lienkamp, Adveniat, Grundsatzreferent.

Referent/-inn/-en:
P. Prof. Dr. *Xavier Albó SJ*, Hochschullehrer, La Paz, Bolivien.

Prof. Dr. *María Pilar Aquino*, Departement of Theological and Religious Studies University of San Diego, USA, Hochschullehrerin.

Mons. Uriah *Ashley*, Bischof der Diözese Penonomé, Rep. de Panama.

P. Prof. Dr. *Marcello de C. Azevedo SJ*, Centro João XXIII, Rio de Janeiro-RJ, Brasilien.

Dom Antônio do Carmo *Cheuiche OCD*, Weihbischof von Porto Alegre, Porto Allegre-RS, Brasilien.

Prof. Dr. *Volker Drehsen*, Evangelisch-Theologisches Seminar der Eberhard-Karls-Universität Tübingen, Hochschullehrer.

Prof. Dr. *Karl Gabriel*, Katholische Fachhochschule Norddeutschland Osnabrück/Vechta, Hochschullehrer.

Prof. Dr. *Peter Hünermann*, Katholisch-Theologisches Seminar der Eberhard-Karls-Universität Tübingen, Hochschullehrer.

Prof. Dr. *Laënnec Hurbon*, Université Quisqueya/CNRS Paris, Pétionville, Haiti, Hochschullehrer.

Pe. *Jorge Lachnitt SDB*, Missão Salesiana de Mato Grosso, Campo Grande-MS, Brasilien.

Ir. *Regina Maria Manoel*, Organização de Auxílio Fraterno OAF, São Paulo-SP, Brasilien.

P. Prof. Dr. *Manuel M. Marzal SJ*, Departamento de CC. Sociales Pontificia Universidad Catolica del Peru, Lima, Perú.

P. Prof. Dr. *Arij A. Roest Crollius SJ*, Hochschullehrer an der Pontificia Universita Gregoriana, Roma, Italien.

Prof. Dr. *Maximiliano Salinas*, Santiago de Chile, Chile.

Sra. Jacinta María *Santos*, Vorsitzende von „Quilombo Central", Agentes de Pastoral Negros, São Luís-MA, Brasilien.

Ir. Rebeca Lee *Spires*, Conselho Indigenista Missionário CIMI, Belem-PA, Brasilien

Prof. Dr. *Paulo Suess*, Hochschullehrer, São Paulo-SP, Brasilien.

José Delfin *Tenesaca*, Direktor des Centro de Formación Indígena Mons. Leonidas Proaño, Riobamba, Ecuador.

Moderator/-inn/-en:

Dr. Mariano Delgado, Wissenschaftlicher Mitarbeiter am Seminar für Kath. Theologie der Freien Universität Berlin.

Dr. Margit Eckholt, Tübingen.

Prof. Dr. Hans-Joachim Höhn, Hochschullehrer am Seminar für Kath. Theologie in der Philosophischen Fakultät der Universität Köln.

Priv.-Doz. Dr. habil. Gerhard Kruip, Direktor der Katholischen Akademie für Jugendfragen, Odenthal.

Prof. Dr. Josef Sayer, Hochschullehrer am Institut für Pastoraltheologie der Universität Fribourg, Schweiz.

Prof. Dr. Thomas Schreijäck, Hochschullehrer am Fachbereich Katholische Theologie der Universität Frankfurt.

Prof. Dr. Nikolaus Werz, Hochschullehrer am Institut für Politik- und Verwaltungswissenschaften der Universität Rostock.

Journalist/-inn/-en:

Gerhard Endres, Bayrischer Rundfunk, Baldham.

Dr. Peter Gieseke, Redaktion Kirche und Welt, Bayerischer Rundfunk, München.

Dr. Hajo Goertz, Deutschlandfunk, Bonn.

Ernst Herb, KNA-Bild, Frankfurt/M.

Johannes Hermanns, Aachen.

Klaus Kreitmeir, Redaktion Weltbild, Augsburg.

P. Dr. Martin Maier SJ, Stimmen der Zeit, München.

Birthe Marfording, Essen.

Horst Roos, Essen.

Martin Schirmers, Ruhrwort, Essen.

P. Dr. Gregor Stoll SJ, Zeitschrift Katholische Missionen, Bonn.

Adveniat:

Gerhard Bauer, Guatemala/Honduras/El Salvador/Costa Rica/Nicaragua/Panama/Venezuela.

Norbert Bolte, Brasilien III.

Dr. Hans Czarkowski, Abteilungsleiter Öffentlichkeit/Bildung.

Kirsten Frangenberg, Peru.

Hubert Frank, Bibliothek.

Elisabeth Freitag, Brasilien II.

Martin Hagenmaier, Partnerschaften/Patenschaften/Projektvermittlung.

Franz Hellinge, Chile/Uruguay.

Stefanie Hoppe, Mexiko.

Michael Huhn, Antillen/Haiti.

Werner Klar, Brasilien I.

Joachim Ludwig, Bolivien/Dominikanische Republik.

Franz Marcus, Bildung.

Klemens Paffhausen, Argentinien.

Christian **Schneider**, Pressereferat.

Bernhard **Steber**, Stellvertretender Geschäftsführer.

Alexandra **Toepsch**, Kuba/Ecuador.

Die Wolfsburg:

Dr. Dirk **Ansorge**, Dozent.

P. Dr. Martin **Kleer** MSC, Geistlicher Rektor und Dozent.

Teilnehmer/-innen:

Fernando **Amaya Farias**, Doktorand am Institut für Missionswissenschaft der Universität Münster, Hamburg.

Pe. Prof. Dr. Antonio **Aparecido da Silva**, São Paulo-SP, Brasilien.

Pfarrer Norbert **Arntz**, Referent in der Bildungsabteilung von Misereor/Aachen, Greven.

P. Heinz **Becker** SVD, MISSIO-Diözesandirektor, Essen.

Maria **Below**, Stipendienwerk Lateinamerika-Deutschland, Tübingen.

Dr. Ursula **Bernauer**, Studienleiterin und Stellvertretende Direktorin an der Katholischen Akademie Freiburg.

P. Horst von der **Bey** OFM, Missionswissenschaftler in der Missionszentrale der Franziskaner, Bonn.

Dr. Lieven **Boeve**, Wissenschafter am Centrum voor Bevrijdingstheologie, Katholieke Universiteit Leuven, Belgien.

Dechant Johannes **Broxtermann**, Pfarrer, Lüdenscheid.

Guido **Brune**, Referat für Weltkirchliche Aufgaben des Erzbistums Hamburg, Neumünster.

Markus **Büker**, Wissenschaftlicher Assistent am Institut für Pastoraltheologie der Universität Fribourg, Schweiz.

Dr. Fernando **Castillo**, Theologe und Soziologe am Centro Ecuménico Diego de Medellín, Santiago de Chile, Chile.

Weihbischof Paul **Consbruch**, Mitglied der Bischöflichen Kommission Adveniat, Paderborn.

David **Cortez**, Stipendienwerk Lateinamerika-Deutschland e.V., Tübingen.

P. Arno **Dähling** OFMCap, City-Pastoral, Frankfurt/M.

Frans **Damen**, Katholieke Universiteit Leuven, Belgien.

Hna. Sonia **Delforno** MSCS, Secretaria Ejecutiva del SEPMOV - Secretariado para la Pastoral de la Movilidad Humana, CELAM, Bogotá, Kolumbien.

Dr. Christoph **Dietz**, Referent für Lateinamerika beim Catholic Media Council CAMECO, Aachen.

Mons. Gerardo Humberto **Flores Reyes**, Bischof der Diözese Verapaz, Cobán, Guatemala.

Gregor von **Fürstenberg**, MISSIO-Referent des Bistums Essen, Essen.

P. Dr. Othmar **Gächter**, Religionswissenschaftler am Anthropos-Institut, Sankt Augustin.

Weihbischof Franz **Grave**, Vorsitzender der Bischöflichen Kommission Adveniat, Essen.

Heinz-Walter **Hammes**, Referent im Bistum Hildesheim, Hildesheim.

Britta **Hemshorn de Sánchez**, Theologin an der Universität Hamburg.

P. *Wolfgang* **Hering** *SAC*, Leiter des Referates Weltkirche im Bischöflichen Ordinariat Limburg.

Christiane **Hetterich**, Bildungsreferentin bei MISSIO Aachen.

Frei Erico **Hickmann** *OFM*, Bildungsreferent in der Missionszentrale der Franziskaner, Bonn.

Thomas **Hoogen**, Pastoralassistent, Herzogenrath.

P. *Pablo* **Iribarren Pascal** *OP*, Prediáconos, Mexiko.

Dr. *Hermann* **Janssen**, Missionswissenschaftliches Institut Aachen.

P. *Prof. Dr. Enrique* **Jordá** *SJ*, Hochschullehrer, Trinidad, Beni, Bolivien.

Ludwig **Kuhn**, Diplom-Theologe in der Diözesanstelle Weltkirche, Trier.

Johannes **Mehlitz**, Doktorand, Bonn.

P. *Prof. Dr. Bartomeu* **Melià** *SJ*, Centro de Estudios Paraguayos „Antonio Guasch" C.E.P.A.G., Asunción, Paraguay.

Josef **Merz**, ehem. Adveniat, Bottrop.

Prof. Dr. Norbert **Mette**, Hochschullehrer an der Universität - GH Paderborn, Münster.

Marco **Moerschbacher**, Redaktionsassistent am Missionswissenschaftlichen Institut Aachen.

Michael **Mondry**, Student, Bonn.

Dr. *Hadwig* **Müller**, Pastoralreferentin, Bochum.

Degislando **Nóbrega de Lima**, Doktorand am Institut für Missionswissenschaft der Universität Münster, Werne.

Dr. *Othmar* **Noggler**, Referent / Dozent bei MISSIO München und beim Ökumenischen Ausschuß für Indianerfragen.

Markus **Offner**, Wissenschaftlicher Assistent am Missionswissenschaftlichen Institut Aachen.

Dr. *h.c. Christy* **Orzechowski**, Gemeindeleiterin in Puno, Peru.

Lucia **Ott**, Diplom-Theologin am Lehrstuhl für Fundamentaltheologie an der Universität Würzburg.

Dr. *Martin* **Ott**, Deutsche Kommission Justitia et Pax, Bonn.

Johannes P. **Paul**, Theologe, Dreilützow.

Dr. *Anton* **Peter**, Theologe, Oscar Romero Haus, Bethlehem Mission Immensee, Luzern, Schweiz.

P. *Prof. Dr. Joachim* **Piepke** *SVD*, Anthropos - Internationales Institut für Völker- und Sprachenkunde, Professor für Dogmatik an der Philosophisch-Theologischen Hochschule SVD, Sankt Augustin.

P. *Manfredo* **Rauh**, Centro Arquidiocesano para la Formación de Catequistas Rurales, Cochabamba, Bolivien.

José Antonio **Rocha**, Religionswissenschaftler, Stipendienwerk Lateinamerika-Deutschland, Ulm.

P. *Nikolaus* **Roos** *MSC*, Pfarrer, Oberhausen.

Dr. *Peter* **Rottländer**, Grundsatzreferent bei MISEREOR, Aachen.

Frei David Raimundo **Santos**, Igreja Nossa Senhora Aparecida, Diocese de Nova Iguaçu, Nilópolis-RJ, Brasilien.

Carlos **Schickendantz**, Stipendienwerk Lateinamerika-Deutschland, Tübingen.

Prof. Dr. Bruno **Schlegelberger** *SJ,* Hochschullehrer am Seminar für Kath. Theologie der Freien Universität Berlin.

Paul Gerhard **Schoenborn,** Pfarrer i.R., Wuppertal.

Barbara **Schoppelreich,** Wissenschaftliche Mitarbeiterin am Fachbereich Katholische Theologie der Universität Frankfurt/M.

Prof. Dr. Georges de **Schrijver,** Hochschullehrer für Systematische Theologie und Direktor des Centrum voor Bevrijdingstheologie, Katholieke Universiteit Leuven, Belgien.

Sra. Berna **Schulte,** Puno, Peru.

Georg **Schwind,** Wissenschaftlicher Mitarbeiter an der Katholisch-Theologischen Fakultät der Universität Freiburg.

P. Prof. Dr. Michael **Sievernich** *SJ,* Hochschullehrer an der Philosophisch-Theologischen Hochschule St. Georgen, Frankfurt/M.

Stefan **Silber,** Pastoralassistent und Doktorand, Würzburg.

Ursula **Silber,** Theologin, Würzburg.

Ricardo Morale **Smith,** Cobán, Guatemala.

Pfarrer Jochen **Streiter,** Wuppertal.

Sergio **Vasconcelos,** Doktorand am Institut für Missionswissenschaft der Universität Münster, Münster.

P. Klaus **Velsinger,** Spiritaner Orden, Vizeprovinzial und Soziologe, Köln.

Lic. Alfonso **Vietmeier,** Centro de Estudios Ecuménicos, México D.F., Mexiko.

Dr. Maria **Widl,** Pastoraltheologin, Münster.

Reiner **Wilhelm,** Referent für ausländische Studierende, Bonn.

Pfarrer Rainer **Wutzkowsky,** Bochum.

Pfarrer Ekkehard **Zipser,** Evangelisches Missionswerk Hamburg.

(Stand der Angaben zur Person: 28. Mai 1996)

Personenregister

Die kursiv gedruckten Seitenzahlen weisen auf die Anmerkungen bzw. auf das Verzeichnis der Autor/-inn/-en und Herausgeber hin.